U0347899

January 18, 1999

What do I consider my most important Contributions?

- That I early on—almost sixty years ago— realized that MANAGEMENT has become the constitutive organ and function of the Society of Organizations ;

- That MANAGEMENT is not "Business Management- though it first attained attention in business- but the governing organ of ALL institutions of Modern Society;

- That I established the study of MANAGEMENT as a DISCIPLINE in its own right;

and

- That I focused this discipline on People and Power; on Values; Structure and Constitution; AND ABOVE ALL ON RESPONSIBILITIES- that is focused the Discipline of Management on Management as a truly LIBERAL ART.

Peter F. Drucker

我认为我最重要的贡献是什么？

- 早在60年前，我就认识到管理已经成为组织社会的基本器官和功能；

- 管理不仅是"企业管理"，而且是所有现代社会机构的管理器官，尽管管理一开始就将注意力放在企业上；

- 我创建了管理这门学科；

- 我围绕着人与权力、价值观、结构和方式来研究这一学科，尤其是围绕着责任。管理学科是把管理当作一门真正的综合艺术。

彼得·德鲁克
1999年1月18日

注：资料原件打印在德鲁克先生的私人信笺上，并有德鲁克先生亲笔签名，现藏于美国德鲁克档案馆。为纪念德鲁克先生，本书特收录这一珍贵资料。本资料由德鲁克管理学专家那国毅教授提供。

彼得·德鲁克和妻子多丽丝·德鲁克

德鲁克妻子多丽丝寄语中国读者

在此谨向广大的中国读者致以我诚挚的问候。本书深入介绍了德鲁克在管理领域方面的多种理念和见解。我相信他的管理思想得以在中国广泛应用,将有赖于出版及持续的教育工作,令更多人受惠于他的馈赠。

盼望本书可以激发各位对构建一个令人憧憬的美好社会的希望,并推动大家在这一过程中积极发挥领导作用,他的在天之灵定会备感欣慰。

Doris Drucker

注:本页照片和多丽丝寄语原文与亲笔签名由彼得·德鲁克管理学院提供。

生 态 愿 景

[美] 彼得·德鲁克 著

慈玉鹏 赵众一 译

The Ecological Vision

Reflections on the
American Condition

彼得·德鲁克全集

机械工业出版社
China Machine Press

图书在版编目（CIP）数据

生态愿景 /（美）彼得·德鲁克（Peter F. Drucker）著；慈玉鹏，赵众一译 . —北京：机械工业出版社，2020.1
（彼得·德鲁克全集）
书名原文：The Ecological Vision: Reflections on the American Condition

ISBN 978-7-111-63419-5

I. 生… II.①彼… ②慈… ③赵… III. 社会环境 – 人文环境 – 研究 – 世界 – 现代 IV. C91

中国版本图书馆 CIP 数据核字（2020）第 063514 号

生态愿景

出版发行：机械工业出版社（北京市西城区百万庄大街 22 号　邮政编码：100037）
责任编辑：黄姗姗　　　　　　　　　　　责任校对：殷　虹
印　　刷：大厂回族自治县益利印刷有限公司　　版　　次：2020 年 5 月第 1 版第 1 次印刷
开　　本：170mm×230mm　1/16　　　　印　　张：29.25
书　　号：ISBN 978-7-111-63419-5　　　定　　价：99.00 元
客服电话：（010）88361066　88379833　68326294　　投稿热线：（010）88379007
华章网站：www.hzbook.com　　　　　　　读者信箱：hzjg@hzbook.com

V

功能正常的社会和博雅管理

为"彼得·德鲁克全集"作序

享誉世界的"现代管理学之父"彼得·德鲁克先生自认为,虽然他因为创建了现代管理学而广为人知,但他其实是一名社会生态学者,他真正关心的是个人在社会环境中的生存状况,管理则是新出现的用来改善社会和人生的工具。他一生写了 39 本书,只有 15 本书是讲管理的,其他都是有关社群(社区)、社会和政体的,而其中写工商企业管理的只有两本书(《为成果而管理》和《创新与企业家精神》)。

德鲁克深知人性是不完美的,因此人所创造的一切事物,包括人设计的社会也不可能完美。他对社会的期待和理想并不高,那只是一个较少痛苦,还可以容忍的社会。不过,它还是要有基本的功能,为生活在其中的人提供可以正常生活和工作的条件。这些功能或条件,就好像一个生命体必须具备正常的生命特征,没有它们社会也就不成其为社会了。值得留意的是,社会并不等同于"国家",因为"国(政府)"和"家(家庭)"不可能提供一个社会全部必要的职能。在德鲁克眼里,功能正常的社会至少要由三大类机构组成:政府、企业和非营利机构,它们各自发挥不同性质的作用,每一类、每一个机构中都要有能解决问题、令机构创造出独特绩效的权力中心和决策机制，这个权力中心和决策机制同时也要让机构里的每个人各得其所，既有所担当、做出贡献，又得到生计和身份、地位。这些在过去的国家中从来没有过的权力中心和决策机制，或者说新的"政体"，就是"管理"。在这里德鲁克把企业和非营利机构中的管理体制与政府的统治体制统称为"政体"，是因为它们都掌握权力，但是，这是两种性质截然不同的权力。企业和非营利机构掌握的，是为了提供特定的产品和服务，而调配社会资源的权力，政府所拥有的，则是整个社会公平的维护、正义的裁夺和干预的权力。

在美国克莱蒙特大学附近，有一座小小的德鲁克纪念馆，走进这座用他的故居改成的纪念馆，正对客厅入口的显眼处有一段他的名言：

> 在一个由多元的组织所构成的社会中，使我们的各种组织机构负责任地、独立自治地、高绩效地运作，是自由和尊严的唯一保障。有绩效的、负责任的管理是对抗和替代极权专制的唯一选择。

当年纪念馆落成时，德鲁克研究所的同事们问自己，如果要从德鲁克的著作中找出一段精练的话，概括这位大师的毕生工作对我们这个世界的意义，会是什么？他们最终选用了这段话。

如果你了解德鲁克的生平，了解他的基本信念和价值观形成的过程，你一定会同意他们的选择。从他的第一本书《经济人的末日》到他独自完成的最后一本书《功能社会》之间，贯穿着一条抵制极权专制、捍卫个人自由和尊严的直线。这里极权的极是极端的极，不是集中的集，两个词一字之差，其含义却有着重大区别，因为人类历史上由来已久的中央集权统治直到 20 世纪才有条件变种成极权主义。极权主义所谋求的，是从肉体到精神，全面、彻底地操纵和控制人类的每一个成员，把他们改造成实现个别极权主义者梦想的人形机器。20 世纪给人类带来最大灾难和伤害的战争和运动，都是极权主义的"杰作"，德鲁克青年时代经历的希特勒纳粹主义正是其中之一。要了解德鲁克的经历怎样影响了他的信念和价值观，最好去读他的《旁观者》；要弄清什么是极权主义和为什么大众会拥护它，可以去读汉娜·阿伦特1951年出版的《极权主义的起源》。

好在历史的演变并不总是令人沮丧。工业革命以来，特别是从1800年开始，最近这200年生产力呈加速度提高，不但造就了物质的极大丰富，还带来了社会结构的深刻改变，这就是德鲁克早在80年前就敏锐地洞察和指出的，多元的、组织型的新社会的形成：新兴的企业和非营利机构填补了由来已久的"国（政府）"和"家（家庭）"之间的断层和空白，为现代国家提供了真正意义上的种种社会功能。在这个基础上，教育的普及和知识工作者的崛起，正在造就知识经济和知识社会，而信息科技成为这一切变化的加速器。要特别说明，"知识工作者"是德鲁克创造的一个称谓，泛指具备和应用专门知识从事生产工作，为社会创造出有用的产品和服务的人群，这包括企业家和在任何机构中的管理者、专业人士和技工，也包括社会上的独立执业人士，如会计师、律师、咨询师、培训师等。在21世纪的今天，由于知识的应用领域一再被扩大，个人和个别机构不再是孤独无助的，他们因为掌握了某项知识，就拥有了选择的自由和影响他人的权力。知识工作者和由他们组成的知识型组织不再是传统的知识分子或组织，知识工作者最大的特点就是他们的独立自主，可以主动地整合资源、创造价值，促成经济、社会、文化甚至政治层面的改变，而传统的知识分子只能依附于当时的统治当局，在统治当局提供的平台上才能有所作为。这是一个划时代的、意义深远的变化，而且这个变化不仅发生在西方发达国家，也发生在发展中国家。

在一个由多元组织构成的社会中，拿政府、企业和非营利机构这三类组织相互比较，企业和非营利机构因为受到市场、公众和政府的制约，它们的管理者不可能像政府那样走上极权主义统治，这是它们在德鲁克看来，比政府更重要、更值得寄予希望的原因。尽管如此，它们仍然可能因为管理缺位或者管理失当，例如官僚专制，不能达到德鲁克期望的"负责任地、高绩效地运作"，从而为极权专制垄断社会资源让出空间、提供机会。在所有机构中，包括在互联网时代虚拟的工作社群中，知识工作者的崛起既为新的管理提供了基础和条件，也带来对传统的"胡萝卜加大棒"管理方式的挑战。德鲁克正是因应这样的现实，研究、创立和不断完善现代管理学的。

1999 年 1 月 18 日，德鲁克接近 90 岁高龄，在回答"我最重要的贡献是什么"这个问题时，他写了下面这段话：

> 我着眼于人和权力、价值观、结构和规范去研究管理学，而在所有这些之上，我聚焦于"责任"，那意味着我是把管理学当作一门真正的"博雅技艺"来看待的。

给管理学冠上"博雅技艺"的标识是德鲁克的首创，反映出他对管理的独特视角，这一点显然很重要，但是在他众多的著作中却没找到多少这方面的进一步解释。最完整的阐述是在他的《管理新现实》这本书第 15 章第五小节，这节的标题就是"管理是一种博雅技艺"：

> 30 年前，英国科学家兼小说家斯诺（C. P. Snow）曾经提到当代社会的"两种文化"。可是，管理既不符合斯诺所说的"人文文化"，也不符合他所说的"科学文化"。管理所关心的是行动和应用，而成果正是对管理的考验，从这一点来看，管理算是一种科技。可是，管理也关心人、人的价值、人的成长与发展，就这一点而言，管理又算是人文学科。另外，管理对社会结构和社群（社区）的关注与影响，也使管理算得上是人文学科。事实上，每一个曾经长年与各种组织里的管理者相处的人（就像本书作者）都知道，管理深深触及一些精神层面关切的问题——像人性的善与恶。

管理因而成为传统上所说的"博雅技艺"（liberal art）——是"博雅"（liberal），因为它关切的是知识的根本、自我认知、智慧和领导力，也是"技艺"（art），因为管理就是实行和应用。管理者从各种人文科学和社会科学中——心理学和哲学、经济学和历史、伦理学，以及从自然科学中，汲取知识与见解，可是，他们必须把这种知识集中在效能和成果上——治疗病人、教育学生、建造桥梁，以及设计和销售容易使用的软件程序等。

作为一个有多年实际管理经验，又几乎通读过德鲁克全部著作的人，我曾经反复琢磨过为什么德鲁克要说管理学其实是一门"博雅技艺"。我终于意识到这并不仅仅是一个标新立异的溢美之举，而是在为管理定性，它揭示了管理的本质，提出了所有管理者努力的正确方向。这至少包括了以下几重含义：

第一，管理最根本的问题，或者说管理的要害，就是管理者和每个知识工作者怎么看待与处理人和权力的关系。德鲁克是一位基督徒，他的宗教信仰和他的生活经验相互印证，对他的研究和写作产生了深刻的影响。在他看来，人是不应该有权力（power）的，只有造人的上帝或者说造物主才拥有权力，造物主永远高于人类。归根结底，人性是软弱的，经不起权力的引诱和考验。因此，人可以拥有的只是授权（authority），也就是人只是在某一阶段、某一事情上，因为所拥有的品德、知识和能力而被授权。不但任何个人是这样，整个人类也是这样。民主国家中"主权在民"，但是人民的权力也是一种授权，是造物主授予的，人在这种授权之下只是一个既有自由意志，又要承担责任的"工具"，他是造物主的工具而不能成为主宰，不能按自己的意图去操纵和控制自己的同类。认识到这一点，人才会谦卑而且有责任感，他们才会以造物主才能够掌握、人类只能被其感召和启示的公平正义，去时时检讨自己，也才会甘愿把自己置于外力强制的规范和约束之下。

　　第二，尽管人性是不完美的，但是人彼此平等，都有自己的价值，都有自己的创造能力，都有自己的功能，都应该被尊敬，而且应该被鼓励去创造。美国的独立宣言和宪法中所说的，人生而平等，每个人都有与生俱来、不证自明的权利（rights），正是从这一信念而来的，这也是德鲁克的管理学之所以可以有所作为的根本依据。管理者是否相信每个人都有善意和潜力？是否真的对所有人都平等看待？这些基本的或者说核心的价值观和信念，最终决定他们是否能和德鲁克的学说发生感应，是否真的能理解和实行它。

　　第三，在知识社会和知识型组织里，每一个工作者在某种程度上，都既是知识工作者，也是管理者，因为他可以凭借自己的专门知识对他人和组织产生权威性的影响——知识就是权力。但是权力必须和责任捆绑在一起。而一个管理者是否负起了责任，要以绩效和成果做检验。凭绩效和成果问责的权力是正当和合法的权力，也就是授权（authority），否则就成为德鲁克坚决反对的强权（might）。绩效和成果之所以重要，不但在经济和物质层面，而且在心理层面，都会对人们产生影响。管理者和领导者如果持续不能解决现实问题，大众在彻底失望之余，会转而选择去依赖和服从强权，同时甘愿交出自己的自由和尊严。这就是为什么德鲁克一再警告，如果管理失败，极权主义就会取而代之。

　　第四，除了让组织取得绩效和成果，管理者还有没有其他的责任？或者换一种说法，绩效和成果仅限于可量化的经济成果和财富吗？对一个工商企业来说，除了为客户提供价廉物美的产品和服务、为股东赚取合理的利润，能否同时成为一个良好的、负责任的"社会公民"，能否同时帮助自己的员工在品格和能力两方面都得到提升呢？这似乎是一个太过苛刻的要求，但它是一个合理的要求。我个人在十多年前，和一家这样要求自己的后勤服务业的跨国公司合作，通过实践认识到这是可能的。这意味着我们必须学会把伦理道德的诉求和经济目标，设计进同一个工作流程、同一套衡量系统，直至每一种方法、工具和模式中去。值得欣慰的是，今天有越来越多的机构开始严肃地对待这个问题，在各自的领域做出肯定的回答。

第五，"作为一门博雅技艺的管理"或称"博雅管理"，这个讨人喜爱的中文翻译有一点儿问题，从翻译的"信、达、雅"这三项专业要求来看，雅则雅矣，信有不足。liberal art 直译过来应该是"自由的技艺"，但最早的繁体字中文版译成了"博雅艺术"，这可能是想要借助它在中国语文中的褒义，我个人还是觉得"自由的技艺"更贴近英文原意。liberal 本身就是自由。art 可以译成艺术，但管理是要应用的，是要产生绩效和成果的，所以它首先应该是一门"技能"。另一方面，管理的对象是人们的工作，和人打交道一定会面对人性的善恶，人的千变万化的意念——感性的和理性的，从这个角度看，管理又是一门涉及主观判断的"艺术"。所以 art 其实更适合解读为"技艺"。liberal——自由，art——技艺，把两者合起来就是"自由技艺"。

最后我想说的是，我之所以对 liberal art 的翻译这么咬文嚼字，是因为管理学并不像人们普遍认为的那样，是一个人或者一个机构的成功学。它不是旨在让一家企业赚钱，在生产效率方面达到最优，也不是旨在让一家非营利机构赢得道德上的美誉。它旨在让我们每个人都生存在其中的人类社会和人类社群（社区）更健康，使人们较少受到伤害和痛苦。让每个工作者，按照他与生俱来的善意和潜能，自由地选择他自己愿意在这个社会或社区中所承担的责任；自由地发挥才智去创造出对别人有用的价值，从而履行这样的责任；并且在这样一个创造性工作的过程中，成长为更好和更有能力的人。这就是德鲁克先生定义和期待的，管理作为一门"自由技艺"，或者叫"博雅管理"，它的真正的含义。

邵明路

彼得·德鲁克管理学院创办人

跨越时空的管理思想

20多年来，机械工业出版社华章公司关于德鲁克先生著作的出版计划在国内学术界和实践界引起了极大的反响，每本书一经出版便会占据畅销书排行榜，广受读者喜爱。我非常荣幸，一开始就全程参与了这套丛书的翻译、出版和推广活动。尽管这套丛书已经面世多年，然而每次去新华书店或是路过机场的书店，总能看见这套书静静地立于书架之上，长盛不衰。在当今这样一个强调产品迭代、崇尚标新立异、出版物良莠难分的时代，试问还有哪本书能做到这样呢？

如今，管理学研究者们试图总结和探讨中国经济与中国企业成功的奥秘，结论众说纷纭、莫衷一是。我想，企业成功的原因肯定是多种多样的。中国人讲求天时、地利、人和，缺一不可，其中一定少不了德鲁克先生著作的启发、点拨和教化。从中国老一代企业家（如张瑞敏、任正非），及新一代的优秀职业经理人（如方洪波）的演讲中，我们常常可以听到来自先生的真知灼见。在当代管理学术研究中，我们也可以常常看出先生的思想指引和学术影响。我常常对学生说，当你不能找到好的研究灵感时，可以去翻翻先生的著作；当你对企业实践困惑不解时，也可以把先生的著作放在床头。简言之，要想了解现代管理理论和实践，首先要从研读德鲁克先生的著作开始。基于这个原因，1991年我从美国学成回国后，在南京大学商学院图书馆的一角专门开辟了德鲁克著作之窗，并一手创办了德鲁克论坛。至今，我已在南京大学商学院举办了100多期德鲁克论坛。在这一点上，我们也要感谢机械工业出版社华章公司为德鲁克先生著作的翻译、出版和推广付出的辛勤努力。

在与企业家的日常交流中，当发现他们存在各种困惑的时候，我常常推荐企业家阅读德鲁克先生的著作。这是因为，秉持奥地利学派的一贯传统，德鲁克先生总是将企业家和创新作为著作的中心思想之一。他坚持认为："优秀的企业家和企业家精神是一个国家最为重要的资源。"在企业发展过程中，企业家总是面临着效率和创新、制度和个性化、利润和社会责任、授权和控制、自我和他人等不同的矛盾与冲突。企业家总是在各种矛盾与冲突中成长和发展。现代工商管理教育不但需要传授建立现代管理制度的基本原理和准则，同时也要培养一大批具有优秀管理技能的职业经理人。一个有效的组织既离不开良好的制度保证，同时也离不开有效的管理者，两者缺一不可。这是因为，一方面，企业家需要通过对管理原则、责任和实践进行研究，探索如何建立一个有效的管理机制和制度，而衡量一个管理制度是否有效的标准就在于该制度能否将管理者个人特征的影响降到最低限度；另一方面，一个再高明的制度，如果没有具有职业道德的员工和管理者的遵守，制度也会很容易土崩瓦解。换言之，一个再高效的组织，如果缺乏有效的管理者和员工，组织的效率也不可能得到实现。虽然德鲁克先生的大部分著作是有关企业管理的，但是我们可以看到自由、成长、创新、多样化、多元化的思想在其著作中是一以贯之的。正如德鲁克在《旁观者》一书的序言中所阐述的，"未来是'有机体'的时代，由任务、目的、策略、社会的和外在的环境所主导"。很多人喜欢德鲁克提出的概念，但是德鲁克却说，"人比任何概念都有趣多了"。德鲁克本人虽然只是管理的旁观者，但是他对企业家工作的理解、对管理本质的洞察、对人性复杂性的观察，鞭辟入里、入木三分，这也许就是企业家喜爱他的著作的原因吧！

德鲁克先生从研究营利组织开始，如《公司的概念》（1946年），到研究非营利组织，如《非营利组织的管理》（1990年），再到后来研究社会组织，如《功能社会》（2002年）。虽然德鲁克先生的大部分著作出版于20世纪六七十年代，然而其影响力却是历久弥新的。在他的著作中，读者很容易找到许多最新的管理思想的源头，同时也不难获悉许多在其他管理著作中无法找到的"真知灼见"，从组织的使命、组织的目标以及工商企业与服务机构的异同，到组织绩效、富有效率的员工、员工成就、员工福利和知识工作者，再到组织的社会影响与社会责任、企业与政府的关系、管理者的工作、管理工作的设计与内涵、管理人员的开发、目标管理与自我控制、中层管理者和知识型组织、有效决策、管理沟通、管理控制、面向未来的管理、组织的架构与设计、企业的合理规模、多角化经营、多国公司、企业成长和创新型组织等。

30多年前在美国读书期间，我就开始阅读先生的著作，学习先生的思想，并聆听先生的课堂教学。回国以后，我一直把他的著作放在案头。尔后，每隔一段时间，每每碰到新问题，就重新温故。令人惊奇的是，随着阅历的增长、知识的丰富，每次重温的时候，竟然会生出许多不同以往的想法和体会。仿佛这是一座挖不尽的宝藏，让人久久回味，有幸得以伴随终生。一本著作一旦诞生，就独立于作者、独立于时代而专属于每个读者，不同地理区域、不同文化背景、不同时代的人都能够从中得到启发、得到教育。这样的书是永恒的、跨越时空的。我想，德鲁克先生的著作就是如此。

特此作序，与大家共勉！

南京大学人文社会科学资深教授、商学院名誉院长

博士生导师

2018 年 1 月 6 日于南京大学商学院安中大楼

彼得·德鲁克与伊藤雅俊管理学院是因循彼得·德鲁克和伊藤雅俊命名的。德鲁克生前担任玛丽·兰金·克拉克社会科学与管理学教席教授长达三十余载，而伊藤雅俊则受到日本商业人士和企业家的高度评价。

彼得·德鲁克被称为"现代管理学之父"，他的作品涵盖了 39 本著作和无数篇文章。在德鲁克学院，我们将他的著述加以浓缩，称之为"德鲁克学说"，以撷取德鲁克著述在五个关键方面的精华。

我们用以下框架来呈现德鲁克著述的现实意义，并呈现他的管理理论对当今社会的深远影响。

这五个关键方面主要体现在以下方面：

（1）**对功能社会重要性的信念**。一个功能社会需要各种可持续性的组织贯穿于所有部门，这些组织皆由品行端正和有责任感的经理人来运营，他们很在意自己为社会带来的影响以及所做的贡献。德鲁克有两本书堪称他在功能社会研究领域的奠基之作。第一本书是《经济人的末日》（1939 年），"审视了法西斯主义的精神和社会根源"。然后,在接下来出版的《工业人的未来》(1942年)一书中,德鲁克阐述了自己对第二次世界大战后社会的展望。后来,因为对健康组织对功能社会的重要作用兴趣盎然,他的主要关注点转到了商业。

（2）**对人的关注**。德鲁克笃信管理是一门博雅艺术,即建立一种情境,使博雅艺术在其中得以践行。这种哲学的宗旨是:管理是一项人的活动。德鲁克笃信人的潜质和能力,而且认为卓有成效的管理者是通过人来做成事情的,因为工作会给人带来社会地位和归属感。德鲁克提醒经理人,他们的职责可不只是给大家发一份薪水那么简单。

对于如何看待客户,德鲁克也采取"以人为本"的思想。他有一句话人人知晓,即客户决定了你的生意是什么、这门生意出品什么以及这门生意日后能否繁荣,因为客户只会为他们认为有价值的东西买单。理解客户的现实以及客户崇尚的价值是"市场营销的全部所在"。

（3）**对绩效的关注**。经理人有责任使一个组织健康运营并且持续下去。考量经理人的凭据是成果,因此他们要为那些成果负责。德鲁克同样认为,成果负责制要渗透到组织的每一个层面,务求淋漓尽致。

制衡的问题在德鲁克有关绩效的论述中也有所反映。他深谙若想提高人的生产力,就必须让工作给他们带来社会地位和意义。同样,德鲁克还论述了在延续性和变化二者间保持平衡的必要性,他强调面向未来并且看到"一个已经发生的未来"是经理人无法回避的职责。经理人必须能够探寻复杂、模糊的问题,预测并迎接变化乃至更新所带来的挑战,要能看到事情目前的样貌以及可能呈现的样貌。

（4）**对自我管理的关注**。一个有责任心的工作者应该能驱动他自己,能设立较高的绩效标准,并且能控制、衡量并指导自己的绩效。但是首先,卓有成效的管理者必须能自如地掌控他们自己的想法、情绪和行动。换言之,内在意愿在先,外在成效在后。

（5）**基于实践的、跨学科的、终身的学习观念**。德鲁克崇尚终身学习,因为他相信经理人必须要与变化保持同步。但德鲁克曾经也有一句名言："不要告诉我你跟我有过一次精彩的会面，告诉我你下周一打算有哪些不同。"这句话的意思正如我们理解的，我们必须关注"周一早上的不同"。

这些就是"德鲁克学说"的五个支柱。如果你放眼当今各个商业领域，就会发现这五个支柱恰好代表了五个关键方面，它们始终贯穿交织在许多公司使命宣言传达的讯息中。我们有谁没听说过高管宣称要回馈他们的社区，要欣然采纳以人为本的管理方法和跨界协同呢？

彼得·德鲁克的远见卓识在于他将管理视为一门博雅艺术。他的理论鼓励经理人去应用"博雅艺术的智慧和操守课程来解答日常在工作、学校和社会中遇到的问题"。也就是说，经理人的目光要穿越学科边界来解决这世上最棘手的一些问题，并且坚持不懈地问自己："你下周一打算有哪些不同？"

彼得·德鲁克的影响不限于管理实践，还有管理教育。在德鲁克学院，我们用"德鲁克学说"的五个支柱来指导课程大纲设计，也就是说，我们按照从如何进行自我管理到组织如何介入社会这个次序来给学生开设课程。

德鲁克学院一直十分重视自己的毕业生在管理实践中发挥的作用。其实，我们的使命宣言就是：

通过培养改变世界的全球领导者，来提升世界各地的管理实践。

有意思的是，世界各地的管理教育机构也很重视它们的学生在实践中的表现。事实上，这已经成为国际精英商学院协会（AACSB）认证的主要标志之一。国际精英商学院协会"始终致力于增进商界、学者、机构以及学生之间的交融，从而使商业教育能够与商业实践的需求步调一致"。

最后我想谈谈德鲁克和管理教育，我的观点来自2001年11月 *BizEd* 杂志第1期对彼得·德鲁克所做的一次访谈，这本杂志由商学院协会出版，受众是商学院。在访谈中，德鲁克被问道：在诸多事项中，有哪三门课最重要，是当今商学院应该教给明日之管理者的？

德鲁克答道：

> 第一课，他们必须学会对自己负责。太多的人仍在指望人事部门来照顾他们，他们不知道自己的优势，不知道自己的归属何在，他们对自己毫不负责。

> 第二课也是最重要的，要向上看，而不是向下看。焦点仍然放在对下属的管理上，但应开始关注如何成为一名管理者。管理你的上司比管理下属更重要。所以你要问："我应该为组织贡献什么？"

> 最后一课是必须修习基本的素养。是的，你想让会计做好会计的事，但你也想让她了解组织的其他功能何在。这就是我说的组织的基本素养。这类素养不是学一些相关课程就行了，而是与实践经验有关。

凭我一己之见，德鲁克在 2001 年给出的这则忠告，放在今日仍然适用。卓有成效的管理者需要修习自我管理，需要向上管理，也需要了解一个组织的功能如何与整个组织契合。

彼得·德鲁克对管理实践的影响深刻而巨大。他涉猎广泛，他的一些早期著述，如《管理的实践》（1954 年）、《卓有成效的管理者》（1966 年）以及《创新与企业家精神》（1985 年），都是我时不时会翻阅研读的书籍，每当我作为一个商界领导者被诸多问题困扰时，我都会从这些书中寻求答案。

珍妮·达罗克

彼得·德鲁克与伊藤雅俊管理学院院长

亨利·黄市场营销和创新教授

美国加州克莱蒙特市

本书收录的 31 篇文章，撰写的时间跨度超过 40 年——最早的一篇是第 10 章，即 1946 年发表的《凯恩斯的魔法经济学》；最晚的一篇是 1992 年为本书撰写的后记《社会生态学家的反思》。因为要适应本书的框架结构，所以这些文章的标题偶有改动，但内容没有任何变化。所选文章涵盖多个学科，涉及各类主题，但均属"社会生态学文章"，直面人类的社会人文环境问题。这些文章以特定的方式探讨个人与社会、个人与社区之间的相互关系，尝试从社会实践和社会价值观的表达两个层面出发，审视经济、技术、艺术等议题。所有文章都不是理论性的，只有第 11 章《管理的基本假设》和第 22 章《信息、沟通与理解》稍具理论色彩，前者尝试提出一种管理理论，认为管理是组织社会中特有的社会职能；后者初步指明，逻辑性和感知性信息均具备沟通功能及相应的意义。需要再次说明的是，它们都不是所谓的"纯"理论文章。但即使其中最接近"实践"、探讨"做什么"的文章，也具备一定的理论基础，或者说至少具备理论视角。最后，我力图把所有文章都撰写得通俗易懂。

彼得·德鲁克

1

第一部分

美国经验

THE ECOLOGICAL VISION

引　言

在多年的写作生涯中，我没有按照原计划完成许多著作，甚至有些都没有动笔。本部分的前 3 篇文章：《美国人独特的政治天赋》《卡尔霍恩的多元主义理论》和《最后的平民主义者亨利·福特》，是我原计划定名为《美国经验》的书实际完成的部分。那本书原计划撰写 20 章左右。除第 1 章《美国人独特的政治天赋》之外，我原打算其余每一章各围绕一位代表人物展开阐述，如卡尔霍恩○、亨利·福特等，每一章阐述和探讨一种美国人特有的品质、价值观和理念。虽然美国人自己对此已习以为常，甚至意识不到其存在，而这些理念塑造了他们看待社会、经济、政府和政治的方式。例如，该书第 2 章拟剖析乔纳森·爱德华兹○的思想，他是美国殖民时代最后一位伟大的清教神学家，也是美国土生土长的最伟大的哲学家，他开创了美国独特的政教关系理论。同时代的 18 世纪欧洲启蒙主义者都大力主张政教分离以保护政府免受权力欲膨胀、冥顽不灵的教会之害，而与此形成对照的是，爱德华兹虽然同样主张政教分离，其目的却刚好相反，是为了保护宗教免受政府和政治的干扰。这就指出了美国没有反教权论○的原因，也说明了为什么在所有发达国家中唯有美国，最世俗化的政府与最宗教化的社会能够并存，政治家能够成为公众心目中的伟大圣徒。那本书的结论部分原计划讨论这一现象的意义及其重要性，并定名为《林肯：我们信仰什么》。

○　约翰·卡尔霍恩（John C. Calhoun），美国政治家，1825～1832 年担任美国副总统，代表作为《论政府》和《美国的宪法和政府》。——译者注

○　乔纳森·爱德华兹（Jonathan Edwards），美国神学家，第一次大觉醒运动（Great Awakening）的开创者和领导者，曾任普林斯顿大学校长，代表作为《论自由意志》。——译者注

○　反教权论（anti-clericalism），是指反对宗教在政治和社会问题上享有权威的理论，在近代欧洲主要表现为反对天主教在政治和社会领域的权威。——译者注

  遗憾的是，我没能完成那本书。那时，各类新型社会组织在多元化的组织型社会中蓬勃兴起，我的注意力越来越多地转移到该领域。其中我最感兴趣的显然是企业组织及管理在新社会中发挥的社会职能，无奈之下，拟撰写的《美国经验》就成为牺牲品，但我从未对该书的主题丧失兴趣。本部分的第 4 篇、第 5 篇文章，虽然在发表时间上比前 3 篇晚了许多年，但同样旨在探究美国经验，也就是研究关于美国社会和美国政治的社会生态学。

美国人独特的政治天赋[⊖]

1

美国人的独特天赋在于政治。在我看来，政治家亚伯拉罕·林肯是美国唯一真正的圣徒，对多数美国人来说，林肯的名字代表着"充实的生活"，他本人为崇高理想而献身的精神则成为人们的指路明灯。

建国伊始，美国人就用一个政治诺言来概述美国社会的本质："人人都有机会成为总统。"也可稍微改动为承诺"人人都有机会成为首相"，对比之下，我们可以发现美国的独特之处不在于机会平等的承诺本身多么不现实，而是只有在美国，政治领域在社会价值体系中才有意义。

美利坚民族的形成方式，不是通过迫使新移民接受统一的宗教、习俗和文化，甚至不强迫他们接受美国语言，而是把多民族的传统习俗逐渐融合为一。美利坚民族要求新移民接受共同的政治信念，新移民唯有承诺认同若干

⊖ 首次发表于 1953 年《观点》(*Perspectives*)。

抽象的政治原则，宣誓支持"共和政体政府"，才能顺利归化为一名真正的美国人。

总之，这个国家（既指美国人自己，也指他们身处的国家）的意义是一种政治性的意义。在人们的心目中，无论与"美国"这个词汇伴随的是赞美还是谴责的情感，它都既指一种政治秩序，又代表一种特定的社会秩序和经济秩序，这三个方面的重要性基本等同。当美国人歌唱自己的国家时，他们用最受欢迎的赞美诗歌词，赞美祖国是"自由乐土"⊖，显然，这几乎不是对国家的描述，甚至欧洲最激进的自由主义者也不会以此作为对国家的认同。

为了找到一个与美国类似，同样彻底地以政治术语理解自身的社会，我们不得不回顾古罗马奥古斯都⊜时代的"拉丁公民权"⊜观念。不可否认的是，"拉丁公民权"只是一个美好的愿望，从未成为现实，而美国所体现出的政治意义则代表了其内在本质：理想人格、政治承诺、同化融合。因此，美国人在政治领域的独特天赋是理解美国历史及其意义的关键。

2

美国独特的制度体系及美国人特有的思想观念，是使美国与其他国家迥然不同的政治领域的具体体现。

首先，世俗化政府和宗教化社会独特的共存关系是美利坚合众国的立国之基。如今，美国拥有世界上最悠久，也最彻底的世俗政府。同时，西方社会中只有美国认为，人们毫无疑问应当信仰超自然的"上帝"，同时传统的

⊖ "自由乐土"（sweet land of liberty），出自美国著名爱国歌曲 America，创作于 1831 年，1931 年之前曾长期作为美国的国歌。——译者注
⊜ 奥古斯都，罗马帝国的第一位元首。——译者注
⊜ "拉丁公民权"（Latinitas），罗马给予被征服地区人的一种介于完整的罗马公民和无公民权者之间的公民权，因最早授予拉丁人而得名。——译者注

宗教团体、教会组织一如既往地承担着许多重要的社区职能。显然，世俗化政府与宗教化社会的上述共存关系绝非偶然形成。在美国人的眼中，两者即使并非互为前提，却也是彼此主要的支持力量。在其他任何国家，世俗化政府都是在与宗教势力的斗争中崛起的。然而在美国，世俗化政府的建立与发展，在很大程度上是响应信仰主流教义的宗教领袖的号召：旨在保障宗教和教会的更大利益，才严格分离世俗化政权和宗教化社会。

作为美国社会主要组织原则的"宪政主义"[⊖]，也是政治领域的具体体现。宪政主义绝非仅仅是对法律的尊重，美国人这方面的表现并不突出。实际上，宪政主义是一套观念集合，指涉抽象原则及其与社会行为之间关系的性质和功能。宪政主义主张，权力要造就善果就必须服从普遍而永恒的准则，手段与目的不能被真正分离，也不能只考虑一方面而忽略另一方面，行为的有效性取决于理性标准。换言之，宪政主义是一种政治伦理。美国联邦宪法只不过是上述基本信念的具体体现。在美国，宪政主义是所有主要机构的组织原则。例如，我们发现宪政主义在工业界的工作领域孕育了当今劳资关系的"普通法"，并且强化了企业内部管理的"联邦主义"[⊜]和"合法接班"[⊜]等原则。

美国人独特的政治天赋还表现在教育的政治观上，具体是指美国人坚决主张不同层次的教育对所有人而言都是平等的，如果现实中做不到这一点（事实的确如此），那么政府有义务为每位公民提供平等的受教育权。另外，

⊖ "宪政主义"（constitutionalism），源于古希腊，特别见之于亚里士多德的《政治学》《雅典政制》等著作，是防止政府权力专断的根本举措，一般包括民主机制（包括选举机制、政党制度、任期规定等）和违宪审查机制等。——译者注

⊜ 德鲁克在《公司的概念》中指出，斯隆等著名企业领导人，根据美国的联邦宪法设计出了美国现代企业的联邦分权制组织结构，即事业部制。——译者注

⊜ 德鲁克此处是指，在宪政主义原则的指导下，美国孕育了现代公司治理机制，股东、董事会和总经理构成一系列的制衡关系，股东将资产交由董事会托管，董事会作为公司的最高决策机构，拥有对总经理的聘任、奖惩以及解聘权，总经理在董事会的领导下组建执行机构，经营管理企业事务。——译者注

美国人普遍都真心认为，普通教育水准是衡量公民能力的可靠指标，这方面的任何改善都是朝向更好、更完整的公民身份迈出的坚实一步。美国人关于教育的政治观，特色鲜明地体现在该国教育体系的目标上（正是这一点使得外国人难以理解美国的教育体系）。传统欧洲国家的教育旨在培养"有教养的个人"，现代极权国家的教育则是为了培养"受过培训的螺丝钉"，而美国人反对这两种观点。他们主张学校应当培养有责任感、能自治的公民，用林肯的话来讲，自治的公民"不想成为奴隶，也不想当主人"。此外，由于美国的教育体系既不受中央政府控制，也不受集权化的政治机构制约，无论何时，只要美国社会和政府赖以立足的根基受到检验时（如罗斯福新政⊖早期和现今时期），教育领域势必就会成为激烈政治纷争的焦点。

最后，美国人独特的政治天赋体现在美国的政党体制上，而政党名称是它们与西方其他国家政党唯一的共同点。美国政党的主要目标，不是阐述特定的政治哲学用以指导政府实践，而是为人民提供一个始终保持正常运作的合法政府，它们体现了国家民族对一个强大的、统一的、为民服务的政府的需求。因此，除非能够成功争取到所有阶层和群体的支持，迅速地同时迎合极左人士和极右人士，即真正做到放眼全国，在共同的美国信念的旗帜下成功弥合利益和原则上的分歧，否则任何政党都无法在美国生存——这是美国两大政党行为稳健的原因，也是美国两大政党候选人在竞选演讲中迎合极端分子的原因。

3

20 世纪前期，美国真正的历史成就体现在政治领域。短短半个世纪的

⊖ 罗斯福新政（New Deal），是指 1933 年富兰克林·罗斯福担任美国总统后所实行的一系列经济、社会政策，此后政府大规模干预经济和社会，其核心被归结为救济、复兴和改革。——译者注

时间，美国孕育出了一个新型的现代大工业社会，各种新型社会机构蓬勃发展，为人们描绘了一个稳定发展、自由繁荣、道德高尚的工业社会的美好前景。虽然现代大工业社会成型的时间尚短，但其本身具有极其重大的意义，取得了超乎世人想象的丰硕成果。

美国人自己往往侧重探讨该国在经济领域的工业成就（这并非纯粹的技术术语）。20 世纪四五十年代，欧洲各国纷纷向美国派驻"生产效率团队"，试图厘清美国生产效率迅速提高的原因，结果它们很快认识到单凭经济和技术因素无法解释美国经济的发展。实际上，美国经济迅速发展的关键在于美国人的社会信念以及 20 世纪初发展起来的新型社会和政治机构。通过下述事实，我们可以觅得美国经济飞速发展的线索：组织各类人才努力朝共同目标前进的企业机构的发展壮大；新型社会机构的管理者担负起新的社会职能（必须用社会政治术语界定其职能），成为人民大众的领导阶层。

该时期，众多新型社会机构迅速发展壮大，企业社会责任在于提高生产效率的思想以及管理者通过自身的行为创造和发展出来的市场观念逐渐深入人心，但更加重要的是有关企业和社会之间新型关系的美国理念最终确立。该理念既不赞同 19 世纪和 20 世纪的社会主义思想，也不认可 19 世纪的自由放任主义。当时的社会主义思想主张，为了实现公共利益，商业行为必须被政府控制或者尽可能接受政府监督。自由放任主义认为，商业行为是与社会和政治目标没有直接关系的特定事务。新型工业社会孕育的美国理念则坚信，基于经济利益和自身需要，商业行为应被视为一种必要的私营活动，同时应兼顾公认的社会共同目标。为保障自身的生存，私营企业要服务于社会共同目标，同时追求自身利益，因此可将私营企业视为局部自治机构，这是美国在过去的 50 年中对西方世界最具决定意义的贡献，显然，这已成为一条基本的政治学原理。

4

美国人独特的政治天赋还表现在他们独特的行为模式方面——志愿性的组织活动。为实现最重要的社会目标，美国人几乎本能性地依赖志愿性的且通常是自发的集体行动，或许正是这一点使美国区别于其他西方国家。

近年来，关于"美国个人主义"的论调甚嚣尘上。无疑，推崇个人、能力、正直、自治及其在美国传统中的价值，是美国人的一种根本信念。但与通常所说的"集体主义"相比，"个人主义"尚不足以成为美国的独特象征，也更加不被美国人认可。需要说明的是，此处的"集体主义"显然并非那种自上而下的、组织化的政府行为推动的集体主义，而是源于社会基层的、志愿性集体行为体现出的集体主义。

这就是美国人处理社会和社区问题的独特方式。若某小镇上的青少年无人看管，当地的服务俱乐部，如扶轮社[⊖]或狮子会[⊜]就会为他们成立一个会所，使其不再游荡于街头巷尾。若当地医院需要一间新诊疗室，当地的妇女俱乐部很可能会提供资助。在很大程度上，美国的学校是由志愿性团体家长教师联谊会[⊜]运营的，该组织俨然是学校的监管机构。当美国人遭遇紧急情况，不得不迅速招募数百万人入伍时，他们会把由此带来的社会和社区问题抛给各类志愿委员会和组织，这些组织会为此迅速行动起来，甚至将年轻人

⊖ 扶轮社（Rotary），最早由保罗·哈里斯（Paul Harris）在 1905 年创立于美国芝加哥，该社的定位是"职业界领袖人士之组合"，以"服务精神"作为"职业与社会生活上成功及快乐之母"，致力于促进世界和平、振兴教育、保护儿童、提供洁净的饮用水、与疾病做斗争等。——译者注

⊜ 狮子会（LIONS），1917 年由茂文·钟士（Melvin Jones）创立于美国芝加哥，其愿景为"成为社区和人道服务的全球领导人"，其中"L"代表 Liberty（自由），"I"代表 Intelligently（智慧），"O"代表 Our（我们的），"N"代表 Nation's（民族的），"S"代表 Safety（安全）。——译者注

⊜ 家长教师联谊会（Parent-Teacher Association），是一个非营利性组织，总部位于弗吉尼亚州的亚历山大市，在美国拥有 23 万个地方组织，旨在促进家长参与到学校的教育工作中来。——译者注

编入武装力量的草案，也往往留给义务在社区征兵局工作的普通公民制定。

在所有西方国家中，只有美国政府没有设立"教育部"（Ministry of Education）。但同时，私营组织（如各类大型基金会）在美国高等教育领域的势力和影响，要远甚于其他国家，美国人认为这未尝不可。每一名美国人从小就知道，成千上万完全自愿性的、纯粹私营的、绝大多数是地方性的志愿团体实际上负责治理他们的国家，而且他们理所当然地认为，世界上最简单的事情就是不管这些组织是不是私营性质，只要能够及时满足公众需求，就可以将地方性事务交给它们处理。

一些社会科学家力图向人们证明，美国人的日常生活并不以"竞争"为特色。在各种志愿性的、私营团体内部及其彼此之间，竞争与合作共存。这种行为模式深深地扎根于美国的历史传统（小型宗教团体成员之间的兄弟之情，先辈拓荒时相互依靠的邻人之谊），在美国最新型的社会组织中发挥着同样重要的作用。对于来美国参观学习的外国管理者和劳工代表而言，美国商业体系最显著的特征莫过于，即使是在最激烈的竞争对手之间，在政策、技术、经营问题等方面也存在着密不可分、有条不紊的合作；特定工厂中的经理人和工会领导在日常事务中也时常密切合作。

5

美国人对于自身独特的政治天赋已经习以为常。如果问其根源何在，他们可能会认为是开放的美国边疆。的确，随殖民和文明而来的人口拓荒，在不到一个世纪的时间里自大西洋沿岸出发，横穿荒无人烟而又危险莫测的神秘北美大陆，最终抵达太平洋沿岸，这是美国人津津乐道的历史成就，也是他们最深层的社会经验。然而，开放的边疆以及殖民过程本身，是美国人独特的政治天赋的结果，而非起源。恰恰因为美国人具备前述组织起来志愿从事集体行动的能力和"宪政主义"思想，浩浩荡荡的移民队伍才能够平安地翻越高山、穿过平原，缔造秩序井然的联邦共和国；早期美国人成功地使源自欧洲的社会、政治和经济组织模式适应于边疆地区的新情况，正是这种宛如天赋的能力顺利地解决了美国向西部殖民过程中可能遭遇的重大难题。最重要的是，美国让来自欧洲各国的数百万移民几乎一夜之间成功归化为了美国人，美洲大陆的快速殖民正是有赖于此。吸收外国移民成为美国公民，使他们迅速融入美国的政治体系，是实现上述成功转化的前提条件。

对人的本性和宇宙本质的基本信念，是美国人独特政治天赋的重要构成部分。相比于气候、区位甚至历史经验，国家的形成期对美国人独特天赋的影响要更加深刻。本文认为美国人的独特天赋在于政治领域，意思是指美国人从殖民时代开始，就拒绝严格分离物质世界与精神世界、理性世界与感性世界。换言之，美国人并不完全赞同笛卡尔㊀、休谟㊁、德意志唯心主义哲学家㊂等近代哲学家的观点，事实上，美国人对现代欧洲思想赖以立足的整个后笛卡尔哲学都不是非常认可。上述每位哲学家，即使他们并不否认政治领域的现实存在，却也都不认为政治具有精神意义。

政治家往往认为，物质现实和思想观念都绝不是虚幻的，也不是假象，更不涉及优劣。政治家的任务就在于立足现实条件实现既定目标。没有思想，政治家既不能得到实现目标的指导，也不能获得向目标前进的能力。政治家必须不断反对"非此即彼"（在唯心主义还是唯物主义、唯名主义还是唯实主义、理性主义还是直觉主义中只能二者择一）的一元论哲学㊃，支持

㊀ 笛卡尔，法国理性主义哲学家、数学家，代表作《方法论》（*Discours de la méthode*）。——译者注
㊁ 休谟，英国经验主义哲学家、历史学家，代表作《人性论》（*A Treatise of Human Nature*）。——译者注
㊂ 德意志唯心主义哲学，是指从 18 世纪晚期至 19 世纪早期在德意志国家建立起来的哲学，由康德在 1780～1790 年的作品发展起来，并和浪漫主义、启蒙运动的政治革命有着密切联系，最有名的思想家包括费希特、黑格尔等。——译者注
㊃ 一元论哲学（monism），主张世界的本原只有一个的哲学理论，与"二元论"和"多元论"相对。——译者注

"二者皆可"的二元论哲学[⊖]。政治家既不能像欧洲的人文主义者那样，主张"肮脏的"政治脱离"纯粹的"知识和艺术文化，也不能像欧洲的唯物主义者那样，简单地将政治视为物质条件的合理化或现实条件自动导致的结果。他既不能作为"过分乐观的理想主义者"或"改良主义者"，也不能沦为"疯狂逐利的拜金主义者"，而是必须不断将两个极端要素融合在一起，努力从中觅得平衡与和谐。对政治家而言，物质和精神是同一个世界的两极，二者相辅相成，彼此对立又须臾不可分离。

至少从 250 年前的乔纳森·爱德华兹开始，美国人已经开始深入思考上述哲学观念，他们坚信物质与精神、理性与经验、逻辑与直觉，必须始终保持同等真实且同样有效。恰恰是这种哲学世界观，能够解释美国传统中政治领域的核心理念。

在这种哲学世界观的指引下，政治旋即成为个人应当承担的责任，成为人们生活中主要的道德职责。正如一名 18 世纪政治家称其为"无穷的探索"，在美国人心目中政治成为令人肃然起敬的，实际上在审美意义方面富有创造性的行动领域；正如个体美国人通过从事慈善事业，从追求空虚的自我转向其真正的使命，政治也成为精神意义上富有创造性的行动领域。政治领域是充满创造性的、有意义的、道德高尚的、令人尊敬的、慷慨无私的，这是美国人政治信念的关键所在，是美国人的成就，也是他们的象征。在黑暗与动荡的岁月，美国人心中缅怀的伟人是为数不多的政治领袖，原因就在于，他们身处政坛充分抓住了面临的机遇，担起了应负的责任。

根本上，美国人的哲学立场（相信物质通过作为人类活动的政治为精神服务）立足于宗教信仰的基础之上。称其为"基督教的"哲学立场并非完全错误，但实际上这是犹太人的伟大贡献。因为正是在《旧约全书》中，上帝看着自己的物质创造物，并"看着是好的"。然而，如果缺少创造物质的精

⊖　二元论哲学（dualism），主张世界的本原有两个方面或对象的哲学理论，与"一元论"和"多元论"相对。——译者注

神，那么创造本身就什么都不是。人类的独特任务、使命和目标就在于，通过创造的过程和创造物本身来使物质表达精神。

6

当前美国面临的困境，再次主要表现为一种政治领域的挑战。首先，当今世界，"冷战"看不到尽头，税收压力持续攀高，通胀危险愈益逼近，各方之间战和不定的形势令人心惊胆战，在这样的局势下如何应对福利国家的挑战，维持自由的社会和自由的政府？

更大的挑战是制定一套与美国的能力和责任相匹配的外交政策。迄今为止，鉴于美国外交机构出台的政策和行动均归于失败，所以这个挑战异常艰巨。美国已经是第三次在赢得了一场大战的军事胜利之后却几乎立刻丧失了和平。

在具有自我毁灭倾向的西方文明中，美国文明处于什么样的位置？到底仅仅是一个短暂的插曲，还是能给西方各国政坛带来智慧，带领各国走向自由、稳定、和平、繁荣的新时代？这主要取决于美国人的政治领导力、政治智慧和政治成熟度，而非美国的经济实力或军事战略。如今，美国人的政治天赋正在接受考验。

卡尔霍恩的多元主义理论[⊖]

安德鲁·杰克逊[⊜]时代，美国政党制度的基本框架最终确立，却一直饱受质疑。批评的焦点始终针对美国政治领域的多元政制，即以利益集团合法施压、部门之间相互妥协为特征的独特政府组织形式。从史蒂文斯[⊜]到华莱士^⑭，批评的最终目的始终是用欧洲式基于"意识形态"和"有原则的"政府取代美国"无原则的"多元政制。实际上，恰恰由于支配当今美国人生活的政治问题（产业政策和外交政策）最不可能经由利益集团之间的相互妥协而得以解决，所以美国多元政制在过去十年中遭遇的危机，至少自美国内战以来是最严重的。并且，尽管美国民主党的危机症状（左翼第三党派^⑮的兴

⊖　首次发表于 1948 年《政治学评论》(*The Review of Politics*)。
⊜　安德鲁·杰克逊（Andrew Jackson），美国第七任总统。约翰·卡尔霍恩于 1829～1832 年担任其副总统。——译者注
⊜　史蒂文斯（Thaddeus Stevens），19 世纪 60 年代共和党内激进派领导人之一，强烈反对奴隶制和种族歧视。——译者注
⑭　华莱士（Henry Wallace），1941～1945 年任富兰克林·罗斯福政府的副总统。——译者注
⑮　在美国，民主党和共和党之外的其他党派统称为第三党。从历史上看，这些党派往往与工人运动联系较为紧密，但影响力有限，从未赢得过大选。此处德鲁克可能是指亨利·华莱士脱离民主党后，组建进步党参加 1948 年美国总统大选的行为。——译者注

起和南方民主党令人不安的分裂⊖）更加严重，但美国共和党的形势也好不
到哪里去。在 1940 年的总统大选中，虽然"理想主义者"威尔基⊜广受欢
迎，却依旧无法吸引数量庞大的劳工选票，这表明共和党同样面临着严峻的
意识形态压力。

然而，由于几乎没有人真正理解美国多元政制的基本原理，所以无人能懂
当前危机的本质。当然，美国的每一位政客，都必须本能地通过协调不同群体
之间的利益开展工作，选民对此早已习以为常。但现实中没人意识到，协调不
同群体之间利益的组织，既是美国独特的政治组织形式，又是现代美国所有
主要政治机构的中流砥柱。甚至像温斯顿·丘吉尔那样睿智的观察家，似乎
也没有认识到美国国会与英国议会的运作立足于完全不同的基础，同样，恐
怕 9/10 的美国人，1000 名"公民课"教师中有 999 名也对此不甚理解。因此，
很少人能明白，协调不同群体之间利益的多元政制不仅仅像普通美国人传言
和"政客"所说的股市投机那样容易滋生腐败，实际上，多元政制本身就是一
种基本意识形态和基本原则，并且无疑是美国自由社会和自由政府的基石。

1

为了深入分析协调不同群体之间利益的政治原则，我们不得不回顾 100 年
前的约翰·卡尔霍恩的观点及其去世后的 1852 年出版的两篇政论文章。⊜卡
尔霍恩的观点是美利坚联盟国®的理论基础之一，因此内战后该观点被美国

⊖ 德鲁克此处可能是指，美国南方右翼保守民主党人主要由于反对本党总统哈里·杜鲁门的
民权政策，愤而推举时任南卡罗来纳州长的瑟蒙德（James Strom Thurmond）1948 年竞选
总统。——译者注
⊜ 威尔基（Wendell Willkie），一向支持民主党，但 1940 年代表共和党竞选总统，对富兰克
林·罗斯福总统的国内政策多有批评，但最终被后者击败。——译者注
⊜ 此处指论文《论政府》和《美国的宪法和政府》。——译者注
® 美利坚联盟国，又称"美利坚邦联"，成立于 1861 年 2 月 4 日，先后共计 13 个州加入，
一般认为，1865 年 4 月 9 日，罗伯特·李将军麾下的北弗吉尼亚州军团向格兰特将军缴
械投降，标志着美利坚联盟国的终结。——译者注

人视为洪水猛兽，无人问津，但若认真阅读其著述，读者可能会惊讶地发现，卡尔霍恩的理论堪称美国政治史上既精致又深刻的公理。该"公理"即为美国内战后重建时期⊖创立的党派投票制度。当然，卡尔霍恩构建有关奴隶制问题的理论契机是既定的；各州在宪法层面上对全国性立法的否决权，在卡尔霍恩的理论中具体化为不同利益集团之间的妥协原则，现实中则转换为各种机构、利益团体、压力集团在国会和各党派内部的彼此否决权，虽然这种否决权的权力更强大也更灵活，却在联邦宪法中没有涉及。根据法无禁止即自由的原则，否决权位于宪法的禁止范围之外，⊜**其基本内涵是：国家中每一个重要的地区、经济或宗教利益集团，其中任何一方都应该有权否决对其产生直接影响的政治决策**，卡尔霍恩称其为"**复合多数规则**"，虽然名称有点晦涩，但这已成为美国政治运作的基本规则。不幸的是，今天该规则正遭受重重抨击。

卡尔霍恩的理论之所以对于理解美国政治至关重要，原因不仅在于他认识到地区和利益的多元主义在美国政治生活中的重要性（实际上其他剖析美国政治的学者，如托克维尔⊜、布莱斯⑭、威尔逊⑤等同样意识到了这一点），还在于只有卡尔霍恩真正理解，美国的国家规模决定了多元政制的权宜性与合理性，最重要的是，他把多元主义视为自由政府的基本原则：

⊖ 美国内战后的重建时期（reconstruction period），一般有两种划分方法，分别为1863～1877年、1865～1877年。——译者注

⊜ 卡尔霍恩持极端守法主义（legalism）观点，坚信一切都应在成文宪法中得到明确阐述（许多与他同时代的人都持该观点），这也是其观点的重要性得不到普遍认可的重要原因。无疑，正是"复合多数规则"的内在本质，使其无法在一个有效的政府中获得正式的合法地位——如《联合国宪章》（U. N. Charter）明确授予五强（Great Powers）否决权，使得有效治理变得不可能。

⊜ 托克维尔（Tocqueville），法国古典自由主义政治思想家，代表作为《论美国的民主》和《旧制度与大革命》。——译者注

⑭ 布莱斯（James Bryce），英国自由党政治家，法学家，历史学家，著有《美利坚共和国》。——译者注

⑤ 威尔逊（Thomas Woodrow Wilson），美国学者、政治家，1913～1921年任美国总统。——译者注

没有这一点（复合多数规则立足于利益而非原则）就……没有宪政。不论立宪政府采取何种形式，上述断言对所有立宪政府都是成立的：的确，消极权力塑造了宪政，积极权力则塑造了政府。一边是行动的权力，另一边则是预防或制约行动的权力。二者结合，共同构成了立宪政府。

……因此，必然的推论就是，数量上的简单多数操纵的政府，必然不是宪政……因此，若数量多数不与复合多数结合，无论如何都必然会造就独裁政府。

被他们（政府）支持和维护的原则……在立宪政府中的原则是妥协；在独裁政府中是强制……⊖

并且，无论美国人对本国政治体制的"无原则"性发出多少抱怨之词，他们时常表现出来的行为却表明，他们相信如果没有不同部门和利益之间的妥协，就没有立宪政府。如果不理解这一点，往往会误以为美国政府和政治不仅抠门而且贪腐，甚至有时还表现得完全丧失理智且无法预测。

2

不同部门和利益的多元主义已经塑造了美国的所有政治机构。正是遵循这种规则（完全是非正式的且联邦宪法对此只字未提），美国的各级政府机构才得以顺利运转，领导人得以被选出，政策得以制定，民众和各类团体为控制和管理政治权力得以组织起来。尤其重要的是，多元主义能够恰当解释美国政治体制的特色：国会运作的方式、主要政府部门建立和运作的方式、候选人竞选公职的"资格"要求、美国的政党结构等。

几乎所有外国观察家都难以理解美国国会中的两类事情：正式的党派归属和跨越党派界限的"集团"之间的区别；国会中各委员会的权力和职能。

⊖ *A Disquisition on Government* (Columbia, S. C., 1852), 35～37。

虽然多数美国人对此已习以为常，但同样感到困惑不已。

各个"集团"（如美国国会中不同党派议员组成的"农业集团""参议院劳工之友""商业集团"等）的行为生动体现了地区和利益多元主义的基本宗旨，即主要利益集团对直接影响其利益的立法拥有否决权。故这些集团必须跨越党派界限，而党派界限体现的是不同党派的数量多数而非"复合"多数。由于这些集团掌握的只是消极否决权，且只能用于直接影响到他们切身利益的决策，故他们不可能长期组织在一起以取代政党。这些跨党派议员集团只能松散地组织在一起；同一位国会议员在不同的时期必须为不同的集团投票。就像那些阻挠议事的参议员近乎神圣的生动形象所表现的那样，集团的力量并不依赖于自身的人数多少，而是依赖于美国政坛赋予每个主要集团一种有限自治权的基本惯例。例如，农业集团并不依靠乡村选票的数量优势（虽然人口稀少的农业州在人口上居少数，但在参议院拥有超过其人口比例的影响力），而是依靠其"战略"优势，即其发言人口中所谓公认的重要利益。

某个集团也可能会服从整体利益，但那仅仅是"暂时的非常举措"。显然，罗斯福新政的多数举措既非"暂时的"又不是"非常举措"，但其倡导者不得不努力使利益集团相信其属于"暂时的非常举措"，只有这样，才能跨越宪法未涉及的商业集团的否决权，顺利出台新政举措。

一旦"暂时的非常举措"这种借口完全丧失了合理性，那么其他的主要利益集团就不能再被跨越，政策就很可能会夭折。例如，在 1946 年，解决劳工问题就只能立足于劳资双方共同接受的基础：更高的工资**和**更高的物价。（即使数量上的多数派可以通过立法反对少数派——在 20 世纪 40 年代后期，商业集团的主张偶尔仍然会被跨越，但解决方案的出台仍需以双方的共同接受为前提。）

不同地区和利益集团相互妥协的原则，直接孕育了美国国会中的委员会体制（这在世界各国中是独一无二的）。很大程度上，为了使公众身在家中知晓天下事，议员们的发言和投票记录往往被过度公开。因为只有在安静且私密的委员会会议室中才能顺利实现不同利益的相互妥协，所以美国国会尤其是众议院已经基本将权力下放到各个委员会。委员会的目的是在所有受影响的主要利益团体之间达成妥协，因此将有待表决的法案提交给"正确的"委员会就显得异常重要了。但是，除美国国会，在其他国家的议会中，一旦某党派认可一项提案，那么该提案的命运就几乎与自身内容没有关系了，而是取决于政府中的权力制衡和党派纲领。因此，在这些国家的议会，提案由哪个委员会讨论，或是否提交给某个委员会，通常都不会产生任何实质性影响。然而，在美国，由于每个委员会代表着一个特定的利益集团，一项法案被分配给一个特定的委员会，就意味着承认该利益集团会受到法案中相关措施的直接影响，因此该集团就有权参与制定法案（"谁会站在委员会席位前"）。许多情况下，待决提案被分配给某个委员会审核往往决定了该提案的前景，尤其是当委员会出台了妥协方案后，议员尤其是众议员一般都会接受。

不仅是国会，每一位议员也都被期待按照"复合多数规则"行事。国会议员既是美国人民的代表，要为国家利益负责，又是特定选区选民的代表，要为局部利益负责。当议员所在选区的选民利益得到保障时，他就是全国性政治家；当议员所在选区选民的价值观和经济利益受到影响时，他就摇身变为他们的发言人。这与其他议会制政府所依据的理论形成鲜明对比（其理论由埃德蒙·柏克⊖两百多年前在布里斯托尔市对选民的著名演讲发展而来），根据该理论，议员代表的是共和国而非选民。因此在议会制国家，代表可

⊖ 埃德蒙·柏克（Edmund Burke），英国政治思想家，保守主义的鼻祖，重视传统，强调经验，维护自由，反对法国式暴力革命。布里斯托尔是当时英国的第二大城市，1774～1780年，柏克担任该市在英国下议院的议员，前后总共对选民发表过 4 次演讲，在第 2 次演讲中，柏克认为议员与选民并非是"委托关系"，议员应该关注选民的切身利益，决策时应考量选民的意见，但议员在多大程度上服从选民，应由自己决定，政府并非意愿或喜好之物，而需判断和抉择。实际上，柏克在担任议员的 6 年时间里，只到过该市两次。——译者注

能与选民素不相识（极端的例子是魏玛德国^㊀，该国的每个选区都有一份冗长的全国候选人名单），然而美国的国会议员却必须是所代表的选区的居民。若被冠以"棉花·艾德"^㊁之类诨号，美国参议员会认为是一种赞誉，并视其为宝贵资产。与此对比，英国下院的议长不久前严厉批评了一名议员，原因竟是该议员称呼另一名议员（矿工工会的一位官员）为"煤矿工人的代表"。

在行政部门，全世界只有美国联邦政府的内阁成员可以合法地代表农业、劳工、商业等特殊利益集团，地区和利益多元主义原则正是其原因所在。在其他任何国家，政府部门（所有与政府有关的机构）的公务员都必须庄严宣誓，要捍卫公共利益，反对"利益集团"。然而美国的政府机构，甚至一些更小的部门，如政府的内部处室和分支机构，都可以合法代表特殊利益集团。第二次世界大战（简称"二战"）期间，代表消费者的物价管理局和代表厂商的战时生产委员会^㊂之间彼此斗争；甚至在战时生产委员会内部，代表国防工业利益的采购部门和代表"大后方"工业利益的民用部门之间钩心斗角，皆为这一观念的具体表现。

曾使詹姆斯·布莱斯等许多国内外观察家困惑不解的神秘"被选举资格"（决定谁将成为一名前途光明的公职候选人的标准），也可以追溯到"复合多数规则"。被选举资格仅仅意味着，任何候选人必须得到任何主要利益集团、宗教势力或地方团体的认可，显然这是一种消极方面的限制。美国所有级别的选举、所有的选举委员会，都会采用这种独特的"被选举资格"。

㊀ 魏玛德国（Weimar Germany），指 1918～1933 年采用共和宪政政体的德国，1933 年希特勒成为德国总理后，魏玛德国逐渐被纳粹德国取代。——译者注

㊁ 德鲁克此处是指民主党政客埃利森·史密斯（Ellison D. Smith），此人 1901 年组织农民保护协会，1905 年共同成立美国南部棉花协会，公开宣称"棉花为王，白色最美"，诨名"棉花·艾德"即由此而来。——译者注

㊂ 战时生产委员会（War Production Board），1942 年 1 月，根据富兰克林·罗斯福总统的 9024 号行政令设立，用以监督美国"二战"期间的战时生产，战后该委员会于 1945 年 11 月被撤销。——译者注

"老板"弗林的回忆录《你说了算》⊖对此进行了精辟分析，披露了民主党支持哈里·杜鲁门竞选 1944 年副总统的内幕。因为杜鲁门既不是东部人，也不是西部人或南部人，既非罗斯福新政的拥趸，又非保守分子，总之他没有任何太突出的特点，各方面平淡无奇，不会在任何地方冒犯任何人，所以他比亨利·华莱士、詹姆斯·伯恩斯⊜、威廉·道格拉斯⊜更具有"被选举资格"。

虽然美国的政党制度是利益多元主义政治体制的核心，但联邦宪法只字未提政党。若任何外国观察家试图根据自身对政治生活的理解考察美国的政党体制，最终必然感到惊讶甚至绝望。美国的政党制度（而不是各州）已然成为实现卡尔霍恩倡导的"复合多数规则"的工具。

美国的政党体制与欧洲各国迥然不同，前者除了组织彼此互异的派系追求共同目标、夺取政权外，别无其他任何规划和目标。维持团结的关键要素是共同行动，而非信仰，其唯一的行动准则是吸引（或至少不排斥）最大数量的团体。显然，美国的政党必须得到左派和右派、穷人和富人、农民和工人、清教徒和天主教徒、本土居民和外来移民的共同支持，必须能够把密西西比州的兰金先生㊉和纽约州的马肯托尼奥先生㊋（或者是弗兰德斯参议员㊌和麦考密克上校㊍）团结在一起，投票支持该党同一位总统候选人和同一份"党纲"。

⊖　弗林（Edward J. Flynn），美国民主党政治家，曾出版个人从政回忆录《你说了算》（*You're the Boss*），披露了若干美国政坛秘闻。——译者注

⊜　詹姆斯·伯恩斯（James F. Byrnes），美国民主党政治家，1945 年被杜鲁门总统任命为国务卿，在波茨坦会议上发挥了重要作用。——译者注

⊜　威廉·道格拉斯（William O. Douglas），美国最高法院历史上任职时间最久的大法官。——译者注

㊉　兰金（John E. Rankin），密西西比州联邦众议员。——译者注

㊋　马肯托尼奥（Vito Marcantonio），纽约州联邦众议员。——译者注

㊌　弗兰德斯（Ralph Flanders），佛蒙特州联邦参议员。——译者注

㊍　麦考密克（Robert R. McCormick），早年参加"一战"，退役后进入报业，20 世纪 20 年代逐步成为《芝加哥论坛报》的所有人和发行人。——译者注

起码，一个政党要能够赢得每个主要利益集团中少数派的支持，否则一旦该党被某一部门、利益团体或阶层否决，就会面临分裂的危险。无论何时，每当政党丧失了将部门压力和特殊利益融合为统一的国家政策的能力时（美国内战前的两大政党，汉纳⊖重组前的共和党，当今的两大政党），政党体制及与之相连的美国政治体制就会陷入危机。

因此，卡尔霍恩的理论观点并未由于美国内战而被抛弃，相反，却在内战结束后被纳入政治实践，这是理解美国政治的关键。

表面上，史蒂文斯众议员、苏华德国务卿⊜、蔡司首席大法官⊜等"激进共和党人"获得了胜利，他们不仅千方百计摧毁奴隶制和州权，还力图废除"复合多数规则"。实际上，早期共和党（美国内战前和重建时期）确实曾下决心废除美国政治生活的指导方针——利益多元主义原则。但最终，亚伯拉罕·林肯、安德鲁·约翰逊®等推崇的多元主义政治思想，而不是自由之土党成员®和废奴主义者®的意识形态塑造了共和党。自此以后，美国政治体制的重大发展均立足于卡尔霍恩的原则。美国政治体制的优缺点皆由此而来。

3

地区和利益集团互相妥协的多元主义原则，其缺点要比优点明显得多；

⊖　汉纳（Mark Hanna），俄亥俄州联邦参议员。——译者注
⊜　苏华德（William H. Seward），共和党形成时期的领导人物之一。——译者注
⊜　蔡司（Salmon P. Chase），俄亥俄州联邦参议员，1864～1873 年担任最高法院首席大法官。——译者注
®　安德鲁·约翰逊（Andrew Johnson），美国政治家，1865 年亚伯拉罕·林肯总统被刺杀后，继任为美国总统。——译者注
®　自由之土党（Free Soil Party），活跃于 1848～1852 年的总统选举和部分州的选举过程中，存在时间很短，主要诉求是反对在美国西部各州实行奴隶制，大部分党员后来加入了共和党，前文提及的蔡司首席大法官即为该党领导人之一。——译者注
®　废奴主义者，主张废除奴隶制度的人，自 18 世纪启蒙时代起，欧美各国掀起一场废除奴隶制度及奴隶贸易的运动，19 世纪中期达到高峰，美国内战的主要原因即为奴隶制的存废问题。——译者注

一百多年来，这些缺点已经被讨论得非常彻底。弗朗西斯·利伯㊀将 19 世纪早期流行的德意志政治理论引入美国，并早在一百多年前就已经在卡尔霍恩的家乡南卡罗来纳州抨击多元主义。推后 20 年，沃尔特·白芝浩㊁仔细比较了下述二者的优劣：一方是格兰特㊂任总统时期美国的低效政府，另一方则是格雷斯顿㊃和迪斯雷利㊄任首相时期英国的高效政府，结论是后者的意识形态政党体制优势明显。伍德罗·威尔逊教授对美国的多元政体进行了最彻底和最尖锐的批判，他担任美国总统的亲身经历，充分证明其曾经提出的每个观点都所言不虚。时间似乎并没有消弭美国多元政制的缺陷，具体如下文。

首先，基于"复合多数规则"的多元主义政治体制无法解决价值观分歧。多元政制唯一能做的，就是否认"意识形态"冲突（当今的说法）的存在。多元主义者坚信，那些冲突从根本上看要么是赤裸裸的权力斗争，要么是不同集团之间的利益摩擦，争吵不休的党派只要在会议桌前坐下来，就能够解决彼此之间的分歧。或许，最简洁、最完美、最天真的总结，还是已故的巴顿将军㊅的名言：说到底，纳粹党、共和党、民主党在本质上都是一回

㊀　弗朗西斯·利伯（Francis Lieber），德裔美国法学家、政治哲学家。——译者注

㊁　沃尔特·白芝浩（Walter Bagehot），英国记者、商人、作家，代表作有《英国宪制》《物理与政治》《伦巴第街》。——译者注

㊂　尤利西斯·格兰特（Ulysses S. Grant），美国政治家，内战时期被林肯总统任命为联邦军总司令，击败罗伯特·李将军率领的南军主力，1868 年当选美国总统。——译者注

㊃　威廉·格雷斯顿（William Ewart Gladstone），英国政治家，作为自由党人四度出任首相。——译者注

㊄　本杰明·迪斯雷利（Benjamin Disraeli），英国政治家，作为保守党人两度出任首相。——译者注

㊅　小乔治·史密斯·巴顿（George Smith Patton, Jr.），美国陆军四星上将，指挥风格迅速果断，为人率直，脾气急躁，因口无遮拦而颇具争议。作者此处提及的事件是，1945 年 9 月 22 日，记者问巴顿将军："为什么在政府部门中仍保留了一些纳粹分子？"巴顿将军答道："我跟其他人一样痛恨纳粹。……如今超过一半德国人是纳粹分子，如果将所有人都驱逐，我们立刻就会陷入困境。我看待纳粹问题的方式，就好比美国共和党和民主党之间的竞选。经历了 4 年战争，巴伐利亚现在陷入混乱和无序，为了使一切尽快步入正轨，我们不得不稍微向魔鬼妥协。我们别无选择，只能求助于那些知道该做什么和怎么做的人。"——译者注

事儿。（卡尔霍恩虽然不那么天真，但同样不理解围绕着奴隶制问题的所谓"意识形态"冲突。）

绝大多数情况下，否认存在意识形态冲突是有益的，能够防止权力斗争和利益摩擦恶化为宗教战争，这类战争以不可调和的价值观冲突为基本特征（欧洲各国的意识形态政治几乎无法抵御此类灾难）。否认存在意识形态冲突，有助于在能妥协的领域达成妥协。但当出现真正的价值观冲突时（不管多元主义者如何辩解，终究存在这种冲突），"复合多数规则"将不再发挥作用；实际上，在卡尔霍恩时代面临的奴隶制存废问题上，这一预言不幸成为现实。多元主义者拒绝承认存在意识形态冲突，反而导致原本合理的意识形态争论日趋恶化：那些认为奴隶制问题能够通过召开表达善意的会议，或支付一定款项加以解决的妥协者，可能比废奴主义者更加推动了美国内战的爆发。

地区和利益集团多元主义原则存在严重弊端，有时会沦为一种不作为原则。"错误决策也比无所作为要好"的流行口号当然是靠不住的，但如果一国的政府立足的基本原则规定，除非全体一致赞同，否则什么都不能做，那么不管该国的资源多么丰富，政府都将不能及时出台合理的政策。尤其当利益集团游说国会议员**反对**某项决策时，多元主义原则致使组织有序的小型利益集团的重要性过大。国会很容易迫于压力，通过删除某些相关条款的权宜之计阉割一项法案；国会只有在面临强大的压力时才会积极行动起来。很大程度上这能解释，为什么在过去的 100 年中，国会作为政府决策机构，在赢得民众尊敬和实际行动的魄力方面越来越黯然失色。开国元勋[⊖]意图把国会作为政治体制的核心机构，直到安德鲁·杰克逊总统时期，该项任务才终告完成。然而，国会成为不同地区和利益集团代表的集合，结果却使整个国家日益缺乏领导力。

㊀　开国元勋（Founding Fathers），一般是指签署《独立宣言》和《美国宪法》的政治领导人以及参与美国革命的领袖，有时也称为"美国国父"。——译者注

多元主义充分重视（有过之而无不及）地区和利益集团，但谁来代表国家的整体利益呢？自卡尔霍恩时代起，多元主义倡导者就一直在试图回避这个问题，他们声称国家利益等于所有局部利益的总和，因此国家利益不需要特定机构来代表，但通过最基本的观察就可以驳倒这一模棱两可的观点。实践中，那些没有任何个人、部门和组织代表的国家利益，最容易被多元主义者牺牲掉，以此为代价来解决地区和利益集团之间的冲突。

卡尔霍恩活跃在政坛时，即美国第一位持多元主义观点的总统安德鲁·杰克逊就职后的十年间，多元主义的上述缺陷就已经暴露无遗了，这确实令支持者非常苦恼。卡尔霍恩去世后的几年内，多元主义体制已经无法弥合和解决意识形态的冲突（即奴隶制存废的分歧），从根本上讲，该体制无法代表和捍卫国家利益，最终不幸演变成一场灾难——美国内战。既然不能完全克服上述缺陷，那么是否可以缓和或抵消呢？实际上，一百多年来的美国政治思想，就是围绕着该问题而展开论述。其最终成果表现在，美国人从三个方面完善本国的立宪政体：总统不再仅是国会的执行代理人，而成为一名"领导人"，其权能愈益加重；最高法院及"法治原则"逐渐突出，成为政策仲裁机构；发展出一套统一的意识形态，即所谓"美国信念"。○

其中，最重要（也最少被意识到）的是美国信念。实际上，除托克维尔外，我没见到任何重要作家阐述过这一点。这个"非美国式的"词汇却难以被翻译为其他语言，尤其不能翻译为"英国式"英语。在其他任何国家，包含一系列观念要素的国家认同是不能立足于假设的——至少在自由国家不能。例如，这种独特的多元主义原则的集合表明，美国选民之所以拒绝承认社会主义和共产主义政党为"正常的"党派，只是因为它们都不认可下述假设：存在一种共同的美国信念。美国本土劳工运动的目标，在于利益的分配而非政治理念。美国是唯一在学校开设"公民课"的西方国家，也是唯一坚

○ "美国信念"（American Creed），是美国人界定自身特性的一套陈述，最早见于杰斐逊起草的《独立宣言》，后随着历史发展而不断丰富。——译者注

信正确的社会理念能够或应该纳入公共教育体系的民主国家。

欧洲人往往认为普遍信念与自由社会不兼容。极权主义㊀兴起之前，没有一个欧洲国家懂得美国学校里的孩子向国旗敬礼之类的事情。㊁因为在欧洲国家，所有政治活动都基于意识形态派别；所以欧洲国家若实行统一的意识形态，意味着要取消**所有**反对党。在美国，意识形态的同质性恰恰是政治多样性的基础。这种情况赋予利益集团、宗教团体和压力集团等类似组织几乎无限的自由；从这个意义上讲，这正是自由政府的根基所在。（这也解释了为什么在美国，捍卫公民自由的重要性要比在英法等其他国家重要得多。）统一的意识形态即美国信念赋予该国最低限度的凝聚力，否则美国的政治体制根本无法运转。

4

但如今，仅仅依靠"美国信念"，是否仍足以推动基于"复合多数规则"的政治体制顺利运转呢？多元政制对美国政治两大难题的处理（外交政策的制定和工业社会的政治组织）能比奴隶制问题的解决更成功吗？或者，美国政治体制正面临与卡尔霍恩晚年同样严重的危机，是由于几乎相同的原因吗？

涵盖地区、经济、种族等方面的特殊利益集团，或其彼此相互妥协折中，这种方式从来都不能用于制定外交政策；外交政策必须超越特殊利益。为特殊利益服务将会自动地实现国家利益，如果说卡尔霍恩的这种多元主义观点有任何错误的话，那么可以确定的是，外交领域就是谬误之处。

政党唯有立足于意识形态性的基础，即立足于普遍性原则时，外交政策

㊀ 极权主义（totalitarianism），又译为极权政体、全能政体等，不允许存在个人自由，力图使个人生活的所有方面服从政府权威。——译者注

㊁ 美国最高法院关于强制向国旗敬礼的两项判决及其异议，或许是迄今所见的有关美国意识形态凝聚力的最深刻探讨，理应在所有美国政府文件中得到高度评价。

和政党体制似乎才可能共存。因为如果政党不是立足于普遍性原则，那么外交政策就会沦为一系列心血来潮的临时举措。所以，在各个政党竞争选票和政权的自由社会中，制定外交政策的压力可能会迫使政党转向意识形态，而这迟早也会体现在国内政策中。

立国之初，列强环伺，英法西班牙等国虎视眈眈，弱小的美利坚合众国缺乏战略纵深，唯有依托漫长而脆弱的海岸线，保卫国内刚刚起步的新型政治体制。所以美国早在建国初期，就已经清楚地认识到了外交政策的至关重要性。对于外交政策的上述认识一定程度上解释了开国元勋（尤其是汉密尔顿⊖）建立一套意识形态政党体制的原因；也解释了门罗主义⊜（美国 19 世纪唯一积极的外交政策理念）由开国时期幸存的最后两位政治家（门罗和约翰·昆西·亚当斯）制定的原因。无论卡尔霍恩对此的认识多么不足，实际上，美国内部整合最关键的时期，恰逢法国大革命和拿破仑战争，导致欧洲各国无暇西顾，否则他的理念根本不可能得到落实。到 1820 年，美国已非常强大，但由于吞并了过多领土导致特别容易遭受攻击；同时美国尚未足够强大，不得不全神贯注于自身的发展，不参与国际事务。因此，卡尔霍恩以及其他同时代的美国人，可以将外交政策抛于脑后，甚至，如果要撰写一部论述这一重要历史时期的综合性著作，完全可以像小施莱辛格⊜在其著作《杰克逊时代》中的做法一样，完全不提外交事务，这一点在世界各国中可谓独一无二。

然而，外交政策如今对美国生存的重要性，不亚于立国之初的华盛顿总统和杰斐逊总统时期。美国当前必须做的，是拍板抉择货真价实的外交**政**

⊖ 亚历山大·汉密尔顿（Alexander Hamilton），美国政治家，开国元勋。——译者注

⊜ 该主张最初由约翰·昆西·亚当斯等人构思，1823 年门罗总统向国会提交的《国情咨文》中系统阐述，史称《门罗宣言》，主张欧洲国家不继续向美洲殖民、欧洲国家不干预美洲独立国家的内政、美国不干预欧洲事务等。——译者注

⊜ 小施莱辛格（Arthur M. Schlesinger Jr.），美国历史学家，其多数作品都致力于探讨美国 20 世纪自由主义的历史，德鲁克此处提到的《杰克逊时代》（*Age of Jackson*）出版于 1945 年。——译者注

策，显然"孤立主义"⊖和"国际主义"⊖都无法做到这一点。("国际主义"即试图建立一套自动决策，甚至预先决策的机制，实际上也是拒绝制定真正的外交政策；对美国和世界而言，国际主义与"孤立主义"同样有害，前者甚至害处更大。)美国为了维护本国作为当今世界上最强大的超级大国地位，甚至可能不得不将外交政策置于国内政策之前，但这在很大程度上与基本的美国信念不符，也的确违背了美国的国家认同。部门利益或经济利益集团之间的折中妥协无法形成有效的外交政策；同样，当今两大政党中的任何一个也不能制定出一套基于明确原则的外交政策。

美国面临的另一个重大难题是如何解决工业社会的政治问题。与前工业时代的利益集团相比，工业社会的阶层组织和利益集团要更加强大，组织程度要严密得多，所以工业社会本质上是极端多元化的。在工业社会，若干大公司，大型工会可能成为实际上的主导力量，这些集团甚至能够给社会施加决定性影响，掌控国家的社会和经济生活。

关键不在于各个利益集团的"自私自利行为"，而在于工业社会的性质。相比于封建社会和19世纪的自由资本主义社会，工业社会更加接近前者。工业社会面临的政治问题也非常类似于封建社会不得不面临的问题，最终后者在这些问题上失败了。封建社会始终面临着分裂为几乎完全各自为政的领地、封邑、"自由城市"、"强盗男爵领地"和"免税的主教辖区"的危险，自治的利益集团为私利联合起来掌控中央政府，或者在阶级内战中殊死搏斗，无视政府的存在，国家的权威和利益被无情践踏。与社会秩序崩溃陷入无政府状态或内战相比，替代方案是由一个全能政府取缔所有阶层和利益集团，该方案同样没有多少吸引力。

⊖　孤立主义（Isolationism），避免与其他国家发生政治与经济纠葛的国家政策，是美国历史上反复出现的政治议题。——译者注

⊖　国际主义（Internationalism），倡导和支持国家间为共同利益而开展更广泛的经济和政治合作的政治主张。——译者注

如果没有一个机构把国家利益置于经济和阶层的局部利益之上，那么工业社会就无法顺利运行。工业社会不仅需要一个仲裁机构。《瓦格纳法案》^㊀和《塔夫脱－哈特莱法案》^㊁构建的"工业社会斗争的文明规则"，不过是通过平衡冲突各方的力量逃避制定真正的政策；但这样做的结果只能是僵局，各方共谋损害国家利益，或者更糟糕的是某利益集团试图借助国家机构反对其他利益集团。换言之，工业社会完全不能采用卡尔霍恩的假设：通过满足局部利益，国家利益就会得到满足。缺乏国家政策的工业社会将成为无政府主义^㊂和暴政的温床。

难怪激进变革的呼声越来越高涨，有识之士主张用意识形态政党和纲领性政策替换多元主义政党和美国传统的"复合多数规则"。亨利·华莱士的第三党运动虽然风行一时，却可能只是无关紧要的发展，因为在美国政治史上第三党从来就不是什么新事物。但这波改革的呼声，是一百多年以来最强烈的，首次涌现出大批主张进行激进的宪政层次改革的书籍，且这些著作的作者多数是研究美国政治的严谨学者。无论富布莱特^㊃、哈兹里特^㊄和芬勒特^㊅等人在政策细节上存在多少分歧，他们都一致要求废除（至少是限制）

㊀ 《瓦格纳法案》（Wagner Act），又称《全国劳资关系法》（National Labor Relations Act），由纽约州联邦参议员罗伯特·瓦格纳（Robert F. Wagner）提出，1935 年开始实施，创设全国劳资关系委员会，规定私营部门雇员有权组织工会，参与集体谈判，进行罢工等，该法案通过前后曾在美国社会引起巨大争议。——译者注

㊁ 《塔夫脱－哈特莱法案》（Taft-Hartley Act），又称《劳动关系法》（Labor Management Relations Act），由俄亥俄州联邦参议员罗伯特·塔夫脱（Robert A. Taft）和新泽西州联邦众议员小佛瑞德·哈特莱（Fred Allan Hartley Jr.）联合提出，1947 年开始实施，修正了《瓦格纳法案》，对工会的权力和活动施加了种种限制。——译者注

㊂ 无政府主义，欧洲近代兴起的一股政治思潮，其源头、观点纷繁复杂，一般持较极端的反政府、反权威立场。——译者注

㊃ 富布莱特（J. William Fulbright），美国阿肯色州联邦参议员，其创建的"富布莱特计划"延续至今。——译者注

㊄ 哈兹里特（Henry Hazlitt），美国学者，被米塞斯誉为"我们国家和民族的经济学良知"。——译者注

㊅ 芬勒特（Thomas Finletter），美国律师，在杜鲁门政府时期担任多项公职，持自由主义立场。——译者注

"复合多数规则"，并且用遵循议会制规则运行的意识形态体系取而代之。或许，沃尔特·鲁瑟⊖将传统的施压策略、劳工阶层与意识形态、规划和目标熔为一炉孕育的新工会主义，意义更为重大。

<h1 style="text-align:center">5</h1>

然而，所有上述评论家和改革者不仅未能反思，构建意识形态性的政治体制是否确实能更好地解决当今面临的难题（英国是最成功地按照意识形态组织起来的国家，目前看来，该国的外交政策和产业政策并非很成功），而且也从未暂停批判去冷静思索美国传统的多元主义体制的独特优势。

任何政治体制的首要任务，是组建一个顺利运作的合法政府，当今世界上，许多国家的政治体制并没有很好地完成该任务。相比之下，美国多元政体的成效卓著，能够确保国内一直存在合法政府。

美国的政治体制通过利用而非压制派系使冲突最小化，因此主要政党几乎不可能做出完全不负责任的行为：不负治理责任且到处煽风点火的反对势力，一向支持国外利益的法西斯主义党派，任何党派都不能承担从这类派系中汲取力量的代价。所以，尽管美国两大政党愿意吸收国内拥有大批支持者的势力和团体，但它们又会负起相关责任，努力使这些势力和团体的要求和计划与美国人民的信念、传统甚至偏见相互融合。

最重要的是，美国的部门和利益妥协的多元政体是目前人类已知的仅有的能确保自由政府和自由社会延续的两种方式之一，更是唯一与美国人的生活条件相适应，为美国人民所接受的方式。

据我所知，自古希腊的柏拉图和亚里士多德时代以来，自由政府面临的永恒难题就是党派斗争。逻辑上看，自由政府与派系无法共存。但无论何种

⊖ 沃尔特·鲁瑟（Walter Reuther），美国工会领袖，大力支持马丁·路德·金领导的民权运动，在美国民主党内的影响力很大。——译者注

原因（虚荣和自尊，权力欲，美德或堕落，贪婪或助人为乐），党派在人类天性和人类社会中是与生俱来的。两千年以来，最优秀的政治思想家一直试图设计出一个没有党派之争的社会，其方式包括教育（柏拉图），消灭财产（托马斯·莫尔[⊖]），把注意力聚焦在世俗抱负之外的属灵生活（路德宗[⊜]的政治传统）等。卢梭的方案是最后一次试图通过取消党派拯救自由的伟大尝试。但是，创建没有党派的自由社会犹如建造永动机一样永不可能。从柏拉图到卢梭的政治思想，最后落脚在要求取缔党派，那就意味着他们意欲捍卫的自由也被取缔了。

只有英美政治传统成功地打破了上述恶性循环。回顾胡克[⊜]和洛克[⊛]的思想，可以发现英美的政治现实主义思想承续中世纪晚期自由城市政府的丰富传统，认识到如果不能彻底取缔党派，那就必须利用它们来构建更加自由和强健的政府。这一基本观念使英美的政治理论和实践区别于欧陆，也是自由的大众政府在两国取得非凡成功的原因。在西方世界的任何其他国家，选择总是局限于各种极端的党派主义，这可能会导致政府瘫痪，并最终演变成内战，而专制政治恰恰通过满足人们对有效和有序政府的需求来证明其取缔自由的合理性。19 世纪先后爆发过六次革命或近似革命运动的法国[⊕]，代表了一种选择，当今时代的极权政府则是欧陆政治的另一种选择。

真正重大的发现是找到英美政治成就的深层次原因。如果党派被融入一个统一的框架中，那么就可以发挥建设性的作用。只有当一个国家没有遭遇

⊖ 托马斯·莫尔（St. Thomas More），英国早期空想社会主义者，代表作《乌托邦》。——译者注

⊜ 路德宗（Lutheranism），又称信义宗，源自 16 世纪德意志神学家马丁·路德发起的宗教改革运动，主张基督徒要顺服管辖他们的政府，相信上帝给予教会及国家不同的责任。——译者注

⊜ 胡克（Richard Hooker），英国神学家。——译者注

⊛ 洛克（John Locke），英国经验主义哲学家、政治思想家。——译者注

⊕ 考察法国 19 世纪历史，大致发生过下述 6 次革命或近似革命的运动：① 1815 年波旁王朝复辟；② 1830 年"七月革命"；③ 1848 年"二月革命"；④ 1851 年拿破仑三世政变；⑤ 1870 年"九月革命"；⑥ 1871 年巴黎公社。——译者注

意识形态上的分裂时，基于地区和利益集团的自由政府才可能存在。这就是美国方案。已知的另一个解决办法是引导各方社会力量汇入意识形态派系，该派系从社会的整体规划和信念中获得凝聚力。但这种方案以具备一个不容置疑的统治阶层为前提，该阶层拥有共同的人生观、一致的道德观和传统的（如果不是与生俱来的）经济安全观。这类意识形态统治阶层内部的异议者可被预期作为"忠诚的反对派"，即异议者也接受同样的游戏规则，自视为合作伙伴而非整体秩序的潜在颠覆者。被全体人民接受，对全体人民负责的统治阶层，不能通过一纸命令在短时间内发展起来。实现该目标的国家只有古代罗马和现代英国。在欧陆国家，所有创造一个真正的统治阶层的尝试，皆以失败告终。

在美国，亚历山大·汉密尔顿曾经设想过上述英国式的解决方案，并且在"弗吉尼亚王朝"⊖几位总统任期内几乎成为现实。因为汉密尔顿关注的焦点在于制定外交政策和发展合适的工业社会组织（如上所述，这两个难题恰恰是多元主义政治体制最难以解决的），所以必然通过一致性原则实践自己的理念。但汉密尔顿致命的错误在于主张少数富人精英更多地掌握统治权。即使他没有犯这个错误，美国人民也不能接受他的观点。精英统治阶层无法与美国 19 世纪的大规模移民潮和领土急剧扩张兼容，更无法与美国人的平等理念共存。虽然伯纳姆先生⊜的管理精英观念正在流行，但没有理由相信当今美国人会接受汉密尔顿的主张。作为一个自由国家，美国只能选择"复合多数规则"，运用多元主义体制，发挥党争在政坛的正面价值，除此之外别无他途。

确实，立足于多元主义，通过利益集团体系来解决外交和产业政策问题

⊖ "弗吉尼亚王朝"（Virginia Dynasty）通常被用来描述美国的前五位总统（乔治·华盛顿、约翰·亚当斯、托马斯·杰斐逊、詹姆斯·麦迪逊和詹姆斯·门罗）中有四位都来自弗吉尼亚州，只有第二任总统约翰·亚当斯来自马萨诸塞州，但也有人认为真正的弗吉尼亚王朝自第三任总统托马斯·杰斐逊开始。——译者注

⊜ 詹姆斯·伯纳姆（James Burnham），美国政治理论家。——译者注

的难度非常大。但即便如此，也不会比立足于意识形态的另一种体制面临更多困难。更加困难的是，工业社会和外交政策是两个彼此相关的问题；归根结底，美国任何外交政策的有效性，依赖于为世界各国引入一套成功的工业社会运作模式。但如果美国终告成功，那么传统的体制、精明算计、拉票交易、政治竞选等都会被引入正轨。有句老话，杰斐逊式的信念和汉密尔顿式的现实是美国的一体两面。从这两方面来看，卡尔霍恩的"复合多数规则"理念就能够成为一个自洽的整体。确实有必要制定外交政策和全国性产业政策，但最重要的是需要真正理解美国的根本事实：地区和利益集团彼此妥协的多元政制是美国政治一以贯之的脉络；除非将整个政治体制拆散，否则无法拔除。

最后的平民主义者亨利·福特[⊖]

1

亨利·福特之所以引起美国人的注意（确切讲是吸引了全世界平民的目光），并非因为他那令人炫目的财富。汽车对人们日常生活的强烈影响，也只能部分解释该现象。与其说福特是新的财富和汽车时代的象征和体现，不如说他是新的工业大生产文明的化身。

福特是经济和技术上成功的完美典范，也是迄今政治上失败的典型代表，他未能构建一个工业秩序和工业社会。福特宏伟庄严的红河工厂[⊜]中，秩序井然的流水生产线精密配合自动生产，与此同时，该厂所在的底特律市却沦为充满莫名焦虑的社会丛林，二者的强烈反差揭示出了我们时代的核心

⊖　首次发表于 1947 年《哈泼斯杂志》(*Harper's Magazine*)，恰逢福特去世不久。

⊜　红河工厂（Ford River Rouge Complex），位于密歇根州迪尔伯恩市红河上游，是当时世界上最大的工厂综合体，对后世其他国家的工厂建设产生了重大影响，自身也成为美国工业经济的象征。——译者注

难题。上述二者恰恰就是亨利·福特留给我们的遗产。

　　在政治学语境中，美国最本土和最具优势地位的传统观念是平民主义[⊖]，亨利·福特是该理念的典型代表，其成功和失败也可以据此得到解释。的确，亨利·福特既是最后一位平民主义者，又或许是最伟大的一位。他认为自己的基本信念来源于布莱恩[⊜]，后者大力倡导和平主义和孤立主义，仇视垄断财团、华尔街和国际银行家，坚信存在邪恶的国际阴谋等。他也实现了1896 年政治改革者[⊜]的伟大梦想：工业大生产可以用来为普通人服务。自从布莱恩之前半个世纪的布鲁克农场^⑭和罗伯特·欧文的新和谐公社^⑮创立以来，美国人一直对这个梦想难以忘怀。

　　平民主义者相信，通过消灭原始工业主义的"垄断""金权""撒旦工厂"（正如这些术语在 19 世纪人们所理解的含义），杰斐逊式的千禧年^⑯就会自动到来。福特实现了这一梦想。他的成功不靠垄断；他拒绝大银行家；他的工厂窗明几净、空气通畅、效率高超，这一切都使 19 世纪的改革者欣喜异常。今天，在福特获得成功的地方，即福特大力帮助发展起来的工业体系中，我

⊖　平民主义（populism）是美国人民党的主张，维护农场主的利益，反对大资本，坚持宪政民主。国内也将 populism 翻译为民粹主义，用来代指俄国的民粹派，但俄国民粹派与美国人民党的主张有根本性不同，前者同样高度评价农民，但更强调个人必须服从整体，以整体的名义可以剥夺个人自由。故本文将其译为平民主义，专指美国的政治观点。——译者注

⊜　布莱恩（William Jennings Bryan），平民主义者，1913～1915 年任威尔逊政府的国务卿，反对美国参加"一战"。——译者注

⊜　作者此处是指参与 1896 年美国总统大选的威廉·布莱恩及其支持者。——译者注

⑭　布鲁克农场（Brook Farm），一位论派牧师乔治·李普利夫妇创办于 1841 年，位于马萨诸塞州，主张劳逸结合，每位成员都可以自由选择最喜欢的工作，并且所有工作都是平等的，但该农场的财务状况一直不佳，1847 年正式关闭。——译者注

⑮　罗伯特·欧文（Robert Owen），英国空想社会主义者，1800 年开始担任新拉纳克纺织工厂的经理，取得巨大成功，1824 年到美国创办"新和谐公社"，但持续两年左右即告失败。——译者注

⑯　此处是指美国开国元勋托马斯·杰斐逊的理想，他崇尚人权、自由、心智发展以及地方分权的民主理想，认为社会的经济基础就是农业，主张重农抑商，用抑制资本主义发展的办法来维持淳朴的农业社会，杰斐逊主义既符合当时美国所处的小农国家的经济基础，又符合美国立国所标榜的民主精神，因此得到广大群众的支持。——译者注

们面临着新的难题：长期萧条以及大工厂中工业公民的政治和社会问题。亨利·福特成功解决了 19 世纪的工业难题，这是他的成功，也是他的成就。但他无法解决新的工业体系的问题，甚至没有意识到这类问题的存在，这是他晚年遭遇悲惨失败的原因所在。

∞

从思想角度（尤其是多元主义之类的政治思想）解读亨利·福特似乎有点自相矛盾。他本人尤其轻视观念和思想，并以自己不是理论家，也不是政客，而是"实干家"而沾沾自喜。对福特本人及他所代表的工业大生产的主要抨击（例如查理·卓别林的电影《摩登时代》）聚焦于他将机械方面的尽善尽美当成了目的。但即使从技术方面讲，纵然他是一名实干家和工程师，但其真正的贡献不在于真正的技术，而是一种观念。这是因为他本人并没有发明什么东西，既没有发明技术，也没有发明机械，甚至没有发明一个小零件。他贡献给社会的是**大生产观念本身**：将人、机器和原材料组织为一个整体。

批量生产影响成本的数据早已经被收集并得到分析，亨利·福特并没有发现任何新的经济事实。传统理论（例如垄断理论）认为，限制生产和高利润率是最有利的工业生产模式，批量生产数据证明了该理论的谬误，福特则是不折不扣的第一个理解其重大意义的企业家。他证明了高工资与廉价的大批量生产相结合，同样可以日进斗金。

最重要的是，福特认为自己的技术和经济成就主要是实现社会目标的手段。他怀有明确的政治和社会理念，甚至执着到了荒谬的程度。关注自己行为所带来的社会影响，决定了福特一生中踏出的每一步和做出的每一个决策。福特早期的合作伙伴想要为富人生产豪华轿车，拒绝在他们看来不切实际的为大众生产廉价汽车的做法，最终导致福特与他们分道扬镳。福特秉持自己的理念，1914 年出台激进的工资政策，将该公司非熟练工人的最低日工资定为 5 美元，这在当时看来简直不可理喻。福特的理念还表现在他终生坚持激进的和平主义，1915～1916 年和平船巡航前后的系列事件⊖，仅是其理念的又一次具体体现。此外，还表现在他坚持的孤立主义，对华尔街的敌意以及 20 年代《迪尔伯恩独立报》⊜喧闹纷扰的时事评论中。福特秉持的社会理念也解释了他为何主张驱使农民从事"农业化工"⊜或进入自给自足的、由强健的自耕农组成的乌托邦社区。他同样坚信分散化，并试图在一个博物馆社区（紧挨着他的红河工厂）中重建已经消失的美国早期田园牧歌图景，这些行为都是其理念的直接体现。

　　尽管做出了上述种种行为，但几乎可以说，亨利·福特终生从事的事业，为世人带来的恰恰是他本人所希望和信仰的世界的反面。正是极端的和平主义者亨利·福特，建立了世界上规模最大的武器工厂，⊛推动世界进入机械化战争时代。正是孤立主义者福特，比任何人都更加有力地推动美国参与国际政治和国际战争：因为他使美国成为世界上最强大的工业国家。正是土地分散主义者福特，将自己一生的精力都倾注在了世界上集中化程度最高、机械化程度最彻底的工业综合体——红河工厂。他反对金融资本和银行

⊖　和平船事件，1915 年 12 月，"一战"陷入胶着状态之后，亨利·福特受罗西卡·施维默（Rosika Schwimmer）启发，号召一批平民到欧洲各国斡旋，以期促成停战，但该计划未能取得威尔逊总统的支持，也得不到欧洲交战国政府的重视，最终不了了之。——译者注

⊜　《迪尔伯恩独立报》(The Dearborn Independent)，创办于 1901 年，1918 年被亨利·福特收购，1919 年 1 月开始正式在福特主导下发行，1927 年 12 月正式停刊，期间刊发了大量反犹主义文章，并受到阿道夫·希特勒的注意，引起强烈争议。——译者注

⊜　农业化工（chemurgy），该词是化学家黑尔（William J. Hale）创造的，首次出现于 1934 年出版的《农业化工》(The Farm Chemurgic) 中，20 世纪早期，一些著名的美国人倡议农民与工业之间建立更广泛的联系，1930 年左右，亨利·福特开始试验农产品在汽车工业中的潜力，很快就发现大豆前景光明，把大豆应用到变挡手柄和喇叭按钮之类的部件中。——译者注

⊛　例如，"二战"期间，福特公司响应罗斯福总统的号召，建设了世界上最大的单体轰炸机工厂——柳溪工厂（Willow Run），生产了近 7000 架 B-24 重型轰炸机，超出该机型总产量的 1/3。——译者注

信贷，却使分期付款成为美国国民的消费习惯。他信奉正统的杰斐逊主义，却倡导充分利用流水生产线，使个人从属于机器。

然而，如果像福特的讣闻中不疼不痒的评价，认为他坚信的那些失败的社会理念不过是一些"古怪嗜好"，这种认识是错误的。福特每前进一步，最终都会掉头来反对他自己，这种悲剧性讽刺改变不了一个事实：他是第一个，也是迄今唯一对解决工业文明的社会和政治问题进行系统尝试的人。毫无疑问，福特坚信（当然，截止到1941年福特公司的工人投票支持美国产业工人联合会⊖，或者可能截止到更晚时期），自己已经找到了美国人一百年来孜孜以求的康庄大道：借助工业技术和经济富足实现杰斐逊式的独立平等社会。

评价福特所从事的工作的意义，并非仅仅为了评价他个人。第一次世界大战（简称"一战"）结束后，美国人普遍持有与福特类似的观点，这可从下述两件事得到证明。1918年，威尔逊总统曾经提议福特竞选参议员，1923年，"福特当总统"的呼声一度甚嚣尘上。福特的观点在国外也广为流行，尤其是20世纪初的欧洲和列宁时期的苏联（或许要比在美国更为流行）。无疑，正是亨利·福特所代表的美国经济成就，为1918～1919年威尔逊总统的和平、民主、富足的千禧年承诺赋予了实质性的内容，支撑了那些年美国在世界上的道德和政治权威。在20世纪20年代国际社会的残酷现实下，威尔逊的承诺很快成为泡影，但福特的魅力丝毫不减。

福特去世后，也就是"二战"结束后，富兰克林·罗斯福的名字在那一代人心中如日中天，就像威尔逊总统受到上一代人顶礼膜拜一样。但是，1946年的福特不再代表成功解决了工业世界面临的社会问题的美国，反而成为没有找到解决方案的象征。那也在很大程度上解释了1919年和1947

⊖　美国产业工人联合会（Congress of Industrial Organizations），1938年自美国劳工联合会（American Federation of Labor）分裂而出，首任主席为约翰·刘易斯（John L. Lewis），1955年两大工会再次合并为劳联–产联（AFL-CIO）。——译者注

年各国在接受美国的道德和经济领导上的差异。

2

　　早在 19 世纪 80 年代，肉类加工业已经广泛采用传送带和装配线，亨利·福特的汽车流水生产线即借鉴自该行业。精密零件的互换，是一条更古老的规矩，可以追溯至惠特尼⊖为支持 1812 年战争⊜在布里奇波特⊜建立的步枪工厂。将技术性的复杂工作拆解为一系列的基本动作，以便技术不熟练的普通工人也能够迅速掌握相关工艺，该想法早已得到深入研究（泰勒⊗及其他人），并且早在福特登上历史舞台之前 20 年，已经在胜家缝纫机公司⊕和全国现金出纳机公司⊛为代表的美国工业界广泛应用。然而，我们将这些原则与亨利·福特紧密联系在一起，无疑也是正确的。这是因为其他企业仅仅是将传送带和装配线作为传统制造工序的辅助手段。正是福特首次将二者结合在一起，并据此有意地、慎重地发展出一套新的工业化大生产观念、一种新技术。正是这种新的工业大生产观念，在不到一代人的时间里为世人创造出一种新的工业文明。

⊖　惠特尼（Eli Whitney），美国发明家，1851 年，其发明的轧花机和可互换零件器械在第一届世界博览会美国展区亮相，引起各方重视。——译者注

⊜　1812 年战争，又称美国第二次独立战争，战争爆发后，英国由于正忙于欧洲战场的拿破仑战争，军力薄弱，处于守势，1814 年英国战胜拿破仑之后，将更多兵力用于北美战场，占领了美国的缅因州，并一度攻占首都华盛顿，焚烧了该市的公共建筑，1814 年 12 月 24 日，英美双方在比利时的根特市签署合约，正式停战。——译者注

⊜　布里奇波特，美国康涅狄格州海港城市。——译者注

⊗　泰勒（Frederick Winslow Taylor），科学管理之父，代表作为《科学管理原理》（The Principles of Scientific Management）。——译者注

⊕　胜家缝纫机公司（Singer Sewing Machine），1851 年艾萨克·胜家发明了缝纫机，并创办了该公司，后成为美国第一家跨国企业，1908 年，该公司位于纽约的总部大楼完工，成为世界上第一栋摩天大楼。——译者注

⊛　全国现金出纳机公司（National Cash Register），1884 年创立于美国俄亥俄州，主营计算机硬件、软件、电子元器件等业务。——译者注

在福特看来，新的工业化大生产使人们能够付出最小的努力和辛劳制造大量的廉价商品，其重要性在于对社会的影响。然而，福特认为大规模生产本身只不过是一种纯技术性运用**机械**力量的新方法。福特的门徒、继承者和模仿者以及美国其他大工业生产的经营者，当然像福特一样认为大工业生产是一种机械技术；许多人仅仅是将其作为一种工具来使用。当查理·卓别林在电影《摩登时代》中讽刺美国的现代工业文明时，也是持有同样的观点。

但是，如果大规模生产确实仅仅是一项技术，或主要是一种机械性工具（如果与滑轮、杠杆和轮子的区别在于程度而不在于性质），那么就应该仅应用于与其最先在其中发展起来的行业相似的机械性任务。但在"二战"前很久，大规模生产原则就已被广泛应用于其他行业，如邮购商店分类和填写订单、梅奥诊所 [⊖] 诊断病情等。亨利·鲁斯 [⊜] 甚至成功地运用该原则组织记者（传统观念认为那是非常个人化的工作）大批量写作可互换的"模式化文章"。"二战"期间，美国将大规模生产原则应用于生产成千上万的新产品和新工艺，甚至用于军人的选拔和培训等领域。如果说（确实如此）在所有上述应用中，作为一种机械性工具的大规模生产完全是次要的，那么问题的关键就在于在其他行业如何应用大规模生产原则了。换言之，大规模生产从根本上讲并非是一种机械原则，而是**一种社会组织原则**。大规模生产原则协调的并非是机械或流动的零部件而是人及其工作。

∞

大规模生产原则用人与人之间的协调代替无生命的零部件之间、机械力量之间的协调，奠定了现代工业的基石，福特的重要性恰恰在于此。当我们

⊖　梅奥诊所（Mayo Clinic），1864年成立，凭借完善的服务、先进的医术不断发展壮大，曾被《美国新闻与世界报道》杂志评为2016~2017年度全美最佳医疗机构。——译者注
⊜　亨利·鲁斯（Henry Luce），美国出版商，先后创办《时代》（1923）、《财富》（1930）、《生活》（1936）等著名杂志，最早提出"20世纪是美国的世纪"。——译者注

谈论工业革命时，我们立刻想到瓦特改良的蒸汽机。实际上，由于早期工业的本质就是重组机械力量，所以蒸汽机是其最佳象征。然而，大规模生产与早期工业的特色完全不同，其本质是人和工作之间关系的重组。无疑，大规模生产引发了一场新的工业革命。流水生产线成为新的社会组织原则的象征，也是分工合作共同完成一项工作（如果不是共同目标的话）的人们之间新型关系的象征。

这种大规模生产原则以什么为基础组织人们工作？它设想或创造一个什么样的社会？无疑，在该原则构建或创造的社会中，产品生产依靠不同的人彼此合作，而非依靠单独的某一个人。在现代大规模生产的工业社会，单独的个人是完全没有竞争力的，对生产的影响微乎其微。组织有序的团队却比任何个人或多人各自单独工作，能够更有效率地生产更多、更好的产品。显然在这个社会里，整体（组织有序的集体）不仅大于部分之和，而且与部分之和不同。

当一个人丧失了组织团队中的职位或得以进入生产组织时会发生什么？换言之，失业会带来什么后果？在现代大规模生产条件下，失业不仅会导致个人经济上的损失；实际上在美国这样的富裕国家，失业的直接经济影响几乎可以忽略不计。但个人单打独斗不能生产任何东西，在社会中也会变得没有用武之地；简言之，失业者成了一名不合格的公民；他被社会抛弃了。因为只有在生产组织中，依赖团队成员的努力和自身的岗位，个人才能拥有生产能力，进而在社区中发挥功能，成为真正合格的公民（至少是他的自尊而非单纯官方的公民身份。）

顺便说一下，正是由于失业的这种社会影响，而非经济影响，使其成为现代社会的严重灾难。显然，失业会危及人们的生活水平，这已经足够糟糕了；但它还会进而危及人们的公民身份和自尊，这才是真正严重的威胁，也有助于解释人们为什么对“下一次经济萧条”感到惊慌失措。

在现代大工业社会中，每个人通过自己在组织团队中的地位来发挥自身的功能。由此，带来了许多重要后果。其中之一即为，在这样的社会中，政府职能不是指导和管理特殊利益集团或任何个人，而是为整体目标负责，全面维护和加强整体，整体目标一旦缺失，任何特殊利益集团或任何个人都将失去意义。这样的社会中也必然会存在层级：发挥的职能不同导致权威和声望的不同。但同时，在这样的社会里，没有任何人比其他人更重要，反之亦然。对整体社会而言，没有任何人是不可替代的（唯有人与人之间的组织关系是不可替代的，也是必不可少的），每一项单独的运作和职能，都具有同等的重要性；如果某一项职能或工作被去除，整体秩序就会崩溃，全部生产机制就会停顿（如同一段链条被取下，整个链条就会报废）。这就是为什么在这样的社会中，需要存在基于职能分工的等级性命令－服从关系，同时需要基于成员资格和公民身份的基本平等。

这绝非一种新型的社会组织，恰恰相反，这种组织古已有之。在莎士比亚的历史悲剧《科利奥兰纳斯》㊀中转述的古罗马寓言中，社会被比作人体，任何器官（脚、手、心脏、胃）都不能独立存在或独自运作，反之，缺少了任何器官，整个身体也难以存活。西方中世纪关于循环秩序和存在之链㊁秩序的隐喻，也阐述了这种组织。即使视作一种组织劳动力从事经济生产的实践方式，大规模生产也不是全新的。无疑，首次彻底应用大规模生产和流水线作业的不是底特律的福特工厂，而是距今数百年前，位于数千英里之外建造大教堂的石匠作坊。简言之，大规模生产社会是一个等级协调的社会，流水生产线则是其象征。

综上所述，之前人们想当然地认为，大规模生产的本质就在于用不熟练的工人取代熟练工人，显然这种观点是完全错误的。当然，在大规模生产体

㊀ 《科利奥兰纳斯》（*Coriolanus*）是莎士比亚晚年可与四大悲剧相媲美的古罗马历史悲剧，此剧的主题是英雄和群众的关系。——译者注

㊁ 存在之链，是许多西方思想家理解世界的一种基本方式，该概念由三个原则构成，即充实性原则、连续性原则和存在物等级划分原则。——译者注

制中，通过将每项技术拆分为一系列简单操作，每位工人只需要执行一项没有技术含量的简单操作或若干操作，手工技艺被取代了。但分析和拆分一项技术的前提是具备非常高超的技术水准。技术的保存需要一定的规则，在生产线的另一端，不得不将拆分出的操作放回整项技术中，这需要更广泛的知识以及更加仔细的工作规划。此外，大规模生产需要一种新的技术：那就是组织和领导团队。实际上，"无须技能"的大规模生产需要与此相称的越来越多的高技术员工，而不仅仅是"技术性"生产。技能自身已经从工匠转移到了工程师、制图员和领班的身上；1910 年以来，美国工业领域受过培训的技术工人的数量增长速度是非熟练和半熟练工人的两倍。

最重要的是，大规模生产为淘汰手工技艺，需要不同工种之间密切协调与合作，这需要以高水平的社会技能、社会理解以及异常丰富的共同工作经验为前提。美国的战时工厂雇用新劳工时遇到的困境，生动地说明了这一点。另外，与流行的看法相反，把要求工人具备非常高超的手工技艺的传统生产方式出口到新兴工业国家，与出口不需要手工技艺但需要高超的社会技能的大规模生产技术相比，前者遭遇的困难要比后者小得多。

当我们说现代大工业生产是基于非熟练工人时，其意仅在指明，个人唯有通过对整体做出贡献才能使自身变得富有成效，凸显自己的价值，而不是将个人单独看待。一项工作虽然不是某个人单独完成的，但要完成该项工作每个人都不可或缺。一项需要多人合作才能完成的工作，需要的技术水平要比最高明的工人单独完成的工作更加高超。就像在每个等级协调的社会中，没人能指出哪个人单独做了大规模生产工厂中的哪一项工作，同样无人能回答哪个人没有参与该项工作。每个人都做了其中的一部分工作。

在 20 世纪 40 年代，许多行业还没有采用大规模生产原则，甚至其中一些是生产效率非常高的产业，如现代纺织业（该行业中一位工人可能管理若干纺织机）和化工企业（该行业中一位工人可能负责许多不同的业务）。尽管如此，因为大工业生产用最纯粹的形式表现出了工业生产的本质，即社会组织的原则，所以大工业生产就代表了美国工业的整体形象。我们时代真正的工业革命（以亨利·福特为引领和象征）不是技术革命，不是基于这套或那套机械，也不是任何技术，而是通过最纯粹形式的大规模生产对不同人的努力进行等级化协调。

3

可以理解，亨利·福特的继承者和模仿者们直到不得不直面激进的工会运动时，才开始意识到大规模生产的政治和社会意义，甚至有些人到那时依然懵懵懂懂。其中多数人真正关心的只是技术问题，并且坚信机械效率本身就是目的。但亨利·福特自己的盲目并不能简单地归因于其不关心社会或政治，也不能归因于其缺少社会或政治想象力。真正的解释在于，福特关注的焦点停留在解决**前福特时期或前大规模生产工业文明面临的社会和政治问题**。并且，由于福特的工作确实真正解决了那些难题，或至少解决了其中比较重要的难题，所以，福特从未想过要进一步从政治和社会角度审视自己提供的答案。他的目光停留在自己年轻时的工业现实上，即平民主义者徒劳无功地反对的工业现实。他甚至从未看到自己所创造出来的一切。就像福特公司的一位高管曾说的那样："当福特先生凝视红河工厂时，真正看到的却是1879年开启他辉煌事业的机械车间。"

虽然福特可能从未听说过布鲁克农场、罗伯特·欧文的新和谐公社或1863年他出生前早已遍布美国中西部的其他任何乌托邦社区，但他们是福特在智识方面的先导。福特从他们止步之处起步，并在他们的失败之处取得了成功。在1919年，麦考密克上校领导的《芝加哥论坛报》把福特视为"无政府主义者"。尽管上述指控显然荒谬，但当福特起诉该报诽谤时，由于福特无疑是一名激进分子，所以陪审团虽然判定福特胜诉，却只给福特6美分的赔偿。1932年后，福特已经转变为顽固的保守分子，从事一生的事业彻

底归于失败，没有为世人带来他朝思暮想的稳定、幸福社会。但在早年发明
T 型车[⊖]时期，亨利·福特曾是一名偶像破坏者，他以科学和道德的名义抨
击摩根[⊜]的既定秩序和马克·汉纳的共和党。

19 世纪三四十年代的乌托邦试验本身就是对失败的一种反应：美国人
发自内心追求杰斐逊式理想，崇尚已逝去的由自耕农构成的自给自足社会。
杰克逊政府时期这方面的尝试以失败告终。乌托邦主义者不再意图消灭现代
劳工分工和大工业，相反，他们向世人承诺，要为普通人争取大工业生产的
全部利益，同时不需要付出下列代价：屈从于"金权""垄断"、不得不在"撒
旦工厂"（如布莱克[⊜]伟大而令人痛苦的诗歌描绘得那样）中工作。虔诚的感
情、社区的原则以及社会科学融合在一起，能够避免上述代价。

在所有乌托邦主义者中，只有摩门教徒^㉘幸存至今，并且他们当初是通
过逃离异教徒的土地才得以幸存。尽管许多乌托邦试验失败了，但布鲁克农
场、新锡安^㉙、新和谐公社以及在工业耶路撒冷（指美国）进行的所有其他试
验，都在美国人的思想上留下了深刻烙印。布鲁克农场的精神之父傅立叶^㉚和
新和谐公社的创办人罗伯特·欧文都不是美国人。然而，确实非常有可能的
是，将真诚的、半宗教性的情感和对"科学"原则的信任融合在一起，是美
国"改革者"或"激进分子"的典型特征，其根源在于比乌托邦思想更古老、
更深层的历史。但可以肯定的是，乌托邦思想决定了一个世纪以来美国激进

⊖ T 型车，福特汽车公司推出的一款汽车，由于价格低廉，迅速普及，成为名副其实的全
球车型，该车 1927 年停产，共计生产超过 1500 万辆，被公认为 20 世纪最有影响力的汽
车。——译者注

⊜ 摩根（J. P. Morgan），美国银行家，投资于铁路、钢铁、矿山、国债等领域，号称世界的
债主，美联储创办之前，摩根财团在一定程度上扮演了美国中央银行的角色。——译者注

⊜ 威廉·布莱克（William Blake），英国浪漫主义诗人，代表作为《纯真之歌》《经验之歌》
《擦烟囱的少年》等。——译者注

㉘ 摩门教，又称耶稣基督后期圣徒教会（Church of Latter Day Saints），小约瑟夫·史密斯
（Joseph Smith Jr.）创立于 1830 年。——译者注

㉙ 新锡安（New Zion），锡安往往用来指耶路撒冷，是宗教圣地的象征，美国不同教派的乌
托邦主义者曾试图建立各自的新锡安。——译者注

㉚ 傅立叶（Fourier），法国空想社会主义者。——译者注

主义的具体形式，为平民主义、威尔逊的新自由主义甚至罗斯福新政早期的多数举措（例如 1933 年"科学的"黄金法规⊖）提供了目标、战斗口号甚至武器。这些乌托邦主义者是亨利·乔治⊜、贝拉米⊕以及《反托拉斯法》⊛的前辈，塑造了美国中西部内陆的信念和希望。但直到亨利·福特横空出世之前，乌托邦主义者的所作所为都是徒劳无功的。

现在我们知道，萧条和失业是与以往的"垄断"和"金权"同样严重的经济问题。我们非常清楚地看到，大工业生产在解决问题的同时，也创造了同样多的社会和政治问题。今天我们已经认识到，亨利·福特提出的解决工业文明难题的**最终**方案是失败的。

但福特的大工业生产要针对的并非这些新的危险，而是美国传统的激进主义恶魔。这些恶魔的确已经被成功地驱除了。福特成功地证明了现代大工业能够为大众服务，而不是为垄断资本家或银行家服务。确实，他证明为大众生产是最有利可图的，工业生产可以提高工人的购买力，使他们能够消费工业产品并维持中产阶级的生活水平，这正是福特推行最低日工资 5 美元⊕的革命性意义所在。

最后（对福特而言最重要的是）他证明了，经由科学的分析和处理，工业生产能够把工人从艰苦的劳动中解放出来。在现代大工业生产的条件下，工人仅限于从事例行性操作，既不需要非常熟练的技能，也不需要强壮的体力和繁杂的脑力。对福特而言，这一事实不仅不是致命的缺陷，而是他取得

⊖ "科学的"黄金法规（the "scientific" gold magic），德鲁克此处可能是指 1933 年 4 月 5 日罗斯福总统签署的 6102 号行政令，"禁止在美国本土贮藏金币、金条和金票"。——译者注
⊜ 亨利·乔治（Henry George），美国社会活动家和经济学家。——译者注
⊕ 贝拉米（Edward Bellamy），美国社会主义者，作家。——译者注
⊛ 《反托拉斯法》（Antitrust Act），1890 年美国国会制定《谢尔曼反托拉斯法》，宣布"任何契约，以托拉斯形式或其他形式的联合、共谋，用来限制州际间与外国之间的贸易或商业，是非法的"，并"授权美国区法院司法管辖权，以防止、限制违反本法"。——译者注
⊕ 1914 年年初，亨利·福特力排众议，在底特律的汽车工厂单方面将工作日的长度从过去的 9 小时减少到 8 小时，将每天的工资从 2.34 美元提高到 5.00 美元，该措施取得巨大成功，并产生了深远的社会影响。——译者注

的最高成就，因为这意味着（与传统的"撒旦工厂"形成对照）作为一名独立的杰斐逊式公民的工人，在企业之外，工作之余，其技术、智力和体力将能够完全有效地应对社区生活。

同样，在布鲁克农场，人们期待的"真正生活"是，结束了一天的劳作之后，傍晚时分，坐在一起进行"精神交流"；但白天的劳作需要花费大量时间和精力，所谓"真正生活"，唯有在不劳作时才能实现。大工业生产减轻了白天劳作需要花费的时间和精力，给人们创造了大量机会来享受这种"真正生活"。难怪福特（指 1919 年的福特）认为，他建造的"新耶路撒冷"立足于钢筋混凝土和四车道公路的永恒基础之上。

4

福特个人的悲剧在于自己活得太久，目睹亲手建立的乌托邦分崩离析。他被迫放弃了自己的基本经济原则——以最便宜的价格生产最有用的商品。首先，1927 年他宣布 T 型车停产，5 年后宣布 A 型车停产并采纳年度车型改进方案，○用声誉和时尚的魅力取代廉价和实用的诉求。当他这么做时，他就成为一名普通的汽车生产商。即便如此，福特汽车所占的市场份额仍然不可遏止地从 1925 年接近 50% 跌至 1940 年不到 20%。无疑，他更关键的失败在于，没能赋予工人工业公民权；1941 年，福特公司投票赞同加入美国产业工人联合会的工人比例高达 75%。

投票结果公布的时候，据说这位接近 80 岁的老人仍旧坚信"他的"工人绝不会投票支持工会。自始至终，他竭力逃避自己失败的现实，指责是邪恶的阴谋而非自己创建的社区的结构问题导致了最终失败。这种寻找恶人的

○ 此处指通用汽车公司在 CEO 艾尔弗雷德·斯隆（Alfred Pritchard Sloan, Jr.）的带领下实行的一项战略举措，"为每一个消费者和每一种用途生产一种车"，以拓宽市场，与福特公司只注重生产廉价 T 型车的战略进行竞争。——译者注

倾向（本身就是乌托邦主义的遗产）早在 20 世纪 20 年代《迪尔伯恩独立报》长篇大论抨击国际银行家、华尔街和犹太人时，就已经暴露无遗，并成为福特在整个 20 世纪 30 年代与工会斗争的基调。或许这也能够解释，为什么工厂保安头子出身的哈里·贝内特⊖能够在 20 世纪 30 年代成为福特公司最有权势的人，并且似乎是唯一得到亨利·福特信任的人。工会在工人中取得胜利后不久，工厂领班也实现了工会化，这相当于否定了亨利·福特所有的思考和成就，尤其是他为工人所做的一切，这沉重打击了福特的信念，他的晚年无疑相当痛苦。

亨利·福特最终的失败给世人留下的教训是，我们不能指望通过技术设备或改变经济分配解决大工业生产的难题，而这恰恰是 19 世纪的正统及非正统思想所主张的两条基本路径。沿着这两条路，亨利·福特已经尽可能地走到了最远。

在美国，当我们遇到这些难题时，经济问题并非是最困难的。确实，当今时代主要的经济难题（预防经济萧条）应该可以运用基本的技术性手段解决：使就业、财政和预算实践适应工业生产的时间跨度，即商业周期。更令人困惑且更基本的是，20 世纪工业主义带给我们的政治和社会问题：在工厂中构建秩序和公民身份的问题，以及创造一个自由、自治的工业社会的问题。

亨利·福特取得非凡成功后又惨遭失败的事实（他的社会乌托邦与我们今天的社会现实存在鲜明的反差），凸显了摆在我们面前的政治任务的重要性。但无论后福特时代大工业社会的丛林多么危险，无论这个社会跌入内战或暴政的可能性多大，亨利·福特遗留给我们的 20 世纪罪恶可能要比被他征服的 19 世纪罪恶要小得多。

⊖ 哈里·贝内特（Harry Bennett），福特公司执行官，出身于海军水手，主张暴力对待组织工会的工人，得到晚年亨利·福特的信任，但 1945 年被亨利·福特二世解雇。——译者注

IBM 公司老沃森的远见[⊖]

人人都知道老托马斯·沃森先生[⊜]创建了 IBM 公司，是著名的商界领袖，但这种说法并不完全准确，实际上老沃森并没有创建我们现在熟知的 IBM 公司；现在熟知的 IBM 公司是由他的儿子小沃森[⊜]1946 年进入公司高级管理层之后创建的，当时他只有 32 岁（直到 1956 年去世，老沃森一直担任公司董事长）。老沃森经营的 IBM 公司从未超过中等规模，直到 1938 年该公司的年销售额不过区区 3500 万美元。当时的 IBM 公司也没有制造或销售计算机，其主要业务是打卡机和出勤记录钟。

直到 60 多岁老沃森才取得事业上的成功，并逐渐得到世人认可，但也算不上是商界领袖。在 20 世纪 30 年代，IBM 公司曾经两次濒临破产。

⊖ 1983 年首次发表于《绅士》(*Esquire*) 杂志。

⊜ 托马斯·沃森 (Thomas Watson, Sr.)，IBM 公司首席执行官，创始人。——译者注

⊜ 小沃森 (Tom Watson, Jr.)，IBM 公司首席执行官，20 世纪 60 年代初期决定大力研发 IBM360 系统，取得巨大成功，被《时代》杂志称为"IBM 公司的 50 亿美元豪赌"。——译者注

1935 年的《社会保障法》[⊖]和 1937～1938 年的《工资时数法》[⊜]，禁止雇主篡改雇员的薪资发放、工作时间和加班费支付记录，一夜之间为打卡机和出勤记录钟创造出规模巨大的市场，提升了公司的销售额，在大萧条最严重的时期拯救了苦苦支撑的 IBM 公司。在那之前，老沃森一直努力销售这两种机器，但业绩平平。

1939 年，我担任英国报业公司[⊜]驻纽约通讯记者，当时有意撰写老沃森和 IBM 公司的故事。那时我之所以对该公司感兴趣，是因为它在纽约的世界博览会上设立了一个规模巨大的展厅。当时的直觉告诉我，像大人物一样为人处世的小青蛙背后可能会有很精彩的故事。不幸的是，编辑回信命令我"忘记它"，"我们对一家平庸公司的故事不感兴趣，目前来看，任何人都可以看出这家公司没什么了不起"。老沃森那时已经 65 岁了。

∞

但是，与那些成功创建大公司的商人相比，老沃森具备一些更加重要的品质。他是一位先知，很大程度上是如今我们称之为"后工业社会"的缔造者，是美国历史上伟大的社会创新者之一。50 年前，他已经怀有"数据处理"和"信息"愿景。在大萧条中，他自己处于半破产状态，却慷慨资助基础研究，奠定计算机的理论基础并制造出第一台高度先进的计算机模型。

如今，美国管理界纷纷试图搞懂、研究、模仿日本式管理，殊不知早在50 多年前，老沃森已经发明了这种管理方式并将其成功运用于 IBM 公司的

⊖　《社会保障法》（Social Security Act），1935 年美国国会通过，为美国的现代福利制度奠定了基础，其主要目标是为老年人、失业者和儿童提供援助。——译者注

⊜　《工资时数法》（Wage-Hours Act），又称《公平劳动标准法》（Fair Labor Standards Act），1938 年美国国会通过，制定了最低工资、加班费、记录保存和青年就业标准，罗斯福总统称该法为 1935 年《社会保障法》之后最重要的新政立法。——译者注

⊜　当时德鲁克同时担任几家英国报纸的驻美记者，其中包括《金融时报》（Financial Times）。——译者注

实践，毋庸置疑，采用这种管理方式时，他对日本一点都不了解，更不可能
与那时尚不存在的日本式管理实践扯上任何关系。

实际上，老沃森的问题在于，不论其愿景还是其管理实践都远远超越了
自身所处的时代。

∞

我第一次见到老沃森是在 20 世纪 30 年代初。当时他当选为美国国际商
会[○]主席（一个没人想干的职位），我那时是一名非常年轻的记者，被上司派
去采访他。但我的上司认为那次采访没有任何意义，所以从未公开发表过。
当然，老沃森发表了一些商会期待的陈词滥调，如自由贸易、国际合作、
"商人作为和平使者的角色"等。但随后，他开始谈论自己真正感兴趣的事
物（他称之为"**数据和信息**"），但他自己也不能说清楚用这些词汇想要表达
的真正意思（同样的词汇对当时其他人而言含义完全不同）。确实，当时的
报纸通常把他当作一个怪人。

我怀疑老沃森自己是否**理解**。他拥有一个愿景（他**看到了**），但与大多
数先知不同的是，老沃森**践行**自己的愿景。

∞

如果没有老沃森，各种各样的计算机仍然可能会被制造出来。当时有许
多人致力于快速计算领域，尤其是在"二战"的推动下，军方需要用于高速
飞机的导航设备，针对超视距隐形目标的远程大炮、空投炸弹、高射炮的发
射装置等设备。但如果没有老沃森，后来制造出来的计算机将会与现在的计

○　美国国际商会（American Section of the International Chamber of Commerce），总部位于洛
杉矶，是美国政府批准成立的非营利组织，以推动国际经济贸易发展、提高社会、经济及
环境效益为宗旨，是美国最具权威的国际性商会之一。——译者注

算机非常不同，可能仅仅是一台"计算器"而非"信息处理器"。没有老沃森和他的愿景，计算机将会成为一种"工具"而非"技术"。

老沃森没有发明过任何一个硬件。他没有受过技术教育，甚至几乎没有受过任何正规教育，不到18岁就不得不离家，到纽约工作，销售缝纫机、钢琴和管风琴。他也没有任何技术天赋，对数学及理论也没有多深的领悟。他绝对不是爱迪生及同时代的凯特灵⊖那样的发明家。他支持、赞助、推动建造的计算机（分别完工于1943年和1947年），在硬件和工程解决方案上，甚至对20世纪50年代IBM公司制造的早期商用计算机都贡献甚微。

但是，老沃森在"计算机"这个词汇被创造出来之前的15年，就已经看到并理解了它。他迅速明白过来，计算机必须与高速计算器完全不同。在很早的时候（最晚20世纪30年代后期），他就已经详细说明了当今计算机专业人士所说的计算机"处理器"的功能：数据存储能力，内存且随机读取功能，接受并改变指令以用计算机语言编程和逻辑表达的能力。1947年IBM公司推出的选择性序列电子计算机⊜功能要比当时已有或规划中的任何计算机更加强大，更加灵活，例如，1.25万只真空电子管和2.14万只继电器能够解偏微分方程。最重要的是，这是第一台（很多年中是唯一一台）将电子计算与存储程序、自身的计算机语言以及处理数据指令能力结合在一起的机器，能够基于新的信息更改、更正、更新数据。恰恰是这些特征使得计算机不同于计算器。

当IBM公司开始设计旨在大规模销售的计算机时，其硬件大部分由其他机构开发（主要是麻省理工学院、普林斯顿大学、罗彻斯特大学以及宾夕法尼亚大学等高校的实验室）。但所有部件都根据老沃森的最初设想进行

⊖ 查尔斯·凯特灵（Charles Kettering），美国发明家，发明了电子启动器、DUCO漆、乙基汽油、两冲程柴油机、独立前轮悬挂系统以及全自动变速器等。——译者注

⊜ 选择性序列电子计算机（SSEC），IBM公司制造的一种机电计算机，具备存储程序计算机的许多特性，并且是第一个能够将指令作为数据处理的操作机器，但它并不是完全电子化的。——译者注

设计。这也就解释了，为什么 IBM 公司第一台成功的商务计算机 650 ⊖在
1953 年上市后迅速成为行业领导者和行业标准；为什么在其上市后的头 5
年成功销售 1800 台（当时最权威的市场研究机构预测，20 世纪全世界的计
算机销售数量仅为 900 台左右）；为什么 IBM 公司在计算机行业能够居于全
球领导地位，至今保持不衰。

计算机早期的**技术史**非常模糊。老沃森、IBM 公司以及其他人在其中
扮演的角色都是非常有争议的。但毫无争议的是，老沃森在计算机的**观念史**
上扮演着关键角色。在计算机工程领域，有许多非常重要（如果不是核心的
话）的人物，但只有老沃森创造了计算机时代。

故事始于 1933 年，当时 IBM 公司根据老沃森的命令，为哥伦比亚大学
的科学家们设计一台高速计算器，并用标准的打卡机零部件组装起来。4 年
后，也就是 1937 年，哈佛大学数学家艾肯⊖建议 IBM 公司将几台现有机器
连接起来（最初是为了记账目的而设计），为天文学家们组装一台速度更快
的计算器，用于处理耗时且机械的天文数据运算。艾肯当时估计，这项工作
需要耗费几个月时间，花费约 10 万美元。实际上，这项工作耗时长达 6 年，
花费远超 50 万美元。为了替代艾肯设想的高速计算器，老沃森继续前进并
着手制造计算机。

老沃森首先详细构想了一台全电子式机器，之前设计的所有计算器，包
括 IBM 公司自己的机器，都是使用机电式切换技术，杠杆和齿轮必不可少。
虽然**电子式**在那时的意思是使用真空电子管（实际上晶体管的前景要更加广
阔），并且制造出来的机器硕大无比、容易过热且耗费大量电力。但到那时
为止，尚无人知道如何将电子设备作为交换器（当然，这是计算机技术的关

⊖ IBM650，世界上第一款大规模生产的计算机，1962 年停产，共生产近 2000 台。——译者注
⊖ 艾肯（Howard Aiken），美国数学家，计算机先驱，1944 年建造出第一台全自动化循序控制计算机（Automatic Sequence Controlled Calculator），命名为 Mark Ⅰ，之后先后研制成 Mark Ⅱ（1946 年）、Mark Ⅲ（1950 年）、Mark Ⅳ（1952 年）。——译者注

键）。甚至所需的理论工作也尚未完成。决定抛弃众所周知且完全熟悉的机电技术，投身完全未知的电子领域，对于老沃森和 IBM 公司而言是惊险一跃，但也正是该决策使计算机的诞生成为可能。

老沃森的第 2 项指示同样具有创新性，其规划蕴含的想象力（关于计算机内存）甚至当时的工程师都无人能及。艾肯在他的研究建议中一直关注快速计算器，实际上他需要的是一台"数值计算研究机"，其想法是建造一台机器，能快速计算传统的加法机和计算尺只能缓慢处理的数据。IBM 公司在这项功能之外又加上了数据存储。这意味着 IBM 公司设计的机器能够处理信息，将会配置一个数据库（当然，那时还不存在该词汇），并且能够随时被参考和引用。这样，机器就具备了记忆和分析功能，也能够（并且这是关键）基于新信息更正和更新指令。

这就意味着（IBM 公司的又一项非常具有前瞻性的性能规范），IBM 公司的机器将能够进行**编程**，即能够用于逻辑记法表示的任何信息。当时所有正在设计的机器都假定用于单一目的。例如，1946 年完成的埃尼亚克[⊖]，由宾夕法尼亚大学在"二战"期间为美国陆军军械部建造，其设计目的仅仅是迅速计算火炮发射表。由于不具备内存，也没有编程能力，所以埃尼亚克几乎不能从事其他工作。IBM 公司的机器，也有其特定的设计目的，如专门计算天文数据表格。但或许因为老沃森了解到许多机构具有处理一手数据的需求（如公共图书馆、人口普查局、银行、保险公司等），他要求机器的性能规范必须能够对各种数据进行编程。从开始，IBM 公司的机器就是多用途的。进而，这意味着当 IBM 公司最终制造出并销售计算机时（20 世纪 50 年代早期），该公司既愿意又能够满足那些实际上创造了计算机市场的用户需求，实际上，在计算机设计的早期阶段，没人意识到这些潜在客户的存在，商人们希望把计算机用于那些平凡的、非科学领域的目的，如工资、库

　　⊖　埃尼亚克（ENIAC），世界上第一台通用计算机，其计算速度比机电机器提高了 1000 倍，为美国陆军军械部服务，工作至 1955 年 10 月。——译者注

存等领域。老沃森要求计算机具备内存和编程能力，在很大程度上说明了计算机行业得以存在的原因。

由于老沃森对内存和编程的详细要求，IBM 公司 1937 年的规划帮助创立了计算机科学。老沃森试图发展的"解析机"，需要计算理论和计算语言（当然，这些词汇那时同样不存在），如同后来设计的其他计算机一样，老沃森的机器还需要一流的工程技术，同时创造了，或起码激发了早期计算机科学家的灵感。

1943 年年末，该项研究制造出一台样机（全自动化循序控制计算机，即 ASCC ⊖），1944 年年初，艾肯的确用这台机器进行了天文计算。但对当时的制造技术而言，这太过先进了。实际上，只是最近几年，才具备制造 1937 年老沃森组织研究的计算机所需的原材料和技术。老沃森随后将该样机和运行维护的资金捐赠给了哈佛大学，并立即委托相关人员研发下一代计算机，几年后推出选择性序列电子计算机（SSEC）。1948 年 1 月 27 日，该计算机在纽约首次公开露面（当场计算了月球在过去、现在和未来的确切位置），引领我们进入了计算机时代。即使在 35 年后的今天，流行漫画中展示的计算机依然为指示灯闪烁、齿轮旋转的形象，即为选择性序列电子计算机首次公开露面时展示的形象。回顾老沃森对计算机功能的详细构想，显然是长久以来萦绕于他脑海中的。

∞

老沃森无疑是一名计算机行业先知，同样重要的是他还是一名社会创新者。与数据和信息方面的远见相比，他秉持的社会愿景更具有先见之明，甚至可能具有更深远的意义。不幸的是，这却同样（或更加）被其同时代的人

⊖ 即为艾肯建造的 Mark I。——译者注

误解。

1940 年，《财富》杂志对他进行猛烈的诋毁攻击，使其在全美国臭名远扬。该杂志影射老沃森是美国的"元首"⊖，象征着资本主义一切令人厌恶之事，认为其观点是反动的、充满家长作风的，这种认识现在还有人相信。但现在我们已经很清楚，老沃森真正的过错是他远远超出了自身所处的时代。

43 年后的 1983 年，我重读这个故事，立刻发现 1940 年最令《财富》杂志记者厌恶的是，老沃森要求在 IBM 公司的雇员俱乐部和派对中禁酒。⊜他确实强烈反对饮酒，我曾经听说，他的父亲或者某位叔叔是个酒鬼。但不论老沃森禁酒的原因是什么，使工作与酒精分离似乎是一个不错的主意。

进而，老沃森给销售人员制定严格的纪律，要求他们穿深色西装配白色衬衫。在《财富》杂志事件前的一年，他在采访中曾经向我解释，如此要求是想激励销售人员树立自尊，以赢得公众尊重。当老沃森着手进行这项工作的时候，销售员往往被认为是声名狼藉的"跑街"骗子。老沃森自己也曾经是一名"跑街的"，并为此饱受歧视，所以他决心让昔日的同行们自尊并赢得尊重。1939 年他对我说："我希望 IBM 公司的销售员成为妻子和孩子心目中尊敬的人。我不希望他们的母亲常常不得不替他们道歉，或当被问起自己的孩子从事什么职业时不得不闪烁其词。"（当时我想，这或许暗示他谈论的是自己的母亲。）

然而，在《财富》杂志记者眼中，老沃森最不可饶恕的罪恶是坚信工人能够为工作负责，为工作感到自豪，并且爱上工作。老沃森信任那些把自己的个人利益与公司的整体利益联系起来的工人。最重要的是，他要求工人运

⊖　Führer，是纳粹德国的国家元首名称，实际上仅有阿道夫·希特勒担任过此职位。现今若提到"Führer"一词，通常就是指希特勒。——译者注

⊜　禁酒，美国由于清教背景，历来是西方最具有禁酒倾向的国家之一，1919 年 1 月 16 日，美国批准联邦宪法第十八修正案，"禁止在合众国及其管辖下的一切领土内酿造、出售或运送作为饮料的致醉酒类；禁止此类酒类输入或输出合众国及其管辖下的一切领土"。1933 年 12 月 5 日，美国批准联邦宪法第二十一修正案，宣布废除第十八修正案。——译者注

用自己的智慧和经验去改进自己的工作、产品、流程和质量。老沃森的"罪行"就在于要求工人喜欢自己的工作，接受现有体制而不是感到被剥削，并因此变成积极主动的劳动者。

老沃森做这些事情的方式，用现在的话来说，首先是给予自己的雇员获得终身雇佣的机会。就像今天的日本企业一样，老沃森的 IBM 公司中没有合同规定其不能裁员，但存在一种道德承诺。在大萧条初期的 1931 年和 1932 年，IBM 公司确实曾经少量裁员，但老沃森迅速停止了这种做法。后来，在大萧条最严重的 1933 年和 1934 年，他拒绝裁员的决策在当时甚至可能会导致 IBM 公司破产。如今，IBM 公司对员工实行就业保障政策已长达半个世纪。

在 20 世纪 30 年代中期，老沃森废除"工头"岗位，将其转变为"管理者"，其职责在于支持工人，确保他们得到称手的工具和必要的信息，在他们陷入困境时提供必要的帮助。这样，工作本身的责任与工作团队牢牢绑定在一起。

老沃森坚信，普通员工比其他任何人都更加了解如何提升工作效率改进产品质量。在 1935 年前后，老沃森已经发明了我们现在从日本式管理借鉴来的质量圈⊖和信任观念。工业工程师要成为一个工作团队的"资源"和"顾问"，而非夸夸其谈指手画脚的"专家"。老沃森还主张，员工个人应该从事尽可能最多的工作而非最少的工作，早在 1920 年，他就已经进行了我们今日所说的工作丰富化实践。（老沃森去世后，小沃森在 1958 年践行了其父的理念，按月发放**所有**员工的薪水，取消小时工，废除蓝领和白领雇员的区别。）

最后，IBM 公司的每位员工都可以直接去找首席执行官（即老沃森）抱

⊖ 质量圈（quality circles），1962 年首创于日本，是同一工作单元或工作性质相关联的人员自动自发组织起来，通过科学运用各种工具手法，来实现持续提升效率、降低成本、提高产品质量等，质量圈在日本取得成功后，迅速被其他国家引入。——译者注

怨、提建议或表达想法（这一点目前仍在 IBM 公司实行）。

老沃森最早提出了现在日本式管理津津乐道的持续学习理念。早在 20 世纪 20 年代初，他秉持该理念培训销售员，安排他们不断地到总部参加培训会议，以使他们能够"在已经做得很好的地方做得更好"。其后，老沃森将持续学习的规定扩展到该公司的蓝领员工，并在 40 年代聘请来自旧金山的学院院长奥顿⊖担任公司教育主管。

上述管理实践，很大程度上能够解释 IBM 公司的成功，也解决了困扰美国商界的巨大难题，即所谓雇员抵制变革问题，支持了公司在 20 世纪五六十年代的迅速成长，其增长速度不亚于之前的任何时期（或许要更快），但同时没有遭遇太多的内部动荡，没有惊人的员工流失，也没有劳资冲突。并且因为老沃森领导的销售员长期以来不断学习新事物，没有计算机或大公司管理经验的中年穿孔卡片销售人员，也能够在短时间内转变成为大型高科技公司的卓越经理人。

但不可否认，在 40 年前看来，老沃森的政策和实践确实非常怪异。这些措施要么使老沃森看起来像个怪人（这是当时多数人所相信的），要么如《财富》杂志记者所认为的那样是一股邪恶力量。今天，我们已经能够认识到，老沃森不过是领先了时代四五十年而已。实际上，老沃森比艾尔弗雷德·斯隆⊖年长 1 岁。反观斯隆，在 20 年代初开始执掌通用汽车公司，管理现代"大企业"，开创现代管理。10 年之后，老沃森独立地创建"工厂社区"，我们知道，这成为斯隆在 20 年代创建的"大型工商企业"的后继者。30 年代，老沃森创建了后工业社会的社会组织和工厂社区。

顺便说一下，最早看到这一点的是日本人。当我谈论日本式管理体现了

⊖ 奥顿（Dwayne Orton），加州斯托克顿学院的创始人和首任院长，1942 年加入 IBM 公司，担任该公司教育主管和顾问。——译者注
⊜ 艾尔弗雷德·斯隆（Alfred Sloan），通用汽车公司总裁，在任期间调整公司组织结构，提出"年度车型""计划报废"等理念，逐步战胜居统治地位的福特汽车公司。——译者注

日本人的价值观时，曾多次被日本人嘲笑。曾有日本朋友问我，"难道你没有发觉，我们只是简单地遵循 IBM 公司一直以来的做法罢了？"我问到底是怎么回事？他们解释道："50 年代重建时期，日本人虚心向世界上最成功的公司学习，结果发现 IBM 公司恰好符合要求，不是吗？"

老沃森还预言了跨国公司。在 20 世纪 40 年代，这一点同样无人能理解。

老沃森很早就创建了 IBM 公司的国外分支机构，包括法国、日本等分公司。当时，IBM 公司在国外实际上没有多少业务，老沃森完全清楚，他能够通过直接出口处理所有业务。但他也认识到，构想中的未来 IBM 公司，也就是我们现在所知的从事数据处理和信息处理的 IBM 公司，将来不得不成为一家跨国公司。因此，在五十多年前，他就创建了该公司现在的组织结构，因为他知道，如果 IBM 要成为自己梦想中的公司，那么将不得不转变为这种结构，并且将不得不学会管理这种组织结构。他也预见到，跨国公司的核心问题是如何将各分公司的自治与公司整体的方向和目标统一起来。在很大程度上，老沃森精心塑造大多数人看来似乎有些极端的家长式做法（今天我们称其为 IBM 公司的企业文化），原因正在于此。早在 1939 年，他试着向我解释道：

（国外分公司）必须由所在国家的本国人而非外国人经营，必须被接受为所处社会的一员，并且必须能够吸引所在国家培养的最优秀人才。然而同时，分公司必须与母公司树立同样的目标，同样的价值观，同样的世界观。这意味着管理层和专业人士对母公司、产品、分公司自身的方向和目标持有相同的看法。

今天，多数跨国公司仍在与老沃森 50 年前已经预见到（并已成功解决了）的问题做斗争。

∞

老沃森当然是一位独断专行的领导人。有远见的人往往如此。因为他们不能向其他人解释自己预见到的未来，于是不得不依靠强制命令。

老沃森是一位慷慨的人，同时是一位严格要求、毫不纵容员工的老板。他所要求的都是做正确的事：尽心尽力以及高标准的绩效。他性情急躁、自负、固执己见、爱出风头，并且总是不可救药地自抬身价。随着年龄的增长，他越来越沉迷于别人的拍马逢迎。但同时他也非常忠诚，十分愿意承认自己的错误并为之道歉。为他工作的人都怕他——却几乎没人辞职。

当然，他与 20 世纪 30 年代末纽约的知识氛围格格不入。那时他已经65 岁了，他的根在 19 世纪 80 年代的小乡镇，那时人们习惯参加教堂社交和服务俱乐部午宴，伴以集体歌唱和对国旗的效忠宣誓（20 世纪 30 年代"最时髦的人"已经学会了嘲笑所有上述被视为"愚民"标志的事物）。在那些时髦人士看来更糟糕的是，老沃森的雇员与那些知识分子不同，他们与老板持有同样的价值观，喜欢为他工作。这就使得老沃森成为时髦人士的眼中钉。

老沃森是一个非常复杂的人，不能被简单地归入任何一类。他是第一批使用现代设计和现代图形设计公司商标、文具、产品以及办公室的企业家之一。但他这么做最主要的原因是，这是使公司显得与众不同的最便宜的方式（该公司没有专门的广告经费）。为了吸引人们关注 IBM 公司，他使用在全国现金出纳机公司工作时创造的 THINK 作为标语。IBM 公司的销售人员使用成千上万封面上印有 THINK 标语的笔记本（这同样是他唯一能承受得起的广告）。虽然他自己没有多少幽默感，却创作了大量关于 THINK 标语的段子，期待它们能够广为流传（同样是为了吸引人们关注 IBM 公司）。最后，他偶然想到一个绝妙的点子，在 1939 年纽约世界博览会上建造一个巨大的展厅，以吸引全世界数百万观众关注那家当时尚默默无闻的小公司，就像他当时告诉我的，"在每一千名观众身上付出最低的成本"。

老沃森通常给人的印象是顽固保守的，他总是身穿胡佛时期⊖流行的服装，过时且呆板的风格更加坐实了人们的上述看法。但是，在那个年代，他几乎是唯一热烈拥护罗斯福新政的商人，也是富兰克林·罗斯福的拥趸。确实，罗斯福总统也给他提供了政府中的岗位：刚开始建议他担任商务部长，随后是美国驻英大使（当老沃森拒绝后，该职务由约瑟夫·肯尼迪担任）。在他生命的最后时光，老沃森督促艾森豪威尔总统回归新政原则，对后者坚持减轻政府在经济和社会中发挥的作用不以为然。

∞

老沃森拥有一段传奇性的个人经历，或许是美国商业史上最不同寻常的人物。十几岁时，他是一位贫穷邋遢的街头推销员（不过是一名街头小贩）。后来在历史上首家商务机器公司，俄亥俄州代顿市的全国现金出纳机公司成长为一名出色的推销员。经过大约 15 年的奋斗，他成为该公司的销售经理。但后来该公司被控违反了反垄断法，现在我们知道，老沃森与这件事几乎一点关系都没有。

在 20 世纪最初几年，全国现金出纳机公司是**一家**快速成长的企业，因此审判轰动一时。老沃森被判罚款外加一年监禁，两年以后，即 1915 年，该判决被上诉法院撤销，政府随即撤回此案。但老沃森却因此失业，其职业生涯和名誉都严重受损。这是老沃森一生中具有标志性意义的经历，他终生未曾忘却。

⊖ 胡佛（Herbert Hoover），于 1929～1932 年担任美国总统。——译者注

已过不惑之年的老沃森不得不从零开始，他应聘到一家小公司担任总经理，该公司虽然拥有穿孔卡片专利，但经营状况非常糟糕。直到 30 年代中期，60 多岁的老沃森才成功地为该公司奠定坚实的基础，当然，那时该公司已改名为 IBM。

∞

老沃森（我认为这一点使他变得异常有趣）是美国独有的一类人物。纵观历史，当权派从未理解这类人。老沃森拥有卓越的智慧，但一点都不反智。他与亚伯拉罕·林肯是同一种类型的人，都触犯了同时代的当权派（那些四海为家、油头粉面、夸夸其谈的波士顿人认为自己要比乡巴佬出身的总统高贵得多，却不得不在后者的内阁供职）。在许多方面，老沃森也与美国第一位土生土长的伟大作家库柏⊖类似，后者也被当时的知识分子和当权派（如新英格兰先验主义者⊜）嘲笑鄙视。库柏在《拓荒者》和《大草原》等著作中预言了美国梦的终结，对于这种悲剧性的伟大先见之明，当权派显然无法理解。

这类美国人完全是土生土长的，跟欧洲没有任何关系（这也是当时的知识分子不知道如何看待他们的一个原因）。典型的这类人都很有语言天赋（老沃森同样如此），怀有伟大愿景，但他们不是思想型人物。正是为实现愿景而不懈地采取行动，使他们（如老沃森）变得举足轻重。

⊖ 库柏（James Fenimore Cooper），美国作家，代表作有《拓荒者》(*The Pioneers*)、《大草原》(*The Prairie*) 等，主要描写美国中西部拓荒者的悲欢离合。——译者注

⊜ 新英格兰先验主义者（New England Transcendentalists），是 1836～1860 年间非常活跃的知识分子群体，成分复杂，包括年轻作家、批评家、哲学家、神学家和社会改革家等，智识基础包括柏拉图主义、一神论基督教信仰、德意志唯心主义等，他们所代表的运动首先是一场文学运动，而非严格意义上的哲学运动。——译者注

美国同质性的迷思[⊖]

1

"你们美国人是如何忍受这种单调乏味的?"过去的几年中,每位欧洲各国的来访者同我讨论对美国的看法时,总会以某种方式问我这个问题。然而,如果说不是感到震惊的话,我也感到困惑,是什么原因使得各类人物(包括商人、牧师、科学家、教师、律师、记者、劳工领袖、公务员)跑来询问我关于美国令他们费解的无限多样性。

"必须**有人**为文理学院制定标准课程。如果联邦政府或州政府不做这件事,那么谁做?"

"美国学生在高中几年级开始学拉丁语?每周分配给这门课多长时间?美国的高中学生通常需要阅读莎士比亚的哪部作品?"

"美国的工程行业不可能没有统一的工会政策。有人告诉我,一些工会坚持对每项工作进行时间和动作研究,有些工会勉强同意这么做,另一些工

⊖ 首次发表于 1952 年《哈泼斯杂志》。

会则完全不认可工业工程师的此类行为。但在这么重要的事情上，难道真的没有工会出台全国统一的政策吗？"

"请向我解释一下，当美国管理人员谈论'分权化'时到底是什么意思。难道这不意味着同一家公司的不同部门将做不同的事，采取不同的政策，遵循不同的理念吗？管理层如何做到既要分权化，又要保持权威和控制？"

当涉及政治机构和教会时，对话会变得难以进行。在世界许多国家，人们公认政治机构和教会处于异常重要的地位，美国国会将待决法案分配给特定委员会的方式往往使得彬彬有礼的外国访客如堕五里雾中。跟一位来自比利时的耶稣会士⊖共度的那个傍晚，是我一生中感到最沮丧的时刻，他坚持认为，美国天主教会必然会遵循某条简明原则，决定何时、何地能够与其他教派合作，何时何地不能合作。唯一令我欣慰的是，他后来带着同样的问题去拜访美国的耶稣会友，却依旧没能得到满意的答案。

显然，在访客们看来，美国的本质并不是多样性。他们对美国的无穷多样性感到困惑、震撼，甚至偶尔会害怕。他们并不真心接受这种多样性。若问他们内心对美国的看法，他们必然反问："你不觉得自己所处的国家非常具有同质性吗？"

不仅仅是那些偶尔来美国度过几周时间的访客不顾自己的所见所闻，仍坚信"美国的同质性"。即使美国人无限多样的生活现实摆在访客眼前，这种观点依旧不断流传。

几个月前，英国著名人类学家戈勒⊜，在一家广受尊敬的伦敦周日报纸刊发一篇评论文章，涉及美国画展时引用"美国景观的同质性——全是单调的大草原和大沙漠"来解释"美国绘画的平庸无奇"。可能有人会提醒他，

⊖　耶稣会士（Jesuit），耶稣会成员的统称，耶稣会为天主教主要修会之一，1534年创立于巴黎，组织严密，明清时期到达中国的传教士利玛窦、汤若望、南怀仁等人，都是耶稣会士。——译者注
⊜　戈勒（Geoffrey Gorer），英国人类学家，以将精神分析法引入人类学著称。——译者注

初来乍到美国的新移民最吃惊的往往莫过于各种各样的景观以及各地完全不同的气候、土壤、地貌、动植物群落。或者人们也可以询问下面的问题彻底反驳上述观点：怀特⊖、布劳德⊜、艾森豪威尔将军都来自堪萨斯大草原⊜，但其中谁能作为草原的典型代表？关键是这种争论没有任何意义。人类学家戈勒非常了解美国，并且发表其谬论的报纸也大体上了解美国。然而，尽管他们知道新英格兰、弗吉尼亚、明尼苏达、俄勒冈的一切，并且他们可能也了解前面提到的那位在科德角沙地（或许是草原）作画的艺术家，当需要解释美国的一些事情时，他们仍旧立刻想到"同质性"。

∞

再举一位年轻丹麦律师的例子。他在回国前夕来拜访我时，本打算只问我一个问题，聊几分钟就离开，结果却几乎待了整整一天——告别时仍没有得到想要的答案。他的问题是什么？他作为实习生在一家美国企业的工厂中工作了 7 个月，结果发现工人的产量标准由管理层 – 工会联合委员会制定。然而，在距该企业几英里的另一家工厂中，虽然工人加入的是同一家地方工会，但制定产量标准却完全被视作"管理层的权力"，工会能够采取的行动仅限于对管理决策提出正式抗议。他坚信自己一定是在观察过程中犯了某些错误，起码管理层和工会一定都渴望制定一个统一的政策，然而现实却是双方似乎完全乐见现有的"无序"。令他难以置信的是，这种无序状态在美国是极其正常的现象。最后他虽然离开了，但仍确信美国的劳资关系必须统一起来，如果不能做到全国统一的话，起码在一个行业内要统一，更不必说，

⊖ 怀特（William Allen White），美国作家，政治家，进步运动领袖。——译者注
⊜ 布劳德（Earl Browder），1930～1944 年担任美国共产党总书记，支持美苏"长期信任与合作"。——译者注
⊜ 堪萨斯州地势平坦，自东向西逐渐增高，属北美大草原。前述英国人类学家误认为美国的景观是单调的大草原和沙漠，德鲁克此处举出同样生于堪萨斯大草原的三位著名人物，却在思想、职业等方面截然不同，以此来佐证美国的多样性。——译者注

一家企业或一个工会内部更应该统一。

另外，过去几年从欧洲来美国学习方法的"生产效率团队"，在学习报告中往往坚持认为，美国工业效率更高的一个主要原因是，各家制造商基本都使用相近的几条"标准化"模型或生产线。然而，多数生产效率报告自身收集的一些数据却恰恰证明，相反的观点才是真实的：美国具有代表性的汽车制造商，甚至更小型的鞋子制造商，铸造厂也比欧洲的竞争对手生产了更多型号的产品。报告的撰写人似乎完全没有意识到上述矛盾。

显然，对欧洲人而言，"美国的同质性"是一条不需要任何证明的先验公理，也是他们唯一**了解**的关于美国的事情。虽然仅有非常少的人根据亲身经历知道美国工人的真实生活水平，但如今确实有很多欧洲人已知晓，美国并非人人都是百万富翁。甚至有一些欧洲人已经开始认识到，美国的种族关系比理查德·赖特⊖书中的描述更加复杂。纵然如此，绝大多数欧洲人仍然认为美国必然存在所谓的"同质性"，即使有人不同意该观点，但毫无疑问他们犹如凤毛麟角。

2

如何解释上述教条观念呢？标准答案是，表面上看起来美国的所有物质条件都存在同质性。实际上我对这个答案一直有所怀疑，几年前，一位拥有从白色宽边牛仔帽到羊毛皮套裤和银色马刺全套高档装备的牛仔，向我痛斥美国人在着装上的"同质性"，并将其与奥地利学生（"二战"前他曾经在奥地利待过几个月）别致的皮裤、白色及膝长袜、绿色背带裤相比较。这位"牛仔"实际上是一位热心的社会工作者，协助芝加哥的一家大型妇女援助

⊖　理查德·赖特（Richard Wright），美国黑人作家，其作品均与美国的种族问题密切相关。——译者注

中心开展工作。从心理学讲座，到基督教青年会[⊖]召开的关于城市社区问题的会议上，他都不断重复上述感慨。他自己之所以穿那样的衣服（如果他感到有任何必要的话），是因为他需要在早晨、白天的讲座前和傍晚都要去跟民众跳广场舞。但奥地利学生（我有点不忍心告诉他）之所以穿皮裤，是因为他们只有一套好外衣，不得不省着点用。

欧洲各国同美国相比，外在物质条件似乎区别不大。若说彼此有区别，那么即使斯洛伐克少女周末的精致礼服也难以与高尔夫球场上加利福尼亚人五颜六色的外套或中西部销售员脖子上艳丽的领带相提并论。

或许美国的城镇和城市面貌丑陋不堪，不如 19 世纪或 20 世纪的城镇和城市令人赏心悦目，整齐划一。但即使在欧洲，也主要是那些古城看起来别具风格。据我所知，伦敦老城区乌黑的砖瓦表现出的单调乏味和火车驶入时破败的烟囱顶帽，或者荷兰房地产开发繁荣时期建造的豌豆荚般整齐地排列在路旁的平房，要比美国的任何事物更加枯燥单调。在美国人心目中的时尚之都巴黎，从机场驾车一路返回市区，满眼所见全是单调的灰色建筑，相比之下，洛杉矶中产阶级聚居区的大量废弃民房，虽然墙皮脱落，棕榈树也脏兮兮，但起码阳光充沛，建筑风格和整体风貌要更加丰富多彩。

至于工业产品，美国生产的产品要比欧洲更加种类繁多。国外访客对美国的第一印象，往往就是商店中琳琅满目的商品。这并非是"二战"后才呈现的现象。早在 1938 年，英国一家领先的连锁百货公司研究美国西尔斯百货公司的产品目录后，认为相比于欧洲零售商从制造商处拿到的商品种类，美国邮购业务中的每一种商品都实现了"标准化"，销售更多种类、更多型号的商品，实际上，欧洲零售商根本无法销售美国那样令人眼花缭乱的各类商品。

⊖ 基督教青年会（Young Men's Christian Association），1844 年由乔治·威廉创立于伦敦，总部位于瑞士日内瓦。——译者注

∞

但是，你可能会说，欧洲人谈论"美国的同质性"时，并非指的是美国人生活的物质层面和外在表现，而是指美国的文化和社会。在这方面，有关美国同质性的看法变得更加令人费解。因为正是在非物质层面（宗教信仰、政治制度、教育机构、商业历程甚至休闲娱乐等方面），美国表现出的多样性最令国外访客丈二和尚摸不着头脑。

一些见多识广的欧洲人听说过美国政治基于多元主义原则，并且也知道美国的宗教组织没有一成不变的规则（尽管他们似乎并没有认识到，这些事实本身就已经打破了美国同质性的迷思），然而，他们中的多数人仍顽固地相信美国的教育领域具有同质性。英国最近精心组建了一个由教育家、科学家和实业家组成的团队，专门研究美国的产学关系，虽然调研报告中的每一处事实都证伪了上述同质性，但其最终结论仍认为美国的同质性是毋庸置疑的。实际上，政治和宗教领域的多样性完全不能与教育领域（社会的雏形）相提并论。

在美国，有些学院甚至用怀疑的眼光看待公元 1300 年后出版的所有书籍，如果不得不讲授任何被"有用"玷污的古典知识，他们会为此苦恼不堪，实际上，他们甚至偶尔会梦想着回到拉丁语教学时代。其他一些学院（同样有权授予学士学位，并得到公众的同等认可）的学生，则可以通过学习夜总会礼仪、骑术甚至服装效果图获得学位。至少在美国西南部的一所大学，学生可以获得广场舞和民族舞的博士学位；去年夏天，我很荣幸首次受邀审查一篇长达 652 页的博士论文，其最主要的内容是阐述立陶宛波尔卡舞曲中一种名为"Hopsa"的左转步法。不同种类不同性质的学校例如私立学校、教会学校、州立学校之间存在很大不同，单单这些已经够让那些外国访客云里雾里了，更不用提那些半私立、半州立、教会出资但非属任何教派的学校了。一些大型"文理学院"下设非常先进的工程学院，另一些大型工程学院，如匹兹堡的卡内基技术学院下设一流的艺术和音乐学院。该如何向一名习惯于听从教育部号令的欧洲人解释美国私立基金会如洛克菲勒基金会和卡内基基金会的作用和权力呢？

由于各种发展趋势纷繁复杂，所以几乎不可能谈论美国高等教育的发展趋势。例如，许多工程院校近些年已经拓宽课程范围，开设越来越多的艺术与人文课程；哥伦比亚大学（向以文科见长）却宣布要创建高度专业化的工程中心。多年以来，芝加哥大学从入学两年的高中生中录取本科生，其公开宣称的目标是将本科院系作为中等而非"高等"教育机构；然而，其他著名高校为了使"高等教育"真正名副其实，却越来越倾向于招收高中毕业后有工作经验的二十多岁年轻人。

至于美国的中学教育，同样一点都看不出具备什么同质性。在纽约市区周边 35 英里的范围内，有的公立学校秉承进步主义理念⊖，甚至践行 20 世纪 20 年代连环讽刺漫画中提出的主张；另一些公立学校完全持保守态度，几乎坐实了进步主义者对传统学校的每一条指控。我曾经为来自公立高中的大学新生上课，他们已经学习过比大学课程表要求的更多的数学知识，还有一些学生来自同样著名的高中，在那里超出长除法⊜之外的数学知识仅仅是作为"选修"内容，只有那些打算将来从事科学或医药学研究的学生才会学习。有一位来自波士顿的学生，他只记得一位美国总统——本杰明·富兰克林；在波士顿，中学教育的主要课程是被称为"公民课"的大杂烩，这门课包含各种学科门类的知识，唯独缺少美国历史知识。我还教过一些大学新生，他们拥有非常扎实的历史事实知识，甚至沉迷于历史。然而，上述每一所高中，都毫无疑义被视作典型的"美国式"中学。

⊖　进步主义，是一种美国 19 世纪末 20 世纪初兴起的政治运动和意识形态，立场位于中间偏左，进步主义者强烈追求人权和社会正义，支持福利国家政策，反对垄断，该时期又被称为"进步时代"。——译者注

⊜　长除法（long division），是代数中的一种算法，用一个同次或低次的多项式去除另一个多项式。——译者注

与所谓美国同质性的传说最不匹配的是美国文学的现状，如果教育领域是社会雏形的话，那么文学就是其最真实的反映。20 世纪进行文学创作的美国作家们，彼此之间"同质性"的程度如何呢？辛克莱·刘易斯⊖，海明威⊜，威拉·凯瑟⊜，约翰·多斯·帕索斯⑭，沃尔夫⑮，福克纳⑥，艾略特⑦，罗伯特·弗罗斯特⑳，卡尔·桑德伯格㉕等作家的创作，在风格、语气、主旨方面几乎没有任何共同之处；列举的作家越多，多样性就越大，例如舍伍德·安德森⊕、艾伦·格拉斯哥⊜、达西尔·哈米特⊜、门肯⊜、

⊖ 辛克莱·刘易斯（Sinclair Lewis），美国第一位获得诺贝尔文学奖的作家，代表作为《巴比特》(*Babbitt*)。——译者注

⊜ 海明威（Hemingway），美国作家，代表作为《老人与海》(*The Old Man and the Sea*)。——译者注

⊜ 威拉·凯瑟（Willa Cather），美国作家，1923 年获普利策奖，注重描写移民家庭与大自然的搏斗以及遭遇的文化冲突，代表作为《啊，拓荒者！》(*O, Pioneers!*)——译者注

⑭ 约翰·多斯·帕索斯（John Dos Passos），美国作家，参加过"一战"和 1937 年西班牙内战，代表作为"美国三部曲"。——译者注

⑮ 沃尔夫（Thomas Clayton Wolfe），美国小说家，代表作为《天使，望故乡》(*Look Homeward, Angel*)。——译者注

⑥ 福克纳（Faulkner），美国作家，代表作为《喧哗与骚动》(*The Sound and the Fury*)。——译者注

⑦ 艾略特（T. S. Eliot），美国诗人，代表作为《荒原》(*The Waste Land*)。——译者注

⑳ 罗伯特·弗罗斯特（Robert Frost），美国诗人，曾四次获得普利策奖（1924、1931、1937、1943），代表作为《一棵作证的树》(*A Witness Tree*) 等。——译者注

㉕ 卡尔·桑德伯格（Carl Sandburg），瑞典裔美国诗人，三次获得普利策奖（1919、1940、1951），代表作为《林肯传：内战时期》(*Abraham Lincoln: The War Years*)。——译者注

⊕ 舍伍德·安德森（Sherwood Anderson），美国作家，其作品对福克纳产生了重要影响，代表作为《鸡蛋的胜利》(*The Triumph of the Egg*)。——译者注

⊜ 艾伦·格拉斯哥（Ellen Glasgow），美国南方作家，获 1942 年普利策奖，代表作为《姐妹情仇》(*In This Our Life*)。——译者注

⊜ 达西尔·哈米特（Dashiell Hammett），美国作家，代表作为《瘦子》(*The Thin Man*)。——译者注

⊜ 门肯（H. L. Mencken），美国讽刺作家，代表作为《美国语言》(*The American Language*)。——译者注

菲茨杰拉德⊖、庞德⊜、尤金·奥尼尔⊜,卡明斯⊗等。在同一个 10 年内同样成功的 3 家杂志:《读者文摘》《时代》《纽约客》之间的同质性如何呢?受过教育的欧洲人了解美国文学,他们对美国的杂志非常感兴趣;许多美国作家在欧洲的知名度比在本国还要高。吊诡的是,如果有一件事是这些欧洲人所能确定的,那就是认为美国人的思想具有"同质性"。

或许有人会说,作家和记者都是些彻头彻尾地不遵守公认标准的人。纵然如此,那么普通美国人的娱乐休闲又是什么状况呢?欧洲人认为美国存在"同质性",其首要对象或许就是指美国的广播。如果他们所言无误的话,就无法解释 25~35 个电台(几乎每个主要城市中都有这么多)每天播放 8~12小时的"高雅"音乐节目。如果没有政府的大量补贴,欧洲没有一家"高雅"或"精英"广播节目能够单纯依靠吸引足够的观众维持运营。但在美国,尽管只有广告赞助商的支持,二三十家"高雅"广播电台却能够实现盈利,显然这些广告赞助商感兴趣的不是什么高雅音乐,而是其背后的庞大听众群体,其人数越多,也就越能够证明投资的合理性。

纽约的 WABF 广播电台⊗,甚至在没有任何广告的情况下运营一档星期天音乐节目,其运营资金全部来自于听众的志愿捐献。

年轻人进入大学后,很快就会纷纷放弃"晚安,艾琳"⊗、"热门歌曲榜"⊕

⊖ 菲茨杰拉德(Scott Fitzgerald),美国作家,代表作为《了不起的盖茨比》(*The Great Gatsby*)。——译者注

⊜ 庞德(Ezra Pound),美国诗人,代表作为《在地铁站内》(*In a Station of the Metro*)。——译者注

⊜ 尤金·奥尼尔(Eugene O'Neill),美国剧作家,代表作为《天边外》(*Beyond the Horizon*)。——译者注

⊗ 卡明斯(e.e. cummings),美国诗人,对现代诗歌技巧进行了大胆探索,采用了各种新颖奇特的诗歌形式,甚至将自己的名字中的大写字母全部改为小写,代表作《巨大的房间》(*The Enormous Room*)。——译者注

⊗ WABF 广播电台,赫希曼(Ira Arthur Hirschmann)创立于 20 世纪 30 年代后期,40 年代时常直播当时的古典音乐会。——译者注

⊗ 《晚安,艾琳》(*Good Night, Irene*),20 世纪美国民谣。——译者注

⊕ "热门歌曲榜"(Hit Parade),是根据特定时段的销量和播放次数计算出的流行唱片排行榜,1936 年 1 月 4 日,《告示牌》(*Billboard*)杂志发布了首个热门音乐排行榜。——译者注

以及"独行侠"⊖等，摇身一变成为室内乐⊜的听众，甚至越来越多年轻人成为其演奏者，对此又该如何解释呢？在晴好的春日傍晚，漫步校园时常会听到从布克斯泰胡德⊜到巴托克®的"古典类"乐曲自开着的窗户中飘出。与大城市一样，小城镇也会出现交响乐团。自从组建开始，这些管弦乐队就不依靠政府的补贴生存，他们从志愿性的社区活动中寻求支持；据《华尔街日报》报道，管弦乐队得到的资助比篮球运动得到的还要多。

∞

　　欧洲人往往认为美国社会具备高度的同质性，最终破除该误解的应该是美国工业中存在的复杂多样性。事实上，对欧洲人而言，美国最显著的特征就是商业和工业是国家文化的一部分（这过分夸大了美国社会的商业化程度）。过去的 4 年中，受马歇尔计划®资助的欧洲各国商人和劳工领袖到美国访问后，撰写的报告几乎都以美国公司正在实施的新技术、新产品、新工艺或会计核算、劳工关系、组织结构、工长培训方面的创新试验为核心。他们发现，所有公司别无二致，都在做同样的事情。用其中一个研究团队的话来说就是，"美国的每家公司都认识到必须做一些不同的事情，才能在竞争中屹立不倒"。许多团队认为美国的竞争过于"残酷"；当要求他们解释为什么使用"残酷"这个词汇时，他们指出美国企业的管理者必须做一些不同

⊖　《独行侠》（Lone Ranger），美国西部电视剧。——译者注
⊜　室内乐（chamber music），是指由一件或几件乐器演奏的小型器乐曲，主要指重奏曲和小型器乐合奏曲，区别于大型管弦乐。——译者注
⊜　布克斯泰胡德（Buxtehude），德意志管风琴演奏家和作曲家，其风格对巴赫等人产生了强烈影响。——译者注
㉃　巴托克（Bartok），匈牙利作曲家，是 20 世纪现代音乐的开拓者之一。——译者注
㊄　马歇尔计划（Marshall Plan），是"二战"结束后美国对被战争破坏的西欧各国进行经济援助、协助重建的计划，对欧洲国家的发展和世界经济、政治格局产生了深远的影响。——译者注

或新的事情，对经理人的想象力和工人的适应性提出了很高的要求。美国的劳资关系，同样存在多种多样的形式。在欧洲各国，全国性的产业协会与全国总工会经过谈判，才能正式严格地确定劳资关系；单个的雇主或地方缴纳会费的单个工会无权参与谈判过程。美国并非如此。

这些研究团队的一些成员甚至认为，美国产业界过于复杂多样导致效率低下。一位英国工业界的高层人士告诉我，"我在许多公司看到过大量有关管理发展的计划，每一家（标准石油、福特、强生、杜邦、通用电气、电话公司⊖）都有自己的发展计划、人事制度、经营理念。显然这种情况是不合理的，你们为什么不把研究人员聚在一起，指派一个委员会，委托他们制订出**一个最好的计划**，以便每家公司都能使用，并且由精英人士负责统一执行呢？"

虽然我们所有人都相信，美国工业界比其他领域的"标准化"程度更高，但这并非事实。数据向我们展示了不同的概况。在大工业生产占统治地位的美国，从事制造业的工人，即人口普查所称的"熟练工人和工头"所占的比例，要比有这方面统计数据的其他国家更高。换言之，美国的行政、技术和管理人员在总劳动人口中占比更高。美国的生产效率依赖于在每位工人身上进行高资本投资、更恰当的管理、更严密的计划、更妥善的安排、更合理的时序、更融洽的人际关系和更完备的市场营销——所有这一切都意味着需要更多熟练的和受过更多培训的人而不是从事非技术性的标准性工作之人。

3

无论美国文化表现得多么粗糙、浅薄、庸俗、商业化，本文都不讨论美

⊖　电话公司（Telephone Company），亚历山大·贝尔（Alexander Graham Bell）创建于 1877 年，经历过多次分拆重组，位居 2017 年《财富》世界 500 强第 19 名。——译者注

国文化的**性质**。本文的关注点是欧洲人普遍持有的关于美国同质性的观念。该观念显然是荒谬的。美国文化，其实就是美国人民的实用倾向以及他们在志愿行为、地方社区和社区组织方面根深蒂固的习惯。

确实，任何一位严肃的美国学者，都将不得不回答下述问题：美国的多样性是否**太多**了。多样性有蜕化为漫无目的的多重性的危险——为了不同而不同。杰斐逊、托克维尔、亨利·亚当斯㊀以及美国教育家哈钦斯㊁，都已经意识到美国社会和文化面临的这一主要危险。

实际上，欧洲国家在物质和文化方面，要比美国具有更多的同质性。法国教育部能够准确地知道，某时某刻该国所有学校正在讲授哪本书、哪一页、哪一行，虽然这可能有点夸张，但我们仍然可以说，在教育文化、宗教信仰、政治行动、商务经营以及思想学术领域，欧洲国家可能拥有更少的基本"类型"和模式（进一步细分的基础）。当欧洲人谈论"美国的同质性"时，他们可能是什么意思呢？

其实，来美国的欧洲访客通过梳理自己在美国的经历，提出的问题以及理解和未理解的回答，已经无意中给出了上述问题的答案。当他想到"多样性"时，指的是社会和经济阶层生活方式的明显对比。欧洲人习惯于看到一个明确而又清晰的精英阶层文明和主导性文化，但在美国根本没有这样的鲜明对比，所以美国具有同质性。因此，他会对美国人生活中令人眼花缭乱的多样性视若无睹——只不过觉得怪异罢了。

童年时光依然历历在目，我十来岁时住在维也纳郊区，邻居肯纳先生在街对面担任市场园丁，肯纳夫人见多识广，向孩子们解释1914～1918年"第一次世界大战"的原因时说："战争之所以必将爆发，是因为你再也不能通过人们各自的着装区分女仆和小姐了。"19世纪、20世纪那些知识渊博的社会学家，其解释都与肯纳夫人的观点不同，而后者的观点可谓言简意赅。

㊀ 亨利·亚当斯（Henry Adams），美国历史学家，约翰·昆西·亚当斯之孙。——译者注
㊁ 哈钦斯（Robert Hutchins），美国教育家，1929～1945年担任芝加哥大学校长。——译者注

但他们的共同点是，都假定一定要有一种鲜明的精英阶层生活方式，专为精英服务的市场中有精英风格、精英服饰、精英商品（与其相对的则为农民阶级的"民间文化"，或同样具有鲜明特征的中产阶级和工人阶级生活方式）。确实，就在肯纳夫人发表见解的几个月前，以理性分析著称的著名亲美杂志《经济学人》用诙谐的语调写道："美国制造商最大的能力（他们的生产能力异常强大）在于为低收入群体制造服装，并且那些服装与精英阶层的服装看起来同样高贵。"该文章进而解释了下述反常现象：美国人"痴迷平等主义"导致女仆看起来像她们的小姐。

欧洲国家非物质的文化领域，基于阶层的差异更加明显。一个例子就是在几乎所有的欧洲国家，"正确的言论"都是非常重要的；因为"正确的言论"就是精英阶层的言论。另一个例子为，欧洲国家的教育体制很大程度上立足于精英阶层的教育。文艺复兴时期的执政大臣、受过人文主义教育的人士、19世纪英格兰的基督教绅士（具体体现现代欧洲三个基本教育观念的理想类型），在起源和思想观念方面都是精英阶层的典型代表。兴起中的中产阶级不仅没有推翻教育的阶层观念，反而强化了该观念，以使其成为自身跻身精英阶层的象征。与此类似，在被美军占领的德国，民众（他们的懊恼程度不亚于美国教育顾问的困惑程度）对于将传统的"**中学**"⊖改造成美国式高中的计划没有表现出任何热情。淡化这些学校的精英色彩，意味着剥夺了其对工人阶级子女的社会意义。

甚至起源于非社会性因素的多样性和差异性，在欧洲国家也被成功地转变为了阶层差异。最好的例子之一就是"绅士"及其家臣成为英国圣公会⊜

⊖ "中学"（Gymnasium），德国的一种中学，主要课程包括古典文学、拉丁语、希腊语等，强调培养学生的人文素养，为学生接受高等教育做准备，采取九年学制，学生可以提前转入职业中学。——译者注

⊜ 英国圣公会（Church of England），1534年，在英国国王亨利八世的支持下，英国国会颁布《至尊法案》，正式宣布国王为教会的最高首脑，建立脱离罗马教廷的英国圣公会。——译者注

的信徒，与此同时"商人们"则只能成为"礼拜堂"⊖的会众（这种区别一直延续至最近，至今尚未完全消失）。

所以，欧洲人关于美国同质性的传说，传达给我们的关于美国的信息甚至少于关于欧洲的信息。这是因为欧洲人在最后的分析中所立足的是肯纳夫人的信念，即社会的阶层结构是唯一真正的道德秩序。

4

然而，美国不可能产生与肯纳夫人类似的观点，撰写大部头著作的社会学者同样不可能持有该观点。且不论美国是否确实没有精英统治阶级（并因此没有任何阶级），或者说美国的阶级问题是否被掩盖起来了，唯一确定无疑的是美国人不知道任何明确的精英阶层或下等阶层"生活方式"，彼此之间的区别仅在于谋生方式不同罢了。

确实，自从立国至今，美国只有一种真正的精英生活方式：那就是1760～1860年间南部的种植园贵族生活。在美国内战和第一次世界大战期间，那些新贵暴发户试图将自身打造为"社会"的永久代表，结果却一败涂地。在所有艺术中，建筑是生活方式的写照，富人甚至没有发展出一种精英风格的美国建筑。大亨们不得不满足于模仿法国城堡、意大利文艺复兴时期的宫殿和都铎王朝⊜的庄园等白象⊜，如今，没有仆人伺候的子孙后代则纷纷投入教会、医学或教育事业。为了过上精英阶层的生活，富豪们不得不闯

⊖ "礼拜堂"（Chapel），该称呼在英格兰、威尔士尤为普遍，是指独立的非英国圣公会教派的礼拜场所。——译者注
⊜ 都铎王朝（Tudor），1485～1603年统治英格兰王国和其属土的王朝。——译者注
⊜ 白象（white elephants），是指所有者无法处理的财产，其成本，特别是维护成本与其用处不成比例。——译者注

入苏格兰荒野射猎松鸡，参加考兹⊖的赛舟会以及德国皇帝在基尔⊜举行的军事演习。确实，美国社会难以孕育精英阶层的生活方式。

在当今美国，大公司高管们的生活方式，或许是我们所能发现的最接近"精英阶层的生活方式"。这些大公司中的部分人谈论"十二楼"⊜或"管理部门"的方式，似乎略微反映了肯纳夫人的"小姐"观念。在大公司工作的高管似乎的确拥有一些不同于常人的生活方式，诸如繁杂的接待礼仪、专门的秘书、豪华办公室、报销账户、墙上挂着"大老板"亲笔签名的照片、非公开的电话等。但这种特殊优待仅限于工作时间，一旦他们离开办公室，"大人物"就会成为芸芸众生中无名无姓，没有任何独特之处的普通商人。如美国那些最大公司的总裁，很可能居住在一栋八居室的房子里，虽然会感到惬意舒适，但也并非特别张扬显赫。

甚至将美国说成是"中产阶级"社会也没多大意义，因为有中产阶级，就需要有上层阶级和下层阶级。一位欧洲来的访客（研究美国文学的意大利学者）说了一句包含很多真理的玩笑话：如果美国真有工人阶级文学，那么《巴比特》⑭和《阿罗史密斯》⑮就是其代表。

5

任何一位读到此处的欧洲人，可能会发出不平之声，如果欧洲人关于

⊖ 考兹（Cowes），英国海港小城，自 1815 年皇家游艇队建立以来，该市一直是国际游艇比赛基地，世界上历史最悠久的常规游艇赛事，即以该市命名。——译者注

⊜ 基尔（Kiel），德国港口城市，19 世纪 60 年代以来一直是德国的主要海军基地，造船业发达，旅游资源丰富。——译者注

⊜ "十二楼"（twelfth floor），德鲁克此处是指公司高层领导人所在的办公区域。——译者注

⑭ 《巴比特》，辛克莱·刘易斯 1922 年发表的长篇小说，对普通人生活的空虚，放弃清教传统，不假思索地遵守所谓的中产阶级标准进行了讽刺和批判。——译者注

⑮ 《阿罗史密斯》（Arrowsmith），辛克莱·刘易斯 1925 年发表的长篇小说，通过主人公马丁·阿罗史密斯的行医经历，批判了违背医学道德、追名逐利的精英阶层生活。——译者注

"美国同质性"的精神图景是荒谬的，那么美国人关于"欧洲阶级社会"的精神图景恐怕更加荒诞。他是正确的。事实上，一个神话总是另一个神话的反面。例如，对美国人而言，"阶级社会"意指一个社会缺乏流动机制。但肯纳夫人并不是一位清楚自身位置的受人尊敬的下层中产阶级，而是一位成功爬上更高社会层级的人，她出身于佃农家庭，14 岁开始就干女帮厨类的杂活，靠自己的力量把丈夫也推到了更高层级。"一战"后的那些年里，通过把几位漂亮而又附带大量嫁妆的女儿嫁给"绅士们"（年老并且家境败落，但不可否认是"绅士们"），她成功巩固了自己新晋的社会层级。

　　在一个没有流动性的阶级社会中，伊莉莎·杜利特尔⊖不能仅靠学习上等阶级的语言就能从贫民窟的卖花女一跃而为"名媛"。（确实，美国人倾向于将"卖花女"作为一个笑料，或作为上流社会的势利小人，没有比这更好的证据证明美国人不了解欧洲的"阶级社会"了——然而，剧作《卖花女》同风俗喜剧⊜一样，都旨在宣扬改革，唯一的势利小人就是抱持强烈阶级意识、操伦敦腔的小丑。）每当经济迅猛发展的时期，西欧和中欧国家就会出现巨大的社会流动，在英国是拿破仑战争至 1860 年，在德国是一代人以后，在波西米亚⊜（或许这是最令人震惊的例子）是 1870～1900 年。美国与欧洲国家的核心区别，可能恰恰在于社会流动性的**意义**而非**程度**。在美国，当老板的儿子被任命为副总裁时，宣传很可能会强调其第一份工作是清洁工。但当一名出生于格拉斯哥贫民窟的前清洁工被任命英国公司的总经理时，官方宣传很可能会暗示他有罗伯特·布鲁斯国王⑯的血统。

⊖　伊莉莎·杜利特尔（Eliza Doolittle），肖伯纳《卖花女》（*Pygmalion*）中的主人公。——译者注
⊜　风俗喜剧（comedy of manners），以诙谐、智慧的形式讽刺当时社会的礼仪和矫揉造作的戏剧形式。——译者注
⊜　波西米亚（Bohemia），中欧地名，西与德国接壤，北邻波兰，东部为古摩拉维亚地区，南部则与奥地利为邻。——译者注
⑯　罗伯特·布鲁斯（Robert Bruce），苏格兰国王，在位期间率领苏格兰赢得独立，被苏格兰人尊为民族英雄。——译者注

必须到此为止了。有一位欧洲访客来找我聊天，他是一位年轻的法国哲学家，刚结束了为期 6 个月的美国大学之旅。我期待与他共度一个愉快的、有益的下午时光；他介绍自己的那封信令我非常感兴趣，其中显示出非凡的智慧。他写道："给我留下最深刻印象的是我访问的大学中，没有一家试图发展一种'学校理念'，与此形成对比的是，每一家学校都强调自身的独特观点和院系中的独特学派——这与我们法国的做法恰恰相反。"然而，我知道，下午的谈话过程中他早晚会问我："德鲁克先生，美国那么单调，你不觉得生活很乏味吗？"

2

第二部分

经济学的社会维度

THE ECOLOGICAL VISION

引　言

　　我和经济学家唯一能够达成共识的是：我**不是**一名经济学家。这并不是说我不够了解经济学，即便我不熟悉经济学，这种不足也很容易弥补。实际上，我非常钦佩 20 世纪两位伟大的经济学家：凯恩斯和熊彼特。但我不接受经济学作为一个学科赖以立足的基本前提，没有该前提，经济学就不能称为学科。我不认为经济是一个独立领域，更不认为经济是主导领域（更不用说，许多经济学家，尤其是奥地利学派⊖的真正信徒主张经济是**唯一**领域）。经济当然是一个重要领域。正如贝托尔特·布莱希特⊜所言："衣食足而知荣辱。"⊜如何填饱肚子，是经济学主要关注的内容。我不仅认可，而且坚决主张，所有社会和政治决策，都需要仔细权衡和计算经济成本。只考虑"收益"（就像"二战"刚结束时的社会立法那样），我认为是不负责任的，必然导致灾难。

　　但尽管如此，对我而言，经济领域是一个领域而不是**唯一**领域。经济考量是约束条件，但不是高于一切的决定因素。经济需求和经济满足是重要的，但不是绝对的。重要的是，经济活动、经济制度和经济合理性的本身并不是目的，而是实现非经济目标（即人类和社会目标）的手段。这意味着，我不把经济学视为一门自治的"学科"。1934 年，作为一家伦敦商业银行的

　　⊖　奥地利学派（Austrian School），经济学流派，始于 19 世纪末的奥地利，创始人为卡尔·门格尔，后来，庞巴维克、维塞尔、米塞斯、哈耶克、罗斯巴德等先后成为奥地利学派代表人物，该学派采用逻辑实证主义研究方式，坚持方法论的个人主义，认为只有在逻辑上出自于人类行为原则的经济理论才是真实的，强烈反对政府管制，保护私人财产，捍卫个人自由。——译者注

　　⊜　贝托尔特·布莱希特（Bertold Brecht），德国戏剧家、诗人，创立"辩证戏剧"观念。——译者注

　　⊜　"衣食足而知荣辱"，原文为 first comes the belly and then morality，可以直译为：肚子第一，道德其次。——译者注

年轻经济学家，我曾经亲身参与凯恩斯在剑桥大学开设的研讨会。此后我就明确了自己不是一名经济学家。我当时突然意识到，凯恩斯和研讨会上所有著名的经济学家感兴趣的是商品行为，而我感兴趣的却是人的行为。

但正因为如此，我对经济学的社会维度深感兴趣，具体包括下述几个方面：经济是象征，社会和政治问题围绕着它得以组织起来（很大程度上这正是经济在美国历史上扮演的角色）；经济是社会观、政治观和价值观的表达（本部分第二篇文章《经济学理论的贫困》将讨论该问题）；经济是社会舆论和社会价值的表达（本部分第三篇文章《利润的幻觉》与此有关）；此外，经济学发展史上的关键人物，伟大的经济学家，例如凯恩斯和熊彼特（见第9章）。

下面说明一下第10章《凯恩斯的魔法经济学》。本文首次发表时恰逢凯恩斯去世不久，发表后一度广受好评，被收录入多本大学指定的课程教材和论文集。不久本文就从公众视野中消失了——凯恩斯主义经济学被部分美国人奉为圭臬，而本文对凯恩斯主义经济学的评价被认为无关紧要。这是否是一件幸事，值得商榷。"二战"以后，从未接受凯恩斯主义经济学的日本和联邦德国，在长达40年的时间内各方面表现异常抢眼。而奉行凯恩斯主义的英国和美国，原有的优势一直在逐步丧失，面临失去竞争力的危险。两类国家的不同表现，可能不是纯粹的偶然。然而，主要的一点是，在20世纪90年代，正是检验我1946年文章观点的时刻。凯恩斯的药方（通过政府购买创造繁荣和效率）显然在美国和英国已经面临终结。在这两个国家，政府购买刺激消费仅仅能够加剧停滞和通货膨胀。同时，激进的通货紧缩政策（世界银行和国际货币基金组织为病态经济体开的药方）有严重的副作用，效力非常可疑，如果经济领域存在"食品药品监督管理局"，该药方恐怕将永远不会被允许上市。如今美英两国会转而实行联邦德国和日本长期采用的政策（鼓励储蓄和资本投资的政策）吗？我四十多年前撰写的这篇文章，倡导的正是该政策。

美国政治的经济基础[⊖]

为什么美国诞生了不止一位"著名经济学家"？从立国之初开始，美国出现的经济学家比其他任何国家都要多。美国经济学家引领了经济分析工具的发展潮流。经济学家分布在各个领域——政府、企业、大学、工会等。无疑，其他任何国家都不会把经济学知识作为普通基础教育的一部分，然而在美国，我们多年来一直在努力与中学里的"经济文盲"做斗争。当然，没有哪个国家的公众对经济问题的兴趣比美国人更大，没有哪个国家中经济议题的地位要比其在美国更加突出。

然而，美国明显缺乏伟大的经济学家，也就是那种能够改变人们对经济学的看法，给人们认识经济事件及其发展方向提供新方法的经济学家。

或者更确切地说，美国诞生的著名经济学家并不以经济学家的身份闻名于世。亚历山大·汉密尔顿和亨利·克莱[⊜]当然应该被视为非常著名的经济

⊖ 首次发表于 1968 年《公共利益》(*The Public Interest*)。

⊜ 亨利·克莱 (Henry Clay)，美国政治家，倡导"美国体系"经济计划。——译者注

学家：汉密尔顿在经济学体系萌芽时期创造了一套经济发展的基本理论，该理论至今仍未有多大的变动；克莱的"美国体系"是所有福利经济学的起源和基础。然而他们的名字在经济思想史上很少被提及，反观德意志人弗里德里希·李斯特⊖，虽然只是重复克莱的观点，却在这类著作中占据重要位置。

当然，无论汉密尔顿还是克莱，都不想被称为经济学家。他们本人志不在此：汉密尔顿想成为获胜的美国军队主将，克莱则渴望成为总统。对他们来说，两人各自的经济学观点完全是政治立场的附属物，是实现政治抱负的工具。两人显然认为经济政策是实现政治目标的工具。当人们讨论他们的经济观点时，非常正确地将其作为各自政治理论和政治策略的一部分。

对该状况的解释似乎是，对美国而言，经济太重要了，不能只留给经济学家去研究。经济发挥着超越自身主题的政治作用。两百多年来，经济一直是美国团结一致的政治进程的推动力。从殖民时代起，"经济利益"被系统地用来塑造政治力量，建立政治联盟，最重要的是，把区域和地区利益集团团结在特定领导人和规划的周围。虽然经济利益集团的具体名称不断变迁，但无论称作"制造业利益集团""农业利益集团"还是"白银集团"⊜，该观念自身并没有发生变化。同样，两百多年来，经济议题（例如关税、货币、自由之土⊕等）被用于克服和弥合思想观念的分歧和冲突，否则这些冲突会导致国家分裂。在美国的全部历史中，政治和经济议题的两极分化反而弥补

⊖ 弗里德里希·李斯特（Friedrich List），德意志经济学家，经济历史学派的先驱，主张国家主导的工业化与贸易保护主义。——译者注

⊜ 白银集团（silver bloc），1918 年美国内华达州联邦参议员基·毕德门联合其他产银州议员以及白银矿主组成，旨在制定白银策略，提升美国白银的矿产量和价格，扩大白银集团在美国的权益与影响。该集团后来获得富兰克林·罗斯福总统的支持，先后通过一系列法案，导致国际银价大幅上涨，严重干扰了各国。——译者注

⊕ 自由之土（free soil），即内战之前不允许蓄奴的美国领土，19 世纪四五十年代兴起反对在美国西部各州蓄奴的运动，支持者成立自由之土党，后来被共和党吸收，自由之土与自由劳工紧密相关，既是政治议题，又是经济议题。——译者注

了思想观念等根本性分歧；通过调整经济利益，总会在政治和经济议题上达成妥协。当然，最典型的例子是美国南部势力与杰克逊总统在"可憎的关税"^㊀上达成妥协，把围绕奴隶制问题的摊牌延后了 30 年。长期以来，政治决策过程中各方进行讨价还价，已成为美国政坛的规行矩步。另一个例子是肯尼迪总统和约翰逊总统时期的国防部长罗伯特·麦克纳马拉利用预算控制技术彻底改革战略观念和军事组织。

或许最能说明问题的是，美国人运用经济思维来思考和解决政府与社会之间的基本关系问题。例如，大型企业在法国或德国的势力，要远远强于其在美国的势力。但只有在美国，"政府与企业"之间的关系才被视为从根本上考虑政府在社会中的权力和角色时的关键问题。的确，一个世纪以来的公共舆论，使得一些天真的外国观察家得出结论，认为美国除了工商机构之外别无其他值得关注的社会组织。

美国历史的重大主题

经济议题和经济纷争在美国政治进程中扮演着特殊角色，导致的后果是非常矛盾的。一方面，经济在美国政坛的地位似乎比其他任何国家都要突出和重要。乍一看，经济纷争似乎主导着美国历史。实际上，往往容易被忽略的是，道德和宪政议题一直都是美国历史的重大主题，具体包括 19 世纪的奴隶制、工业社会还是农业社会、联邦制等；20 世纪的种族平等、联邦政府的角色与职能、美国的国际地位等。因此，观察家们很容易误把表象当作

㊀　可憎的关税（Tariff of Abominations），1828 年 5 月 19 日美国国会通过的关税法案，旨在提高关税，保护美国北部工业，但由于美国南部依赖从欧洲国家进口工业品，所以该法案遭到南部代表的坚决反对，南部人士称之为"可憎的关税"。后来，来自南卡罗来纳州的卡尔霍恩副总统与杰克逊总统产生公开分歧，南卡罗来纳州则于 1933 年通过法令，引发拒行联邦法危机，杰克逊总统与南方各州围绕税率展开了多轮谈判，不得不多次降低关税。——译者注

真实情况。大致就像历史学家们的所作所为，或许可以证明内战并非是一场"不可避免的冲突"，假设给南部种植园主补偿数亿美元，估计战争可以避免。小施莱辛格的名著《杰克逊时代》，完全忽略了杰克逊政府的核心关切和最高成就，即确立了联邦政府对所有地区和局部利益的最终管辖权，反而将经济和阶层利益置于最优先的位置。甚至历史学家查尔斯·比尔德[⊖]长期坚信，整个美国历史是由经济利益决定的，并且为经济利益服务。比尔德足够高寿，有机会亲眼见证从经济视角预测美国政治进程和政治行为的尝试最终失败。

毫无疑问，美国的每位政治家都必须懂得如何利用经济手段实现政治目的。如果他想要成为全国性政治人物，就必须善于发现和创造经济联盟，使全国各种经济利益集团团结在一起。甚至美国最接近"形而上学的"政治思想家约翰·卡尔霍恩，在生命的最后 20 年里，也试图通过农场主的共同经济利益，在南部与西部之间的奴隶制鸿沟上架起一座桥梁，但最终以失败告终。

因此，尽管在美国的发展历程中，经济似乎位居中心地位，但实际上是主要非经济性目标的辅助手段。美国人的价值观并非是经济价值观，同样，经济领域也不能实现自治。政治甚至决定了什么经济议题可以出现在美国历史舞台上。所以，经济议题要作为一种"可用的"政治工具，就必须符合美国的政治逻辑，动员全国的力量，团结各地的广大群众，共同采取政治行动，获取联邦政治权力，即总统职位。

这就是美国没有诞生伟大经济学家的原因。因为伟大经济学家必须假定经济领域在人类生活中的自治地位，必须推崇经济的现实价值。如果伟大经济学家对政治感兴趣（几乎没人感兴趣），他必须把政治作为经济的婢女，

⊖ 查尔斯·比尔德（Charles Beard），美国 20 世纪前期最有影响力的历史学家之一，重视经济因素在美国历史上的作用，代表作为《美国宪法的经济解释》(*An Economic Interpretation of the Constitution of the United States*)。——译者注

即成为实现经济目标的工具。这些假定与美国经验格格不入。在美国，大量涌现的是业务熟练、名声卓著的经济技术人员、经济分析人员和经济工具专家。美国有大量熟稔政治的经济学家和熟稔经济的政治人士，但这种风气与伟大的经济学家格格不入。伟大的经济学家必然假定存在一个自治的经济领域，而政治议题仅仅是经济的一种反映。然而，在美国经验中，经济学使用传统的速记和通用语言，着眼的不是经济，而是政治性和道德性议题与决策。确实，我们可以将美国政治的基本规则解读为：**如果可能的话，把政治议题表述为经济议题，把政治联盟设计成经济联盟。**

经济利益能被用作政治枢纽的观点，通常可以追溯至著名的《联邦党人文集》第 10 章，作者詹姆斯·麦迪逊㊀（追随哈林顿的《大洋国》㊁和约翰·洛克㊂的观点）得出结论认为，权力追随财产。但是，当麦迪逊进行著述时，北美各类政治行动习惯性地围绕着经济议题和经济联盟展开的时间已经长达一个世纪，麦迪逊所做的工作，只是把殖民地时期已经相当普遍的经验编纂成册。

确实，殖民地时期的立法机构要想顺利运作，就别无他法。虽然殖民地时期的立法机构对当今立法机构的主要事务（公共秩序和法律、司法行政、教育行政）或许非常感兴趣，但通常却力不能及。必然地，这些事务不得不由各个地方社区、市镇和县处理。在殖民时代，由于距离太过遥远，人口太过分散，实行任何集权举措都是不现实的。如果地方社区不能妥善处理自身的内部事务，那么就没人能处理。殖民地时期立法机构面临的燃眉之急是与

㊀　詹姆斯·麦迪逊（James Madison），美国政治家，被誉为"宪法之父"。——译者注
㊁　詹姆斯·哈林顿（James Harrington），英国政治哲学家，代表作为《大洋国》（*The Common-Wealth of Oceana*）。——译者注
㊂　洛克（John Locke），英国经验主义哲学家、政治思想家。——译者注

母国[⊖]的关系问题，这进而引发了一系列经济冲突和经济问题，包括税收、关税、货币、信贷等。最重要的是，北美殖民地的皇家总督[⊖]对经济事务感兴趣，因为在 18 世纪的理论和实践中，海外殖民地是一种经济资产。当然，反复出现的暴动，如印第安人起义或与法国殖民者的局部冲突，也耗费了殖民地政治家大量的时间和精力。政治家的主要任务是在代表总督的经济权力面前代表殖民地居民的利益，或者与总督的经济影响力抗衡，其主要**理由**是经济性的。只有认可并有效地组织经济利益，殖民地政治家才能使其代表的选民团结一致——经过一个世纪的发展，选民在其他方面（包括宗教信仰、种族成分）越来越具有多样性。在波士顿、费城、威廉斯堡[⊜]的议会大厦中，18 世纪的政治家从没有太多需要做的其他事情，只需要像 20 世纪的刘易斯·纳米尔爵士^⑩对他们的英国同行^⑮所做的那样：找出并确定其经济联系和利益所在。这是关于殖民地时期美国政治家的一个众所周知且显而易见的事实。

　　但是，对麦迪逊（以及在美国历史的头 25 年里为这个新生国家建立政治惯例和政治进程的所有杰出政治家）来说，应该由于一个基本洞见而受到高度赞誉：经济利益能够被用来实现**团结一致**。美国的开国元勋理所当然地认为，"派系冲突"（即社会由于基本信仰的差别而分裂为不同的意识形态阵营）破坏政治稳定，与美国作为一个国家的地位不相容，而经济利益则能够用来克服有害无益的"派系冲突"。

⊖　此处是指北美十三块殖民地的宗主国英国。——译者注
⊖　北美十三块殖民地总督的产生方式不同，其中马萨诸塞、弗吉尼亚、新罕布什尔、北卡罗来纳、南卡罗来纳、纽约、新泽西和佐治亚的总督由英王直接任命，马里兰、特拉华、宾夕法尼亚的总督由领主挑选，经英王批准后任命，罗德岛、康涅狄格的总督由当地议会选举产生，经英王批准，任期 1 年。——译者注
⊜　威廉斯堡（Williamsburg），美国弗吉尼亚州城市，1699～1780 年是弗吉尼亚殖民地的首府，美国独立前曾在该市发生过一系列重要政治事件。——译者注
⑩　刘易斯·纳米尔爵士（Sir Lewis Namier），英国历史学家。——译者注
⑮　英国同行，此处是指 18 世纪的英国议员。纳米尔爵士采用人物传记和集体传记资料，揭示出地方利益而非国家利益，决定了议员的投票行为。——译者注

利用经济冲突

这是一种关于经济的政治观点，根据人类行为解释经济事件。这比其他任何因素都更加促使美国传统的经济方法与经济学家的方法区分开来。经济学家熟知商品的行为，并且如果他像当今的新凯恩斯主义[⊖]经济学家那样天真，就会相信人类行为同商品行为一样。然而，即使在经济学家最深刻、最具怀疑精神的时刻，也很可能会把普通的人类行为视为经济上的非理性行为。事实上，长期以来经济学家对政客的态度归结到最后总是蔑视和怀疑，在经济学家看来，政客往往使经济理性的清晰逻辑服从阴暗且非理性的人类情感和虚荣心。以此为出发点，古典经济学家[⊖]基本上对政治持否定态度，认为经济体系存在一种预先确立的和谐状态，其自我调节机制能够自动达到社会所有阶层和团体的最佳状态。

美国传统的政治经济学家从未相信过预设的经济和谐。对他们而言，经济冲突的现实再明显不过。毕竟，这是初生的殖民地与母国之间关系的特征，最终导致政治秩序出现暴力动乱，独立战争爆发。但同时，透过经济冲突，美国传统的政治经济学家找到了避免更加危险的意识形态冲突的手段，以及建立秩序（非和谐）的方法，他们不指望在现实中实现和谐。最重要的是，他们认为经济利益可以进行分割，所以经济冲突是一个国家内部能够有效管理的纷争，而政治信念和宗教信仰则不然。人们总能够调整经济得失，半块面包总比没有面包要好，但正如很久之前所罗门王心知肚明的，半个婴

儿却是万万不能接受的。⊖同样，宗教信仰、哲学理念、政治原则都难以分割调和。

最重要的是，当时美国传统政治经济学家的经验是独一无二的，与任何地方的"常识"都格格不入，并且使得开国元勋相信，经济冲突不像其他所有的分歧。经济分歧往往随着时间的流逝变得不再那么尖锐，可能不会自动消失，但能够妥善调解。如果冲突围绕着"谁获得多少"展开，那么只要可供分配的利益增加，就能够使双方都满意。并且毫无疑问，作为新大陆的殖民者，经验告诉他们经济蛋糕能够随着人类的奋斗不断增长，而不是一成不变。

开国元勋可能并未有意识地考虑这一点，但亚历山大·汉密尔顿的举措立足于如下假设：可用的经济资源有可能不断增多。该假设很大程度上能够解释，为什么美国人无论对汉密尔顿的政治举措多么不信任，却能够迅速认可他的经济观，也解释了为什么他从未以一名经济学家的身份获得充分尊重。经济学家传统上（延续至"二战"后很长时间）认为经济资源的稀缺性是理所当然的，所以问题就在于如何在均衡系统中最有效地分配资源。凯恩斯无论与之前的经济学家存在多少分歧，双方都同样秉持该传统。直到最近几十年，尤其是"经济发展"日益成为经济政策的目标（20 世纪 50 年代初杜鲁门总统宣布"第四点计划"⊜是一个至关重要的时刻），正统的经济学家才认为有目的地创造动态非均衡是可能的、有意义的。

无论美国人多么真诚地重复经济学家的教诲，无论经济学家多么真诚地在美国的大学教室中传播知识，美国显然已经证明，通过人的努力奋斗（其中很大程度上是政治行动），经济资源几乎能够实现无限扩张。美国人也可

⊖ 此处源自西方谚语：所罗门的审判，具体内容参见《圣经》。——译者注
⊜ "第四点计划"（Point Four），1949 年 1 月 20 日杜鲁门总统在就职典礼中最早宣布："我们必须启动一项新的计划，以充分利用我们已有的先进科技和工业优势，帮助欠发达地区来实现进步和发展。"1950 年 6 月 5 日，美国国会通过了《对外经济援助法案》，第四点计划正式获批。——译者注

能曾经赞同经济学家的观点，认为这纯粹是可遇不可求的意外情况导致的结果：广袤的新大陆有着一望无垠的原野，适合耕种，易于开发，不用费力就可以转化为经济资源。但很早以前我们就已发现，美国人用实际政治行动强有力地表明，他们在内心深处对此不以为然。美国人知道（汉密尔顿在 18 世纪最后 10 年已经知道），经济资源来自人的创造而非上帝赐予，这是一种经济动力。这显然是 1865 年《莫雷尔法案》⊖创建接受政府赠地的学院等大胆举措的基础，该法案明确假定，运用知识能够创造出远超现有资源具备的经济价值和生产能力。从一开始，经济资源能够不断增长的观念就是所有美国工会运动的基础。美国的"企业工联主义"⊜假定，围绕着经济蛋糕的分配展开的斗争本身可能产生更大的蛋糕，换言之，经济冲突本身能够促进经济增长，因此，同时也能造就政治和社会团结。

∞

毫无疑问，作为一种有效促进团结的政治力量，美国人的"经济利益"观念在为国家服务方面做得极为出色。

实际上，如果没有该观念，美国作为一个国家能否存续都是值得怀疑的。凭借事后诸葛亮，我们可以在边疆地区看到力量的源泉。但事实上，所有其他有过类似经历的国家已经证明，边疆地区的经历必然充满几乎无法忍受的张力，而且，这种张力不仅仅是迅速的、动荡的扩张导致自然资源和政治能量的紧张，而是不同社会背景、民族成分、宗教信仰的移民潮汹涌而至，上一波尚未吸收同化，新一波已经到来，给美国的社会团结带来巨大张

⊖ 《莫雷尔法案》（Morrill Act），1862 年林肯总统签署的法律，旨在向每个州提供 3000 英亩土地以资助建立专门研究"农业和机械艺术"的学院，该法案对美国高等教育的发展进程和整体面貌产生了深远影响。——译者注

⊜ 企业工联主义（business unionism），源于美国的工会思想，主张工会像公司一样经营，建立等级管理体制。——译者注

力。意识形态、哲学理念或宗教信仰等方面的飞速多元化，对美国有可能是致命的。

　　不容忽略的是，移民大体上都缺乏自治的传统，甚至没有参加政治活动的习惯；毕竟，登上移民船的要么是不体面之人，要么是穷困潦倒之人。然而，这些数量庞大的异质群众不得不在一夜之间转变为拥有共同的基本价值观、受同一个政府管辖的民族，否则美国的实验就会失败。如果没有利用经济利益来组织政治活动，就势必要把最严厉的权威强加于人民大众，否则，多元化的势力就会组织起来**抗衡**国家及其团结一致——每种输入的宗教信仰和文化传统、政治价值观和思想信念、意识形态，即使没有敌意，也与美国作为一个独立国家的地位不相容（拉丁美洲的情况显然就是如此）。

　　毕竟，19 世纪的重大事件并不是美国经济的崛起，而是缔造民族国家美国。正如我们现在所发现的世界，民族国家并不是能够轻易缔造的事物。相反，民族国家通常是多个世纪以来的长期经验和历史力量的结晶。欧洲各个民族国家和日本都不是一夜之间诞生的。在这些国家（以及美国）之外，很少有（若有的话）民族国家产生，这证明要缔造一个独立的民族国家，需要历尽艰辛，历时悠久。例如，在整个拉丁美洲，虽然有几个世纪的政治认同，但只有墨西哥和巴西⊖（在较低程度上）可被称为"民族国家"，而它们也只是在 20 世纪才被作为独立国家。但是美国在短短几十年内（至多一个世纪）就实现了国家的独立自主，在很大程度上要归功于美国的传统，即彼此之间发生冲突或分歧时，把经济利益作为解决政治议题、政治联盟和政治冲突的基础。这就使得美国能够容忍（如果不是鼓励的话）所有其他领域中的多元化，经历激烈的内战而幸存，并且获得团结一致的忠诚和基本承诺，这些像共同的历史、共同的语言和共同的经历历经几个世纪赋予任何古老国

⊖　墨西哥，原为西班牙殖民地，1810 年宣布独立，1821 年正式获得承认。巴西，原为葡萄牙殖民地，1822 年宣告独立，1889 年成立巴西共和国，显然德鲁克此处并非是指墨西哥和巴西两国的独立，而是着眼于两者作为独立国家的地位。——译者注

家的一样，代表着强烈的共同纽带和共享价值。

"两党合作"的倾向

但利用经济利益的习惯不仅倾向于阻止意识形态议题的浮现，而且迫使美国的政治体系在解决非经济议题时采用非党派的方式。

非经济议题威胁着现有的政治联盟，但在美国的政治体系中这并不容易实现。美国的政客往往回避意识形态立场，否则肯定会疏远由经济利益聚集并维系在一起的多数选民。例如，任何非经济性意识形态立场立刻会破坏纯种白人原教旨新教徒与傲慢的南部盎格鲁－撒克逊人以及世界主义者（主要是大城市中的天主教和犹太工人阶级）之间的联盟，该联盟正是民主党长期以来的选民基础。唯一能够使他们联合行动（以便将一位民主党政客选入联邦政府）的因素，就是在经济上共同反对制造业集团的利益。

这成为美国政治进程中基于"两党合作"处理非经济议题的强大推动力，即将非经济议题彻底从政党政治中排除。无疑，在美国的政治体系中，最崇高的赞美是留给"爱国者"的，他们就是那些将具有潜在破坏性的非经济议题转变为两党共识之人。据说，正是因为这种爱国主义行为，牺牲了自己当选总统的机会，所以美国历史才记住了亨利·克莱。一个世纪以后，范登堡[⊖]拟定了"二战"后美国"两党合作"的外交政策，确立了自己在美国政坛的牢固地位，却同样丧失了可能获得的所在政党总统候选人提名的机会。1964 年总统选举中，大量选民投票反对戈德华特[⊜]，并非因为他们不赞

⊖ 范登堡（Arthur Vandenberg），共和党参议员，支持民主党总统富兰克林·罗斯福及继任者哈里·杜鲁门的外交政策，大力呼吁美国各党派在外交问题上彼此合作，支持联邦政府。——译者注

⊜ 戈德华特（Bany Goldwater），美国亚利桑那州联邦参议员，1964 年作为共和党候选人竞选总统，最终虽然竞选失败，却成为保守主义运动复苏的主要精神人物，被称为"保守派先生"。——译者注

成其观点，而是由于他在非经济议题上采取党派立场的决策，同观点错误但采取两党合作的共识方式相比，前者对合众国似乎是更大的威胁。而且，从美国政治的发展历史来看，选民无疑是正确的。

外交、宗教、教育、民权以及大量其他议题，在其他任何国家都是各类政党与政治组织激烈交锋的领域，在美国政治体系中却被尽可能地作为"两党合作"议题。这并不意味着这些议题没有争议，而是说只要美国政治体系正常运转，就能够把原先互相冲突的派系拢到一起，而不是在彼此冲突的每一方中创建新派系。事实上，除非存在一个可资利用的跨越传统政治阵营的广泛同盟，否则美国的政治体系宁愿不去解决上述议题。一次又一次地，处理这类议题的主动权（犹如被动地同意）被留给了美国政治体系中的唯一机构，即处于既定政党阵营之外的最高法院。近些年，在重大的宪政、民权以及选区重新分配等议题上，最高法院在这些政治上至关重要的领域取代政治行动的裁决，完全符合约翰·马歇尔⊖开创的最高法院传统。由于最高法院的裁决是"全国之法律"⊜，所以其自身建立了共识。

"共识"的局限性

在美国，把政治议题作为经济议题的做法，其效力存在明显而切实的局限性。并不是每种非经济议题（如意识形态、政治、道德等）都能够被转化为经济议题或组织为"两党合作"议题。毫无疑问，国内最重要的议题和

⊖ 约翰·马歇尔（John Marshall），美国政治家、律师，1801～1835 年任美国最高法院大法官，通过裁决马伯里诉麦迪逊案，确认了最高法院的司法审查权，保障了最高法院和国会地位平等，有权否定国会制定的法律，并且把总统权力置于最高法院的监督之下，完善了美国的司法独立体制。——译者注

⊜ "全国之法律"（law of the land），法律术语，意指一个国家或地区内有效的所有法律，该词汇最早出现于 1215 年英国的《大宪章》中，用来指王国的法律，1787 年制定的《美国宪法》，宣称宪法、依宪法制定的法律及条约皆为"全国之最高法律"（supreme law of the land）。——译者注

决策不能这样处理。当然，这方面最典型的例子就是奴隶制问题，因为在美国，奴隶制最重要的并非如在巴西的种植园中那样发挥经济作用。至少，1825～1850 年期间，奴隶制的主要功能成为赋予南方"贫穷白人"一种优越感，而不管其经济或道德状况多么糟糕。尽管从起源和扩张来看，奴隶制是一种经济制度，但在 1820 年后已经成为累赘，此时奴隶制的主要受益者不再是奴隶主，而是那些非所有者，他们在奴隶社会获得心理满足，同时又无须承担维持奴隶制的日益沉重的经济负担。换言之，我们现在已经知道，废奴主义者的观点是正确的：美国的奴隶制是一种罪恶，而不是犯罪。⊖因此，若仅仅废除奴隶制度，却不赋予黑人公民权利，那么就不会取得什么效果。

　　同样由于这个原因，无论 19 世纪早期的政治家们如何努力，奴隶制都无法被转换为经济议题。此外，作为一个真正"不可调和的"矛盾（即作为一个精神和道德层面的问题），即使当时的最高法院试图通过德雷德·斯科特案⊜的裁决建立共识，但最终以失败告终。当时的政治组织也不能处理这样的非经济议题，甚至可能任何国家的政治体系，无论如何组织起来，都无法处理此类问题。这一系列的因素相结合导致美国的政治体系在奴隶制问题上彻底失败，最终内战爆发，整个国家差点毁灭。

⊖　作者是指，奴隶制是一种宗教或道德上的罪恶（sin），而非经济或法律上的犯罪（crime）。——译者注

⊜　德雷德·斯科特案（Dred Scott case），美国最高法院于 1857 年判决的一个关于奴隶制的案件，具体经过如下：黑人奴隶德雷德·斯科特随主人到过自由州伊利诺伊和自由准州威斯康星，并居住了两年，随后回到蓄奴州密苏里。主人死后，斯科特提起诉讼要求获得自由，案件在密苏里州最高法院和联邦法院被驳回后，斯科特上诉到美国最高法院。经过两次法庭辩论，最终 9 位大法官以 7∶2 的票数维持原判，首席大法官罗杰·坦尼撰写了判决意见，主要论述包括以下 3 点："第一，即便自由的黑人也不是《美国宪法》中所指的公民，所以斯科特无权在联邦法院提起诉讼；第二，斯科特不能因为到过所谓自由准州威斯康星就获得自由，因为在威斯康星州排除奴隶制的是《密苏里妥协案》，而制定《密苏里妥协案》超出了国会的宪法权力；第三，斯科特不能因为到过自由州伊利诺伊就获得自由，因为他一旦回到密苏里州，他的身份就只受密苏里法律支配。"该判决及其包含的政治意义极大地激化了原已尖锐对立的南北争执，就连那些原本对这场争端漠不关心的北方人，也加入废奴主义者的阵营，并且严重损害了美国最高法院的威望，更成为南北战争的关键起因之一。——译者注

但即使在不那么重要和敏感的领域，美国政治体系也不适合处理非经济议题。当外交政策不能建立在"共识"和"两党合作"的基础上时，情况尤其如此。在非经济议题上的任何失败都会损害国家的凝聚力，造成深刻而持久的伤痕。1812 年战争如此，参加"一战"前激烈的外交政策争论更是如此。就日本偷袭珍珠港事件而言，"二战"前美国国内在外交政策上的分歧同样证明政治体系难以有效处理外交议题，并可能撕裂美国的民族团结。

但同时也往往存在着一种危险，即美国的政客可能忘记了把非经济议题转化为经济议题只是一种惯例，而错误地相信经济真的控制政治。处理国内事务时，该危险带来的后果并不是非常严重。不能凭直觉认识到惯例的局限性和用途的政客，是非常愚蠢的。当然，没有任何一位强势总统（例如，杰克逊、林肯、西奥多·罗斯福、富兰克林·罗斯福、杜鲁门）曾经相信，经济利益和经济政策本身就已足够，或其必然占据主导地位。但在外交领域，美国一再犯同样的错误，并且每次都付出了沉重代价。美国人一再误以为"经济制裁"是处理外交事务的有效工具，结果却一次又一次地发现该手段无效。例如，南方各州以为"棉花大王"⊖能够迫使北方屈膝投降，并驱使欧洲各国站在美利坚联盟国一边，同样北方也相信美利坚联盟国将被经济封锁打败。现在我们从亲西方的日本领导人日记中得知，1940 年和 1941年美英两国对日本实施的经济制裁，唯一的后果就是壮大了主战派，削弱了温和派的影响力，这与"一战"中实施的对德经济制裁削弱了政府中的温和派，使军事极端分子全面掌权如出一辙。具有讽刺意味的是，我们现在已经知道，即使在经济制裁似乎取得了成功的案例中（美国独立战争爆发前的

⊖　"棉花大王"（King Cotton），美国内战前南方各州主张独立的口号，其具体意涵是指，控制棉花出口将实现拟议中的美利坚联盟国经济繁荣，同时摧毁美国北部尤其是新英格兰地区的纺织业，并迫使英国、法国等在军事上支持南方，南方各州对该口号深信不疑，但战争爆发后英国并未支持南方，北方纺织业也没有因此崩溃，德鲁克引用这个例子是为了说明"经济制裁"手段往往无效。——译者注

10 年，北美殖民地使用"经济制裁"手段迫使英国打消了向其征税的企图），实际上经济制裁并没有起作用——该案例可能解释了美国人盲信经济制裁手段的原因。最近的历史研究相当确切地表明，英国内阁之所以放弃该政策，北美殖民地的抵制和经济原因不过是借口，在国内势力强大的支持者中非常不得人心才是真正原因。

换句话说，美国人习以为常的作为政治行动和政治组织基础的经济，只是一种工具。同其他工具一样，运用时必须辅以准确的判断，且必然存在局限性。个人往往不得不为欺骗自己付出代价，同样，任何将惯例误认为是现实的人都会付出沉重代价。

然而，虽然该惯例不完美，并非万无一失，也绝不是万灵药，但的确为美国人民提供了极其卓越的服务。

∞

但是问题不在于惯例在过去的成效多么好，而在于现在或未来是否仍然有效？美国人共同的、普通的政治议题能否依然受传统规则支配，尽可能将议题阐述为经济议题，并根据传统规则确定联盟，且尽最大可能确定经济联盟？

这种美国国内政治的传统惯例几乎不可能在未来的外交和国际事务中发挥重要作用。但同时，其在国内的用途可能也将终结。

在过去 20 年出现的许多新国家中，每一个都尚未成为现代民族国家。根据历史和传统，这些国家中的每一个都不如两百年前新生的美国适合完成该任务。每个国家内部，部落之间、宗教之间、种族之间的裂痕都根深蒂固，国家若要继续延续下去，就必须迅速弥合上述分歧。在意识形态冲突中，其中任何一个国家都不能幸存。在这种情况下，可以预见这些国家中的许多（若非全部的话）将采取政治措施消除裂痕——这是每个独裁政权徒劳的承诺，同样可以预见，这只会加剧冲突，导致问题更加难以解决。还可以预见，某些国家如果没有在海外征服扩张，至少将会通过在国内吹嘘民族主义寻找出路。历史已经充分证明，这将不会成功。新生国家要使冲突发挥建设性作用，并跨越部族、传统、种族的界限实现团结，唯有一种政治方法满足需要。在将政治议题转化为经济利益和经济议题的传统美国方法中，新生国家或许能找到所需的、经过充分检验的现成方法。

实际上，这种方法对整个国际社会来说可能变得越来越重要。当今世界面临的危险主要是占人口多数的贫穷有色人种与占人口少数的富裕白人之间的种族斗争，这要比 19 世纪的阶级斗争更加严重。同时，当今世界相比于18 世纪要小得多——在这个世界里，人们彼此为邻，除了共同生活别无选择。当今世界，最重要的莫过于创造一种政治理念，该理念不仅能够包容建设性的冲突，而且能够跨越意识形态和传统文化的分歧实现团结一致。

显然我们远远没有实现这样的成就，或许肯尼迪总统发起的"进步联盟"⊖最接近该理念。但是，回顾历史，主权国家构成的世界无政府状态已成为无可救药的时代错误，当今世界政府（如果可行的话）带来的也只能是全球范围的暴政，而 20 世纪五六十年代的发展努力很可能有一天会成为迈向统一的非意识形态国际秩序新概念的不确定且步履蹒跚的第一步，在灵活性和有效性方面与主权国家构成的世界无政府状态和世界政府大不相同。

创新的需求

但与此同时，传统的经济手段在国内政治中似乎也已经失效，这并非由于美国人不再满足于经济手段，或美国人渴望实行意识形态政治，而是美国

⊖ "进步联盟"（Alliance for Progress），1961 年美国约翰·肯尼迪总统发起的国际经济发展规划，旨在加强美国与 22 个拉丁美洲国家的经济合作，具体目标包括人均收入持续增长、收入分配更加公平、工农业加速发展、土地改革、改善健康和福利、稳定出口价格和国内价格等。——译者注

人生活中的问题和挑战不再能够轻易地（如果有的话）转化为经济议题。十有八九，今后民权问题会成为美国政治的核心议题，涉及大都市的困境；一个社会的结构、价值观和关系日益在大型强有力的机构中组织起来；科学和技术的角色、功能与局限性等。这些都不能被轻易地转化为经济议题。尽管林登·约翰逊总统试图寻求"共识"，但在这些议题上不太可能实现"两党合作"。当解决方案已经明确，或至少有一个大致轮廓时，两党合作才能够有效发挥作用。但伟大的政治创新，就像美国人现在所需要的，很少是妥协的产物。

然而，传统的意识形态政治联盟体系，即欧洲式的政治联盟也无法解决此类议题。如果像许多外国和国内批评美国政治体系的人士在一个多世纪以来一直督促美国人做的那样（即立足于"自由派"与"保守派"、"左派"与"右派"组织政治活动），将只会增加混乱。关于大都市政府，"自由派"的观点是什么？或者，关于个人与其所依赖的大型组织（个人依赖组织才能发挥社会功能）之间的关系，"自由派"的观点如何？如果个人想获得自由，必须不依赖大型组织吗？对这些议题，"保守派"会持何种观点？显然，人们在这些议题上必然存在激烈分歧；事实上，需要有这种分歧，需要有各种不同的办法来解决问题。但是，如同传统的经济利益联盟一样，意识形态联盟必定与这些议题无关。因此，"新左派"⊖注定不会成功，必将被宣告彻底失败。

确实，如果在未来半个世纪左右的时期内，世界允许美国人从容地处理国内事务，那么他们不仅会遭遇新问题，而且必须设计出一套针对国内政治总体状况的新方法。这标志着，同新议题自身可能带来的影响相比，美国人的政治生活将更加动荡不安，政治上的清醒和稳定将会面临更大压力，同

⊖　"新左派"（New Left），20世纪六七十年代兴起的一场广泛的政治运动，在美国，"新左派"是指以"争取民主社会学生组织"为核心的松散政治运动，基本诉求是民主、民权、各类大学改革、反越战等。——译者注

时，发展出创新性政治思想和有效政治领导力的重大机遇也是建国以来前所未有的。

　　为了抓住这个机遇，美国人很可能不得不放弃对经济利益和经济议题的传统依赖，不能再把经济作为政治交往的象征和政治组织的手段。但我希望美国人不要放弃经济手段背后的基本原则：调整冲突以创造团结、诉诸利益反对意识形态派别的狂热。这不仅仅是一种文明的理念，更是一种使政治促进公共利益的原则。在历史上，该原则已经卓有成效地服务于美国人民，未能培养出伟大的经济学家只是微不足道的代价，这是千真万确的。

经济学理论的贫困[⊖]

什么创造了财富？在过去的 450 年中，经济学家要么忽视了该问题，只想寻找简单答案，要么对前辈的成果视而不见。尽管如此，我们依然可以从每种答案中学到一些知识。

第一代经济学家，即重商主义者认为："财富就是购买力。"其目标旨在通过积累黄金和贸易顺差来增加货币财富。另一种理论认为，财富不是由人创造的，而是由自然创造的，即土地创造财富。

然而，也有一些理论家把财富与人联系在一起，认为"财富是由人类劳动创造的"。由于将财富与人类创造的事物联系在一起，所以该原则标志着经济学作为一门学科的起步。然而，该观点让人完全不满意，不能用来预测或分析任何现象。

一百多年前，经济学领域一分为二。主流经济学轻易放弃了寻找财富创造问题的答案，变为了纯粹的分析，不再将经济学与人类行为联系在一起。

⊖　首次发表于 1987 年《新管理》(*New Management*)。

经济学成为一门管控商品行为的学科。具有讽刺意味的是，分析恰恰成为当代经济学的一大优势，但这也恰恰是公众在很大程度上对该领域感到厌倦的原因。由于经济学缺乏价值基础，所以与公众无法沟通。

另一个错误答案

在过去的一百年中，我们有两种选择，一种是具备强大的分析能力但缺少价值基础的经济学，另一种则根本不是经济学，而是人类的政治宣言。如今，我们终于可以跨越两者之间的分歧，即使不能找到正确答案，起码已经开始理解正确的方法。我们现在知道，财富的源泉是人类特有的知识。如果把知识应用到我们已经知道如何执行的任务上，即称之为"效率"。如果把知识应用到不同于以往的新任务上，我们称之为"创新"。唯有知识能够让我们实现效率和创新。

劳动传统

这并非总是真实的。两百年前，亚当·斯密撰写"劳动传统"时，所举的例子是当今德国中部的人们，由于严冬有大量积雪，所以他们就选择学做木工、钟表和小提琴来度过不方便出门的日子。斯密说，确立该传统，需要两百年时间，只有在极少数的情况下，难民或移民将他们的技能带到另一个社区，才能使得新传统的确立不需花费以往那么长的时间。

美国赢得独立的时候，情况就是如此。当时每位美国领事都掌握着一笔无限额的行贿基金（这可能意味着180美元），他们可以用这笔钱来收买一位英国工匠，并为他提供假证件以使其能够来到美国传授纺织机械和染棉技术。这就是新英格兰地区在1810年前后成为工业发达地区的方式。

然而，在19世纪，学徒制（一项德国发明）将200年的时间缩短为5

年，在 20 世纪，培训（一项美国发明）更是进一步将 5 年缩短为 6 个月甚至 90 天。由于美国没有独特的劳动传统，所以"一战"期间发明了培训。"二战"结束后，美国发明的培训传播到全世界，这是各国不再基于劳动传统开展竞争的原因之一。

学习和知识

事实上，直到最近，生活在发达国家的人过上体面生活的最快方式是成为一名半熟练的机器操作员。持续努力工作 6 周后，他的薪水可能比副教授还高，更不用说助理院长了。但那已成为过去。今天，唯有通过学习和知识，普通人才能过上中产阶级的生活。

（回想 30 年前，仅仅因为日本不允许韩国获得任何技术，导致该国几乎没有一个人掌握任何技能或工艺传统。如今，任何发达工业国家从事的业务，韩国几乎都能掌握，这一切都归功于培训制度。）

当然，认识到知识是财富的源泉对当今日暮途穷的经济学有重大影响。由于经济学以往非常低调，所以常常被认为是一门有趣的学科。1925 年，若有人问经济学家一个问题，而得到的回答是"我不知道"，这在很多方面都是一个值得尊敬的回答（至少这是一种稳健的做法）。然后经济学家会接着说："我不知道该怎么做，所以明智的行为是少做并祈祷。保持低税率、低支出，剩下的就是向上帝祈祷。"

新哲学

但是，我这一代经济学家变得傲慢自大，很大程度上是由于经济学家们在"一战"期间的出色表现。从军事角度来说，"一战"的表现是有史以来最差的，但民事成就却非常卓越。截止到 1914 年 12 月，每个参战国实际上都已经破产，根据传统的游戏规则，此时就应该停止战斗。但由于文职行政人员的出色表现，各国继续互相残杀了 4 年之久。并且这种能力带来了恶劣影响，使人们产生了自大的错觉。

当 1929 年经济大萧条来临时，突然出现了一种奇怪的观点，认为政府应该能够对经济做点什么。在这之前，这种观点是完全闻所未闻的，但当时却成了一种流行观点，就有点像是："既然能把人送上月球，为什么不能对艾滋病做些事情呢？"因此我们就目睹了其后经济学的发展，并了解了不同的答案。

凯恩斯提供的答案是：无论面临什么困境，只管创造更多购买力。那一代卓越的经济学家中最长寿的米尔顿·弗里德曼⊖对此进行了修正，并说："甚至不必这样做，要做的仅仅是确保货币供应量增长。"供给学派⊜的答案更简洁：减税即可。还有什么比这更美妙的事情呢？

乐观的终结

19 世纪，由于经济学往往迫使人们做出选择，且不得不放弃一些东西，所以被称作"悲观科学"⊜。突然之间，经济学成了一门乐观科学。50 年来，经济学一直非常乐观，但相信我，这一切结束了。

经济学没有奏效。无论我们尝试什么，都以失败告终。而且，现代经济学的基本假设是无效且不合理的。所有假定都主张，在世界上，主权国家是

⊖ 米尔顿·弗里德曼（Milton Friedman），美国经济学家，1976 年获诺贝尔经济学奖。——译者注

⊜ 供给学派（supply-siders），20 世纪七八十年代美国的经济学派，主张降低边际税率和放松管制，成为里根政府经济政策的主要理论基础。——译者注

⊜ "悲观科学"（dismal science），英国历史学家托马斯·卡莱尔（Thomas Carlyle）在 1849 年的《黑人问题的偶然论述》（*Occasionally Discourse on The Negro Question*）中首创的词汇，该文探讨了利用黑奴和契约仆役的可行性，后来某些经济学家把该词汇与 19 世纪政治经济学的悲观预言（例如马尔萨斯）联系在一起。——译者注

彼此独立的，可以主宰自己的命运。如果五六个主要工业国家同意将本国的经济决策权转交给沙皇或一个共同机构，那么经济理论就会发挥作用。但这种情况根本不可能出现；相比之下，在拉斯维加斯的老虎机上赢 100 万美元的概率要大得多。

而且，大多数经济学家假定，货币周转速度是一种社会习惯，所以是一个常数——这与所有证据都不符。1935 年，美国首次检验该理论，向国民的口袋注入大量购买力，结果消费者没有消费，反而囤积。第 2 年美国经济陷入崩溃，由于公众未按照经济政策预期行事，所以当时的经济状况要比 1930 年和 1931 年更糟糕。卡特总统和里根总统时期，也发生过同样的事情。实际上，货币周转速度与青年人的时尚一样多变，甚至更加难以预测。

无效的理论

从本质上讲，因为没人知道未来会发生**什么**，所以宏观经济理论不再是经济政策的基础。里根总统上台时承诺要削减预算，但在任何国家的历史上，政府开支的增长速度从未像现在这样快。他并非违背承诺，而是在政治上别无选择。政治领导人没有可以信赖的经济理论，许多商人都没有注意到该事实。

未来，经济学必须要做以往经济学家未能做到的事：整合国内和世界两个领域。（注意此处使用的是**世界**而非**国际**。**国际**意味着本国之外的经济，**世界**则包括本国"内部"的经济。）

未来的经济学必须要回答下列问题：如何将业务经营方式与成果联系起来？成果**是**什么？传统的答案（即底线）是危险的。在底线思想中，我们不能把短期和长期结合起来，然而两者之间的平衡是对管理层的关键考验。

两盏明灯

效率和创新是指引我们前进的两盏明灯。如果我们以降低效率或故步自封为代价获得利润，那就不是真正的利润。我们正在摧毁资本。另一方面，如果我们持续提高所有关键资源的效率，不断改进创新能力，我们将会实现盈利。当然，不是在今天，而是在未来。在把用于人类工作的知识视为财富源泉时，我们也了解了经济组织的功能。

我们首次有了一种方法，把经济学作为一门人文学科，并将其与人的价值观联系起来，该方法还为商人提供了衡量是否仍在朝着正确的方向前进，及其成果是真实的还是错觉的标尺。后经济理论植根于人们现在所知和所理解的关于创造财富的知识，我们正处于该理论的门槛上。

CHAPTER 8 | 第 8 章

利润的幻觉[⊖]

工商界人士有充分理由抱怨公众对经济议题的无知。美国自由企业制度最大的威胁，不是来自于社会舆论对一小撮工商业精英的敌意，而是来自于对该制度的结构和功能的普遍无知。

然而，那些大声抱怨公众无知的工商界人士，自身就是美国自由企业制度最严重的破坏者。他们似乎不知道最重要的就是收入和盈利能力，彼此交流以及向公众阐述的观点会损害企业经营，误导公众对经济活动的理解。

从本质上看，根本没有纯粹利润这回事，有的只是成本。

所谓"利润"以及企业账户报表中的数据，都是真实的，并且基本上是下述三类可量化成本：作为主要资源的真实成本，即资本成本；所有经济活动面临的风险（很大程度上是可量化的）和不确定性的必要保险费；未来的就业岗位和养老金的成本。真正的垄断利润（例如石油输出国组织通过垄断石油出口所得）是唯一的例外，也是唯一真实的盈余。

⊖　首次发表于 1975 年《华尔街日报》。

（1）两百多年来，所有经济学家都知道存在三种生产要素，即三种必要的资源：劳动力、土地（即物质资源）、资本。在过去的 10 年中，所有人都已经认识到没有"免费"资源，所有资源都有与之相对应的成本。事实上，在对真实"资本成本"的理解和接受上，经济学家遥遥领先于多数工商界人士。其中一些经济学家（例如前经济顾问委员会⊖成员，现已返回斯坦福大学任教的经济学家埃兹拉·所罗门⊜）已经开发了若干精致的方法，用以确定资本成本，衡量企业在获取资本方面的绩效。

我们知道，"二战"后直至 60 年代中期全球性通胀爆发前，自由世界所有发达国家的资本成本每年都高于 10%。并且，我们知道很少有企业能够获得足够收入来支付上述真实成本。但迄今为止，似乎只有少数企业知道存在此类成本，甚至更少的企业清楚自身能否支付该成本。即使是这些企业也从未探讨过该问题，且从未在其公开账户中检测自身在这方面的绩效。然而，不能支付资本成本与不能支付工资或原材料成本一样，都是不能支付成本。

（2）经济活动是现有资源对未来预期的承诺。换言之，经济活动是应对风险和不确定性的承诺——产品、工艺和设备的损耗；市场、分销渠道和消费者观念的变化；经济、技术和社会的变迁。对未来的预期与真实情况往往相反；人类不能准确预测未来。因此，预期往往侧重损失而非收益。处在当今迅速变革的时期，风险和不确定性肯定不会越来越小。

面临的风险和不确定性都是无法精确确定的。但是很大程度上，在应对未来的承诺中，**最低**的风险是能够确定的，甚至是能够量化的。那些进行过此类尝试的企业（例如施乐公司和 IBM 公司已经在产品和技术方面进行了多年尝试）证明，风险远比保守的"商业计划"设想的要高。

⊖ 经济顾问委员会（Council of Economic Advisers），设立于 1946 年，隶属总统行政办公室，负责收集整理相关经济信息，向总统提供关于国内外经济政策的建议，协助总统准备经济报告等。——译者注
⊜ 埃兹拉·所罗门（Ezra Solomon），美国经济学家，1971~1973 年任职于尼克松总统的经济顾问委员会，代表作为《财务管理理论》（*The Theory of Financial Management*）。——译者注

　　长期以来，自然事件的风险（例如火灾）一直被视作正常的商业成本。如果一家企业未能为此类风险预留适当的保险费用，那么就会被认为正在危害其持有的创造财富的资产。经济、技术、社会的风险和不确定性同样真实存在，均需要足够的"保险费"——提供保险费是利润和盈利能力的功能。

　　因此，管理层面临的恰当问题不是"本企业能获得的**最高**收入是多少？"而是"成功应对未来风险的**最低**盈利率是多少？"如果盈利率达不到该数值（据我所知，大多数企业的盈利率都达不到），那么企业就无法支付真实成本，这不仅会危及自身，还会使整体经济陷入贫困。

　　（3）利润也是未来的就业岗位和养老金。两者都是企业的成本，同样也是整体经济的成本。利润当然不是资本的唯一来源，除此之外还有私人储蓄。但是，无论企业自留的还是支付出去（返回到资本市场）的收入，都是未来就业岗位最大的资本来源（起码在美国），也是未来养老金的最大资本来源。

　　"经济发展"最令人满意的定义是，经济为每个新工作岗位投入更多资本的能力稳步提升，从而造就更好的就业岗位、更高的工作质量和生活水平。到 1965 年，即通胀导致越来越难以获得有意义的经济数据之前，美国经济对每个就业岗位的投资已经从 3.5 万美元提高到了 5 万美元。该类投资的需求将会大幅提升，最大的投资需求和机会主要在下述行业：能源业、环保业、交通运输业、医疗保健业以及最重要的是加大投资提高粮食产量，这些行业中每个就业岗位的资本投资额都要远远高于日用消费品行业（过去 25 年中整体经济的主导行业）的平均值。

　　同时，所需就业岗位的数量正在迅速增长——这是 1948～1960 年间"婴儿潮"[⊖]的后果。在美国，直到 20 世纪 80 年代初，每年工作人口的数量必定增加 1%，或者说几乎达 100 万人，这样才能与人口统计数据保持一致。同时，仅仅因为退休人员的寿命将会更长，领取养老金的人数将会增

　　⊖　婴儿潮（baby boom），是指人口出生率显著上升的现象，据统计，1944～1961 年美国新生儿的数量超过 6500 万。——译者注

加，就能衍生出领取人的收入预期也会提高。任何一家没有创造足够资本（即足够收入）的企业，就不能支撑未来所需就业岗位和养老金的增长，不能支付自身可预测、可量化的成本以及经济成本。

这三种成本（资本成本、经济活动所面临风险的保险费和未来的资本需求）很大程度上相互重合。但任何企业都应该能够足以支付其中最大的成本，否则必定处于亏损运营状态。

立足于上述基本前提，可以得出三个结论。

（1）利润并不是资本主义特有的，它是任何经济体系的先决条件。

（2）从当期收入与生产、分销支出之间的差额中支付的成本，与工资、支付给供应商的费用一样，都是完全相同的经济事实。由于公司账目要反映经济现实，所以这些成本应该被明确注明。可以确定的是，这些成本并不像会计人员所谓的"经营成本"那样广为人知，也不能像后者那样精确核算。但在特定范围内，这些成本是已知的、可核算的，或许并不比多数成本会计、折旧数据更加宽泛或更为模糊不清，并且对于管理一家企业并分析其绩效而言，这些成本可能是更重要的。无疑，把管理层的奖金、激励与足以支付上述真实成本的企业绩效挂钩，而非与经常反映财务杠杆和实际经济表现的利润数据挂钩，或许是一个不错的主意。

（3）最后，工商界人士将收入归功于自身的努力和社会的支持，需要再三强调的是，根本没有纯粹利润这回事，有的只是成本：经营成本和维持成本；劳动力、原材料成本、资本成本；当前就业岗位的成本、未来就业岗位的成本、未来养老金的成本。

利润与社会责任之间不存在冲突。赚取足够利润来支付真实成本（只有所谓利润才能支付）是企业的经济和社会责任——实际上，该责任是企业特有的。赚取足以支付真实的资本成本、未来的风险成本以及满足未来工作者和养老金领取者需求的利润，并非是企业"剥削"社会，实际上是企业应做却未能成功做到的。

熊彼特与凯恩斯[⊖]

整整 100 年前，20 世纪最伟大的两位经济学家——约瑟夫·熊彼特和约翰·凯恩斯相隔几个月出生：1883 年 2 月 8 日熊彼特出生于奥匈帝国的一个偏远小镇；1883 年 6 月 5 日凯恩斯出生于英格兰的剑桥。（两人去世的时间仅相隔不到 4 年，1946 年 4 月 21 日凯恩斯在英格兰南部去世；1950 年 1 月 8 日熊彼特在美国康涅狄格州去世。）人们纷纷著书立说、发表文章、召开会议、组织演讲纪念凯恩斯诞辰一百周年。相比之下，若有人纪念熊彼特，那或许只是一场小型的博士研讨会。然而，越来越明显的是，即使不是未来的三五十年，起码在 20 世纪剩余的时间里，熊彼特的理论将塑造人们对经济理论和经济政策的思考方式，并提出相应的问题。

∞

两人并非对手，且都对长期以来存在的基本假设提出挑战。凯恩斯的对

⊖ 最早发表于 1983 年《福布斯》。

手是"奥地利学派",而熊彼特从学生时代起就已脱离了奥地利学派的新古典经济学家[⊖]阵营。并且尽管熊彼特认为凯恩斯的所有观点都是错误的,或者说起码是误导性的,却对后者持同情立场。无疑,在美国,正是熊彼特成就了凯恩斯。1936 年,凯恩斯的代表作《就业、利息与货币通论》出版后,时任哈佛大学经济学系教授的熊彼特要求学生阅读该书,并告诉学生凯恩斯的著作完全取代了前者早年有关货币的著述。

反过来,凯恩斯认为熊彼特是当代少数几个值得他尊敬的经济学家之一。在课堂上,他多次引用熊彼特"一战"期间出版的著作,尤其是关于记账货币的文章,并作为激发自己货币思想的最初启示。凯恩斯最成功的政策倡议,即英美两国通过税收而不是借款为"二战"筹资的建议,直接源自熊彼特在 1918 年各国通过借款为"一战"筹资会导致灾难性后果的警告。

人们时常对比两人的政治立场,认为熊彼特"保守"而凯恩斯"激进"。实际上,将这两个标签对调要更为恰当。政治上,凯恩斯的立场与我们今日所谓的"新保守主义"[⊖]非常接近,其理论源于对自由市场的热爱以及使政府和政客远离市场的愿望。相比之下,熊彼特对自由市场持严重怀疑态度,认为"明智的垄断"(例如美国的贝尔电话系统[⊜])具有许多可取之处,能够更加注重长远利益,而不会被短期的权宜事务左右。多年来,熊彼特最亲密

⊖ 新古典经济学家(neoclassical economists),持新古典经济学立场的学者,该学派的主要思想源自艾尔弗雷德·马歇尔和奥地利学派,主张由供求关系决定市场上的商品、产出和收入分配,与凯恩斯经济学共同塑造了新古典综合理论,成为当今经济学的主流理论。——译者注

⊖ 新保守主义(neoconservative),保守主义政治意识形态的一种,是传统保守主义、政治个人主义以及有条件地支持自由市场三种思想的结合,20 世纪六七十年代兴起于美国。——译者注

⊜ 美国贝尔电话系统(American Bell Telephone System),是由贝尔电话公司和后来的 AT&T 领导的公司系统,1984 年该系统被拆分。——译者注

的朋友奥托·鲍尔[⊖]是欧洲最教条、最激进的左翼社会主义者，不仅坚决反对共产主义，甚至更加坚决反对资本主义。并且，虽然熊彼特本人从未趋向成为一名社会主义者，却于 1919 年在两次世界大战期间奥地利唯一的社会民主主义政府中担任财政部长。熊彼特一直认为，提出正确的问题往往比得到正确的答案更重要。

熊彼特与凯恩斯之间的分歧，要比经济理论和政治观点上的差异深刻得多。两人看到的是不同的经济现实，关注的是不同的难题，对**经济学**的界定也彼此迥异。对于理解当今世界的经济形势，这些差异显得极其重要。

尽管凯恩斯经济学超越了古典经济学，但依旧完全在其框架内发展。打个比方，凯恩斯是一名基督教异端而非不信教者。对凯恩斯而言，经济学就是李嘉图 1810 年创立并成为 19 世纪主流的均衡分析，研究对象是封闭的静态系统。凯恩斯与 19 世纪经济学家提出同样的问题："如何保持经济的静态均衡？"

对凯恩斯来说，经济学的主要议题是：商品、服务代表的"实体经济"与货币、信贷代表的"符号经济"之间的关系；个人、企业与民族国家的"宏观经济"之间的关系；生产（即供给）还是消费（即需求）是经济的推动力。从这个意义上来讲，凯恩斯的观点与李嘉图、约翰·穆勒[⊜]、奥地利学派和艾尔弗雷德·马歇尔[⊜]存在清晰的联系。不论他们的观点在其他方面存在多大分歧，多数 19 世纪经济学家对上述问题给出的却是相同的答案："实体经济"居于主导，货币只是"面纱"[⊛]，个人和企业构成的微观经济发挥

⊖ 奥托·鲍尔（Otto Bauer），奥地利社会民主党领导人，1918~1919 年任奥地利外交部长。——译者注

⊜ 约翰·穆勒（John Stuart Mill），英国哲学家、经济学家，功利主义的代表人物，代表作为《论自由》（*On Liberty*）。——译者注

⊜ 艾尔弗雷德·马歇尔（Alfred Marshall），英国新古典经济学的奠基人之一，代表作为《经济学原理》（*Principles of Economics*）。——译者注

⊛ 此处是指经济学思想史上的货币面纱论，由约翰·穆勒等经济学家提出，认为货币就像罩在实物经济上的一层面纱，只是充当商品交易的媒介，对实体经济并不产生任何积极影响。——译者注

决定性作用，政府在最好的情况下能够矫正小规模偏差，最坏的情况下则会导致经济紊乱；供给居于主导，需求则是其函数。

∞

与李嘉图、约翰·穆勒、"奥地利学派"、艾尔弗雷德·马歇尔一样，凯恩斯也提出了同样的问题，却以前所未有的胆略，将全部答案都颠倒了过来。在凯恩斯经济学中，货币和信贷代表的"符号经济"是"真实的"，商品、服务依赖于符号经济，是后者的影子。宏观经济（民族国家的经济）占据主导，个人和企业既无权对经济发挥影响，更不可能指导经济，也没有能力做出抗衡宏观经济力量的有效决策。经济现象、资本形成、生产力、就业是需求的函数。

现在我们知道，正如熊彼特 50 年前就已知晓的那样，凯恩斯提供的上述每一个答案都是错误的。至少，凯恩斯的答案仅适用于特殊情况，并且应用范围非常狭窄。以凯恩斯经济学的关键原理为例：货币事件（财政赤字、利率、信贷规模、货币流通量）决定了需求和经济形势。正如凯恩斯本人所强调的那样，该原理假定货币周转率是常数，不会因个人或企业在短期内发生改变。50 年前，熊彼特指出所有证据都否定了该假设。的确，无论何时，只要凯恩斯主义的经济政策（无论是最初的凯恩斯版本还是改良的米尔顿·弗里德曼版本）被尝试采纳，都会在毫无预兆的情况下被个人或企业层面的微观经济出乎意料地击败，货币周转率几乎在一夜之间发生改变。

∞

当凯恩斯的经济学观点被初次采纳时（美国罗斯福新政初期），似乎刚开始能够发挥作用。但后来，在 1935 年左右，个人和企业在短短几个月内大幅降低了货币周转率，使基于政府支出赤字的经济复苏停顿，导致股市在 1937 年第二次崩盘。然而，最好的例子是美国 1981 年和 1982 年发生的事情。美联储企图通过控制货币供给来调控经济的意图很大程度上被个人和企业击败，他们突然迅速将储蓄存款转变为货币市场基金，从长期投资换为流动资产（即货币周转率从低变为高），以至于在当时没人能真正说明**货币供给**是什么，甚至这个术语的含义也变得模糊不清。个人和企业寻求最大化自身利益，并以自身对经济现实的认知作为行动指南，这往往使他们能够找到战胜"体制"的方法，比如可以像 1981 年和 1982 年的美国那样，不顾法律、规章或经济规律，一夜之间改变金融体系。

这并不意味着经济学可能会返回到凯恩斯之前的新古典主义。凯恩斯对新古典主义经济学的批判，与熊彼特对凯恩斯的批判，同样具有决定性的意义。但由于现在我们知道，个人能够且将会战胜体制，所以凯恩斯赋予经济学的确定性已经消失，而在过去的 50 年中，这种确定性使凯恩斯经济学成为经济理论和经济政策的指路明灯。在均衡经济学体系中，某个因素（无论是政府支出、利率、货币供给还是减税）对经济形势的影响和控制，几乎是确定无疑的，也是可预测的。弗里德曼的货币主义经济学⊖和供给主义经济学都在尽一切努力修补凯恩斯的均衡经济学体系，但两者都不太可能恢复自足和自信满满的均衡经济学，更不可能恢复以此为基础制定的经济政策和相应的经济理论。

熊彼特从一开始就清楚地认识到，凯恩斯的解决方案不会比被其取代的经济学流派的方案更加有效。但是对于熊彼特而言，凯恩斯经济学的问题（凯恩斯之前的经济学流派存在同样的问题），根本就不是什么重要的问题，其最根本的谬误在于基本假设：健康的、"正常的"经济是静态均衡的经济。

⊖ 货币主义经济学（Monetarism），美国的经济学流派，发端于米尔顿·弗里德曼 1963 年出版的《美国货币史：1867～1960 年》。——译者注

从学生时代起，熊彼特就坚持认为现代经济往往处于动态不均衡状态。熊彼特认为经济不是牛顿式宇宙（或凯恩斯式的宏观经济）那样的封闭系统，它一直在成长和变化，本质上是生物的而非机械的。所以，如果说凯恩斯是"基督教异端"，那么熊彼特就是"不信教者"。

熊彼特本人是奥地利学派大师们的弟子，当时维也纳可谓世界经济理论之都。他终生爱戴自己的老师，但自己的博士论文（后来成为熊彼特最早的名著《经济发展理论》，最早于 1911 年出版了德文版，当时熊彼特刚刚 28 岁）以下述假设作为开端：经济的核心问题不是均衡而是结构性变迁。后来，这一点引出了熊彼特的著名定理，即创新是经济学的真正主题。

∞

同凯恩斯一样，古典经济学也把创新视为经济体系的外生变量。创新被划归地震、气候、战争等"外部灾难"的行列，众所周知，这些灾难对经济造成深远影响，但本身并非经济的一部分。相反，熊彼特坚持认为，**创新**（即把资源由旧的、过时工作转移到新的、更高效工作的企业家精神）是经济学的本质，尤其是现代经济的本质特征。

熊彼特经济理论中的**经济发展**，做到了古典经济学和凯恩斯经济学做不到的一点：促使利润履行经济职能。熊彼特认为，利润在创新和变革的经济中是工人的工作和劳动收入的唯一源泉。经济发展理论指出，唯有创新者才能获得真正的"利润"，并且创新者获得利润的时间往往非常短暂。在熊彼特的语境中，创新也是"创造性破坏"，使得以往的固定设备和资本投资变得过时。经济越发展，就越需要资本形成。所以，古典经济学家（或会计师、证券交易所）认为"利润"是一种真正的成本，既是继续经营的成本，又是未来业务的成本。而未来，除了当今的盈利业务会成为"白象"之外，一切都是不可预测的。因此，要维持经济创造财富的能力，最重要的是，要保持现在的工作岗位，创造未来的工作岗位，就需要集聚资本和提高生产力。

∞

熊彼特的"创新"及"创造性破坏"，是迄今唯一能解释我们所谓"利润"存在原因的理论。古典经济学家非常清楚，他们的理论并没有澄清有关利润的基本原理。无疑，在关于封闭经济体系的均衡经济学中，利润没有存在的位置，没有正当的理由，也得不到合理解释。然而，如果利润是一种真正的成本，尤其是如果利润是保持现有工作岗位、创造新工作岗位的唯一途径，那么资本主义就会再次成为一种道德体系。

道德和利润：古典经济学家早已指出，风险承担者需要利润作为激励。但难道这不是一种贿赂，而无法在道德上证明其合理性吗？在我们看来，从认为经济是一成不变的、自给自足的、封闭的，转变为熊彼特式瞬息万变的、动态成长的、开放的经济，所谓"利润"就不再是不道德的，反而成为一种道德要求。无疑，曾经使古典经济学家激动不已，也使凯恩斯激动的问题，就不再是问题了：如何调整经济结构，才能使交给资本家以维持经济运转的利润最小化？而在熊彼特的经济学中，问题往往是利润是否足够高？是否有足够的资本形成可用以支付未来的成本、维持运营的成本以及"创造性破坏"的成本。

∞

单是这一点，熊彼特的经济模型就成为当今需要的经济政策的唯一起点。显然，凯恩斯经济学家（或古典经济学家）把创新作为"外生变量"，实际上将其置于经济的外围，力图最小化其对经济的影响，这种状

况不能继续下去了（如果曾经有过这种状况的话）。（尤其是高度发达国家
的）经济理论和经济政策的基本问题显然是：如何才能集聚资本和提高生
产力，以便技术和就业的快速变革可持续？支付未来成本所需的最低利润
是多少？最重要的是，维持现有工作岗位和创造新岗位所需的最低利润是
多少？

熊彼特没有给出答案；他不太相信答案。但 70 年前，作为一名非常年
轻的经济学家，他探索了未来经济理论和经济政策显而易见的核心问题。

当时正值第一次世界大战期间，熊彼特远远早于其他人认识到（比凯恩
斯至少要早 10 年），经济现实正在发生改变，第一次世界大战导致所有交战
国的经济实现了货币化。一个又一个国家，包括他自己所处的当时仍非常
落后的奥匈帝国，部分通过税收手段，主要通过借贷方式，在战时成功调
集了整个社会的流动财富。货币和信贷，而非商品和服务，已经成为"实体
经济"。

在 1918 年 7 月（正值熊彼特成长且熟知的世界在他面前轰然倒塌）发
表于一家德国著名经济学杂志的文章中，熊彼特认为，从今往后，货币和信
贷将成为调控的杠杆。他主张，商品供给（如古典经济学家的观点）和商品
需求（如早期异议者的观点）都不能再发挥调控作用。货币要素（赤字、金
钱、信贷、税收）将成为经济活动和资源配置的决定性因素。

当然，这与后来凯恩斯在《就业、利息与货币通论》中的观点相同。但
熊彼特的结论却与凯恩斯完全不同。凯恩斯的结论是，货币和信贷所代表的
符号经济的出现，使得"经济王"，即科学的经济学家成为可能，他们能够
通过操纵几个简单的货币工具（政府支出、利率、信贷规模、货币流通量），
实现以充分就业、繁荣稳定为特征的长期均衡。但熊彼特的结论是，符号经
济成为经济的主导，为暴政打开了大门，事实上也催生了暴政。他认为经济
学家宣称自己万无一失，恰恰是纯粹的**傲慢**。但最重要的是，熊彼特认识
到，行使权力的，不是经济学家，而是政客和将军们。

当时，也就是 1918 年第一次世界大战结束前，熊彼特发表了论文《税赋国家》(《财政国家》或许是一个更好的英文译名)，⊖ 与凯恩斯的观点再一次不谋而合，只不过后者是在 15 年之后才得出同样的结论（凯恩斯本人也多次承认，其观点受到熊彼特启发）：借助税收和信贷机制，现代国家获得了转移收入的权力，并且通过"转移支付"控制了国内产品的分配。对凯恩斯而言，这种权力是一根神奇的魔法棒，既能实现社会正义又能促进经济发展，既能保持经济稳定又能履行财政责任。对熊彼特而言（与凯恩斯不同，或许由于其专门学习过历史⊖），由于这种权力扫除了限制通胀的经济防护措施，所以为政治上的推卸责任打开了方便之门。在过去，国家无法对超过很小比例的国民生产总值征税，或者无法借用超过很小一部分的国家财富，这会自动限制通货膨胀。现如今，约束通胀的唯一防护手段将是政治性的，即自律，而熊彼特对政客的自律能力并非很有信心。

"一战"后，熊彼特的著作对经济学理论产生了重大影响，其本人成为商业周期理论的先驱之一。

∞

但熊彼特在第一次世界大战结束至 1950 年去世，长达 32 年的时间里的真正贡献在于作为一名政治经济学家。1942 年，当每个人都在担心全球性的通货紧缩时，熊彼特出版了自己最著名的作品《资本主义、社会主义与民主》(*Capitalism，Socialism and Democracy*)，该书至今仍然广受欢迎。在这本书中，熊彼特指出，资本主义将被自身的成功摧毁，并且会孕育我们现在

⊖ 《税赋国家》(*The Tax State*)，经查证，该论文以德语 *DieKrise des Steuerstaates* 为题目，发表于 1918 年第 4 期 *ZeitfragenausdemGebiet der Soziologie* 杂志，英文译名为《税赋国家的危机》(*The Crisis of the Tax State*)，德鲁克此处指出，更好的译名应为《财政国家的危机》(*The Crisis of the Fiscal State*)，本书原文中使用的是论文标题的简称。——译者注
⊖ 熊彼特本人曾经说："我在大学里选择的第一个领域，就是法律史和社会史。"——译者注

所称的**新阶级**：官僚、知识分子、教授、律师、记者，他们都是资本主义经济成就的受益者，并且实际上是寄生者，然而他们都反对财富生产、储蓄和为经济生产分配资源的相关道德。该书出版 40 余年的事实证明，熊彼特无疑是一位重要的先知。

进而，熊彼特论证了资本主义将被自身帮助创造并使之成为可能的民主摧毁。因为在民主政体中，要想得到公众支持，政府需要把越来越多的收入从生产者向非生产者转移，把用于储蓄进而成为未来资本的收入，越来越多地转而用于消费。因此，民主政体下的政府会面临越来越大的通胀压力。最后，熊彼特预言道，通胀会摧毁民主制和资本主义。

当熊彼特在 1942 年提出上述观点时，几乎人人都嗤之以鼻，认为没有任何事情比基于经济成功的通胀更加不可能。40 多年后的今天，熊彼特果然一语成谶，通胀已成为民主和自由市场经济国家挥之不去的梦魇。

20 世纪 40 年代，凯恩斯主义者到达了他们的"应许之地"⊖，经济王通过控制货币、信贷、支出和税收，确保了长期稳定的经济达到完美均衡状态。然而，熊彼特越来越关注的问题是，如何控制和约束公共部门，以保持政治自由和经济效率、发展和变革的能力。弥留之际，熊彼特仍在书桌前修改几天前提交给美国经济学会的主席报告。⊜他写的最后几句话是："关于资本主义生产过程停滞的原因，那些经济停滞主义者的诊断是错误的；关于由于公共部门的巨大影响，经济将停滞的预判，他们或许仍然是正确的。"

凯恩斯最广为人知的名言当然是："长期来看，我们都会死。"这是有史以来最愚蠢的评论之一。当然，长期来看我们都会死。但在更为理智的时

⊖　应许之地（promised land），犹太教和基督教中，上帝赐给犹太人的祖先亚伯拉罕及其后裔的土地。此处使用其引申义，形容凯恩斯主义者终于有了施展拳脚的舞台。——译者注
⊜　1948 年熊彼特曾经担任美国经济学会（American Economic Association）主席，1950 年熊彼特去世，所以本文此处的表述有待商榷。——译者注

候，凯恩斯的评论是，当今政客的所作所为，通常以经济学家创立的各种定理为基础，而这些经济学家恰恰认可"长期来看，我们都会死"的论调。凯恩斯暗示，优化短期利益能够创造长期而言光明的未来，这是彻头彻尾的谬误。在很大程度上，凯恩斯要为现代政治、经济、企业经营极端关注短期利益负责——非常公正地讲，聚焦于短期利益被视为当今美国政府和企业中政策制定者的主要短板。

∞

熊彼特也知道政策必须顾及短期利益。熊彼特付出惨重代价才学得该教训——作为新生的奥地利共和国的财政部长，他力图在失控之前遏制住通胀，最后却彻底失败。熊彼特知道，由于采取的措施损害了短期利益，所以最终归于失败——两年后，一位道德神学出身的非经济学家政客，采用熊彼特的举措确实遏制住了通胀，却几乎摧毁了奥地利的国民经济和中产阶级。⊖

熊彼特也明白，今天顾及短期利益的举措会带来长期后果，不可逆转地塑造未来。不慎重思考短期决策对"我们都会死"后很久的未来造成的影响，是不负责任，也会造成错误决策。正是由于熊彼特一再强调要彻底思考权宜之计、流行的取巧措施、华而不实的办法带来的长期后果，才使他成为一位伟大的经济学家，并且成为当今（权宜、取巧、华而不实的经济和政治举措已经破产）实至名归的指路明灯。

在某些方面，凯恩斯和熊彼特两人再现了西方传统中哲学家的著名交

⊖　此处是指天主教士伊格纳茨·塞佩尔（Ignaz Seipel），1909～1917 年在萨尔茨堡大学教授道德神学，1922～1924 年、1926～1929 年两度出任奥地利总理，1922 年 10 月 4 日，以英国、法国、意大利、捷克斯洛伐克为一方，以奥地利为另一方，缔结了《日内瓦议定书》，同意给予后者 6.5 亿金克朗借款，从而稳定了奥地利的财政状况。——译者注

锋——华丽、聪明、令人倾倒的智者普罗泰戈拉[⊖]与丑陋、笨拙却拥有智慧的苏格拉底之间的柏拉图式对话。[⊜]在两次世界大战之间的岁月，没人比凯恩斯更炫目、更聪明。相比之下，熊彼特显得朴实无华，却拥有智慧。聪明赢得当下，但智慧恒长久。

⊖ 普罗泰戈拉（Protagoras），古希腊哲学家。——译者注
⊜ 柏拉图著有《普罗泰戈拉篇》，采用对话形式，描写苏格拉底与普罗泰戈拉对美德问题的讨论。——译者注

凯恩斯的魔法经济学⊖

　　凯恩斯的影响力和声望并非由于他是一名伟大的经济学家，他的重要性也并非主要依赖于其创立的经济理论。凯恩斯的确是一名非常伟大的经济学家，甚至很可能是最后一位"纯粹的"古典经济学家，同时也是亚当·斯密思想的合法继承人和整理者。但最重要的，凯恩斯是两次世界大战期间具有代表性的政治思想家，完美地表达了其所属学派意图：企图通过假装世界依然是原先的旧世界，以掌控已经到来的新世界。凯恩斯的著作基于下述认识：在工业社会和信贷经济条件下，19 世纪自由放任经济学的基本假设已经不再成立，但其目的在于恢复和保存 19 世纪自由放任政治的基本信仰和基本制度，最重要的是保存自治和自发的市场。在一个理性的制度中，两者不能再融合在一起；凯恩斯倡导的政策魔法般地（类似于法术、配方和咒语）将公认的非理性行为变得理性。

　　凯恩斯对新的社会和经济现实的理论分析是经久不衰的杰作。然而，他

　⊖　首次发表于 1946 年凯恩斯去世后的《弗吉尼亚评论季刊》(*Virginia Quarterly Review*)。

分析得出的结论是错误的；给他带来声誉和影响力的经济政策也归于失败。当凯恩斯 1946 年去世时，他显然处于自己人生成功和权力的巅峰：英国政府的首席财政顾问、王国的贵族，⊖几乎无可争议的学界领袖（尤其是在美国）。但实际上，他的门徒，却在一边使用凯恩斯主义的术语、方法和工具，一边迅速抛弃了他的经济政策和目标。

1

凯恩斯的核心思想非常简单，如果他本人愿意的话，本可以用一篇异常清晰的散文表达清楚，而最终却使用最技术性、充斥大量专业术语的语言来阐述。

古典经济学家认为，货币和时间都不是经济过程的要素。货币是"一般商品"，象征所有其他的商品，但其本身并不具有实质性的影响或效果。货币为经济活动提供方便，其存在具有必要性，但只不过是用以追踪"真实"商品和"真实"劳动力经济状况的会计单位；价格则是一种商品与其他商品交换的比率。古典经济学的货币非常类似于经典物理学中的以太⊖：无处不在，是其他物质的载体，但其自身没有任何属性，也没有实质性影响。关于时间概念，古典经济学家也与同时代的物理学家非常相近：虽然一切事情都不可能脱离时间存在，但时间本身并非事件本身的要素。上述相似绝非巧合，在机械的、静态的经济领域的基本假设和结构方面，古典经济学家有意模仿了牛顿物理学的模型。

凯恩斯理论立足于工业时代的公理和要求，即经济生产过程不仅遵循时间的先后顺序，而且在很大程度上由时间决定，时间要素在经济上的表现即为货币。对古典经济学家而言，货币是现有物品的影子。实际上，货币，尤

⊖ 1942 年 7 月，凯恩斯被授予"世袭贵族"称号。——译者注

⊖ 以太（ether），古希腊哲学家亚里士多德设想的一种元素，19 世纪的物理学家广泛认为以太是传播电磁波的介质，无所不在，没有质量，绝对静止。1881～1884 年，米切尔森（Albert A. Michelson）和爱德华·莫雷（Edward Morley）通过实验证明以太不存在。——译者注

其是作为信贷经济货币的银行存款，是为了预测要生产出的货物、要执行的工作而产生和形成的。这意味着货币并非根据经济理性由物理实体决定，而是由基于对未来的信心之心理和社会因素决定。因此，时间以过去投资（当前业务的基础）的货币性非流动负债的形式进入每一笔经济交易。这些以往的货币性负债实际上是工业社会每个成员进行经济交易的最大要素；我们使用的一切事物的成本，无论是房子、面包还是雇用的人手，在很大程度上都是由以往的货币性负债构成的。货币不再是经济交易的无效且可有可无的形式，而是影响、塑造和指导着经济生活；货币领域的变化会带来"实体"经济的变化。当今时代，人们同时生活在两种彼此紧密交织在一起而又截然不同的经济体系中：传统的"实体经济"（现存由物理实体决定的商品、服务和劳动力经济）和货币代表的"符号经济"（存在大量过去的负债，并由基于对未来的信心之心理因素决定）。

这些观点并非凯恩斯首创，而是之前整整一代经济学家的研究成果，尤其是他的两位同胞霍特里⊖和威瑟斯⊜、瑞典经济学家卡塞尔⊜和维克赛尔⑭、德国经济学家纳普⑤。凯恩斯将他们彼此孤立的观察和思想整合为一个体系，并发展出一套关于经济发展动力的理论；当我们谈到"凯恩斯主义经济学"时，通常就是指这套理论。古典经济学家的假设使他们完全不可能理解，除了地震、战争破坏等自然原因之外，经济萧条是如何发生的，而且他们也彻底无法解释经济萧条得以持续的原因，反而认为只要不去管它，经济体系会

⊖ 霍特里（Ralph George Hawtrey），英国经济学家，代表作为《货币与信贷》（*Currency and Credit*）。——译者注

⊜ 威瑟斯（Hartley Withers），英国财经作家，代表作为《货币的意义》（*The Meaning of Money*）。——译者注

⊜ 卡塞尔（Karl Gustav Cassel），瑞典经济学家，斯德哥尔摩学派的创始人之一，代表作为《利率的性质与必要性》（*The Nature and Necessity of Interest*）。——译者注

⑭ 维克赛尔（Johan Gustaf Knut Wicksell），瑞典经济学家，斯德哥尔摩学派的创始人之一，代表作为《利率与价格》（*Interest and Prices*）。——译者注

⑤ 纳普（Georg Friedrich Knapp），德国经济学家，代表作为《货币的国家理论》（*The State Theory of Money*）。——译者注

自动调整。凯恩斯以重新理解独立的货币领域为起点，最早对萧条、失业等关键经济现象予以充分的理论解释。

第一个答案是凯恩斯最著名的理论——过度储蓄理论。根据定义，任何储蓄都是生产性资源（商品、劳动力、设备）超出当前消费的盈余。对古典经济学家而言，这意味着除非被物理性毁坏，否则任何储蓄都必须被自动用于"投资"，即用于未来的生产。然而，只要我们将货币作为独立领域，并有其自身的经济现实，那么这就不再成立。进而，储蓄有可能不被投资，而成为纯粹的货币储蓄，代表闲置和失业的生产性资源。凯恩斯宣称，现代经济存在一种过度储蓄的固有趋势。

更重要的是凯恩斯对长期萧条时期失业的解释。在古典经济学体系中，长期萧条根本不可能发生；在经济失调达到萧条程度之前，经济体系会通过下调价格、降低成本等自动无误的机制调节经济运行。然而，早在 1929 年之前很久，长期萧条已经不再稀奇，除了最顽固的学者，人们无法继续否认其存在。因此，正统经济学不得不着手寻找阻碍经济体系"自动"矫正和调整的犯罪元凶。价格垄断、工会、政府通过救济款项进行干预、补贴、关税以及其他所有社会用来保护自身免遭萧条破坏的举措，都成为邪恶势力；经济学家产生了被迫害妄想症，企图在最温和的经济调控中寻找恶魔，这很快导致，即使古典经济学理论仍然广受欢迎，经济政策也无法再以其为基础。1870～1930 年，经济政策缺少恰当的理论基础。主导性理论无法证明实际采取的措施的正当性，因为任何政治上可行的经济政策都有可能在理论上受到谴责，所以理论没有为区分有益和有害的政策提供任何指导。由于社会的需要，每位相关部门的经济学家都不得不做一些自己的著作中反对的事情；由此造成犬儒主义和道德败坏融合，最终孕育了老派金融经济学家、希特勒政府的金融操纵者沙赫特博士⊖。

⊖ 沙赫特（Hjalmar Schacht），德国经济学家、银行家、中右翼政客，1933～1939 年任希特勒政府的国家银行行长，1934～1937 年任经济部部长。——译者注

　　但是，由于货币成为经济过程的要素，经济体系自动无误的调整就成为例外而非惯例。在信贷经济中，物价和工资不能很容易地进行自我调整，两者必须不能过度灵活。所有成本中很大（甚至是最大）一部分是以往的货币性负债。由于货币代表的商品和服务是按照过去的价格和工资生产的，所以货币性负债不受货币现值变化的影响。可以进一步讲（尽管这可能超出了凯恩斯经济学的范围），因为货币具备社会意义，在很大程度上独立于其购买力，所以价格和工资也很难下调；货币购买的不仅仅是商品，还包含声望等社会心理要素。这一点对于低收入阶层来说尤其真实，不同的周薪意味着显然不同的社会地位。

　　由于上述原因，现代经济萧条时期的调整举措，不能采取低物价、低工资的形式。价格和工资将趋于上涨。因此，唯一可能采取的调整举措就是降低就业率和资本设备的使用率。此外，与低物价低工资的调整举措不同，降低就业率不仅无助于走出萧条，而且会导致经济不均衡永久化。

　　实际上，在现代经济条件下，物价尽管不会像理想状态那样均匀下降，但总体趋势是下降的，只有资本品领域是重要的例外，但工资率不会下降。首先，同工业家相比，工薪阶层的收入和固定债务之间的差额通常要小得多，因此经济因素会阻碍减薪。其次，在现代社会，组织有序的劳工产生的政治压力，要比最强大的垄断集团的经济势力更加强大。所以，经济失调不仅不会在"事件的正常进程"中得以矫正，反而会进一步恶化。新投资再次实现盈利的转折点将会越来越难以出现。从这一点出发，凯恩斯得出了一个最重要的，乍一看也是最自相矛盾的结论：在经济萧条时期，为了获得正统经济学预期通过降低物价得到的政策成效，必须要提高物价。

2

　　由于狭隘地强调货币现象，同时将其他所有因素排除在外，上述一般理论已经受到了公正的批评。或许货币因素是导致经济萧条的关键原因，但也仅仅是一个原因，而不是像凯恩斯宣称的那样，无时无刻都是唯一的原因。但是，除了需要强调的这个重要问题之外，凯恩斯的理论几乎得到了举世认可。随之而来的，大量经济学家一开始也都接受了他提出的经济政策。但是，正如多数追随者已经发现的那样，凯恩斯主张的经济政策并没有遵循其基本理论，二者甚至几乎无法兼容。凯恩斯的经济政策实际上受政治目标支配，而非基于对经济状况的观察。凯恩斯试图将二者融合为一个整体，使政策成为理论的必然结论，这很好地解释了他晚期作品的啰唆、晦涩风格，越来越依赖于纯形式的论点，以及不加批判地使用数学技巧。

根据凯恩斯的经济理论，商业活动水平由资本品的投资额决定，而资本品投资额又由推动商人借贷用于扩张的信心决定。商业活动最终取决于心理分析，即经济上的非理性要素。根据凯恩斯的经济政策观点，创造信贷的信心本身完全是由信贷决定的。关于信心的原因，凯恩斯提供了两种答案。他断言，信心是利率的函数：利率越低，信心越高。他还宣称信心是消费支出的函数：消费越多，资本品投资就越高。凯恩斯在自己创立的理论中，似乎在两个答案之间摇摆不定。然而在政治上，选择哪种解释并没有多大区别。二者得出了几乎完全相同的结论：可用的货币或信贷量决定了信心程度和投资率，进而决定了商业活动和就业的水平。因此，凯恩斯提出了经济繁荣和萧条时期的货币政策万能药：在经济繁荣时期，通过预算盈余"抽干"购买力来防止经济失调；在经济萧条时期，通过预算赤字创造购买力以矫正经济失调。无论哪种形势，货币量都会自动无误地调节着信心。

凯恩斯的观点以下列陈述作为开始：人类的经济行为并非像古典经济学家假设的那样由客观经济力量决定，而是相反，经济力量即使不是由人类行为决定的，也是受后者指导的；以下列观点作为结束：人类行为和活动的经济决定论，如同任何李嘉图或马尔萨斯曾经宣扬的理论一样僵化死板。由此可以判断凯恩斯的整个经济政策都摇摆不定。此外，正是这种观点，被罗斯福新政的经验彻底驳倒。罗斯福新政（起码从 1935～1939 年）基于赤字支出，创造了消费者购买力，并且强行压低利率水平。两项举措都没有使得投资恢复或大幅降低失业率。随着信贷资金注入银行系统，企业迅速偿还旧债，而非为新投资借贷；政府支付给消费者的款项又流回了银行，几乎立刻变成"过度储蓄"。

忠实的凯恩斯主义者承受着巨大压力，被要求解释并消除已经发生的事情。最受他们欢迎的观点是，罗斯福新政的政治反对势力，抵消了经济上创造的信心，但这种辩护根本得不到认可，更难以令人信服。不论企业或其他团体对政府政策的看法如何，通过创造信贷和购买力能够塑造信心的观点或凯恩斯的经济政策，都是错误的。事实已经决定性地证明，信心不能由支票书写机器创造出来。

多数早期的凯恩斯主义者从此次经历中得出结论。在理论分析方面，他们仍旧是凯恩斯主义者，但在政策方面不再如此。他们一如既往地用货币术语表达自己的观点，却不再谈论利率，甚至也不谈论预算盈余和预算赤字。消费者购买力和"信心"几乎从他们的词汇中消失了。美国最具影响力的凯恩斯主义经济学家团体的规划（就像哈佛大学的阿尔文·汉森⊖在《充分就业法案》⊜初稿中写的那样）指出，在经济萧条和失业上升时期，政府应该通过公共工程和政府订单生产资本品，其全部数量应该足以实现充分就业。是否存在预算赤字以及利率的高低，这些都无关紧要；对今天的新凯恩斯主义经济学来说，重要的不是货币政策，而是资本品生产。这种转变否定了凯恩斯的经济理念及其总体政治目标。

⊖　阿尔文·汉森（Alvin Hansen），哈佛大学教授，20 世纪 30 年代将凯恩斯经济学引入美国，被称为"美国凯恩斯"。——译者注

⊜　《充分就业法案》（Full Employment Bill），1945 年由美国国会审议，1946 年 2 月 20 日由杜鲁门总统签署成为正式法律，该法案体现了凯恩斯主义的基本思想，但遭到保守派和商界的强烈反对。——译者注

实际上，这种转变的程度甚至能够赶上凯恩斯本人了。具有讽刺意味的是，带来官方认可和荣誉的事件本身就暴露了他的理论和政策的缺陷。在"二战"期间，凯恩斯成为英国政府的官方财政顾问、英格兰银行董事，并受封为贵族。英国首次正式采纳其思想作为英国财政政策的基础，凯恩斯在小册子《如何筹措战费》[⊖]中列举的措施，几乎被英国政府全盘采纳。但这场战争也表明，尤其是在英国，货币政策是从属性的，而且仅凭货币政策本身收效甚微。英国的战时生产，不是通过调控货币、信贷、购买力，而是通过对人力、原材料、工厂设备、产出的实际控制来实现的，即使采用不同的货币政策，这种调控同样有效；在纳粹德国和美国，即使没有任何货币政策，战时生产照样能够有条不紊地推进。

3

一般认为，凯恩斯主张政府干预工商业。这很可能是对凯恩斯经济学最终影响的正确评价，但如果是这样的话，凯恩斯达到的结果恰恰与其意图相悖，因为凯恩斯政策的一个热切目标是使免于政府干预的经济体系、完全取决于非人格客观因素的经济体系成为可能。"自由市场死了，自由市场万岁"会是他所有作品的恰当座右铭。

凯恩斯的基本洞见是，由于供给与需求、成本与价格受到货币与信贷的心理要素驱动，古典经济学家所谓的自由市场无法像预期的那样进行自我调整。以此为基础，若干关于经济政策的结论从逻辑上看是可能的。

凯恩斯本可以辩称，有意识的政治行为必须突破货币壁垒才能实现市场力量自身应该实现的预期目的，这将是政府通过公共工程和政府订单直接干预生产的经济政策，而非创造信贷的政策；这也恰恰是多数新凯恩斯主义者

⊖ 《如何筹措战费》（*How to Pay for the War*），1940 年凯恩斯出版的著作，是凯恩斯主义思想和原理在实际经济问题上的应用。——译者注

倡导的政策。该政策将恢复"实体"经济的至高地位，但以政治领域的独立为代价。

凯恩斯也可能是从他的政策前提下实现逻辑发展的，政府的行动仅仅是为了诱导私营企业建立资本品生产的储藏库，以应对在萧条时期的不时之需，例如，通过一种税收奖励制度，在经济繁荣时期积累储备，如果这些储备不用于在萧条时期创造新投资的就业，就会辅以严厉的税收处罚。他甚至可能得出下列结论：恰当的政策是心理上的而非经济上的，即通过宣传以创造信心；对凯恩斯产生重要影响的德国经济学家纳普，实际上就持有该观点。

从逻辑上和理论上，似乎不可能从凯恩斯的前提得出的结论，就是他实际上得出的结论。然而，正是这个唯一的结论，给凯恩斯带来了渴望的政治后果：维持自由放任的政治体制，其中唯有客观的经济因素能决定经济，个人的经济活动完全由自己而非政府控制。

如果说19世纪自由主义指导下的自由放任政府是守夜人，负责保护和平、守法的公民免受盗贼和暴乱分子侵害，那么凯恩斯主义的政府就是一个恒温器，保护公民个人免受气温急剧变化的影响。确实，这样的政府是一个全自动的恒温器。经济活动衰退就会启动信贷机制，上升则会关闭信贷机制，在经济繁荣时期该机制则会反向发挥作用。相比于19世纪的政府，凯恩斯主义的政府确实更加积极主动，但这些活动及其时机完全由经济统计数据决定，不受政治因素控制。这些行动的唯一目的是恢复个人在经济领域的自由，即除了经济因素和经济方面的考虑，其他方面一切都是自由的——"经济"是指古典经济学家所谓的"实体"经济。

正统经济学理论中的经济体系，宛若"神圣的钟表匠"[⊖]建造的机械一

　　⊖　"神圣的钟表匠"（divine watchmaker），是一种目的论陈述，以类比的形式暗示存在着一位设计者，该类比在自然神学和目的论证中发挥了重要作用，在基督教和自然神学中用以支持上帝的存在和宇宙的理智设计，历史上，卢梭、休谟等人都曾对此有过论述。——译者注

般，没有摩擦，永恒运动，并且保持着永久均衡。凯恩斯理论中的经济体系
虽宛若一座钟表，非常精致巧妙，却是由人类钟表匠建造的，因此存在摩
擦。但人类钟表匠唯一需要做的就是上弦、涂油，并且在必要时调节进度。
他不是要操纵钟表，而只是让它自己跑，遵循的是机械法则而非政治决策。

凯恩斯的基本目标是运用非正统手段恢复正统的自发市场体系，其基本
信念为这些手段是客观的、非政治性的，能够根据客观标准的统计数据确
定，这在他的最后一项主要工作中表现得最明显：1943 年提出的关于国际
货币和信贷体系的"凯恩斯计划"[⊖]。该计划将凯恩斯的政策从国内扩展到
国际范围，提议通过创造国际信贷调整价格和购买力，以克服国际经济萧条
和经济失调。掌握该国际货币和信贷的机构不是世界政府，而是一个由国际
经济统计学家组成的机构，根据物价或人口指数调控，且几乎完全没有自由
裁量权。该国际体系的目标及其主要理由是恢复国际贸易和货币流动的充分
的自由与均衡。

批评者正确地指出，凯恩斯过于天真了，某种程度上令人惊讶的是，作
为一名经验丰富且成绩斐然的政治实践者，他竟然真的相信该体系能够不受
政治操纵。获得可观的统计数字是有可能的，但要想赋予其意义，必须由人
来解释，并且解释和解释者的政治信念与愿望将大相径庭，例如，1945 年
人们普遍接受的预测是，到 1946 年春天美国将有 1000 万人失业，该预测
是由主张实行计划经济的政府专家根据食物状况做出的。同样，即使是非人
格化的、客观的控制，仍旧是控制；政府控制国民的收入，即人民的生计，
也必然会控制人们的灵魂，这是一条古老的政治公理。在凯恩斯的政治体系
中，政府有权干预个人的经济活动，但尽量避免运用该权力，因此这与他理
想中的 19 世纪无权干预的自由主义政府截然不同。

⊖ 凯恩斯计划（Keynes Plan），1944 年，在关于战后国际货币安排的谈判中，凯恩斯提出的
一套制度建议，其中涉及创建一个国际货币单位"班科"（bancor），但最终该计划被否决，
国际货币基金组织按照美国提出的方案成立。——译者注

　　然而，对凯恩斯的决定性批评不是其观点存在缺陷，而是其非理性。简单地讲，本文已经说明，控制经济活动的要素在经济上是非理性的，即心理因素；**因此**，它们自身也必须能够通过经济机制加以控制。但此处的"因此"并非理性词汇，甚至也不是关于信念的词汇，而是一种"魔法"词汇。这种信念（公认的非理性要素能够通过机械手段加以控制和指导）恰恰是每一个魔法系统的基础。尽管（或许是因为）凯恩斯主义者精心设计数学公式和统计分析表，但其"政策"是魔法。正因为如此，凯恩斯主义政策在罗斯福新政中失败一次，意味着永远都不可能取得成功。因为魔法本就如此，一旦被戳穿一次，就会完全失效。

　　但正是其非理性使得凯恩斯主义政策对于长期停战的产生具有说服力。第一次世界大战结束后，西方世界突然醒悟，意识到 19 世纪的基本假设不再符合现实，但他们极力避免接受必要的新思想和新决策。怯懦的人往往把头埋到沙子里，得过且过；勇敢的人则接受新形势，但试图找到一套公式、机械装置、魔法，以避免直接面对新形势，换言之，他们力图使新事物看起来如同旧事物。例如罗斯福新政时期的劳工政策，始于认识到现代大工业的本质在于社会和政治关系，而非工资支票式纯粹的经济联系，而其结论却是，经济议题上"同等议价能力"的机制能够获得成功。再如国际关系领域，第一次世界大战清楚地表明，世界和平不可能建立在平等的主权国家概念之上，这些国家的内外政策完全是它们自身的职责，而非其他各方的职责。结果孕育出遵循严格的力学公式组建的国际联盟⊖，只代表拥有完全的主权、彼此彻底平等的主权国家，既不是超级政府，也不是超级法庭，甚至连大国联盟也算不上，却期望以某种魔法超越主权国家。

⊖　国际联盟（League of Nations），简称国联，是《凡尔赛条约》签订后组成的国际组织，成立于 1920 年 1 月 10 日，解散于 1946 年 4 月，主张通过集体安全及军备控制来预防战争，借由谈判及仲裁来平息国际纷争，但未能制止轴心国的侵略行为，最终被联合国取代。——译者注

我们可以察觉到一种愿望，即渴望建立一套力学公式般的机制，使新功能看起来同旧的一样，使旧假设中不合理的因素重新显得理性，从而使经济领域远离政治。例如，这也解释了弗洛伊德精神分析法作为一种万能药的巨大吸引力。弗洛伊德洞悉了传统的机械心理学的谬误（顺便说一句，古典经济学理论恰恰立足于该心理学观点），认识到人不是若干机械性反应和反射的集合，而是有个性的人。但弗洛伊德断言这种个性由生物因素决定，通过压抑和升华等显而易见的机械力量运作，并且能够用机械性的分析技术加以控制，从而回避了哲学或宗教上的人性问题。

但是，政治领域对魔法体系的渴望最强烈。此外，凯恩斯主义经济政策在政治领域的尝试是最有成就、最卓越、最高雅的，使不可能再次成为可能，使非理性再次变得理性。

4

凯恩斯的经济思想，既是一个起点，也是一个终点。他指明了古典经济学不再适用于现实，并且说明了原因，指出经济理论必须寻求新问题的答案：人作为人而非经济机器，对经济的影响。但凯恩斯对该新问题的解决贡献甚微，甚至毫无建树；其本人则从未超越古典经济学的分析和方法。无疑，在凯恩斯主导经济学领域之前，奈特[⊖]的《风险、不确定性和利润》与熊彼特的《经济发展理论》等"一战"前后出版的著作，已经为学界理解经济生活中人的因素奠定了坚实的基础；在哈佛商学院，埃尔顿·梅奥已经开始了有关工人与生产之间关系的开创性研究。凯恩斯的影响力及其对经济学领域年轻人的强大吸引力，导致理论经济学再次聚焦于机械性的均衡和经济人理念，而这些理念由非人格的、纯粹的量化因素决定。

⊖　奈特（Frank Hyneman Knight），美国经济学家，芝加哥经济学派的创始人之一，代表作为
　《风险、不确定性和利润》（*Risk, Uncertainty, and Profit*）。——译者注

　　凯恩斯的主要遗产在经济政策领域，塑造了当前的任务，甚至"充分就业"这个词也是出自凯恩斯。但他对解决问题的唯一贡献（绝不是无关紧要的贡献）是告诉我们哪条路行不通；我们不能像他那样认为经济政策能免于政治决策的干扰。或许我们会决定，政府必须直接控制经济生产——多数新凯恩斯主义者持这样的观点，该决策进而引出了如何在此类国家维持政治自由的问题。同样难以抉择的问题还有，国家要生产什么物品？由谁拍板决策？迄今为止，没有任何一个国家能通过政府的直接干预解决失业问题，唯一例外的手段是，扩大武器生产整军备战，即战时经济。

　　或者，我们可以决定，政府必须通过政治手段创造条件，其中自由企业经济自身就能够防止和克服经济萧条。在理论上，设计这样的政策并非不可能。我们需要一种财政政策，承认工业生产贯穿整个商业周期，而非基于虚构的年度利润；需要一种货币政策，明确鼓励在不景气年份新创企业和资本投资；需要一种劳工政策，在把工作效率和经营利润挂钩以恢复工资灵活性的同时，采用诸如年薪制等就业保障给予员工安全感。但所有这一切都引出了一个问题，即在以地区和局部利益为基础，且受到其持续压力的政府中，这种要求所有群体的短期利益服从整体长期利益的政策，如何能够实现？

　　然而，凯恩斯本人不能帮助我们做出决定，也没回答这些问题。

3

管理的社会职能

THE ECOLOGICAL VISION

引　言

直到现在，大部分人听到"管理"这个词的时候，都会把它与"**工商管理**"联系在一起。20 世纪 40 年代初，我刚开始研究管理时，情况就是如此。但是，即使是在那个时候，我研究管理的原因也并不是对工商企业感兴趣，而是因为我对社会、社区和组织感兴趣。从一开始我就意识到，管理是"组织"这一新鲜事物重要且有机的组成部分，而且管理还在其中起着支配作用。20 世纪 20 年代后期，我刚参加工作，"组织"在当时还是个非常新鲜的事物。当时，"组织"的含义也与现在相差甚远。直到第二次世界大战之后，"组织"这个词才被广泛使用。"二战"结束后没几年，绝不晚于 20世纪 50 年代早期，我意识到，管理是**所有**组织的特有职能，而绝不仅局限于工商企业，而且，管理不是经济职能而是社会职能。那个时候，这一看法并不流行，其实，就连管理本身那时都不流行。20 世纪 40 年代后期，哈佛商学院想让我去任教，我那时也确实需要一份工作。但当时哈佛商学院的院长并不想让我教什么管理，因为那时连他都想不明白管理是什么，最终是另一家商学院（纽约大学商学研究生院）聘请了我，允许我讲授管理。那时我想当然地以为，商学院的老师肯定会对管理感兴趣，但实际上政治学、社会学、经济学等相关院系对管理均不屑一顾。

又过了 20 年，管理才被认为是一种社会职能，是一种社会治理的手段。在这之前，即使把这一观点讲给管理者们听，他们也会觉得是天方夜谭。本部分的第一篇文章《管理的基本假设》写于 1969 年。这篇文章是我应国际管理运动（该组织由赫伯特·胡佛和马萨里克[⊖]等领袖人物创建于 1920 年）的邀请，在一次国际论坛上的发言。这次发言要求我既要阐明自己的思想，

　　⊖　马萨里克（Thomas Masaryk），1918 年"一战"结束后，捷克斯洛伐克共和国成立，马萨里克被选为首任总统，后分别于 1920 年、1927 年、1934 年连任总统。——译者注

又要把**自己的**观点与传统理论（管理是经济的、工商企业的管理）进行对比。因此这篇文章条理异常清晰，甚至可以被称作管理"理论"。

其余两篇文章差不多均写于 20 年后，但即使又过了 20 年，大多数人，包括当时数量已经十分可观的管理学教授，也还都把管理视为"工商管理"。其中《管理：成功后的新问题》，是我 1986 年在美国管理学会⊖成立 50 周年纪念大会上的专题演讲。这篇文章聚焦于管理的未竟之事——真的还有很多。本部分最后一篇文章是《社会创新：管理的新领域》，讨论的是目前依旧很热的一个话题——创新。但时下流行的创新多侧重创新的技术维度，即新流程、新工具和新产品。这篇文章指出了**社会**创新的重要性，同时断言，社会创新的重点已由 19 世纪的政府主导过渡到 20 世纪的自治机构主导。这些自治机构可能是社会组织，也可能是工商组织、非工商组织、非营利组织、高等院校等。对管理层来讲，这同时也是一个潜在的机会。

⊖ 美国管理学会（American Academy of Management），1936 年由密歇根大学的杰米森和芝加哥大学的米切尔发起成立，发展过程中逐渐定位于管理学术研究。——译者注

管理的基本假设[⊖]

50 年来，管理理论与实践的主要假设变得越来越不适用。在这些假设中，有些已经不再有效，坦白一点说，都应该被淘汰掉。另外一些虽然仍适用，但已不够充分，沦为次要的、从属的、例外的假设，而非基本的、主要的、普遍性的，能反映管理真实状况的假设。尽管如此，大多数管理理论学者与实务工作者，依然还在想当然地固守着这些并非反映真实管理状况的假设。

一定程度上，正是管理在过去 50 年里的成功造成了这些假设的退化、过时和不充分。在过去的 50 年里，管理立足于这些假设，取得了非凡的成就，其程度甚至超过科学技术的成功。尽管如此，现在管理理论学者和实务工作者遵循的这些假设已经因社会、经济以及观念三者各自相互独立（至少是基本独立）地发展而退化、过时。在发达国家该趋势尤其明显。管理者身处的现实环境正在快速发生改变。

⊖ 1969 年东京第 15 届国际科学管理委员会（CIOS）国际管理会议（International Management Congress）专题演讲。

各地的管理者都已经意识到管理、组织方面出现的一些新的观念和工具，如，"信息革命"，当然，"信息革命"本身也是一个相对独立于组织、管理之外的新观念。这些新变化对于管理的重要性毋庸置疑，但更为重要的，也许在于基本现实的改变及其对根本性假设的冲击。因为，这些基本假设是管理作为一门学科和一种实践的基石。管理观念和工具的改变会迫使管理者改变管理行为；但现实的改变要求管理者转换角色。观念和工具的改变意味着管理者工作**内容**和工作**方式**的改变；基本角色的改变则意味着我们需要重新界定管理**是**什么。

旧　假　设

在刚刚过去的半个世纪中，六大基本假设构成了管理理论和实践的基础。当然，实务工作者几乎没有人意识到这些假设的存在。即便是管理学者，也几乎没有人对其进行明确、充分地阐述。但无论是理论研究者，还是实务工作者都接受这些假设，将其作为不言自明的公理，并且都在这些假设的基础上采取行动、建立理论。

这些假设主要讨论下述问题：
- 管理的范围；
- 管理的任务；
- 管理岗位；
- 管理的属性。

假设一。管理是工商企业的管理。工商企业是社会中的特例。

该假设存在于人们的潜意识里，所以人们并没有完全意识到其存在。我们要么是"左翼"，要么是"右翼"；要么是"保守派"，要么是"自由派"，要么是"激进派"。这些观点都源自于 17 世纪法国和英国的社会理论，但如今依然是社会的主流观点，我们中的大多数人仍会无可避免地陷入这样的窠臼。这些理论认为，社会只存在一个组织化的权力中心——政府。政府虽然受自身约束，却拥有最高统治权。除政府外，社会其他必不可少的组成单位只有家庭。依据上述观点，作为一种组织化的社会机构，工商企业确实是一种特例，一个归属于经济层面、相对孤立、怪异的特例。管理也就因此仅适用于工商企业。传统观念认为，管理的本质和特性在很大程度上由工商企业业务的本质和特性决定，如果某一特性适用于工商企业，那么就适用于管理，反之亦然。在某种程度上，这种观点认为经济活动区别于人类的其他所有活动。这种认识可以解释现在一个非常时髦的语言现象：人们提到"经济方面的考量"就默认为"没有人情味"。

∞

假设二。管理的"社会责任"，这个称呼本身就意味着"社会责任"这个变量不能包含在经济模型之内，"社会责任"就像是强加给管理的桎梏，而不是管理本身应有的目标和任务。基于这种认识，一方面，社会责任会被看作企业的额外负担，而非管理的日常工作。另一方面也意味着，只有工商企业才需要承担社会责任（因为工商企业是特例）。确实，在传统观念里，大学、医院和政府机关无须承担社会责任。例如，相对"管理的社会责任"，更常见的说法是"工商企业的社会责任"。

∞

工商企业是一个特例，这是产生上述观点的根源。大学和医院从一开始就被假定不涉及任何社会责任的问题，那是因为它们没有进入传统观念的视野——它们根本就没有被视为"组织"。传统观念认为社会责任仅局限于工商企业，是工商企业特有的责任，原因有二：第一，经济活动和人类活动有很大区别（真的，甚至可以说，经济活动就不是"正常的"人类活动）；第二，"利润"和经济活动的过程无关，而且还被扣上"资本主义"的帽子，人们并没有把利润视为所有经济活动的内在需要。

∞

假设三。管理最基本，可能也是唯一的任务就是激发企业活力，完成那些广为人知的特定任务。检验管理成效的标准是上述特定任务的完成效率以及企业对外部变化的适应情况。虽然已有系统研究，但企业家精神和创新没有进入管理的视野。

很大程度上，该假设在过去 50 年中必不可少。因为当时的情况是，创新和企业家精神并不是发达国家过去几百年赖以生存的法宝。1900 年时，管理刚刚被人们关注，当时管理所面对的问题是：传统的管理方法（例如管理作坊和商店的方法）已无法满足大型制造业和商业组织的管理需求。蒸汽机的发明并没有导致对管理的需要，是 50 年后，大型铁路公司的出现导致了对管理的关注。因为，虽然大型铁路公司能搞定蒸汽机车，却很难解决人和人之间的协调、沟通、授权、职责等问题。

只关注管理的**经营**方面，而几乎完全忽视企业家精神，不把它作为管理的职能，也反映了"一战"结束后 50 年间的经济现实。当时，新工艺和企业家层出不穷，这种情况下，相对创新，人们更需要的是适应；相对另辟蹊径，人们更需要改善和优化。[1]

德国的**实业家**或法国的**企业主**长期以来坚决抵制管理，很大程度上反映了一种语言上的误解。德语或法语中没有词汇准确对应术语**管理**，这就像英语中没有术语**企业家**一样（该词汇被引入英语近两百年后，仍旧是外语词汇）。在某种程度上，这种抵制源于经济结构的特殊性。例如，德国商业银行的角色，使得**实业家**重视自治权，强调经营者的"克里斯玛"[⊖]魅力，以对抗"经理人"的非人格化职业精神。"管理"在一定程度上是无阶级的，其权威源自客观职能，而不像德国的**实业家**或法国的**企业主**的权威源自所有权或社会阶级。但毫无疑问，欧洲大陆国家抵制"管理"（既作为一个术语，也作为一种观念）的主要原因之一，始终是（主要是潜意识的）管理强调组织内部任务，反对外部的、企业家的、创新职能。

∞

假设四。熟练或非熟练的体力劳动者无论被看作资源、成本，还是被视为社会或个人问题，他们都是管理关注的重点。

提升体力劳动者的工作效率，是迄今为止管理取得的最大成就。如今虽然泰勒[⊜]的"科学管理"屡受攻击（其实，大多数人根本就没有真正理解泰勒）。但正是泰勒在工作研究方面的持续努力，奠定了发达国家民富国强的基础。泰勒在工作研究方面的持续努力，提高了体力劳动者的工作效率，让从前的"苦力"告别了仅能维持生存的微薄收入（由所谓"工资铁律"[⊜]决定），摆脱了明天就可能被砸掉饭碗的恐惧，让他们的工作和收入都有了保障，过上了中产阶级水平的生活。

直到"二战"后期，关注的焦点依然是体力劳动者的工作效率与管理问

⊖　克里斯玛（Charisma），在社会学、政治学、心理学、管理学中，该词是指一种具有超凡魅力的领导类型。——译者注
⊜　泰勒（Frederick Winslow Taylor），科学管理之父，代表作为《科学管理原理》。——译者注
⊜　工资铁律，一条关于劳动市场的经济学定律，声称工资长期接近于仅可维持工人生活所需的最低工资额，其理论基础是马尔萨斯的人口学说和李嘉图的政治经济学理论，但后世的经济发展证伪了该定律。——译者注

题；英美战时经济取得的核心成就依然是动员、培训和管理了大量制造业工人。即使在战后，也是如此。当时除英国外，其他发达国家都面临大量农业人口迅速进入工业体系的形势。因此，这些发达国家面临一个共同的重大任务，即如何提升这部分体力劳动者的工作效率。在这方面，70 年前泰勒提出的"科学管理"居功至伟，日本、西欧甚至美国的经济成长和良好表现无不有赖于此。没有"科学管理"，这些均没有可能。

∞

假设五。管理起码是一个"学科"，甚至也可谓一门"科学"。也就是说，管理和数学运算、物理定理以及工程师的压力表一样，独立于文化价值观和个人理念。但是，所有管理都不可能在真空中运作，都身处不同的民族、国家，扎根于不同的文化，受到法律的限制，是经济体系不可或缺的组成部分。

美国的泰勒和法国的法约尔⊖的理论，都鲜明地体现了该前提。在早期的管理学权威中，只有德国的拉特瑙⊜似乎怀疑过这一点，认为管理不是一门独立于文化的"学科"。但是他的观点并未引起重视。人际关系学派⊜攻击泰勒"不科学"，并不是攻击泰勒的前提（存在客观的管理"科学"）。相反，人际关系学派声称自己的成果才是"真正"科学的心理学，立足于"人性"，他们甚至拒绝借鉴社会科学同僚（文化人类学者）的研究成果。管理学的传统前提根本就不涉及文化因素。文化被视作有待清除的"障碍"。社会进步和经济发展要求人们抛弃"非科学"要素，即文化理念、价值观、传

⊖ 亨利·法约尔（Henri Fayol），法国工程师、管理学家，最早阐述了管理要素和管理原则。——译者注

⊜ 沃尔特·拉特瑙（Walter Rathenau），德国实业家、政治家，曾任魏玛德国外交部长，主张与西欧各国以及苏联合作。——译者注

⊜ 人际关系学派（Human Relations School），主要采用心理学和社会心理学的方法，注重个人的心理反应和行为激励，围绕人际关系来展开对管理的研究，代表人物是主持霍桑实验的梅奥。——译者注

统习俗等。这一点在管理中几乎就是公理。

就像我们的政治、法律、经济理论一样，管理理论与实践一直都把民族国家及其经济体系简单地看成是企业的"天然"栖息地。

∞

假设六。管理是经济发展的结果。

这个前提来自于西方的历史经验（日本就不是这样，三井财阀、三菱财阀、涩泽荣一[⊖]创建的各类机构等伟大组织都先于经济发展而出现，在日本，管理恰恰是经济发展的原因而非结果）。管理是如何形成的？即使在西方国家，这个问题的答案在很大程度上也只是臆想。教科书往往言之凿凿地声称（现在还这么说）：小作坊扩张到一定规模，老板不能再采取亲历亲为的经营方式时，管理就产生了。事实并非如此，管理虽然逐步发展成型于大企业（仅指规模），但这些企业的规模从一开始就非常庞大，铁路公司是其典型代表，邮政公司、轮船公司、钢铁厂、百货公司也是如此。在那些可以从小规模经营起步的行业，如纺织厂、银行等，管理出现得特别晚，这些行业一般都采取老板事必躬亲的经营方式，最多会雇用若干"帮手"，这种情形直到现在也没有太多改变。尽管面对上述事实（而且法约尔和拉特瑙显然已经意识到，管理是一种职能，而非企业发展到某种阶段的产物），管理依然被广泛认为是一种结果、一种为满足某种需要而做出的被动反应，而非创造机遇的积极因素。

∞

我很清楚，上述论述显然过于简单化了。但同时我坚信自己没有曲解管理的旧假设。这些假设如今依然是管理理论与实践的基础，在工业高度发达的国家更是如此。

⊖   涩泽荣一，日本实业家、管理思想家。——译者注

新 现 实

现今，我们需要几乎完全不同的前提假设。这些假设也是高度概括化的，当然也会显得过于简单化，但相比于以往的旧假设（过去 50 年管理实践的基础），它们更加贴近现实。

假设一。在发达国家，任何一项重要社会目标都通过具有管理职能、组织化的机构来完成。工商企业只是因为出现得最早才成为典型，这其中有历史的偶然。虽然工商企业承担着独特的任务（生产并销售商品、服务），但工商企业并非特例。实际上，大型组织是普遍情况而非特例。当今社会由多元组织构成，不再是家庭的简单积累与叠加。管理不是某种特例（工商企业）的孤立特质，而是一种通用的核心社会职能。[2]

最近出版了一本有趣的书[3]，把管理和马基雅维利㊀的经典观点联系在一起，认为管理其实是一种治理。当然，这算不上全新观点。例如，在 1941 年出版的畅销书《管理革命》（*Managerial Revolution*）中，作者詹姆斯·伯纳姆把管理与马克思而非马基雅维利联系在一起，其观点显然早于现在这本书。我早年的三本著作——《工业人的未来》（1942）、《公司的概念》（1946）[4] 和《新社会》（1950）㊁，对此也有详细论述。布兰代斯㊂大法官早在第一次世界大战前就洞悉了这一点，为泰勒先生关于体力劳动的研究创造了一个新名称——科学管理。自约翰·康芒斯㊃起，美国的产业经济学就十分清晰地认识到，工商业组织是一种治理形式，当时正值 19 世纪末 20 世纪初，同一时期，不晚于 1920 年，欧洲大陆的沃尔特·拉特瑙同样十分清晰地认识到了这一点。

㊀ 马基雅维利（Machiavelli），意大利文艺复兴时期政治思想家，代表作为《君主论》（*The Prince*）。——译者注
㊁ 此三本书的中文版已由机械工业出版社出版。
㊂ 布兰代斯（Brandeis），美国最高法院大法官，最早用"科学管理"称呼泰勒等人从事的新兴效率运动。——译者注
㊃ 约翰·康芒斯（John R. Commons），制度经济学的开创者之一。——译者注

　　但我们还面临一些新情况，越来越多的非工商业组织正在学习工商企业的管理经验。医院、军队、天主教会、公共行政部门等，都在学习和应用工商管理。"二战"后英国首届工党政府为了阻止英格兰银行像企业那样经营，对该银行实行国有化政策。但后来，1968年上台的新一届工党政府却雇了一家美国管理咨询公司（麦肯锡公司），请它改组英格兰银行以确保其像企业一样管理。

∞

　　这并不意味着非工商机构能够照搬工商管理。相反，这些机构首先必须要向工商企业学习的是：管理始于目标设定。因此，非工商机构（如大学和医院）的管理和工商管理是不同的。但如今这些机构正在将工商管理视为典范。在工商企业管理方面，我们已做了很多研究，在非工商机构管理方面，我们同样要做相关研究，要迎头赶上，如对政府机构的管理。工商企业绝对不是特例，工商企业只不过是出现最早，我们研究最多而已。管理是通用的，不是特例。

　　实际上，工商管理最突出的特点或者说最特殊的一点是它用来衡量经营成果的评测方法。这样的评测方法常常使用经济学术语来表达，且与盈利能力有关。当然，现在这个做法已经不再另类，而且成了所有机构的范例，成为衡量资源配置和管理决策成果的客观外在标准。就像盈利能力用于工商业一样，非工商机构也需要类似的衡量标准。罗伯特·麦克纳马拉担任美国国防部长时进行过相关尝试，运用"成本–效益"评测方法，对比实际结果与最初承诺和预期，以有计划、有目的、持续性地衡量项目成效，并将此作为预算和决策的基础。换言之，在多元化的组织社会中，"盈利能力"不再是"例外"，并非与"人性"或"社会"需求截然不同，而是所有需要管理、能够管理的组织机构的根本衡量标准。

∞

假设二。我们的社会正快速成为组织化社会，因此包括工商企业在内的所有组织都不得不为人们的"生活质量"负责，不得不遵循社会基本价值观、基本理念和基本目标的要求，并将此作为日常经营活动的一个主要标准，而不是限制（或超出）正规主要职能的"社会责任"。将来所有组织都必须把提高人们的"生活质量"看成实现组织运营目标的一个机遇，如对工商企业来讲，正在快速提高的"生活质量"应被视为商机，并经由管理转化成有利可图的生意。

∞

本假设同样适用于个人的自我实现。今天，最常见或者最常接触到的社会环境就是组织。家庭虽然重要，但它不是"社区"，家庭更"个人"更"私密"。与此对照的是，"社区"已在组织之中。员工借由组织谋生、发挥功能、获取成就与社会地位，对这类组织来讲，"社区意味"尤其浓烈。关于这一点，请参见我的《新社会》。对于管理者来讲，帮助个人实现自我价值、理想抱负，进而激发组织活力、提升组织绩效的工作会越来越多。到那时，仅仅是没有不满的"满意"（这一标准曾是工业关系与人际关系领域一直以来采用的标准）将远远不够。也许更加文艺的说法应该是，在下一个十年内，让个人满足组织需要的"管理发展"将如夕阳，渐薄西山；而让组织满足个人需求、个人抱负、发挥个人潜力的"组织开发"将如朝阳，喷薄而出。

∞

假设三。对管理来讲，企业家的创新职能将变得与经营职能同样重要，发达国家和发展中国家概莫能外。实际上，与经营职能相比，创新职能在接下来的几年里可能更显重要。不像 19 世纪，未来的创新将主要发生在既有机构中，由既有机构，如工商企业实现。因此，创新职能再也不可能被视为非管理职能，或处于管理的边缘地带了。企业家的创新职能将不得不成为管理的核心职能。

∞

我们有充分理由相信，在 20 世纪最后的几十年中，会发生和 1860～1914 年间一样的巨变。在那 50 年间，每隔两三年，一项主要的发明立刻就会催生一个新行业以及新的大型企业。与 19 世纪不同的是，未来的发明创造是社会变革与技术发明并重。如大都会给当今创新者带来的挑战不小于电力给 1870 年的创新者带来的挑战。不像 19 世纪的创新基础仅限于科学知识，在 20 世纪，各类知识都将成为创新的基础。

同时，创新将只能在既有工商企业内部传播或通过工商企业扩散，而且，这一现象将越来越普遍。造成该现象的原因是发达国家的税法，税法使既有工商企业成为资本集聚中心。创新又恰恰是资本密集型的，在创新的开发阶段和新产品、新流程、新服务的市场推广阶段尤其如此。因此，我们必须学习让既有组织具备快速、持续创新的能力。目前很多管理层还在担心遭遇"变革阻力"，这个现实告诉我们，我们距离理想还很远。既有的组织必须将变迁看作机遇，拒绝墨守成规。

∞

假设四。未来几十年，在发达国家，管理首要且迫切的任务就是要让知识工作者具有更高的工作效率。体力劳动已经成为"明日黄花"，这方面需要我们继续努力完成的，只剩下些效果不大的修补工作。今后，知识工作者将是发达经济体的基本资本来源和基础性投资，当然也是成本中心。知识工作者运用经由系统教育获得的观念、思想、理论进行工作，而不是依靠手艺或体力进行工作。

泰勒将知识应用于工作之中，让从事体力劳动的工人提升了工作效率。但泰勒却从没有提出过下述问题：是什么构成了他自己（提出并应用"科学管理"的工业工程师）的"工作效率"？泰勒的工作成果让我们知道体力劳动者的工作效率是什么。但我们还不清楚工业工程师，或者说是知识工作者的工作效率是什么。衡量体力劳动者工作效率的标准，如单位时间或单位薪酬的产出，完全不适用于知识工作者。如果工程部绘制的是一款滞销产品的图纸，那么无论工程部动作如何迅速、工作如何勤勉、图纸如何精致，都是没有效果且没有效率的。换句话讲，知识工作者的工作效率是定性的，在于质。我们目前尚无法对此进行界定。

但有一点是清楚的，就像应用"科学管理"给以体力劳动为主的工厂带来巨变一样，提升知识工作者的效率也将给就业结构、谋生之道以及相关组织带来巨变。为了提升知识工作者的工作效率，资格准入首先要做出调整。因为大量证据表明，除非知识工作者知道自己是谁、适合什么样的工作和如何工作，否则工作就不会有效率。换言之，在知识工作中，"执行"中一定会包含"计划"。换个角度看，知识工作者本身一定要具备自我"计划"的能力。总体来看，现在的资格准入并不具备上述特点。因为，现在的资格准入都建立在以下这个前提的基础上：对任何类型的工作而言，局外人都能够客观地确定一个"最佳的工作方法"。这一前提对体力工作有效，但并不适合知识工作，与知识工作的性质严重不符。知识工作也许存在"最佳的工作方法"，但是所谓的"最佳工作方法"受个人因素影响很大，而且还会受到个人身体状况、知识结构以及工作之外的其他因素影响。知识工作的"最佳工作方法"可谓变幻无常。

∞

假设五。管理工具、管理技术、管理理念、管理原则、共同的管理语言都是存在的，而且也存在一般管理"学科"。当然，也确实存在一种被我们称作"管理"的世界通用的职能——该职能服务于共同目标，并存在于所有发达社会之中。但管理还是一种文化，是由价值观和理念构成的体系。管理还是某些社会让自己的价值观和理念更加富有成效的途径和方法。实际上，管理也许更应该被看作一座连接"文明"和"文化"的桥梁，一端是日益全球化的"文明"，另一端是代表着不同习俗、价值观、理念和传承的"文化"。管理必须成为一种工具，以便让多元文化更好地服务于共同的人类文明。同时，管理实践越来越超越单一的民族文化、法律或主权范围，成为"多国的"共同事务。确实，管理正日益成为一种（迄今是唯一一种）真正世界经济意义上的制度安排。

现在我们知道，管理必须要使个人、社区、社会的生产价值观、愿望、传统服务于共同的生产目标。换句话说，如果管理不能成功地使某个国家或某国人民的文化传承发挥好上述作用，那么其社会和经济就难以发展。这当然是日本的先进经验。早在一个世纪之前，日本就成功地让自己的社区传统和个人价值服务于国家工业化的新目标。这正是日本成功，而其他非西方国家至今还没有成功的奥秘所在。换句话讲，管理既是科学又是人文学科，既是能够客观测试和验证的系列发现，又是由信念和经验构成的体系。

同时，管理（此处仅指工商管理）正迅速成为唯一一类普遍存在的，超越国家界限的制度安排。当然，到目前为止，真正的跨国公司在现实中还不存在。总体而言，目前存在的还只是些以某个国家为基地的公司——员工具有同一文化背景；员工，特别是高层管理者，还具有同一国籍。但同样明确的是，这只是一个过渡阶段。世界经济的发展要求，同时也必然孕育真正的跨国公司。真正的跨国公司不仅产品和销售是跨国的，其所有权和管理层也是跨国的，整体来看各领域都是跨国的。

在部分国家，尤其是发达国家，工商企业正在迅速丧失我们所知的"特例"身份。无疑，需要管理的组织机构已成为当今普遍、典型的社会形态，企业恰恰是其中的典型代表。然而，超越民族国家的范围，企业又迅速重回已在发达国家丧失的特例身份，变为独特的、异常的机构，代表着世界经济和知识社会的现实。

∞

假设六。管理带来经济和社会的发展。经济和社会的发展是管理的**结果**。

没有"不发达国家"，只有"欠管理国家"。这种说法并非过于简单化。从每个物质层面来看，一百年前的日本都是一个不发达国家。但是，日本很快就出现了管理，涌现出一批称职甚至堪称卓越的管理者。在短短 25 年内，明治时期的日本就成为一个发达国家。实际上，在某些方面（如识字率），日本还在所有国家中名列前茅。我们今天意识到，是明治时期的日本，而非 18 世纪的英国，也非 19 世纪的德国应该成为不发达国家发展的楷模。这就意味着，管理是重要的原动力，而发展是其结果。

我们全部的经济发展经验都证明了这一点。当只提供经济类"生产要素"，特别是只提供资本的时候，各国并没能获得发展。但有若干案例，因为发挥了管理的作用，激发了人的潜力，所以取得了快速发展，如哥伦比亚考卡省[5]的案例。换言之，发展更加依赖人而非物质财富。管理的使命就在于培育和指导人的能力。

∞

无可否认，这些新假设确实过于简化；而且也应该如此。但是我认为，相对过去 50 年来指导管理理论和实践的传统假设，这些假设能够更好地指导发达国家现在尤其是未来的管理工作。我们并不是要与过去一刀两断，过去的任务我们依然要完成。我们当然需要继续管理现有企业，理顺内部秩序，完善组织机制。我们依然需要管理体力劳动者，并进一步提高其工作效率。在了解管理现状的人中，估计没有一个人敢断言自己了解管理和与之相近领域的一切。我们还远远没有达到这一点。崭新的现实带给管理严峻的挑战和艰巨的任务，需要我们采用新的理论和实践去回答和解决，这一切都需要新假设和新方法。

∽

比这些新任务更加重要的，也许是管理的新角色。管理正在迅速成为发达国家的核心资源以及发展中国家的基本需求。从只适用于社会中的工商企业，管理和管理者正在日益变成发达社会普遍存在、具有鲜明特色的基本器官。什么是管理？管理者都做些什么？未来，这两个问题将不仅仅只引起"专业人士"的关注，很可能还会引起公众的关注。除了关注管理取得的可衡量结果外，大家还会同等关注管理体现的基本理念与价值观。除了代表生活水平，管理还将代表社会的生活品质。

未来，我们必须学习使用很多新管理工具，掌握许多新技能。正如本文所指出的，管理也将面临大量艰巨的新任务。但是，管理将要遭遇的最重要变化是：发达国家的理想、价值观，甚至其生死存亡都日益系于管理者的绩效、能力、热情和价值观。我们下一代人的任务是，使新多元主义社会条件下的新型组织机构卓有成效地服务于个人、社区、社会目标。这是管理的首要任务。

注 释

1. *The Age of Discontinuity* (Reissued in a Transaction edition in 1992).
2. *The Age of Discontinuity,* especially Part Three: 'A Society of Organizations.'
3. Authony Jay: *Management and Machiavelli* (London: Hodder and Stoughton, 1967).
4. Published in the UK as *Big Business*.
5. *Age of Discontinuity*.

管理：成功后的新问题[⊖]

管理理论和管理原则的首次系统应用，不是在工商企业，而是在公共部门。这是管理学界保守得最好的一个秘密。管理原则在美国第一次有意识、系统性地应用（人们一开始就知道，自己是在应用管理）是美国军队的重组。实施者是伊莱休·鲁特[⊜]，时任西奥多·罗斯福政府的战争部长。没过几年，也就是 1908 年，人们有意识地运用后来著名的管理原则，将"政策"（由选举产生的政治性机构制定，对市议会负责）与"管理"（由非政治性的专业机构制定，负责管理工作）分离，并且在弗吉尼亚州的斯汤顿市[⊜]产生了最早的"城市经理"。顺带说一下，城市经理是 Manager 这个词首次被用于指代高级行政人员，当时在工商企业还没有这个称谓。如 1911 年，泰勒在那次著名的国会听证会上，[⊗]

就没有使用过 Manager 这个词，他用的词是" the owners and their helpers（所有者及其助手）"。当人们要求泰勒举出一个真正实行"科学管理"的组织时，他提到的不是工商企业，而是梅奥诊所。

　　30 年后，城市经理卢瑟·古利克[⊖]将管理和管理原则应用于联邦政府机构，管理罗斯福新政时期急速发展、失去控制的政府。直到 1950 年和 1951 年，也就是十几年后，相似的管理概念和管理原则才被系统地应用于工商企业，解决类似的问题：由于原有的直线职能制组织结构不再适合迅速发展的通用电气公司，需要对其进行重组。

　　如今，无论是否属于工商业，所有机构都需要管理，甚至非工商机构对管理的需求更加迫切。在当今的组织中，很可能军队的管理意识最强，紧随其后的是医院。但在 40 年前，对当时新兴的管理咨询业者来讲，其预想的潜在客户只有工商企业。如今，典型管理咨询公司的客户有一半是非工商业客户，包括政府机关、军队、中学、大学、医院、博物馆、专业协会以及社团，如美国童子军[⊜]、红十字会等。

　　而且，持有高级工商管理学位（如 MBA）的求职者，越来越受到城市管理机构、艺术博物馆、政府管理和政府预算单位的欢迎。

　　但是，在谈到或读到**管理**这个词的时候，大多数人还会将其理解为**工商管理**。虽然在畅销书单上，管理类图书往往名列非小说类图书前茅；但是其书评却往往还是会出现在工商类的版面或专栏上。虽然"商学研究生院"纷纷更名为"管理学院"，但是这些学校授予的学位依然是 MBA——工商管理硕士。管理图书，无论是学校里用的教科书还是公众阅读的畅销书，主要都是为了解决企业的管理问题，使用的案例也都来自于工商企业。

　　⊖　卢瑟·古利克（Luther Gulick），晚年对城市管理进行过系统研究，有"公共行政的化身"之誉。——译者注

　　⊜　童子军（Boy Scouts），美国最大的青少年组织之一，旨在通过组织广泛的户外活动、教育项目，以及与社区组织合作的的职业规划，培养青少年的责任感、个性发展和自立能力。——译者注

当**管理**这个词被说出或打印出来时，我们往往立刻以为听到或看到的是**工商管理**。工商企业并不是最早出现的管理机构。现代大学和现代军队都比现代工商企业早出现半个世纪，二者都出现在拿破仑战争或稍后一点的时间。实际上，第一位现代组织的首席执行官出现于 1820～1840 年，是后拿破仑时代普鲁士军队中参谋人员的总负责人。同先前的大学和军队相比，新大学和新军队在结构与精神上都实现了巨大突破。但通过审慎地采取各种手段，包括沿用旧称号、旧礼仪、旧庆典，尤其是维持机构及其领导人的社会地位，新大学和新军队都成功地掩饰了已经发生的变革。

但是，当新型工商企业在 1850～1875 年间出现时，误会却没有再次发生，没人再误以为它们是传统"商号"的延续。何为"商号"？老哥俩儿加一个小伙计，在查尔斯·狄更斯 19 世纪五六十年代的作品中，"账房"就是传统"商号"的典型代表。其他 19 世纪的小说也是如此。直到 20 世纪初，也就是 1906 年，托马斯·曼⊖在小说《布登勃洛克一家》中，还有类似描写。

为什么呢？举个例子，这些新型工商企业（美国内战后发展起来的**长途铁路公司**，欧洲大陆的**全能银行**⊜，19 世纪末到 20 世纪初摩根一手打造的托拉斯，如美国钢铁公司等）都不是由"所有者"来经营的。实际上，这些新型工商企业没有所有者，只有"股东"。虽然新型大学和新型军队的特质和基础都发生了很大变化，但从法律上讲，它们和很久以前的大学和军队还都是同一个机构。但是为了接纳新型工商企业，就必须要给它们在法律上找到一个新的**角色**定位，于是就出现了"corporation"（公司）这个概念。其实，法语的"Société Anonyme"更准确，其含义是谁都可以投资同时又不属于任何人所有的匿名集合体。在公司制度下，股份意味着利润索取权而非所有

⊖ 托马斯·曼（Thomas Mann），德国作家，《布登勃洛克一家》（*Buddenbrooks*）为其代表作。——译者注

⊜ 全能银行（universal bank），又译为综合银行，往往不受金融业务分工的限制，不仅能够全面经营商业银行、投资银行、保险等各类金融业务，还可以经营不具备金融性质的实业投资，最典型的代表是德国的全能银行。——译者注

权。股份所有权有必要与控制权、管理权分离，这点很容易做到。况且，在公司这个组织形式里，资本往往由大量，经常是无数的外部人提供。这些外部人每个人的股份占比都微不足道，他们对企业的经营无须关心，也没有兴趣关心，当然也就没有任何义务或者责任感。

无论命名为"corporation""Société Anonyme"还是"Aktiengesellschaft"，新型工商企业都不可能像新型军队、新型大学或新型医院那样，把上述改变说成是某种**优化**。无论怎么解释，这种变化都抹不掉变革的色彩。很明显，这是一次货真价实的革新。而且，这一革新很快就创造出新的就业。一开始，是给快速增长的城市无产者提供了就业，之后很快又为受过教育的人提供岗位。不久之后，新型工商企业就主导了整个经济。这时，一些在旧机构中被说成是某种不同流程、不同规矩或者不同规章的东西，很快就发展成为一种新职能、新工作——管理。然后，就引发了人们对管理的研究、关注和争论。

但是，让工商企业这一新生事物更加卓尔不群的，是它在社会中所处的地位。工商企业虽身处社会之中但又独立于国家政府，是数百年来出现的第一个自治机构，在政府之外创造出新的权力中心。这违背、冒犯了19世纪（也包括20世纪的政治学理论）人们遵循的几乎所有"历史规律"。坦白地讲，这一违背规律、令人反感的新生事物引起了公愤。

1860年左右，英国最杰出的社会科学家亨利·梅因爵士在《古代法》（*Ancient Law*）中用"从身份到契约"来概括历史进程。⊖该书出版后，这句话迅速传播，被人们广泛接受。历史上很少有类似的例子。

但是，恰恰就在梅因爵士声称，历史规律将清除社会中的一切自治权力中心的时候，工商企业出现了。很明显，工商企业从一开始就是社会中的一个权力中心，而且具备自治性质。

⊖ 亨利·梅因（Henry Maine），英国比较法学家、历史学家，他在其著作《古代法》中提出："我们可以说，所有进步社会的运动，到此处为止，是一个'从身份到契约'的运动。"——译者注

可以理解，对当时的人们来讲，这一新生事物确实反常，非常像一个巨大而恐怖、怪异而荒谬的阴谋。美国第一位伟大的社会历史学家亨利·亚当斯就持该观点。他在格兰特总统时期出版了重要的小说《民主》（*Democracy*），抨击新经济力量不仅自身腐败，而且还会败坏政治、腐蚀政府、损害社会。几十年后，亨利的弟弟，布鲁克斯·亚当斯在《民主教条的堕落》（*The Degenenation of the Democratic Dogma*，美国最流行的政治著作之一）中，对该主题进行了更加详尽的阐述。

威斯康星州经济学家，约翰·康芒斯也持有类似观点。他是威斯康星州**进步运动**的精神导师，提出了许多"改革"措施，其中若干举措被后来的罗斯福新政采纳，最后但并非不重要的是，康芒斯被公认为美国"企业工联主义"之父，认为现代工商企业是律师们通过赋予其与个人同样的"法律人格"，从而曲解联邦宪法第十四修正案的阴谋。

在大洋彼岸的德国，沃尔特·拉特瑙（他本身就是一个大型"公司"的重要管理者，1922 年任魏玛德国外交部长期间被暗杀，是纳粹恐怖活动最早的受害者之一）基本上持类似观点，认为工商企业太新，和主流政治、社会理论格格不入，是一个很严重的社会问题。

在日本，涩泽荣一在 19 世纪 70 年代从政府机关辞职，离开前景一片光明的仕途，决心通过投身工商业来建设现代日本，他看到了工商企业新的以及充满挑战的一面，希望通过引入儒家伦理来驯服工商企业。日本"二战"后的大型工商企业基本都是按照涩泽荣一的思路发展起来的。

其他地方也一样，工商企业无一例外被视为激进且危险的新生事物。如在奥匈帝国，卡尔·鲁伊格（"基督教"系列党派的创始人，该党派目前

⊖ 企业工联主义（business unionism），源于美国的工会思想，反对革命工会，主张工会像公司一样经营，建立等级管理体制。——译者注

⊖ 卡尔·鲁伊格（Karl Lueger），奥匈帝国政治家，1897 年任维也纳市长，期间大力推动维也纳市政现代化，持反犹主义观点，并对希特勒产生了影响。——译者注

依旧主导着欧洲大陆的政坛）凭借"维护诚信、可敬的小商号；反对邪恶、非法的大公司"的主张，在1897年当选为维也纳市长。几年后，籍籍无名的意大利记者贝尼托·墨索里尼猛烈抨击"卑鄙无耻的公司"，很快声名鹊起。

可见，不管是抱持敌对还是友善的态度，人们对于管理的关切，自然而然也可能是不可避免地就把焦点放到了工商企业身上。其实，其他机构也广泛应用管理，但是因为工商企业更加招眼、更加突出、更富有争议，最重要的是更新，因此也就更吸引眼球。

19世纪70年代，大型工商企业中开始出现管理。几乎一个世纪后，人们才认可管理适用于每种社会机构。正是在过去的100年里，每一项重要社会职能都被纳入到一个大型管理类组织中。1870年，医院还只是穷人等死的地方。但到了1950年，医院已经发展成为十分复杂的机构，需要有效地管理员工的各项独特技能。现如今，发达国家的工会是由支薪的管理人员进行管理的，而不像过去那样，由一些政客进行有名无实的管理。1900年，即使是大型大学也很简单，那时最大的大学只有约5000名学生，教员最多也就几百人，每位教授都只讲授着自己的专业。现在的大学却日益复杂，包括在读本科生、毕业生、在读研究生等各类学生，划分为不同的科研院所，区分政府资助类研究和行业资助类研究，还有越来越大的行政管理上层建筑。在现代军队，当前面临的最基础的问题是管理的边界问题，管理到底应该在多大程度上影响与干涉领导。现在看来，在与领导的竞争中，管理明显胜出。

因此，不应该继续给管理贴上工商业的标签。管理已经成为现代社会无处不在的一般职能。但是，我们的教科书和相关研究仍高度聚焦于工商业。例如，很多杂志依旧使用**管理**作为名称（如英国的《今日管理》、德国的《管理杂志》），但其内容却基本是工商管理。

现代社会已经成为"组织社会"。因此，政治和社会学家观念中的那种个体（自立于社会，和拥有至高无上统治权的政府之间不存在中介组织，换

句话说，个体无须通过成为某个机构的成员或雇员与主权政府互动）已经成
为少数。在发达国家，绝大多数人都已是某个组织的雇员；他们的生计来自
于组织的集体所得；他们的发展机遇以及事业成败主要看他们在组织内的升
迁；他们的社会地位也主要由他们在组织中的职位决定。还有一种趋势越来
越明显，尤其在美国，人们越来越依靠养老金积累财富，这实际上意味着人
们通过成为某个组织的成员积累财富。

　　进而，为了履行各自的职能，所有组织都依赖管理。管理使得组织区别
于乌合之众。管理是一个高效的、具备整合功能的、赋予组织生命的器官。

　　在组织社会中，管理成为关键的社会职能，也是基本的、具有决定性
的、与众不同的社会器官。

新多元主义

　　如今，美国的法学院和政府管理学院依然在讲授"自由主义国家"[⊖]的
教条。根据这些教条，所有组织化的权力都来自于中央政府的授予。但是，
当今的"组织社会"是一个**多元**社会。现实显然与传统教条格格不入。现实
社会包括多种多样的组织和权力中心。每类组织和权力中心都需要有管理
层，需要被管理。工商企业、工会、农场联合会、医疗保健机构、学院和大
学、媒体莫不如此。实际上，政府自身也日益多元化，逐渐变成由许多"近
似自治的权力中心"组成的多元集合体。这已经与美国宪法规定的由各个分
支机构组成的政府有了很大不同。以政府行政机构为例，美国最后一个能够
有效掌控政府行政机构的总统是 50 年前的富兰克林·罗斯福，英国是温斯
顿·丘吉尔，苏联是斯大林。其后所有主要国家的行政部门都凭自身的能力
独立行事。而且，军队也有相同的发展趋势。

　　⊖　自由主义国家（liberal state），立足于自由主义政治学说，各国虽有不同的国情，但都具
　　　有宪法以及建立在选举权基础上的代议制政府。——译者注

在 19 世纪，"自由主义国家"虽然不情愿，且抱有极大的疑虑，但仍不得不允许政党合法存在。但政党的目的在于掌握政府权力，换言之，政党不过是政治机器上的零部件。脱离了政治机器，政党就失去了存在的正当理由。

但是，新多元主义的组织并不依靠这样的目的来获取存在的意义。

旧多元主义的机构，也就是中世纪欧洲或日本的机构——诸侯、封建贵族、自由城市、工匠行会、教区和修道院，其本身就是政府，各方都希望尽可能多地攫取政治权力，竞相征税，力图获得立法权，建立并运营自己的法庭，都想方设法获取骑士、爵位或公民等资格的授予权。当然，最令各方垂涎的权力，是拥有铸币权。

但是，今天新多元主义的机构是非政府性质的，其目的是制造、销售商品和服务，保护就业，救死扶伤，教书育人等。这些机构的事业不同于政府，或者说，政府不需要插手新多元主义机构的业务。

旧多元主义的机构把自己视为完整的社区。即便是手工业者公会，如佛罗伦萨的羊毛纺织业者公会，其最基本目的是控制会员。当然，纺织业者将自己的产品卖给他人也会获得报偿。但是，公会想方设法地让将自己的会员与外部的经济隔绝，主要方法包括：严格规定会员生产什么、生产多少、如何销售、限定价格和销售渠道等。城市中的每个公会都会把成员集中到某个区域，以便进行政府式控制。每个公会都会迅速建立起本行业守护神的教堂，开设公会学校。例如，目前伦敦尚存带有"泰莱斯批发商同业公会"⊖字样的学校。每个公会成员都控制着会员资格。在旧多元主义原则下，如果机构不得不处理外部事物，那就会像处理"外交关系"一样，采用正式盟约等方式处理，世仇、矛盾积累到一定程度，甚至还经常是用公开战争的方式解决。外部人就是外国人。

新多元主义组织机构的目的在自身之外，其存在立足于对"客户"和

⊖ 泰莱斯批发商同业公会（Merchant Taylor's），全名为 The Worshipful Company of Merchant Taylors'，伦敦中世纪 12 家最大的同业公会之一，始创于 1327 年。——译者注

"市场"的预期。医院的成就不在于满意的护士，而在于治愈**出院**的患者。工商业的成功不在于快乐的劳动力（虽然我们希望如此），而在于对产品满意的消费者。

与旧多元主义机构不同，新多元主义机构目标单一，仅仅是满足某种具体社会需求的工具，不管是造车还是卖车，提供电话服务，治病，教书，还是为失业者提供福利。为了做出这些单一、具体的贡献，新机构要求高度的自治，需要永久地组织起来，至少是长时间组织在一起，需要料理极其可观的社会资源，包括土地、原料和金钱，但首先要关注人，而且是最稀有的受过教育和培训的人，需要对人具有极大的控制权，且带有强制性质。人们其实很健忘，在不远的过去，只有奴隶、佣人、犯人才会在别人指定的时间和地点工作。

新多元主义机构有权（或者说是不得不有权）授予或剥夺社会认可与经济回报。不管我们采用何种方法来决定拟晋升的人选（上级指定、同侪评价甚至是岗位轮换），决定都是由他人而非被提升者本人做出的。而且，做出上述决定的基础是一套客观的，服务于组织目标而非个人目标的标准。因此，个人不可避免地就会从属、服务于权力。这里所说的权力建立于一定的价值体系之上，而价值体系则源自机构需要实现的特定社会目标。

在组织中，这一权力通过某个"器官"来实现，我们称该"器官"为**管理**。

这是个前无古人的新鲜事。现在既没有相应的政治理论，也没有相应的社会理论。

新多元主义立刻就带来了新问题。当社会是由大量彼此相对独立的权力中心组成，而且，这些权力中心仅追求自己的特殊利益而非共同利益的时候，那么公共利益怎么办呢？

在多元社会中，每个机构都以自己的目标为中心，都认为自己的目标最重要。实际上，也只有这么做才行得通。比如，除非学校或者大学深信教学和研究能够建设美好社会、塑造优秀公民，否则就无法有效运转。同样，除非相信健康的绝对价值，否则个人就不会选择医院管理或者护理工作。无数失败的兼并收购案例证明，除非管理层深信本企业提供的产品和服务，尊重顾客及其价值观，否则就无法有效地经营。

通用汽车公司总裁（后来担任艾森豪威尔政府的国防部长）查尔斯·威尔逊（Charles E.Wilson）从来就没有说过"对通用汽车公司有利，就是有利于国家"。他说的是："对国家有利的，就是对通用汽车公司有利，反之亦然。"但是，威尔逊的话被误传是无关紧要的。真正重要的是，人人都相信他说了那句被误传的话，而且还同时认为，威尔逊自己深信那句话。确确实实，除非他相信，有利于通用汽车公司（或者有利于哈佛大学、怜悯医院⊖、砖瓦匠工会、海军陆战队等）即有利于国家，除非他把"有利于本机构"切实当成是一个神圣的，至少是对社会很重要的"使命"，否则，没有人能够经营好通用汽车公司（或者哈佛大学、怜悯医院、砖瓦匠工会、海军陆战队等）。

但是，这些"使命"中的每一个都只是公共利益的一个方面。"使命"确实重要，或许用必不可少来形容更加准确，但是，"使命"依旧只是一种相对的善而非绝对的善。就这一点来讲，"使命"必然存在局限性，必然需要和其他的考量进行权衡，而且经常需要从属于其他的一些考量。无论如何，公共利益必须要在各种特殊利益的冲突和喧嚣中得到凸显。

旧多元主义从未解决这一难题。抑制该难题的危害是"进步的目标"，并且 16 世纪至 19 世纪的现代道德哲学家服膺旧多元主义，其原因正在于此。

新多元主义会在这方面做得更好一些吗？压制这些具有多元主义特征的机构，当然还是一个选择。这是极权主义给出的答案，也正是极权主义的精髓所在。极权政府无论采取哪种名号（法西斯、纳粹等），都会让多元

⊖ 怜悯医院（Misericordia Hospital），加拿大一家提供急症护理的医院，1900 年由宗教团体创办，最初旨在为穷人和未婚母亲提供医疗服务。——译者注

机构从属于政府，成为政府（或者是全能政党）的延伸。这种做法挽救了现代政治学理论中的"政府"，却同时牺牲了个人自由、思想和言论自由、权力制衡。就像传统理论鼓吹得那样，政府（或政党）真正成为**唯一**的权力中心。但是，极权主义者坚持，政府只有通过赤裸裸的恐怖政策，才能保持对权力的垄断。但即使付出了如此巨大的代价，依然没有解决问题。如今众所周知，极权政体都面临同样的窘境，多元机构依旧存在于整齐划一的外表之下。除非让这些机构和社会一起停摆，否则就无法完全剥夺这些机构的自治权。极权政体的实践证明，现代社会**不得不**成为"组织社会"，即多元的社会。尽管政府的目标都是追求赤裸裸的权力，但区别在于有的压制甚至毁灭个人自由，有的维护个人自由。

与极权主义途径相反的是美国。在现代国家中，只有美国从未完全接受"自由主义国家"教条。立国不久，美国出现了与极权主义对立的多元主义政治理论，即约翰·卡尔霍恩主张的"复合多数"规则。该理论提出于 19世纪三四十年代，作为通过各个州具体实施的多元主义举措，旨在阻止国家因奴隶制问题陷入分裂，但"复合多数"规则最终没能使美国避免内战。但30 年后，现代美国政治以及共和党的创始人马克·汉纳（Mark Hanna）把卡尔霍恩的多元主义理论重新阐释为主要"利益集团"（农民、工人、工商企业）的复合多数规则。上述三大"等级"⊖中的任何一方都可以有效否决其他两方，同时任何一方绝不可能将自身的意志强加于另外两方，却能够有效阻止另外两方联合将意志强加于己方。又过了 30 年，富兰克林·罗斯福总统将多元主义作为新政的基本政治规则。在罗斯福总统的构想中，政府是仲裁者，其任务旨在确保三方中的任何一方不会尾大不掉。当罗斯福上台时，"资本"（后来才出现术语**工商企业**，再后来才出现**管理**）的势力显然过

⊖ 等级（estates of the realm），中世纪至现代早期欧洲的社会等级，最著名的是大革命之前法国的三大等级：教士、贵族、农民和资产阶级，德鲁克此处用该词汇，显然意在指出工人、农民、工商企业三方在美国社会的强大势力。——译者注

于强大。工人和农民因此而组织起来同前者抗衡。那之后没过多少年，当工人的势力显得过于强大时，农民和工商企业则组织起来同工人势力抗衡，以此保持三方之间的平衡。

在美国，每个"利益集团"均可以不顾公共利益而自由追求自身利益，人们确实期望利益集团如此行事。1943 年，美国与法西斯国家激战正酣，军队的武器弹药供给不足。此时，产联创始人（即现代美国工会主义的创始人）、煤炭工人工会的强势领袖约翰·刘易斯⊖却无视政府的工资控制政策，号召煤炭工人罢工以争取更高的工资。罗斯福总统公开谴责其罔顾国家生死。刘易斯则反驳道："食人之禄忠人之事，总统为美国的生死负责，我的职责是为煤炭工人服务。"在媒体对刘易斯大肆鞭挞的同时，公众显然认为刘易斯不过是实话实说，讲出了罗斯福政府的一贯观点。因此，民意给了刘易斯很大的支持，帮助罢工取得了胜利。

但这个例子也表明，美国的多元主义信条还不够完善。实际上，就像旧多元主义一样，新多元主义催生了过多的特殊利益与压力集团，导致政府连本职工作都干不好，更难以有效地为公共利益服务。

实际上，1984~1985 年，几乎所有美国人都认为需要彻底改革税制，降低税率，减少豁免，以取代过度复杂且不合理的免税细则。但是，符合预期的税则却没能出台，原因就在于每个利益集团都认为自己享有的免税待遇神圣不可侵犯。即使某些利益集团仅代表数百上千位选民，但其中任何一个利益集团都能够，并且确实阻止了税收改革。

那么，我们到底有没有应对之道呢？目前看来，似乎只有日本找到了在组织社会中追求公共利益的方法。在日本，主要的利益集团都会有样学样地思考"什么是对国家有益的"，然后，把对本机构有益的政策放到服务于国家利益的公共政策框架内。

⊖　约翰·刘易斯（John L. Lewis），美国劳工领袖，1920~1960 年任美国矿工联合会主席，1935 年组建产联（CIO），极大地提高了工人的待遇，但同时也遭受大量非议。——译者注

但是，日本的这种状况能否长期持续下去却很值得怀疑。因为这种情况有其特殊的背景，即日本认为自己身处孤立、敌对且陌生的环境。因此，所有日本人不管其特殊利益如何，都必须选择抱团而非内斗。但是，日本取得成功之后这种做法还会有市场吗？在西方，利益就是利益，利益集团就应该像利益集团那样做事。在这种背景下，日本的解决方案是否还有存在的可能？

这是一个管理问题吗？我们是否需要研究这方面的问题？这难道不是政治或政府方面的问题，不是政治哲学方面的问题吗？但是，如果管理层不研究处理，那么几乎可以肯定的是，该问题会被强加一个政治解决方案。例如，美国的医院和医疗职业团体等健康服务机构，由于没能承担起遏制持续攀升的医疗成本的责任，结果招致政府的强行干预，国家老年人医疗保险制度限制医院收治老年人。政府出台的限制措施显然与医疗保健本身毫无关系，甚至会对其不利，其目的旨在解决政府和雇主关注的短期财务问题，换言之，即用另一种片面的方法取代之前医疗业片面以自我为中心的"特殊利益"。

追求公共利益与关注所在机构的特殊利益，二者不可偏废，新多元主义机构管理者的本职工作就在于协调二者之间的平衡，否则，政府的干预将不可避免。

管理的合法性

权力必须具有合法性。否则权力就只剩强制而缺乏权威，只剩强权而缺乏正义。如果权力不沦为对服从者的绝对专制，那么就需要具备合法性，其基础必须外在于权力自身、某些方面超越权力、并被公认为真正的价值，包括上帝血统或使徒传承⊖；神圣制度或作为极权主义现代版的历史规律；被

⊖ 使徒传承（apostolic succession），指基督教教会的圣职是从耶稣的十二门徒开始代代相传，也可以理解为从使徒至今的教义连续性，但加尔文派和路德派质疑其真实性。——译者注

统治者的同意、普选或者现代社会中高学历的魔力。如果权力本身成为目的，那么就会沦为既非法又暴虐的专制统治。

　　为了完成自己的使命，管理必须拥有权力，任何组织莫不如此。从这个角度讲，天主教的主教教区、大学、医院、工会和企业没有区别。正是因为这些机构的管理器官都必须拥有权力，所以，都必须具有合法性。

　　那么，我们就遇到了一个难题。目前，在组织化社会中，除工商企业的管理外，其他主要机构管理的合法性都已经被大众接受。现如今，工商企业已经被看作必需品，并且已被人们接纳。而且，相对其他机构，社会对大型工商企业或行业的生死存亡更加关注。例如，如果某个主要企业陷入了困境，就会产生孤注一掷的救援行动。但与此同时，工商企业的管理却屡遭质疑，管理权力的每次运用都会受到谴责，都会被认为是潜越，各方都会大声疾呼，即使尚未要求全面约束管理权，但已有人呼吁相关立法或司法管控。

　　该现象的常见解释是，相对于其他机构，大型工商企业掌握着更大的权力。但这个解释根本站不住脚。一方面，工商企业的权力受到方方面面的限制，包括政府和政府法规、工会等。另一方面，即使最大最有钱的工商企业在重要性上也比不上大学。因为除了一些特别卑微的工作，学位已经成为就业的先决条件。大学及其管理也时不时受到批评，但是大学及其管理的正当性却几乎从没有受到过质疑。

　　西欧的大型工会和美国的大规模制造业工会，两者在所在国或所在行业内的力量显然要大于任何一家工商企业。实际上，在西欧，无论英国还是欧洲大陆，大型工会在"二战"后已经成为整个社会最有权力的机构，其权力有时甚至超过政府。而且，该时期工会在运用权力方面过于自我，甚至可以说是不负责任。但是，即使在这种情况下，在西欧和美国，人们对工会最严苛的批评也几乎没有涉及工会权力的合法性问题。

　　另一个解释（是近期的主流观点）是，其他组织的管理是利他的，而企业是为了追求利润，是自利的、物质主义的。即使人们认可非营利是高尚的，营利是可耻的（如果不是彻底的罪恶的话），也不能得出结论认为利润削弱工商管理的合法性。而且一般上说，在所有西方国家，所有者以及他们所获取利润的合法性是被认同的，并没有受到质疑。但是，管理专业人员的合法性却没有被认同，而且管理专业人员是在为别人而不是自己赚钱（实际上职业管理者最重要的正面产出是雇员的养老金）。

当时日本也面临同样的形势。"二战"结束直到 1975 年，包括法国或瑞典在内的其他国家，都不如日本知识界仇视"利润"。日本大学或舆论界的左翼知识分子渴望将大型企业国有化。

原因显然在于日本管理层自身及其在社会中呈现的公众形象。日本法律与美国、欧洲法律的规定一样，管理是为股东服务的。但是日本人并没有把这一点当真。实际上，他们把管理看作企业自身的一个器官，并以此指导大企业（即使是丰田汽车公司等家族企业也是如此）的管理行为。管理为经营过程中的利益相关方服务，用共同利益把相关方（首先是雇员，然后是顾客，接着是债权人，最后是供应商）团结在一起。股东只是债权人中比较特殊的一个，而不是决定企业存在意义的所谓"所有者"。日本企业的绩效已经说明，它们并不像慈善事业那样运营，知道怎样去获取经济成果。实践中，日本的银行（日本经济的真正动力）很注重企业的经济表现，对绩效欠佳或乏善可陈的高管层的影响和控制效率要比西方的董事会（表面上拥有、控制企业）强得多。但是，日本人通过终身雇佣制⊖将相关方及其价值观制度化了。在终身雇佣制下，只要企业的生存不受到威胁，雇员的就业和收入就居于首位。

现如今，科技和经济都出现了快速的结构性变化，劳动力的流动性至关重要。在此背景下，日本的上述解决方案面临非常严峻的难题。但是，日本的例子却反衬出西方管理的合法性问题。在西方，特别是在美国，工商管

⊖ 终身雇佣制，是日本经济泡沫破裂前，企业正式员工享有终身受雇待遇的制度，是日本经济高速增长的原因之一，但在 20 世纪 90 年代经济泡沫破裂后逐渐被放弃。——译者注

理还没有直面我们的社会已经成为组织社会，管理成为所有组织重要器官的现实。

大约 30 年前，人们开始认真研究管理。那时，通用电气公司的首席执行官拉尔夫·科迪纳（Ralph Cordiner）为重构公司高管的责任，主张他们是"平衡股东、雇员、顾客、供应商和所在社区等各方利益的受托管理人"。现在，我们称这些方面为**利益相关方**或**选民**。这句口号迅速流行，无数美国企业将其写入公司理念声明书。但是，这句话的拥趸，无论是科迪纳还是其他的董事会主席或首席执行官都没有像日本那么做——把声明制度化。他们没有深入思考，平衡不同利益相关方到底意味着什么？如何根据该目标判断绩效？如何建立相应的责任制度？声明只是反映了美好的愿望，但不足以使权力合法化。实际上，基于美好愿望的权力具备"开明专制君主"的特征。但"开明专制主义"[⊖]从来都行不通。

"开明专制君主" 这个词首创于 18 世纪。伏尔泰很可能是其最著名、最热心的拥护者。当时，君权神授不再为大众所接受，不能成为权力合法性的基础。在 18 世纪的开明专制君主中，奥地利帝国皇帝约瑟夫二世（1765～1790 年在位）是最有美好愿望的一位，同时也被奉为进步的开明自由主义楷模。他倡导的每一项改革，方向都很正确——废止酷刑；在宗教方面，包容新教徒、犹太人甚至无神论者；全民免费教育，每个县均设立公立医院；废除农奴制；编制法典等。但是，帝国最发达地区（奥属尼德兰）的臣民却揭竿而起。几年后，法国大革命爆发，欧洲大陆的开明专制君主如同被击中的保龄球瓶般纷纷倒下。期间很少有拥护者真心支持他们。

因为拉尔夫·科迪纳以及他同时代的人从没有（甚至都没有尝试一下）通过制度安排为管理权打牢基础，所以其主张很快走向"开明专制主义"。在

　　⊖　开明专制主义（enlightened despotism），18 世纪欧洲启蒙运动思想家大力倡导的一种君主专制形式，否定君权神授，主张人民应服从君主的命令或法律而非君主本人，伏尔泰是该学说的倡导者。——译者注

20 世纪五六十年代，开明专制主义演变为**"公司资本主义"**，主张在公司内部，开明的"专业"管理者拥有绝对的权力，除非出现大灾大难，开明的"专业"管理者实行自我管控，不可被免职。与此相应，"公司资本主义"认为，因为"股权"过于分散，所以股票所有者不能再介入企业管理，更别说掌控企业了。

但这是一种**傲慢态度**：妄自尊大且可耻，早晚要摔跤。公司资本主义宣称大型上市公司的管理层应该独立自主，但不到 10 年时间，"公司资本主义"就开始崩溃。一个表现就是股权再次集中，但这次是集中到了养老基金手中。

因通胀扭曲了价值（向来如此），导致基于收入预期的股价显得比账面价值和清算价值要低很多。其结果就是敌意收购浪潮汹涌，严重损害美国经济，且正蔓延至欧洲国家。而敌意收购背后的主张便是，工商企业存在的唯一目的是股东的利润，而且是短期的直接利润。

迄今为止，除了华尔街和为华尔街服务的律师们，舆论公认敌意收购是有害的，而且是导致美国在世界经济中竞争力下滑的主要原因，需要采取包括戳破泡沫在内的种种手段遏制敌意收购，毕竟投机性繁荣最终必然崩盘；调整普通股的权利，可以让外部公众持股者享有内部持股者小部分的表决权，或者使普通股持有人完全放弃该权利（该建议出自纽约花旗银行名誉主席瓦尔特·里斯顿⊖）。

但不管敌意收购的泡沫如何破灭，我们都绕不开管理的合法性问题。我们知道，解决敌意收购问题的方案必须符合下述要求：一是要保护企业的经济绩效，包括市场地位、产品或服务质量、创新能力；二是要强调并控制财务绩效。当然，这些只是部分要求。如果说收购潮教会了我们什么，那就是管理层绝不能完不成财务绩效。

需要采取相关措施，吸收各"利益相关者"参与管理过程（如通过公司的养老金计划，让员工代表作为养老金计划的受托人参与管理）；调整美国

⊖ 瓦尔特·里斯顿（Walter Wriston），1967～1984 年任花旗银行首席执行官，在任期间，引入自动柜员机、可转让存单、州际银行业务等创新举措。——译者注

的法律规定和制度安排，维持企业创造财富和就业岗位的能力，即维持企业的可持续发展。这应该不是非常困难，毕竟，早在九十多年前，我们已经将保护企业的可持续经营纳入了破产法律，并将其置于所有其他索赔（包括债权人的索赔）之前。但无论采取什么具体措施，工商管理都需要解决合法性问题；其权力的根基必须立足于外部的、超越性因素，并且需要获得目前依旧欠缺的"宪政层面的"支持。

管理层的薪酬与管理的合法性问题密切相关。

管理层要具有合法性，必须被视为"专业人士"。专业人士向来收入不菲，理当如此。但如果专业人士认为收入优先于专业责任和专业标准，那么就会被认为不够专业。这意味着需要限制管理层的收入。例如，几年前克莱斯勒汽车公司的首席执行官，一方面把普通员工的津贴削减30%，另一方面给自己发放数百万美元津贴，显然会被公认为不专业。首席执行官与其他管理者同样是雇员而非"所有者"，前者给自己发放数额远超其同事的薪水和津贴，当然是不专业的。给自己发放远超公认标准的薪水和津贴，不仅不专业，还会造成社会紧张、嫉妒甚至怨恨。的确，高管获得高收入，确实没有充分的经济理由。德国和日本企业高管的业绩，显然丝毫不逊于美国企业高管，某些方面甚至超过后者，但他们的收入至多是美国类似行业类似规模企业高管的一半。

然而，大型工商企业在高管人员的培训、考核、晋升、继任方面，高管岗位的结构设计方面，绩效标准方面，监督和约束制度建设方面，仍有很多工作要做。

在西方，工商企业管理者的合法性还没有被完全接受，其原因是人们尚未认清工商管理者的成功到底都意味着什么。高级管理者，甚至是大公司的高级管理者，很大程度上都是芸芸众生的一员。如果他们想尝试做贵族，结果只会自取其辱。他们同多数人一样，都是雇员，一旦退休或离开高级管理岗位，就会人走茶凉，甚至在他们供职的企业里，照样会被人遗忘。即使在位期间，他们也未被看作有血有肉的个人，而是以集体面目出现，被视为管理团队。同样，他们的行为具有特定的代表性。普通人身上不起眼的小瑕疵，如果出现在领导身上，就会被视为该受谴责的不端行为，甚至是一种背叛。这是由于领导不仅仅抛头露面，而且有责任以身作则。

还有一个重要问题，现在被称作管理的"社会责任"。虽然有其他相反意见，但这里所讲的社会责任应该涉及所有机构，而非单指工商企业，否则，美国就不会有那么多控告医院的医疗诉讼，也不会有那么多控告大专院校歧视的案例。但工商企业确实是组织社会中的关键机构，需要确定自己的社会责任是什么，以及不是什么。

当然，工商企业同其他组织一样需要对自己的影响负责，毕竟法律的一条最古老的原则即要对自身造成的影响负责。工商企业和其他组织一样，其影响只应限于自己存在的社会目的（如提供产品和服务等）。把自己的影响扩大到必要的范围之外，同样是违反社会责任。超出前述限度构成了**侵权行为**，就是某种违规。

但是，有些问题并非源于工商企业的影响或行为，却构成严重的社会弊病，该如何处理？显然，工商企业以及其他任何组织都没有责任处理超出自身能力范围的事务，相反不仅不是承担责任，而恰恰是不负责任。因此，20世纪60年代，纽约的前市长号召"通用电气公司等纽约市的大企业，要确保每位享受福利的黑人妈妈得到孩子父亲的陪伴，以此帮助解决黑人贫民区问题"。显然，该做法不仅荒唐，而且要求企业不负责任。

如果从事某些事务会损害或阻碍企业履行自身的首要职责（经济绩效），那么管理层绝不能承担此类"责任"，否则就等于不负责任。

除上述建议之外，尚有许多空白领域，我们甚至没有完全搞清楚问题出在哪儿。例如，纽约的难题绝非源自工商企业。很大程度上，问题由公共政策引起，工商企业早已提出警告并极力反对。首先是租金管制政策，该政策一如既往地损害了穷人所需的住房条件，即体面的、维护良好的旧住房；

接着是蛊惑人心的福利政策和劳资关系政策。20世纪60年代末70年代初，当纽约市政濒临崩溃时，一小部分大企业的高管行动起来，积极调动工商界的力量，试图扭转衰退趋势，更新纽约市政设施，他们包括：纽约港口管理局的奥斯丁·托宾^㊀、大通曼哈顿银行的大卫·洛克菲勒^㊁、花旗银行的瓦尔特·里斯顿和威廉·斯宾塞^㊂、拉扎德投资银行的私人银行家费里克斯·罗哈廷^㊃、辉瑞公司（一家制药企业）的高层领导等。但他们并没有揽下不擅长的责任，如黑人贫民区问题，而是通过从事非常擅长的事务来承担责任：启动和领导纽约市最庞大的城市开发项目，其规模不逊于百年前拿破仑三世重建巴黎和弗朗茨·约瑟夫一世^㊄改造维也纳。虽然黑人贫民区还在，随之而来的社会弊病（如街头犯罪问题）也没有得到解决，但纽约市得以振兴。

由于这些企业及其管理者需要纽约市，所以该市没有陷入崩溃；实际上除纽约港口管理局一家外，其他所有组织都可以像同行们（IBM公司、通用电气公司、联合碳化物公司）一样搬离纽约。由于纽约市需要这些企业及其管理者，所以他们积极行动起来，当然不可否认，良好的社会环境最终会使企业（或任何其他组织）受益，反之则会受拖累。

从中我们能够学到什么经验教训？无疑是一个挑战。

为了获得完全的合法性，大型工商企业的管理层必须接受如下事实：为了保持"私有性质"，企业不得不履行某些社会职能，即"公共"职能。

㊀ 奥斯丁·托宾（Austin Tobin），美国企业家，1942～1972年任纽约港口管理局的执行董事，其最著名的事迹为主持建造世贸中心，该中心于2001年在"9·11"恐怖袭击中被摧毁。——译者注

㊁ 大卫·洛克菲勒（David Rockefeller），标准石油公司创始人约翰·洛克菲勒的孙子，曾任大通曼哈顿银行首席执行官。——译者注

㊂ 威廉·斯宾塞（William I. Spencer），在瓦尔特·里斯顿领导下担任花旗银行执行官。——译者注

㊃ 拉扎德投资银行（Lazard Frères），创立于1848年，重点业务集中于公司财务咨询和资产管理领域，费里克斯·罗哈廷（Felix Rohatyn）曾在该银行任总经理。——译者注

㊄ 弗朗茨·约瑟夫一世（Francis Joseth），奥匈帝国皇帝，在位期间下令拆除维也纳旧城墙，效仿奥斯曼男爵在巴黎推行的城市翻新计划，围绕旧城区建造了著名的戒指路（Ring Road）。——译者注

工作成为产权

1985 年，一家大型日本企业突然发现，一群来自英美两国的企业袭击者正虎视眈眈，意欲收购自己。这是日本近些年出现的首次收购事件。其管理层坚称，唯一能够决定是否出售公司的真正所有者，不是股东，而是员工。这当然言过其实。如前所述，日本大型企业的真正所有者是银行。但同样不容置疑的是，在日本，除非企业面临生死攸关的重大危机，否则员工的就业权是最重要的，排在最优先的位置。

对于西方人来讲，日本企业的说辞听起来很奇怪。但实际上，企业将员工利益置于首位，这方面美国（以及通常说的西方国家）要比日本大企业走得更远。当然，一直以来员工所得在企业收入中的占比几乎与规模无关，且超过"所有者"可能希望得到的收益：超出的范围从 4 倍（即税后利润占企业收入的 7%，工资占 25%）到 12 倍（税后利润占 5%，工资占 60%）不等。养老基金不仅大大增加了拨付给"工资基金"的收入份额，在绩效不佳的年份可能要求全部利润，甚至还不够。美国法律规定，公司清算时养老基金要比股东及其产权具有优先性，这已远远优于日本的法律和传统给予日本工人的待遇。

最重要的是，以美国为代表的西方国家正迅速将员工的工作转变为新的产权。自相矛盾的是，与此同时，敌意收购者们正大肆宣扬股东短期权利的绝对优先性。

美国与许多欧洲国家不同，该转变的促进因素不是工会合同或法律强制规定的遣散费，而是法律诉讼。首先是针对歧视（基于种族、性别、年龄、残疾等）的诉讼，包括员工的雇用、解雇、晋升、薪资、职务分配等领域。但这类诉讼越来越不再指控歧视，而是针对违反"正当程序"，主张雇主应要把员工的工作视为一种权利，只有遵循预设的客观标准，并通过既定程序（包括公平的审核，且员工具有申诉权），才能处理相关事宜（不仅仅指雇用和解雇，还包括雇员对薪酬和晋升的预期）。从法律史的角度看，这正是界定"财产"的要件。实际上，在西方法律传统中，这是确定某项权利是否是所有权的**唯一**要件。

几乎没有管理者意识到，实践中此类诉讼原告必胜，雇主必败。

这种情况是可以预见的，实际上也是不可避免的，而且是不可逆的。这不是什么"新鲜事"，也不是什么"极端的事"。在西方国家，使用社会生产性资源的权利已成为"产权"，人们依靠这些资源取得生计、社会功能和地位，是实现经济独立的主要或者适当途径。如今，工作正转变为产权，尤其是经理人或专业人士从事的知识工作，更是如此。

我们现在仍然把土地称为"真正的"财产。确实如此，因为直到最近，是土地惠及最大多数的人（超过95%），给人们带来了"财产"能给人们带来的东西：使用和控制社会的生产性资源；提供生计、社会功能和地位；有机会获得**地产**（该词首先是指拥有土地）及经济独立。

然而，在今天的发达社会，绝大多数的人（除总人口的5%～10%之外）通过成为某个组织的雇员（即通过工作），才得以有权使用和控制社会的生产性资源、维持生计并获得社会功能和地位。对于受过高等教育的人来说，工作是唯一可行的途径。95%甚至更多拥有大学学历的人，其整个职业生涯都将以组织雇员的身份度过。大量受过高等教育的人聚集在一起，应用所学知识从事生产性工作，并获得相应报酬。现代组织是第一个，也是迄今为止唯一做到这一点的机构。

对于大多数的美国人来讲，因工作而获得的养老金是他们拥有"资产"（获得一点点的经济独立）的唯一途径。不管蓝领还是白领，当美国家庭中的顶梁柱到了45岁的时候，养老金很可能会成为全家最大的一笔资产，会大大超过家庭成员持有的股票或其他个人财物（如汽车）的价值。

因此，工作不得不转变为一种产权，唯一的问题在于形式和速度。

通过诉讼解决问题可能体现了"地道的美国特色"，但该方式存在弊端。

在该发展进程中，管理层仍有机会主动采取措施，将工作塑造为新型产权，以平等地为员工、企业和整体经济服务。我们需要保持就业弹性，支持企业雇用新人增加就业。这意味着，我们必须避免像欧洲人那样给自己带上枷锁：许多欧陆国家的法律规定，解雇员工的遣散费异常高昂，导致企业无法雇用新人。比利时和荷兰的失业率高得离谱，完全就是两国有关遣散费的法律导致的恶果。但无论我们以何种方式构建工作体现的新产权，每个雇主，即每个组织将需要不得不满足下述要求。首先，无论种族、肤色、性别、年龄，针对每位从事既定工作的员工必须有客观公平的绩效标准。其次，为满足正当程序的要求，必须由无利害关系之人审查绩效评估所依据的标准。最后，正当程序要求申诉权——顺便说一下，在 IBM 这样"独裁"的公司，该制度已经实行了半个多世纪。

工作演变为"产权"，改变了个人在组织中的地位，同样（程度可能更深）改变了组织在社会中的地位。该转变将使当前尚模糊不清的趋势更加清晰：在组织社会中，管理有方的组织化机构越来越成为个人抓住机遇、实现成就、自我实现的机制。

结　　论

未来，在管理学院、管理杂志和管理者自身习惯上认为的"管理"领域，有大量重要工作要做。但将面临的主要挑战却前所未有，大大超出了我们通常界定的**管理领域**。无疑，有人会争辩说，我讨论的挑战与管理无关，而是属于政治理论、社会理论和公法领域。

准确地讲，管理的成功没有改变管理**工作**，但极大地改变了管理的**意义**，使管理成为一般的普遍职能，成为组织社会的特有器官。同样，管理已必然"关乎公共利益"，对管理理论和管理实践而言，这意味着什么？该问题将构成未来 50 年的"管理难题"。

社会创新：管理的新领域[⊖]

我们是否高估了科学技术在 20 世纪变革中的推动作用？社会**创新**（几乎都与科学或技术无关）可能对社会和经济产生了更加深远的影响，并确实对科学和技术自身产生了深刻影响。而且，管理正日益成为社会创新的促进因素。

这方面的例子很多，其中五个最具代表性的如下：

- 研究实验室；
- 欧洲美元和商业票据；
- 群众和群众运动；
- 农场代理；
- 作为一种组织职能和学科的管理。

研究实验室

我们现在知道的实验室可追溯到 1905 年，当时，最早的"研究经理"

⊖ 最早收入我 1986 年出版的文集《管理前沿》(*The Frontier of Management*)。

之一，德裔美国物理学家查尔斯·斯坦梅茨[⊖]为通用电气公司设计并建立了研究实验室。该实验室位于纽约州的斯克内克塔迪市。在建立之初，斯坦梅茨就抱持两个清晰的目标：组织科学和科学工作进行有目的的技术发明；通过创新为新型社会事物（大企业）构建持续的自我更新机制。

斯坦梅茨新创立的研究实验室，借鉴了 19 世纪先驱机构的两个特征。首先，继承了德国工程师赫夫纳 – 阿尔滕霍夫[⊖]将研究实验室建在企业的做法，即组织一批受过科研培训的人专门从事科技工作。赫夫纳 - 阿尔滕霍夫 1867 年在柏林加入西门子公司工作，是第一个由高等院校培养，毕业后进入工业企业工作的工程师，1872 年按照上述模式成立了实验室。其次，继承了爱迪生首创的**课题研究**：系统地组织研究工作，先清晰界定预期的最终成果，然后确定研究过程和先后顺序。

此外，斯坦梅茨设立的研究实验室具有三个新特征。第一，研究人员以团队为单位工作。赫夫纳 – 阿尔滕霍夫实验室的"设计者"们（当时，还没出现**研究人员**这个词）的工作模式与 19 世纪大学里的科学家一样，每个人都在自己的实验室里工作，"设计者"就像"老板"，有一两个助手供其差遣，帮助"老板"查找资料，顶多按照"老板"的具体指示做实验。但是在斯坦梅茨的研究实验室里，成员区分为资深研究员和初级研究员，彼此以同事身份，而非以老板和助手身份分工合作，做出不同的贡献。因此，斯坦梅茨的团队需要一名研究主任，负责把研究人员分配到不同的项目中，或者把项目分配给不同的研究人员。

第二，斯坦梅茨将具有不同技能和学科背景的人（工程师、物理学家、数学家、化学家甚至还包括生物学家）聚集在同一个团队之中工作。这个做法绝对是前所未有的，甚至有些离经叛道。因为该做法违背了 19 世纪科研

⊖ 查尔斯·斯坦梅茨（Charles Proteus Steinmetz），德裔美国电气工程师，促进发展交流电，奠定了电力工业的基础。——译者注

⊖ 赫夫纳 – 阿尔滕霍夫（Hefner-Alteneck），德国电气工程师，1896 年被选为瑞典皇家科学院（Royal Swedish Academy of Sciences）院士。——译者注

组织的最高原则：最大程度的专业化。但是，1932 年，诺贝尔化学奖首次授予一位在工业企业从事研究的科学家欧文·朗缪尔⊖（一位斯坦梅茨电气实验室的研究人员）。

第三，斯坦梅茨实验室重新定义了科学和技术两者之间的关系。确定项目目标时，斯坦梅茨认识到要实现预期的技术成果需要新的理论科学，因此着手组织适当的"纯粹"研究以获取所需的新知识。斯坦梅茨本人是一名理论物理学家；为了纪念他对"电气理论所做的贡献"，美国最近发行过一款邮票。但是，他的每项"贡献"都是他预先计划和规定的研究成果，且作为设计、开发新产品线项目的一部分，如分数马力电动机。传统观点普遍认为，技术是"应用科学"。直到现在，该观点依旧广泛流行。但在斯坦梅茨的研究实验室，科学（包括最"纯粹的研究"）是**技术驱动**的，即科学是实现技术目的的手段。

斯坦梅茨建成通用电气公司研究实验室 10 年后，贝尔实验室采用相同的模式成立。此后不久，杜邦公司实验室、IBM 公司实验室纷纷循此模式建立。为了开发尼龙，杜邦实验室在高分子化学方面做了很多纯科学研究。20 世纪 30 年代，IBM 公司为了研发计算机，在交换理论、固态物理学、计算机逻辑等方面都是从零起步。

斯坦梅茨的创新还孕育出"没有围墙的实验室"。这是美国在特大科学技术项目方面做出的最重要的具体贡献。其中最典型的莫过于罗斯福总统的前任法律合伙人巴兹尔·奥康纳⊖设计并管理的全国小儿麻痹基金（美国出生缺陷基金），早在 20 世纪 30 年代，该项目专门研究小儿麻痹症，在超过 25 年的时间里，根据计划有条不紊地将散布在全国各地、分属若干学科的大量科学家组织起来，在服从总体战略和宏观调控的前提下，允许每个人致

⊖　欧文·朗缪尔（Irvan Langmuir），美国化学家，发明了充气式白炽灯和氢气焊接技术，获得 1932 年诺贝尔化学奖。——译者注

⊖　巴兹尔·奥康纳（Basil O'Connor），美国律师，与罗斯福总统合作致力于小儿麻痹症患者的治疗、康复和研究工作，1944～1949 年任美国红十字会会长。——译者注

力于自己的研究。该模式塑造了"二战"期间的大规模项目：雷达实验室、林肯实验室以及"二战"期间最著名的曼哈顿工程都采用这个模式。同样，苏联成功发射第一颗人造地球卫星之后，美国决定实施登月计划，航空航天局组织建立了"没有围墙的实验室"。斯坦梅茨关于技术驱动科学的观点，目前仍充满争议，受到许多学院派科学家抨击。但是，只要一遇到新的科学难题，如艾滋病在 1984～1985 年间突然爆发时，人们首先想到的还是斯坦梅茨创建的这种组织形式。

欧洲美元和商业票据

在过去的不到 20 年时间内，世界金融领域发生的变迁可能要超过过去 200 年，主要推动因素是两项社会创新：欧洲美元和商业票据（"商业贷款"的新形式）。欧洲美元创造出全新的世界经济，以资本流动、外汇汇率和信用流通为代表的"符号"经济成为世界经济的主导。商业票据的广泛使用引发了美国的"金融革命"，淘汰了相互分割、似乎亘古不变的传统金融机构，代之以保险公司、储蓄银行、商业银行、证券经纪商等金融超市，新型金融机构具有一个共同特点——聚焦于市场需求的金融服务而非特定的金融产品。目前，这场金融革命正在向世界各国扩散。

欧洲美元和商业票据都不是有意设计出来的"革命性"创新。欧洲美元的发明者是苏联国家银行[⊖]。1952 年，艾森豪威尔将军刚刚被选为美国总统，朝鲜战争激战正酣，苏联担心新当选的总统冻结其在美国银行的美元存款，为此匆忙将存款从美国的银行中提取出来。同时，苏联希望继续持有美元，解决办法就是**欧洲美元**，即将美元存放到美国之外的银行。自此之后 20 年的时间里，创造出一个超越主权国家范围的货币和资本市场，该市场

⊖ 苏联国家银行（State Bank），苏联银行体制的核心机构，集中央银行和商业银行职能于一身。——译者注

不受各国中央银行控制，甚至可以说没有监管。作为一个整体（现在除欧洲美元之外，还有欧洲日元、欧洲瑞士法郎和欧洲马克），其存款规模和成交额均超过主要贸易国"银行和信用体系"相关指标的总和。实际上，如果没有苏联国家银行国外部门相关领导的创新，资本主义可能难以存活。该项创新为世界贸易的巨额增长提供了可能，成为过去 30 年实行自由企业制度的发达国家经济增长和繁荣的引擎。

与此同时，也许稍晚，美国两家金融机构（一家是高盛证券经纪公司，另一家通用电气信贷公司，其设立的目的是向购买通用电气产品的买家提供信贷服务）灵机一动，想到可以利用一款传统的模糊金融工具"商业票据"为顾客提供**商业贷款**，以替代银行贷款。因为根据美国的金融法规，除银行外其他机构均不具备商业贷款资格。但美国的法规规定，**商业票据**（本质上仅仅是在约定时间支付特定金额的承诺）属于证券，不属于贷款，且银行无权发放。然而，从经济层面看，两者并没有差别，只不过在此之前没人意识到这一点。这两家企业以及在短时间内迅速跟进的数十家企业，正是利用这个法律方面的技术细节，打破了商业银行在信贷方面看似牢不可破的垄断。而且，基于商业票据的贷款利率要远低于商业银行基于客户存款的贷款利率。起初，银行将商业票据视为一种纯粹的噱头。但在 15 年的时间里，商业票据抹掉了美国经济中绝大部分（如果不是全部的话）信贷和投资之间的界限和障碍。现如今，在实际经营过程中，每家金融机构或每项金融产品都会与其他任何金融机构或金融产品存在竞争关系。

近两百年来，经济学家们一直认为金融和信贷机制是经济体系的核心，也是其最重要的特征。每个国家都通过法律、规章、监管将其保护起来，以维持、保护其稳定，防止发生波动或变迁。美国尤其如此，其金融系统高度结构化，保护措施最为完备。但是商业票据（一个微不足道的术语改变，甚至称不上是有意义的创新）突破了法律法规以及习惯设置的种种保护，颠覆了美国的整个金融体系。目前，我们虽然还在给各国的银行排名，而且，纽约的花旗银行显然仍然是美国最大的银行（也是最大的"金融机构"），但"第二大的银行"很可能就完全不是银行了，而是通用电气信贷公司。曾长期担任花旗银行董事长的瓦尔特·里斯顿指出，花旗银行在银行业和金融业最主要的竞争对手并不是金融机构，而是美国规模最大的百货连锁巨头西尔斯公司，其给客户的消费信贷比任何信用机构都多。

群众和群众运动

20 世纪的第 3 项社会创新是群众和群众运动。**群众**是一个集合体，具有自己的行为特点和鲜明特征。群众的行为绝非不理性，相反具有非常高的可预测性。我们所谓的个人"潜意识"是群众运动的动力机制。

群众运动的本质是集合。用化学家的话来讲，构成群众运动的个人"分子"，可谓高度组织化，高度亢奋，指向同一个方向，携带相同的电荷。用核物理学家的术语来讲，群众运动往往遵从**群聚效应**⊖，最小的部分足以改变整体的性质和行为。

最早发明（注意是发明，而不只是发现）群众和群众运动的时间是在 19 世纪末期。那时两位美国人约瑟夫·普利策⊜和威廉·赫斯特⊜，充分利用大众刚刚具备的阅读能力，创办了最早的大众媒体，即大批量廉价发行的报纸。在此之前，报纸的定位一直都是"绅士写给绅士"的，这句话多年内一直作为伦敦一家知名报纸的报头。与此相比，普利策和赫斯特的"黄色报刊"⑭

⊖ 群聚效应（critical mass），又称临界质量，是一个社会动力学的名词，用来描述在一个社会系统里，某件事情的存在已达至一个足够的动量，使它能够自我维持，并为往后的成长提供动力。——译者注

⊜ 约瑟夫·普利策（Joseph Pulitzer），匈牙利裔美国著名报人，1911 年去世后，后人根据其遗嘱捐资创办哥伦比亚大学新闻学院，并在 1917 年设立普利策奖。——译者注

⊜ 威廉·赫斯特（William Randolph Hearst），美国报业大王，为争夺读者，与普利策展开黄色新闻大战，被称作"黄色新闻大王"，受到严重质疑。——译者注

⑭ 黄色报刊，此处的"黄色"，并不等于色情，是指以煽情新闻为基础，注重报道犯罪、丑闻、流言蜚语、灾异、性等问题的报纸。——译者注

被讥为"皮条客写给瘪三"的。但是，此类报纸却创造出了大众读者与大批追随者。

随后，两人及其开创的大众报纸创造并引导了最早的现代政治性群众运动，即迫使美国卷入 1898 年美西战争的政治运动，两人采取的策略也就此被后来所有群众运动奉为圭臬。之前，美国人的政治运动都要争取大多数，如废奴主义者或自由之土党运动；此时开始，他们反其道而行之，争取少数铁杆支持者，其人数从未超过全体选民的 10%。他们将"击败西班牙"确立为核心目标，以此组织纪律严明的"突击队"，号召读者裁剪每期报纸的相关内容并邮寄给本选区的议员，督促他们支持对西班牙宣战。在竞选过程中，将核心目标作为是否支持候选人的**唯一**考量，就是对待战争的态度，而不考虑在其他问题上的立场，因此这部分人就掌握了"关键选票"，能够控制候选人的政治前途。最终，即使国内多数舆论领袖都反对其立场和观点，但他们仍能够把自己的意愿强加给前者。

群众运动之所以势如破竹，恰恰是因为多数人的利益多元化，彼此之间关系疏远，对他人的利益漠不关心。而核心目标赋予群众运动一定的纪律和追随领导人的意愿，致使群众运动显得声势浩大，远超其实际势力。此外，群众运动的核心目标往往主导了新闻舆论，甚至在一定程度上决定了什么是新闻。因为群众运动对政党及其候选人的支持完全取决于后者对待核心目标的态度和立场，所以他们的支持很可能成为关键性选票。

禁酒运动最早将普利策和赫斯特发明的群众运动应用于永久性"改革运动"。之前长达一个世纪的时间内，美国反酒吧同盟⊖、女基督徒禁酒联合会⊜等禁酒团体虽努力奋斗，却一直没取得什么成果。1900 年左右，其支持率很可能处于美国内战以后的最低点。后来，上述团体采用群众运动策略。

⊖ 反酒吧同盟（Anti-Saloon League），1893 年创建于俄亥俄州，是 20 世纪初美国禁酒运动的主要支持者，推动 1920 年禁酒被纳入联邦宪法第十八修正案。——译者注
⊜ 女基督徒禁酒联合会（Woman's Christian Temperance Union），成立于 1873 年，推动禁酒运动，支持联邦宪法第十八修正案。——译者注

美国女基督徒禁酒联合会甚至雇用了若干普利策和赫斯特报社的编辑人员。虽然诚心相信禁酒理念的人不会超过选民总数的 5% 或 10%，但经过不到20 年的努力，他们就成功地把禁酒令写入了联邦宪法。

自此以后，围绕核心目标的政治运动（环境保护、汽车安全、核裁军、同性恋者权利和道德多数派⊖）普遍流行开来。但直到现在，我们才开始意识到围绕核心目标的群众运动深刻地影响了所有民主国家的政治形势。

在其他国家，该项社会创新（群众和群众运动）甚至产生了更深远的影响。例如，20 世纪的大规模暴政（墨索里尼的法西斯政权和希特勒的纳粹政权）都是群众运动的具体应用，在总人口中占少数的铁杆支持者围绕核心目标，保持严明纪律，统一行动，最终达到夺取并掌握政权的政治目标。

无疑，在 20 世纪所有的发现和发明中，群众和群众运动造成了最深远的影响，然而人们对此却不甚了解。

确实，如今我们对群众运动的理解，尚处于关于个人的精神动力学 100年前的水平。当时，人们都听说过"激情"，却仅仅将其作为"动物本能"的一部分来搪塞，认为激情不属于**理性**，无法预测、分析或理解。人们唯一能做的就是克制激情。随后，100 年前的弗洛伊德发现，激情有其自身的理由，就像帕斯卡⊖的名言说的那样，"心灵的理由是理性不理解的"。他进一步指出，潜意识与意识同样理性，有其自身的逻辑和机制。现在，虽然不是所有心理学家（甚至大多数心理学家）都认可其精神分析学说中特定的致病因素，却都认可其关于个人的精神动力学。

迄今为止，群体心理领域的弗洛伊德还没有出现。

⊖ 道德多数派（Moral Majority），与基督教右翼及共和党联系密切的美国著名政治组织，创立于 1979 年，20 世纪 80 年代，在美国大选中积极动员保守的基督徒，为共和党执政发挥了关键作用。——译者注

⊖ 帕斯卡（Pascal），法国哲学家、数学家、物理学家，代表作为《思想录》。——译者注

农场代理

20 世纪，最重要的单一**经济**事件必然是全球农业生产率和农产品产量的指数型增长。成就的取得，主要源于世纪初的一项社会创新：农场代理。

一百年前，农业生产率极度低下。实际上，19 世纪的观察家普遍蔑视农民。到 1880 年，系统地运用科学研究农业方法和农业技术已经长达两个世纪。甚至在"农业大学"中系统地培训农民和农学家的时间，也有 100 年的历史了。然而，只有非常少的大农场主才会关注这些情况。直到 1880 年，大部分农场（实际上是所有的美国农场）都没有改变种植方法、提高种植效率，其产量和他们的 100 年前的祖先没有任何差别。20 年后的 1900 年左右，形势依旧如此。

但第一次世界大战前后（也许还晚一点），忽然就发生了翻天覆地的变化。变革肇始于美国。现在已经遍布全球；实际上，印度等第三世界国家的农产品产量和农业生产率的提升幅度最为显著。

原因并不在于农民的改弦更张，而是社会变革使得农业知识变得触手可及。朱利叶斯·罗森沃尔德[⊖]是一家邮购公司（西尔斯公司）的高管，他最早是一名芝加哥服装商，正是这位"时髦的城市人"发明了农场代理（刚开始时，他自掏腰包，10 年后美国政府接手农场推广服务）。他这么做不单单是出于慈善目的，而主要是想发掘自己的客户（美国农民）的购买力。农场代理填补了一直以来都缺失的重要一环：日益增多的农业信息、农业知识库与农民之间的联系渠道。

管　　理

最后需要列举的社会变革例子是管理。"管理者"在很早以前就出现了，

⊖　朱利叶斯·罗森沃尔德（Julius Rosenwald），美国商人，曾任西尔斯公司总裁、董事长，1917 年成立罗森沃尔德基金会。——译者注

但"管理者"这个词汇却是 20 世纪的产物。管理是在 20 世纪，而且主要是在过去的 50 年，才发展成为一种通用的社会职能、一类工作和一个学科。一个世纪之前，相关的主要工作，包括现在被我们称作商业的工作，都基本是以家庭或家族企业（如工匠铺）的形式来完成的。但如今，几乎所有工作都组织化了：政府机关、大学、医院、工商企业、红十字会、工会等，而且所有这些机构都需要管理。因此**管理**成为"组织社会"的特有职能，可以将乌合之众转变为目标明确、多产高效的团队。

管理和组织已经扩展至全球，不再局限于西方或资本主义国家。日本在 20 世纪 50 年代就已把管理作为一个组织化的学科，并因此奠定了经济和社会发展奇迹的基础。管理在苏联也是一个非常热门的话题。

现代组织的精髓就是弥补个人的不足和缺陷，充分发挥利用个人的优点和长处，共同创造价值。在传统的组织中（如建设金字塔、哥特式教堂的组织，十八九世纪的军队），成员都从事完全一样的非技术工作，体力是其主要的贡献。相关知识几乎完全由组织顶层的少数几位领导掌握。

现代组织的成员各有所长，均具备高深的专业知识和技能。在现代组织中，有冶金学家和红十字会的救灾专家，有培训师和工具设计师，有资金募集者和理疗师，有预算分析师也有程序员，他们各司其职，利用自己的知识技能为共同的目标服务。基层成员知晓若干重要信息；组织领导却并非无所不知，掌握的也许是扭曲的或不重要的信息。

30 年前，英国物理学家、小说家斯诺⊖提出人文和科学两种文化分裂的问题，认为二者的分裂阻碍了社会问题的解决。如今，我认为"两种文化"

⊖　查·珀·斯诺（C. P. Snow），英国科学家，小说家，1959 年 5 月 7 日在剑桥大学评议会大楼发表《两种文化》演讲，认为"整个西方社会的智力生活已日益分裂为两个极端的集团……一极是文学知识分子，他们趁着人们不注意把自己看作独一无二的'知识分子'……另一极是科学家，特别是有代表性的物理学家。二者之间存在着互不理解的鸿沟"。——译者注

问题应该是**知识分子**和**管理者**二者之间的分裂问题：前者将现实看作概念和符号；而后者则将现实看成绩效和人。

管理和组织现在尚处在初级阶段。正如若干快速发展的学科那般（如直到近期的医学即为如此），领先的实践者和多数人之间的差距非常大，虽然趋于逐渐弥合，但速度非常缓慢。即使组织中最成功的管理者，也几乎没人意识到，管理由责任而非权力所定义。几乎没有人与官僚制组织的僵化做斗争，预算和人员扩张不仅不被视为无能，反而被认为是成就。

直到现在，管理的巨大影响都还在持续深化。管理及其兴起淘汰了 19 世纪的主流社会学和政治学理论。例如，托马斯·杰斐逊及其支持者认为，社会朝向由独立的小所有者构成的晶体结构发展，其主要成员包括拥有 40 英亩田的自耕农、作坊里的工匠、小店主、独立的专业人士。实际上，组织造就了雇员社会。在雇员社会中，蓝领工人的规模逐步缩小，成为少数群体。知识工作者成为新生的、不断壮大的多数群体，是所有发达国家主要的成本和资源。知识工作者虽然还是雇员，但不是无产者，他们通过养老基金（唯一一类资本家）共同成为生产资料的所有者。

在很大程度上，是管理引发了 20 世纪一种最不寻常的社会现象：教育大爆炸。人们在学校接受教育的时间越长，以后就越依赖于组织。事实上，发达国家所有高中以上学历的人口（在美国，这类人超过总人口的 90%），都将在管理类组织中度过全部职业生涯，没有组织，他们将无以谋生。他们的老师也面临同样的形势。

结　　论

如果要写 20 世纪的社会创新史，恐怕我还要举例并讨论许多其他例子。但这并不是本文的目的。本文的目的甚至都不是讲社会变革的重要性，其最重要的目的是要表明，20 世纪的社会创新已经在很大程度上成为管理者的责任。

以前不是这样，这是一种新情况。

可以说，引领 19 世纪潮流的法案（美国联邦宪法）就是一项创新。当然，宪法并非是一种新事物，其历史可以追溯至古希腊。但美国宪法的独特之处在于明确规定了宪法修正程序。之前的每一部宪法都假定亘古不变，是"永恒的真理"。美国人在最高法院创设机制，以促使宪法不断适应新的现实和需求。此两项创新⊖说明了其他更早的宪法彻底失败，而美国宪法经历了短暂挫折后延续至今的原因。

一百年后，在无先例可循的情况下，德国首相俾斯麦创建了我们现在所称的**社会保障制度**（包括健康保险、养老金、工伤保险及随后的失业保险）。俾斯麦的目的很明确，旨在平息撕裂社会的"阶级斗争"。他取得了成功。

在西方国家之外，19 世纪日本明治维新时期推出了多项社会创新举措，使得最不西化、同时期最与世隔绝的国家，变成了完全"现代"的国家，同时保持了自身的社会和文化特性。

因此，19 世纪是一个社会大规模创新的时期。但是，除了个别情况外，19 世纪的社会创新都是由政府实现的。当然，19 世纪的**发明**，即技术发现，留给了私营部门。社会创新则是政府行为和政治行为。

由于种种原因，20 世纪的政府似乎丧失了进行有效的社会创新的能力。唯有 30 年代的罗斯福新政是例外，但新政的创新举措早在第一次世界大战前就已被设计出来并经过了彻底检验，某些州（威斯康星州、纽约州、加利福尼亚州）甚至进行了大规模"试点"。自此之后，发达国家政府实施的创新几乎都没有取得预期效果——确实，除了巨大的代价和成本，政府实施的创新几乎没有取得任何成果。

⊖　此处是指宪法修正程序和违宪审查机制。——译者注

　　与此对比，社会创新已经主要由私营部门和非政府部门实施，从一项政治行为转变为"管理的使命"。虽然现在已经诞生了"创新学科"，但依旧缺少相应的方法论。虽然我们有罗森沃尔德推出农场代理的成功先例，但是，没有几个管理层中的社会创新者能够像美国开国元勋、俾斯麦以及明治时期日本政治家那样清晰地知道自己的目标。尽管如此，社会创新显然已经成为管理的新领域。

4

企业的社会面

THE ECOLOGICAL VISION

引　言

关于商业伦理的书籍、讲座、大学课程经历了名副其实的爆炸式发展。毋庸置疑，工商企业确实亟须伦理——当然了，政府机构、警察部门、高等院校及其他所有涉及金钱、权力或性别的机构同样需要伦理。但是，存在单独的"商业伦理"吗？"商业伦理"能否存在？本部分第一篇文章反映了我曾经教授哲学和伦理学的事实，该文发表于 1981 年，由于明确否认存在单独的商业伦理，所以当时很不受欢迎，如今依旧不受欢迎。西方哲学给出的答案是，只有一种伦理，即个人的伦理；历史已经证明，其他观点都是决疑论⊖，必然会迅速沦为有权有势者为非作歹的无耻借口。东方哲学，尤其是儒家思想给出的答案是，每类组织（即人们以各种关系共同工作或生活的团体）共同遵守同样的伦理。

换言之，本文并未将工商企业仅仅视为"工商企业"，而是将其作为社会机构之一。本部分其他文章持同样的观点。确实，这是我研究工商企业的一贯做法。我被公认为是一名"工商管理作家"，但事实上，我对工商企业从没有多大兴趣。我研究工商企业几乎长达 50 年，如今对它们已经非常了解。但我同样了解大学、医院、教堂和政府机构。基于同样的原因，我耗费了多年时间研究这些组织。并且，在我已经出版的 25 本著作中，只有一本是"工商管理书籍"，即 1964 年出版的《为成果而管理》⊜，该书是研究现在所谓"战略"问题的第一本著作，专门论述了工商企业如何获取经济成果。从 20 世纪 40 年代初期开始，我着手研究工商企业的管理层，进而研

⊖　决疑论（casuistry），伦理学中的一种基于案例的推理方法，尤其适用于职业道德和生物伦理领域，其一般原则是从轮廓清晰的案例到令人感到棘手的案例进行类比推理，也可能从权威著作到特定案例进行推理，其过程犹如法律推理，该术语通常也被用作贬义词来批评使用聪明但不合理的推理，又译作诡辩论。——译者注

⊜　此书中文版已由机械工业出版社出版。

究组织和管理，只是因为当时没有其他机构，或者即使有类似的机构，却不允许从内部进行研究。直到现在，其他类型的组织也不会邀请外人近距离研究其架构、政策、价值观和信念。即使像天主教会这类历史悠久且众所周知的机构，也是直到最近才准许外来者由内而外地观察其核心机构——教省总主教辖区[⊖]。况且，这个外来者还必须是天主教神父，我怀疑外人是不会被允许进入的。但是，1943 年，一家工商企业（通用汽车公司）向我发出了邀请，导致我的管理研究肇始于工商管理。此次研究的成果就是 1946 年出版的《公司的概念》（很快由 Transaction 再版），该书是第一本研究组织管理的著作，在此后很长时期内是唯一的一本。

　　工商企业确实是一种独特的组织，其目标和使命不同于医院、大学、教堂和红十字会，有自身的价值观以及对"成果"的界定。与其他所有现代机构一样，工商企业具有特定目标，甚至可谓单目标组织，然而其存在是为了履行**社会**职能，即提供产品和服务（我们往往称之为"经济"职能），因此工商企业面临特定的社会机会和挑战。其中一个挑战是如何帮助个人实现目标，即如何提高人们的工作效率。另一个挑战是如何组织生产过程，从稀缺的社会资源中获得最大产出。本部分第二篇和第三篇文章将详细讨论上述挑战。

　　⊖　教省总主教辖区（archdiocese），是教省总主教（archbishop）负责的地域。——译者注

是否存在商业伦理[⊖]

  "商业伦理"取代了之前的"社会责任",迅速成为"热门"话题。如今,哲学系、商学院和神学院都在讲授商业伦理。人们召开了无数商业伦理研讨会,组织演讲,发表文章,出版书籍,甚至有人以极大的热情试图将其纳入商业法规。但严格地讲,商业伦理是什么?商业伦理能够是什么?应该是什么?仅仅是又一次时尚潮流,或是在美国商业刺激下古老的"流血运动"[⊜]的最新表现?有没有比复兴派[⊜]牧师呼吁罪人忏悔更加符合商业伦理的行为?如果确实存在值得重视的商业伦理,那么到底意指什么?

  伦理,毕竟不是刚被发现的新事物。几个世纪以来,哲学家们在研究人类行为的过程中,建立了若干种不同的伦理体系,每种的观点彼此不同,所要求的行为准则也相互冲突。那么,商业伦理应被置于何处呢?或者说,商

⊖ 首次发表于 1981 年《公共利益》。

⊜ 流血运动(blood sport),是一类包括流血的运动或娱乐,包括斗鸡、斗狗、狩猎、古罗马的角斗和现代的综合格斗运动等。——译者注

⊜ 美国历史上出现过数次复兴运动,又称"大觉醒运动",对美国的社会、思想和观念产生了深远影响,一定程度上,美国独立战争也与复兴运动有密切联系。——译者注

业伦理到底能不能在其中找到自己的位置？

人们对商业伦理存在严重误解，曲解的程度甚至更大，以致有必要运用历代哲学家采取的各种主要方法，尝试挑选出什么可能是商业伦理，什么可能不是商业伦理（之所以有资格进行这种尝试，是由于在人们思考商业伦理问题之前很多年，我曾经讲授过哲学和宗教课程，后来曾费尽心思研究错综复杂的"政治伦理"问题）。

商业伦理与西方传统

在西方传统伦理学者看来，商业伦理没有意义。实际上，他们认为这个词汇可能导致道德败坏，所以极度反感。当然，关于道德基础的构成要素（神性、人性或社会需求），伦理学权威学者尚存在分歧，但他们都反对特殊的伦理行为准则。

所有西方传统的伦理学权威（从《旧约》先知一直延续到 17 世纪的斯宾诺莎，18 世纪的康德，19 世纪的克尔凯郭尔，20 世纪英国的弗朗西斯·布拉德利（《伦理学研究》的作者）和美国的埃德蒙·卡恩（《道德决策：美国法律视角下的对与错》的作者）），全部主张只存在一种关于**个人**行为的、能够适用于所有个人的伦理道德和准则规范。

西方传统的伦理学者承认，确实存在"从轻从宽"和"从严从重"的区分。例如，如果一个寡妇偷面包给自己饥肠辘辘的孩子吃，这种行为就应该宽大处理。再如，主教找了情妇与乡村助理牧师找了情妇，两者相比前者更可憎。但是不管怎样，在酌情"从轻从宽"或"从严从重"之前，罪行已然存在。无论高低贵贱，罪行是一样的——偷盗就是偷盗，姘居就是姘居。伦理准则强调个体，而非个体在生活或社会中的身份地位，因为如果不强调这一点，有权有势的人和所谓的成功人士就会摆脱伦理准则的约束。

如前所述，传统伦理学者们认为，判定正确和错误的伦理标准是举世皆同，放之四海而皆准的，同时也认为（确实坚持），唯有立足于社会和文化习俗的差异才可以被接受，并且这种情况只适用于轻微的罪过，即关注行为方式而非行为实质是否符合伦理规范。所有伦理学家都认可，即使在最放纵的社会，忠诚于婚约也是一种美德；但是性极度开放的社会（如王政复辟时期的英国⊖和 20 世纪后期的美国），可能被视为允许酌情减轻性侵者罪责的环境。即使最严格的伦理学者也会认同，除真正的良心问题之外，在某地区或文化环境中受到质疑的行为，在其他地区或文化环境下可能是能够被允许的（确实也可能被认为是道德高尚的）。例如，在当今美国文化中，举荐与自己关系紧密的人在道德上是不可接受的。但在其他文化中，如传统中国社会，却可能被视为道德高尚的行为，既能够尽到个人对家族的责任，又能够更好地为民众提供无私服务。

但关键的是，西方传统伦理始终赖以立足的基本原理是：只有一套个人行为的伦理准则，无论君主还是乞丐，富人还是穷人，有权有势者还是蝼蚁草芥，都一视同仁。

若以之论，则商业伦理违背上述基本原理。从传统主流伦理学的观点看，所谓商业伦理根本就不是伦理准则，原因在于商业伦理断言某些行为，若出自普通公众，就是合法的、无可厚非的；若出自工商企业，就是非法的、道德堕落的。

在目前关于商业伦理的讨论中，有一个非常典型的例子——如何对待勒索。应该没人认为勒索是好事，也没人主张为勒索买单。但如果某人在可能遭受身体或其他实质性伤害威胁的情况下支付赎金，没人认为这种行为不道德或非法，只会认为勒索者不道德且违法。然而，如果工商企业屈服于勒索者，当今的商业伦理却认为企业不道德。例如，几乎近期所有的言论、论

⊖　王政复辟时期的英国（Restoration England），一般是指 1660～1688 年斯图亚特王朝在英国的短暂统治时期。——译者注

文、图书或者会议，都在指责洛克希德公司，因为它向一家日本航空公司屈
服，支付费用，作为购买 L-1011 喷气式飞机的前提条件。⊖洛克希德公司
付钱给日本政客与路人在纽约中央公园将钱包交给劫匪，两者并没有区别，
但是，没人认为路人是不道德的。

同样，在参议院的确认听证会上，里根总统提名的一名内阁候选人被举
报存在"不道德行为"，并因此接受了数周的调查。事情的原委是，暴徒威
胁殴打他在新泽西州的建筑公司雇员，捣毁卡车，破坏建筑工地，无奈之下
公司向暴徒支付了赎金。举报者公开承认自己的敲诈勒索行为，却似乎没有
受到任何人指责。

人们可能会争辩说，洛克希德公司和新泽西州的建筑公司是因为愚蠢才
会付钱给抢劫犯。但正如老话讲得那样："在法庭上，愚蠢不是罪。"在新的
商业伦理中，愚蠢却恰恰成了罪行。这并不符合关于伦理的一贯观点。

在传统的伦理体系中，工商企业应该适应不同的文化习惯，承担必要的
道德义务。所谓的商业伦理同样否认这一点。例如，如果一家在日本经营的
美国企业雇用了一位杰出的日本退休公务员担任顾问，商业伦理会认为该
行为非常不道德（事实上，即使不认为是刑事犯罪，也是一种值得怀疑的行
为）。但是，在日本，如果企业不这么做，会被视为违反社会公序良俗，没
有承担起明确的道义责任。在日本，由工商企业照顾退休的高级公务员，同
时，让顶级人才在政府拿到的薪酬和退休后拿的顾问费之间保持一定差距，
这种做法一箭双雕，使两件对公众利益至关重要的事情成为可能：一是政府
官员到了 45 岁，只要比他年轻的人成了他的上级，他就必须退休；二是保
持政府较低的薪酬和退休金成本，以此减轻纳税人的压力。另外，退休之后
还可以担任企业顾问的预期，使得公务员更能够保持廉洁、公正、客观，更

⊖ 此处是指 1976 年爆出的洛克希德丑闻事件，事件大致经过为：20 世纪 70 年代初，洛克
希德公司推出中长程宽体三发动机喷气客机 L-1011，为了进入日本市场，该公司向日本
政要行贿。——译者注

好地服务于公共利益；而且，顾问资格是所在的政府部门给予的，取决于公务员同事对此人的评价。德国人也有类似的实践和信念——资深公务员被任命为行业协会的高级管理人员，以此获得照拂。但是，尽管日本和德国的做法看起来能够很好、很体面地服务于各自的社会，甚至尽管人们认为同等级别和能力的美国公务员在工商企业和基金会从事高薪的行政工作，甚至从事更有利可图的法律工作是完全合乎道德的，在日本经营的美国公司承担日本社会认可的重要社会责任，在当前的商业伦理讨论中却仍被嘲笑为典型的不道德行为。

商业伦理确实主张，基于种种理由，普通的伦理准则并不适用于工商企业。换句话说，商业伦理根本就不是西方哲学家和神学家通常意义上的伦理。那么商业伦理是什么呢？

决疑论：社会责任的伦理

西方哲学史家会说："商业伦理是决疑论。"决疑论断言，当权者由于自身承担的责任，不得不在伦理准则对他们作为个人的一般要求和其对国民、王国、企业的社会责任之间保持平衡。

决疑论最早由加尔文⊖在《基督教要义》中提出。此后，反宗教改革运动的天主教神学家继承了该理论，17世纪时，基督教徒将其发展为一种政治伦理。

决疑论是人们彻底思考社会责任问题的首次尝试，试图将社会责任嵌入当权者的特殊道德规范体系之中。从这个角度来看，今日的商业伦理，恰恰走上了300年前决疑论的老路，也必定以同样的方式终结。如果商业伦理继续采取决疑论观点，那么可以很确定地预言，其必将在声名狼藉中迅速终结。

⊖ 加尔文（Jean Calvin），宗教改革神学家，加尔文派创始人。——译者注对决疑论者来说，当权者（行为会影响到他人的人）固有的社会责任本身就是一种伦理准则。因此，正如加尔文最早阐述的那样，当权者有义务使其个人行为和良知服从社会责任的要求。

决疑论者**最常引用的例子**是英王亨利八世的首次婚姻，即与来自阿拉贡的凯瑟琳⊖的婚姻。此次婚姻实际上比较圆满，两人已经有了一个女儿，即未来的"血腥玛丽"⊜。当时的天主教和新教神学家都认为，只有死亡才能解除两人的婚姻。但从决疑论的角度看，天主教和新教都赞同亨利八世在伦理上有义务要求废除同凯瑟琳的婚姻。当时的世人清楚地记得，正是由于没有合法的男性继承人，英格兰陷入了长达一个世纪的血腥内战，导致民不聊生、经济凋敝，直到亨利八世的父亲采取武力手段夺取王位，才最终结束战乱。换言之，如果不废除这段婚姻，亨利八世就可能使国家和臣民重蹈覆辙，再次陷入水深火热之中，这是他承受不起的道德代价。新教和天主教分歧的一点是，教皇是否同样肩负着承认亨利八世请求的社会（即伦理方面）责任。如果不承认（不同意其离婚），教皇等于是把亨利八世和英国臣民驱逐出天主教。如果承认（同意其离婚），天主教内的决疑论者认为，这就会把凯瑟琳的舅舅——神圣罗马帝国的皇帝推向新教的怀抱，而这意味着不是把数百万英国人推向异教，任其承受灾难和毁灭，而是使神圣罗马皇帝治下多数欧洲的民众（是英国人口的许多倍）陷入万劫不复的境地。

这可能被视为一个遥远、离奇的例子，但这仅仅是由于当今时代以经济而非神学真理作为判断行为的标准。该例子表明了决疑论的错误之处，以及作为一种伦理方法必然失败的原因。首先，恰恰由于决疑论把社会责任视为一种绝对的伦理准则，所以最终一定会走向政治化。将政治价值和目标置于

⊖ 阿拉贡的凯瑟琳，西班牙公主，亨利八世的嫂子，后嫁给亨利八世，1533 年在未取得罗马教皇同意的情况下，亨利八世宣布婚姻无效，加冕安妮·博林为王后，教皇为此将亨利八世驱逐出教，亨利八世则立法宣布进行宗教改革，脱离天主教，建立英国圣公会。——译者注

⊜ 玛丽一世，英国女王，亨利八世与凯瑟琳之女，在位期间迫害新教徒。——译者注

首位，将使伦理准则服从政治需要。显然，这恰恰是当今的商业伦理正在采取的方法。商业伦理的起源在于政治而非伦理，表达的是一种信念，认为由于工商企业及其管理层具有社会影响力，所以他们承担的责任必须决定伦理道德。显然，这是一种政治准则而非伦理准则。

同样重要的是，决疑论者会不可避免地成为当权者或者说权力的辩护者。决疑论的出发点是，当权者行为所产生的影响会超出自身及其家庭。因此决疑论始于对当权者的要求——加尔文及其后 50 年反宗教改革运动中的天主教徒同样如此。因此，进一步的结论就是，统治者必须服从良知，道德高尚，坚持个人利益甚至个人道德服从社会责任。但这就意味着，在特定的情况下，评价普通人行为的伦理准则，不能同等地施于承担社会责任之人。当权者的伦理道德被替代为包括个人良知和职位需求的成本 - 收益计算，这意味着只要其行为能够给他人带来利益，那么就可以不必遵守伦理规范。这恰恰是当前商业伦理面临的状况。

确实，按照决疑论者的逻辑，当前大多数商业伦理支持者的道德堕落行为，甚至是滔天罪行，也能披上了神圣的外衣。

以美国洛克希德公司的贿赂案为例。由于英国的劳斯莱斯公司不能继续供应 L-1011 宽体客机的引擎，最终导致洛克希德公司向一家日本航空公司支付了一笔具有勒索性质的费用。当时，洛克希德公司主要在南加州雇用了约 25000 名员工，1972～1973 年间，因为国防订单锐减，南加州的多数航空公司正承受巨大的裁员压力。为了保住上述 25000 个就业岗位，洛克希德公司在接受政府大规模补助的同时，至少还需要一份来自主要航空公司的订单。当时，没有答应购买竞争对手飞机的主要航空公司只有日本的全日空。实际上，无论是从洛克希德公司的自身利益考虑，还是从股东的利益诉求出发，都应尽快放弃 L-1011 机型。因为该机型从未给公司赚过钱，放弃后马上就能增加公司的收入，甚至可能翻番，公司的股价也会由此得到提升，所以市场分析师和投资银行家们都曾呼吁甩掉这个大包袱。如果洛克希德公司放弃 L-1011 机型，而非为了几架飞机的订单（因此保住 L-1011 项目）向日本人支付"赎金"，那么公司的收入、股价、高层管理者的期权和奖金都会立刻显著提升。但是，在决疑论者看来，不付"赎金"显得自私自利，而支付"赎金"是义务，是承担社会责任。与社会责任相比，公司自身、股东和高管的利益只能退居其次。实际上，在南加利福尼亚航空业就业岗位稀缺的情况下，当权者力图保住这 25000 个就业，恰恰是推卸自己应尽的社会责任。

与此类似，对决疑论者而言，另一个有关商业伦理的大规模恶劣案例似乎也成了商业美德的典型，甚至体现了毫不利己专门利人的无私奉献精神。在 20 世纪 50 年代末的"电气装备共谋案"⊖中，通用电气公司几位排名靠前的高管被送进了监狱。由于美国三家主要的电气设备制造商（通用电气公司、西屋公司和阿利斯－查默斯公司）协议分配重型发电设备（如涡轮机）订单，所以这些高管被判犯有违反反托拉斯法的共谋犯罪。但此次"共谋犯罪"只会减少通用电气公司的销售额和利润额，以及参与共谋者的奖金和期权。由于对通用电气公司高管的刑事起诉破坏了电气设备卡特尔，反而导致该公司重型电气设备的销售和利润急剧增加，市场渗透率也达到了近乎垄断的水平。该卡特尔的目的（顺便提一下，该卡特尔的成立与大萧条时期联邦政府对抗失业有关）是为了保护三者中最弱小的阿利斯－查默斯公司，该公司位于衰落的老工业区密尔沃基市。一旦政府行为摧毁了卡特尔，阿利斯－查默斯公司不得不退出涡轮机行业，并因此解雇了几千名员工。虽然在国际重型电气装备领域，通用电气仍旧面临严峻的市场竞争，但是在美国国内市场，通用电气却占据了统治地位。一旦发

⊖ 电气设备共谋案，20 世纪 50 年代，通用电气公司开始努力减少竞争，保持市场份额，与其他公司秘密协商后确定通用电气在重型电气设备市场占据 40%～45% 的市场份额，西屋电气公司占 30%～35%，阿利斯－查默斯公司和联邦太平洋公司各占 10% 份额，1959 年美国参议院开始对此进行听证，1960 年判决上述公司分别罚款数十万美元，多位高管锒铛入狱。——译者注

生战争，涡轮机这一重要产品的供应商就只能是通用电气一家，而没有其他供应商可供选择。

决疑论者赞同卡特尔在美国既非法又不道德。其实，世界上其他地方并不一定如此。但是，决疑论者同样会认同，违反美国法律的通用电气公司高管有责任履行更优先的社会责任，以保障密尔沃基市和美国国防生产基地的就业。

这些例子中，唯一令人意外的是工商企业尚未追逐有关商业伦理的决疑论潮流。17世纪，统治者很多任性的行为都会被加尔文等人粉饰为承担社会责任，因此，当今组织社会中管理层（工商企业、医院、大学或政府机构）的几乎所有行为，经过决疑论者对个人伦理和社会责任进行成本－效益分析，都能够被证明为是为了承担社会责任。确实有很多迹象表明，大多数不关心政治的当权者（美国企业高管），正逐渐意识到商业伦理的政治潜力。一些大公司（例如美孚石油公司）的广告现在正以社会责任和商业伦理的名义抵制受到的抨击，显然，其采用的正是决疑论的方法来捍卫自身的业务并进行反击。但如果商业伦理成为捍卫管理层伦理行为的工具，同样的行为出自其他人就要受谴责，那么当今商业伦理的拥趸，如同400年前的决疑论前辈一样，可谓搬起石头砸了自己的脚。

决疑论始于高尚的道德。最终却被概括为两句非常流行的讽刺语：18世纪广为流传的"大使是诚实的人，但为了本国利益不得不在国外撒谎（或居住）"；19世纪德国首相俾斯麦的名言："如果部长们在他们的私人生活中也像他们在工作时那样行事，不用完全照做，只要做到50%，就足以让他们成为卑劣无耻的恶棍。"

在这两句话之前很久，由于招致强烈的反感，决疑论就已被彻底否定。或许对于决疑论最持久的记忆是，为了反驳决疑论，西方国家重建了普适性的伦理体系，即斯宾诺莎在《伦理学》及同时代帕斯卡在《致外省人信札》中构建的体系：不论人们的身份、地位和社会责任有何不同，在伦理体系面前一律平等。耶稣会恰恰由于接受决疑论而遭人憎恨和鄙视，致使"耶稣会的"成为虚伪的代名词，进而受到 18 世纪教皇的镇压。这也是值得当今商业伦理拥趸（其中很多人恰恰是神职人员）警醒的教训。决疑论恰恰是信奉天主教的欧洲知识分子掀起反教权论⊖的罪魁祸首。

毫无疑问，商业伦理与决疑论紧密相连，二者的起源都是政治性的。商业伦理的基本主张是，当权者尤其是企业管理层的伦理道德，必须体现自身的社会责任，这恰恰是决疑论的起点。然而，如果商业伦理是决疑论，那么必将无法持久。在被淘汰之前，商业伦理将会被管理层用来证明自身行为的合理性（同样的行为发生在其他人身上就是不合理的），成为他们做出不道德行为的帮凶，而不是严格约束管理层、企业行为的工具。

审慎伦理与自我发展

西方伦理学的另一主要传统为审慎伦理，其源头可以追溯至亚里士多德。亚里士多德十分推崇审慎伦理，将其作为一种基本美德。审慎伦理在通俗文学传统中几乎延续了两千年，并且在《论基督教王子的教育》⊜中获得彻底胜利，但被马基雅维利的《君主论》斥为谬论。审慎伦理的精神可以用第二次世界大战早期，当时的参议员哈里·杜鲁门给一位到他的委员会面前作证的军官的建议来最好地概括："将军不应该做任何需要向参议院委员会解释的事情——没什么能够向参议院委员会解释的。"

不管是军队、企业，还是大学，这些组织的"将军们"都高度引人注目。他们必须预期自己的行为一定会被看到、审视、分析、议论和质疑。审慎伦理要求他们避免做出那些不容易被理解、难以解释或没有正当理由的行

⊖ 反教权论（anti-clericalism），是指反对宗教在政治和社会问题上享有权威的理论，在近代欧洲主要表现为反对天主教在政治和社会领域的权威。——译者注
⊜ 《论基督教王子的教育》(Education of the Christian Prince)，作者伊拉斯谟。——译者注

为。身处聚光灯下的将军们同时是榜样，高位和曝光度赋予他们领导者身份，其唯一的选择在于指挥下属做出正确的还是错误的行为，是否给他们指明正确方向，能否有效发挥领导能力。因此，做出正确的行为，避免错误的行为，是"将军们"需要承担的伦理责任。

审慎伦理没有告诉我们什么是"正确"的行为，但什么是错误的行为却非常明确，并且如果有任何道德伦理上的"疑问"，就要避免做出该行为。审慎伦理将通过自身的行为体现伦理准则作为领导者的道德责任。

在遵循审慎伦理的情况下，不论什么身份的人都能够成为一名领导者和卓越之人，用当代的语言来说，就是能够"自我实现"。个人通过避免任何会使卓越之人成为不愿意成为的人、不尊重的人或不认可的人的行为，自己也能够成为卓越之人。"如果你不想早上在盥洗镜里看到皮条客，那么就请你晚上不要找应召女郎款待国会议员、客户或销售员。"从任何其他视角来看，找应召女郎都可能会被视为庸俗、没品位、不体面，甚至是违法行为，为正人君子所不齿。但只有在审慎伦理视角下，该行为才关系到伦理道德。这就是19世纪最严格的伦理学家克尔凯郭尔认为美学是真正的伦理学的含义所在。

审慎伦理很容易蜕化变质。人们关注自己能证明什么是合理的，非常容易变为关注外表。对君主（即那些位高权重且广受关注之人）而言，外表可能比实质更加重要，最早指出这一点的绝不是马基雅维利。因此，审慎伦理很容易蜕变为虚伪的公众形象。以身作则的领导很容易堕落为假冒的克里斯玛⊖，或者成为误导或领导力缺失的托词——希特勒即是如此。通过自我完善成为一名卓越之人（克尔凯郭尔称之为"成为基督徒"），也可能变得像法利赛人⊜（不像其他人一样感谢上帝的人）一样矫揉造作，或者变为自我放

⊖ 克里斯玛（charisma），在社会学、政治学、心理学、管理学中，该词是指一种具有超凡魅力的领导类型。——译者注

⊜ 法利赛（Pharisees），公元前515年～公元70年后期兴盛于巴勒斯坦地区的犹太宗教派别，他们坚持口头传统（不成文律法）的约束力，并将其视为犹太神学思想的基本原则。——译者注

纵而非自律，道德沦丧而非自尊，常说"我喜欢"而非"我了解"。

然而，尽管存在上述堕落可能，审慎伦理依旧非常适用于组织社会。当然，审慎伦理不是商业伦理，其对于军队中的将军、美国财政部的部长、参议员、法官、银行副总裁或医院管理者都一视同仁。但在组织社会，无数人身处引人注目的职位，单个组织中同样有不少人身居显位。他们受到关注并非像基督世界的君主一样是由于出身或财富，即不是因为显赫的身份。他们是相关组织的领导者，唯有履行责任采取正确的行动才能凸显自身的重要性。这正是审慎伦理的全部内涵。

同样，无论在何种组织中，管理层都要以身作则。他们设定基调，营造精神氛围，决定组织及其成员的价值观。换言之，他们要么领导要么误导，只能选择行动的方式，而不能选择不采取行动。最重要的是，自我发展的伦理或美学，似乎是为现代组织中管理者的具体困境量身定做的。管理者本人不过是一名普通人，无足轻重。一旦退休离开公司大厦 26 层的豪华办公室，或者搬离位于宪法大道⊖的部长办公室，可能就再也没人认识他们。他们住在舒适的中产阶级房屋（与宫殿截然不同）内，郊区的邻居们所知仅限于"约翰在公园大道上班"或者是"在政府里做事"。然而，这个无名无姓的管理层群体是现代社会的领导阶层，其发挥的职能要求他们像卓越之人一样自律自尊。为了满足社会的绩效预期，他们不得不努力追求自我实现，而不能碌碌无为。然而，即使取得巨大成就，达到事业巅峰，他们依然只是组织中能被轻易替换掉的齿轮而已。并且，这正是伦理学中的自我实现，即克尔凯郭尔所言"成为基督徒"所关注的：在不是大人物更不是皇亲国戚的情况下，如何成为重要而有自治能力的卓越之人。

因此，人们可以期望有关商业伦理的讨论聚焦于审慎伦理。一些词汇，例如"实现自我"，虽然在商业伦理和审慎伦理中的含义不同，但听起来却

⊖ 宪法大道（Constitution Avenue），美国首都华盛顿的一条主要大街，白宫、国会、最高法院等主要政府机构都位于该街道周边。——译者注

没有区别。但总的来说，人们对商业伦理的讨论，即使更加明显地与组织伦理联系在一起，也与审慎伦理没有任何关系。

原因很明显，审慎伦理是权威伦理。虽然当今对商业（或大学管理层、医院管理层、政府）伦理的讨论大声疾呼责任，却否认任何权威，尤其是否认企业管理层的权威。权威是不合法的，属于"精英主义"范畴。但没有权威就没有责任。否认权威不是无政府主义或激进主义，而是类似于小孩子乱发脾气。

互赖伦理

决疑论早已彻底破产，甚至在多数哲学史教科书中也只是在提到其根本性论敌（斯宾诺莎和帕斯卡）时才会顺带提及。确实，即便是10～15年前，也几乎没有哲学家能想到会出现"商业伦理"之类的事物。"特殊主义伦理"是一系列道德规范，认为不同团体各自承担不同的伦理责任。决疑论的破产说明特殊主义伦理注定永远都不会成功。在西方国家，几乎所有人都将伦理视为普遍公理，一律适用于所有个人，不因身份和地位而区别对待。

但是，存在并非源自西方的情境伦理，其中最成功且最源远流长的是儒家的互赖伦理。

儒家伦理巧妙地避开了决疑论的陷阱，也是一种普遍主义伦理，主张伦理道德规范无差别地适用于所有个人。在儒家伦理思想中，没有凌驾于个人良知之上的社会责任，没有成本－收益计算，没有超越个人及其行为的更高的善，更没有更高的判断标准，总之没有决疑论。在儒家思想中，伦理准则无差别地适用于所有个人。然而，基于互赖的五种基本关系产生了不同的普遍规则，儒家伦理认同民间社会中的全部个人相互关系：君臣、父子、夫妇、兄弟、朋友。正确的个人行为（即儒家伦理中的"诚"[1]，译为英语词汇"sincerity"）能够实现各方共赢，真正适于相互依赖的具体关系。其他的行为不诚，会打破和谐、减少收益、破坏信任，导致紊乱、剥削和操纵，因此是错误的、道德沦丧的行为。

在商业伦理范畴内，我们以性骚扰问题为例，探讨儒家对待伦理问题的方法。在儒家看来，由于给基于职责的相互关系强行注入权力因素，所以性骚扰带有剥削性质，显然是道德沦丧的行为。上级做出的这种不诚（道德沦丧的）行为，不论发生在企业还是其他任何类型的组织中，性质同样恶劣。君臣或者上下级关系是个人之间的关系。因此，对儒家来讲，总经理强奸秘书与 17 世纪英国著名日记作家塞缪尔·皮普斯⊖强迫侍奉妻子的女仆屈从于色诱是没有任何区别的。一般情况下，当今的秘书如果拒绝屈服，其损失最多也就是辞职及随后的种种不便；然而，皮普斯夫人可怜的女仆，不屈从会被踢出家门沦落街头，屈从则导致怀孕，结局依旧是被扫地出门，最终都难逃成为娼妓的命运。即使后果存在不同，儒家伦理仍认为二者之间没什么区别。同样，公司副总的性骚扰行为、大学教授通过暗示提高成绩引诱女学生，二者在儒家伦理看来也没有区别。

最后，对儒家伦理而言，涉及性关系的道德沦丧行为的具体情节是无关紧要的。像无数商业伦理的热烈支持者主张的那样，上级自命为下级的心理治疗师，帮助他们调整心态，即便如此，与下级发生性关系的上级依然道德沦丧，违反了基本行为准则。不论上级的意图多么无私，性关系依旧与诚实纯洁的上下级关系不相容，滥用了基于职位的等级和权力，因此，无论其出于权力欲或操纵，还是出于善意——无论哪种方式，都是不道德的、具有破坏性的。性关系和医患关系必须摆脱等级因素，才能做到和谐、有效、道德高尚。鉴于夫妻或朋友关系中双方职能的不同不涉及任何等级因素，所以只有夫妻或朋友之间的性关系才是健康的。

⊖ 塞缪尔·皮普斯（Samuel Pepys），英国托利党政治家，1684～1686 年任英国皇家学会会长，自 1660 年元旦开始记日记，坚持了近十年，事无巨细地记录了自己的私生活以及对国家大事的评论。——译者注

　　我认为，上述例子清楚地表明，实际上商业伦理关注的所有问题（商业伦理几乎将所有事情视为一个问题）都与组织与雇员、厂商与客户、医院与患者、大学与学生等各种互赖关系相关。

　　当前商业伦理讨论中面临的难题，运用互赖伦理可以迎刃而解。发生于企业内部、非营利组织内部、任何组织外部的同一种行为，在伦理上会有差别吗？答案显然是没有任何差别。无疑，这些都是当今商业伦理反复讨论的热点问题。例如，将医院从"非营利组织"改为"私营的营利组织"是否会影响其行为及相应的伦理？最粗略的互赖伦理也可以揭示出，该问题是一种诡辩，根本不成为问题。

　　互赖伦理所处理的问题和商业伦理试图处理的问题是一致的。但是，当今流行的讨论都在或明或暗地否认互赖伦理的洞见（从互赖伦理的起点到其优点和持久性）：一句话，当今的商业伦理否认**互赖伦理**。

　　公元前479年孔子去世，不久之后门人将其言论整理为体现互赖伦理的著作，㊀认为在人际关系中掺入权力因素是非法的、道德沦丧的。互赖伦理要求责任对等。子女要孝顺、尊重父母。反之，父母也应喜爱、支持并尊重子女。每位作为孝道榜样的儒家名士，本分的女儿背后总有无私父母的默默付出，孩子需要父母花时间和精力培养，慈父为此放弃大好前程辞官归乡的例子比比皆是。大臣宁愿丢乌纱帽，甚至冒死进谏，也要纠正皇帝的过失，皇帝则会保住忠臣的性命，而不是将其贬为庶民。

　　在互赖伦理中，责任至关重要，所有责任都是相互的。和谐与信任（即互赖）要求关系中的每一方有责任满足对方所需，帮助其实现目标，完善自我。

　　当今欧美国家流行的商业伦理，却意味着关系中的一方承担责任却不享有权利，另一方即使并非享有赋予权利，也享有基本权利，同时不承担责任。这与互赖伦理不相容，甚至不符合任何伦理道德，实际上是权力政治，

㊀　此处德鲁克所指应为《论语》，但成书的具体年代已不可考。——译者注

无疑是赤裸裸的剥削和压迫的政治。在互相依赖的条件下，剥削者和压迫者不是主人，而是那些享有各种权利却不承担责任，进而不承认随之而来的平等观念的人。维护互赖关系中的平衡（或至少互赖伦理会主张这样），要求的不是权力制衡权力，权利约束权利，而是责任匹配责任。

例如，当今关于组织伦理的讨论，重点关注"举报人"的责任以及保护他们免受老板或所在组织的报复或压迫。这一切听起来非常高尚。无疑，针对上司及其所在组织的错误行为，甚至是违法犯罪行为，下属有权利（如果说不是有义务的话）将其公之于众，并及时采取补救行动。但在互赖伦理看来，举报行为在伦理上的争议很大。诚然，上级或所在组织做出了失礼甚至违法的事情，以致下级（或朋友、子女甚至妻子）不能保持沉默。毕竟，这就是"重罪"⊖的含义；知情不报会被视为重罪同谋，要负刑事责任。但在其他方面呢？鼓励举报会破坏组织内上下级之间的信任关系，这尚不是最主要的弊端。鼓励举报必然会使下级对上级保护自己的意愿和能力产生怀疑。下级不再是上级的自己人，而成为潜在的敌人或政治上的人质。最终，仅仅因为上级再也不承认或履行对下级的责任，允许甚至鼓励举报总会使弱者（即下级）无力对抗寡廉鲜耻的上级。

说到底，举报仅仅是告密的另一个说法。非常重要的一点是，在西方历史上，臭名昭著的暴政时期通常都鼓励告密，例如古罗马的提比略和尼禄⊜时期，西班牙菲利普二世的宗教裁判所⊜时期。

在互赖伦理中，相互责任的限度确实是一个核心难题。但在开始阶段，正如举报倡导者所做的那样，假定关系中的一方只有权利而没有责任，这就

⊖ 重罪（felony），源于英国普通法，美国法律中仍然区别重罪与轻罪（misdemeanor）的划分，重罪是指法庭判处死刑或一年以上监禁的罪行，轻罪则为法庭判处一年及更短时间监禁的罪行。——译者注

⊜ 两个皆为古罗马著名的暴君。——译者注

⊜ 宗教裁判所（Inquisition），天主教宗教法庭，最早设立于 13 世纪前期，西班牙宗教裁判所堪称整个基督教世界同类机构的代表，菲利普二世统治时期达到登峰造极的程度，据统计，西班牙宗教裁判所存在的 350 年中，活活烧死 3 万余人，受迫害人数达 30 多万。——译者注

使得任何道德伦理变得不可能。如果伦理的根基是互赖关系中的行为，那么责任就必须是相互的，并且关系中的双方必须平等。确实，在互赖关系中，正是责任的相互性创造了不分地位、财富和权力的真正平等。

今天，关于商业伦理的讨论极力否认这一点，反而往往断言互赖关系中的一方承担所有责任，另一方享有全部权利。如果伦理道德是单方面的，那么规则就势必由那些有钱、有权、有势的人制定。如果互赖关系中责任不对等，那么就会变为支配。

把商业伦理视为一种互赖伦理，揭露出另外一个同样严重的问题——甚至是一个**更加**严重的问题。

互赖伦理能否成为超越个人的伦理？有学者认为不能。对于这些学者而言，只有**法律**才能处理群体权利和异议。**伦理**永远只是个人的事。

但这对我们所处的组织社会是否足够？这也许是现代社会的哲学家面临的核心问题。在现代社会，人们的生计、事业和成就都主要是通过组织，或在组织内实现的，尤其是受过高等教育的人在组织外的机遇确实非常稀少。社会和个人越来越依赖组织绩效以及组织的"诚"。

但是，在今天的商业伦理讨论中，这甚至没有被视为一个难题。

时尚还是伦理

本文已经表明，商业伦理之于伦理，犹如软色情之于柏拉图式爱情；软色情也会谈论所谓的"爱"。商业伦理接近伦理，伦理就会趋向于决疑论，并且可以预见会成为无耻之徒的遮羞布，为有权有势者辩护。

显然，在所谓商业伦理的大杂烩中，一个主要元素是对企业和经济活动的古老敌意——这是美国最古老的传统之一，或许也是美国清教遗产中唯一仍然活跃的部分。否则，美国人不会谈论商业伦理。任何伦理学都没有理由认为某一人类活动领域有其独特的伦理问题，更没有特定的伦理学。"企业与政府"（借用曾经流行的大学课程名称）课程或反托拉斯法律，一般认为企业或经济活动可能有特定的政治或法律维度。但这就是全部了。伦理道德处理的是个人的正确行为问题。无论是社区医院的护士和病人，还是全国性大企业的质量经理和自行车消费者，伦理道德对他们的约束都没有任何区别。

商业伦理之所以流行，其中一个原因当然是人性的弱点（帕斯卡对决疑论者的指责）：本应谦卑的知识分子的权力欲及追名逐利。如今，商业伦理成为时尚，各类会议、讲座、咨询、宣传层出不穷，相关人士可谓名利双收。当然，与商业伦理相伴而来的高层丑闻，能够满足无聊人群的八卦需求。

总而言之，商业伦理更应被视为时尚而非伦理，围绕着它进行的所有讨论，可能更多的是一种炒作，而非哲学或道德思考。

但关于主要的伦理途径及其关注点的讨论也表明，伦理准则对当今组织社会中的个人所具有的意义，如其对早期社会中的个人所具有的意义一样。我们现在同样需要伦理，其重要性一点都没有削弱。理清伦理问题当然需要大量艰苦细致的工作。

组织社会是一个互赖社会。儒家学者假定的普遍和基本的特定关系可能不满足甚至不适用于现代社会的伦理问题、现代组织内部的伦理问题和现代组织与其客户、顾客和委托人之间的伦理问题，但其基本理念肯定是没有问题的。无疑，如果曾经有过一种可行的组织伦理，那么其必将采用下述使得儒家伦理得以长盛不衰的关键理念。

- 清楚界定基本关系。
- 制定具有普遍性的一般行为准则，在要求、职能和关系等方面，该规则应对所有个人和组织具有同等约束力。
- 聚焦于做出正确行为而非避免错误行为，着眼于行为而非动机或意图。
- 有效的组织伦理。无疑，值得被认真地视为一种伦理准则的组织伦理，将能够把使得各方收益最大化且使彼此关系和谐、更具建设性、共赢的行为界定为正确行为。

但在组织社会中，无数人并非身居显位，其自身籍籍无名，然而却受到高度关注，作为社会的领导者发挥着重要作用。因此，社会必须强调审慎伦理和自我发展，必须要求经理、行政人员和专业人士避免某些行为（他们自己也不会尊重做出类似行为的人），努力将自己的行为向他们希望早上在盥洗镜里看到的那种人靠拢。

注　　释

1.　"诚"（sincerity）在东西方之间存在不小的误解。对西方人来讲，"sincerity"的意思是"忠于信念和感情的言语"；但对东方人来讲，"诚"的意思是"某种行动，这种行动适合某种特定关系，让这种关系保持和谐，保持最佳互惠状态"。对西方人来讲，"sincerity"和意图有关，也就是和道德相关；对东方人来讲，"诚"和行为有关，也就是和伦理相关。——原注。
　　另：在中国哲学中，"诚"属于哲学史范畴，意谓诚实不欺或真实无妄。先秦思孟学派着重阐发其哲学、伦理学含义。子思说："诚者，天之道也；诚之者，人之道也……诚者，物之终始，不诚无物。"认为圣人以诚为性，自有明善的本能，贤人则通过学、问、思、辩而"明乎善"，从而达到诚的境界，张岱年先生甚至认为，相传为子思所作的《中庸》，其核心观念为诚，并以诚为人生的最高境界。孟子则根据子思之意再加发挥，提出"诚身有道"的观念，说："至诚而不动者，未之有也，不诚未有能动者也。"战国末年的荀子则强调："诚者，君子之所守也，而政事之本也。"进一步将"诚"作为正心、修身、齐家、治国、平天下的根本。——译者注

工作效率的新挑战[⊖]

1

当今社会，知识工作者和服务工作者成为劳动力的主体，提高他们的工作效率是今后几十年发达国家管理者们面临的最大、最棘手的挑战。完成这项艰巨任务的工作才刚刚开始。

总体而言，在过去的 125 年中，制造业、农业、采掘业、建筑业、交通运输业中制造和搬运工作的效率以每年 3%～4% 的速度增长，发达国家的总体工作效率提高了 45 倍。在发达国家，上述行业工作效率的提高大大改善了人们的生活水平和生活质量，可支配收入大幅增加，购买力随之提升。提高工作效率带来的成果，其中 1/3 到 1/2 体现为休闲时间的增加。1914 年之前，只有贵族或游手好闲的富豪才有条件休闲，普通人每年的工作时间高达 3000 多个小时。（现在，即使工作最卖命的日本人，年工作时间也不超过

⊖ 首次发表于 1991 年《哈佛商业评论》。

2000 小时，美国人大约 1800 小时，联邦德国人大约 1650 小时。）工作效率的大幅提高，带动教育业扩张为原来的 10 倍，而医疗健康业的扩张则不止于此。工作效率已成为"国家财富"。

工作效率的迅速提高，在历史上是从未发生过的，甚至各种语言中没有与之对应的词汇。对 19 世纪所有经济学家来讲，要提升工人的产出，只能让工人工作更努力或延长工作时间。尽管泰勒通过始于 19 世纪 80 年代初的效率研究工作⊖，证伪了上述公理，但他本人也从不知道"效率"这一术语。直到第二次世界大战时期，效率术语才得以普及，但其范围最初仅限于美国。最权威的《牛津简明英语词典》1950 年版中，productivity（效率）这个词的释义里还没有我们现在使用的含义。今天，工作效率是真正的竞争优势，该观点已成为老生常谈。

工作效率的大幅提高可能是过去一百年来最重要且史无前例的社会事件。自古以来，哪里都有穷人和富人，贫富差距总是存在，但并不是非常悬殊。但直到 1850 年，中国穷人的境况并没有比伦敦或格拉斯哥的贫民更糟。1910 年，最富裕国家的人均收入至多是最贫穷国家的 3 倍，但是在今天，即使不考虑休闲、教育和医疗保障方面的差距，前者已高达后者的 20～40 倍。在工作效率大幅提高之前，一个国家成为"发达"国家至少需要 50 年。但是，韩国（1955 年时还是世界上的"落后"国家）仅用了 20 年就成为"发达"国家。这种对自古以来常态的彻底逆转，完全是 19 世纪七八十年代始于美国的效率革命的结果。

目前，制造业和搬运业的工作效率仍以同样的速度增长。与流行的观点相反，美国的增长率其实和日本、联邦德国一样快。实际上，当前美国农业生产率的增速（4.5%～5%）是全世界最快的，也是有史以来最快的。按绝对值计算，由于美国经济基数要比日本、联邦德国大得多，所以 20 世纪 80

⊖　此处德鲁克可能是指泰勒在米德维尔钢铁厂进行的劳动时间和工作方法研究，为以后创建科学管理奠定了基础，经核实，泰勒在 1881 年开始从事这项研究。——译者注

年代，美国制造业工作效率的提高速度（每年 3.9%）实际上要比这两个国家相应的增速更高。

但是，发达国家的工作效率革命已经完成。关键是，没有足够人手被雇用从事制造业和运输业。现在，发达国家这两个产业雇用的人员总量只占劳动力总人口的 1/5，30 年前却仍然接近多数。从事重要工作的人（知识工作者和服务工作者）的工作效率，并没有大幅提高。某些领域的工作效率实际上正在下滑。扣除物价上涨因素，所有发达国家百货商店售货员的销售业绩仅仅是 1929 年的 2/3。我认为，1991 年教师的工作效率要低于 1901 年的教师，相信没人怀疑这一点。

知识工作者和服务工作者涵盖各行各业，包括从事研究的科学家、心脏外科医生、绘图员、商店经理、16 岁的汽车餐厅服务员（他们只是在周六下午打几个小时工），甚至还包括大量实际操作器械的员工，如饭店的洗碗工、医院的清洁工、保险公司理赔部的打字员等。然而，虽然知识工作者和服务工作者的工作千差万别，但他们的工作效率却都**没能**提高。无论他们彼此在所需知识、技能、责任、社会地位和薪资方面的差别多大，在如何**能够**提高工作效率方面有许多重要的相似之处。

2

关于知识性和服务性工作，我们首先了解的（令人震惊的）是资本不能代替劳动力（即人）。此类工作中的新技术自身也不能提高工作效率。用经济术语来讲，在制造业和搬运业中，资本和技术是**生产要素**；但在知识性和服务性行业，它们是**生产工具**。资本和技术能否提高工作效率，取决于人们使用它们做什么，投资和开发的目的是什么以及使用者的技艺如何。30 年前，我们确信计算机会导致大规模裁撤文书和办公室工作人员。如今，在数据处理设备上的投资（大部分投资于服务）堪与材料处理技术（即传统的机械设备）相匹敌。然而，由于信息技术的引入，文书和办公室工作人员的数量正以前所未有的速度迅速增长。但实际上服务性工作的效率却没有提高。

最能说明问题的例子是医院。当我首次接触医院工作时（20 世纪 40 年代末），医疗工作完全是劳动密集型的，除了砖瓦、研钵、病床，几乎不需要资本投资。当时许多非常受人尊敬的医院并未投资购买先进设备，仍采用非常陈旧的技术，既没有放射科，也没有检验科、理疗科。现在的医院堪称世界上资本最密集的机构，巨额资金投向超声设备、CT 扫描设备、核磁成像系统、血液和组织分析仪、无尘室以及其他十几项先进技术。上述每项技术都需要额外的高薪资员工，同时医院的现有人员却不会被削减。实际上，世界范围内医疗成本的增加很大程度上是医院逐渐变为经济怪物的结果。医院既是高度劳动密集型的，又是高度资本密集型的，在任何经济学家看来，这在经济上肯定是行不通的。但至少医院显著提高了自身的业务能力。其他行业的知识性和服务性工作，却只是付出了更高的成本，吸收了更多投资，雇用了更多员工。

唯有大幅提高医院的工作效率，才能遏制医疗成本快速上涨。而工作效率的提高只能源自"更聪明地工作"。

经济学家和技术专家从未把更聪明地工作视为提高工作效率的关键，经济学家看重的是资本投资，技术专家则重视技术。但更聪明地工作——**科学管理**、**工业工程**、**人际关系**、**效率工程**、**任务研究**（泰勒本人最喜欢、最现代的术语），已成为提高工作效率的主要推动力。发达国家工业革命开展以来的第 1 个世纪（泰勒之前的那个世纪）和第 2 个世纪，资本和技术同样丰富，但只有当更聪明地工作开始发挥作用时，制造业和搬运业的工作效率才得以迅速提高。尽管如此，更聪明地工作只是提高制造业和搬运业工作效率的一个重要方式，却是提高知识性和服务性行业工作效率的**关键**。

然而，在知识性和服务性行业，更聪明地工作的含义非常不同于其在制造业和搬运业的含义。

3

当泰勒开始研究铲沙时（此后被称作科学管理），他从没有想过要问：
"任务是**什么**？**为什么**要干活？"他思考的只是"**如何**干活？"差不多 50 年
后，哈佛大学的埃尔顿·梅奥试图超越科学管理，代之以人际关系学说。但
是，和泰勒一样，梅奥也没有问过"**任务**是什么？**为什么**要干活？"在著名
的霍桑试验中，梅奥只是问"**如何才能最佳地完成连接电话设备的工作？**"
在制造业和运输业，任务一直被当作预先设定的先决条件。

但是，要提高知识性和服务性工作的效率，首要的问题必须是"**任务**是
什么？要实现的目标是**什么**？究竟**为什么**要做？"在此类工作中，提高效率
最简单（但或许也是最根本的）的方法是重新界定任务，特别是要去除那些
不需要做的工作。

最古老的例子仍然是最好的，即早期西尔斯公司的邮购业务。1906～
1908 年，该公司去除了收到的邮购订单中费时的数钱工作。当时，既没有
纸币，也没有支票，只有硬币。因此，他们自动称重收到的订单中装钱的
信件，如果订单数量与信封重量相符，只要在误差范围以内，他们就不必
拆开信封。同样，该公司也不再费时费力地详细登记每张收到的订单。假
定每磅邮件包含 40 份订单，公司根据收到的邮件的重量安排订单的处理
和运输工作。在两年的时间里，上述两项改革使得整个邮购工作的效率提
高了 10 倍。[1]

最近一家大型保险公司不再详细审核所有理赔，只集中审核金额庞大的
理赔项目，结果理赔工作效率提高了 5 倍，从原先平均每项需时 15 分钟缩
短为 3 分钟。先前的理赔，需要审核 30 项指标，现在只需要审核 5 项：是
否在有效期、理赔金额和保额是否一致、死亡证明上的名字和投保人的名字
是否一致、受益人的名字和理赔人的名字是否一致。该公司的理赔工作效率
之所以能够大幅提升，恰恰是因为思考了下述问题："任务是什么？"该问

题的答案很简单："尽可能便宜和快速地支付死亡索赔。"考虑清楚上述问题后，现在要做的就是控制流程，只处理原来 1/50 的样本。

某些医院也已经废止绝大部分既费力又费钱的行政管理流程。医院接诊的模式已经全部采用原来只有急诊（因患者意识不清、血流不止，无法填写冗长的表格）才采用的模式。医院同样思考"任务是什么？"答案是，确定病人的姓名、性别、年龄、住址以及支付手段。实际上，这些信息其实基本可以从患者随身携带的保险证明上获知。

再举一个例子：一家著名私立大学已经能把助学金部门员工的数量从 11 名全职人员减少到 1~2 名兼职人员，而且每年只需工作几周。同其他类似院校一样，在助学金申请方面，不管学生的支付能力，只要申请减免就都受理，进而助学金办公室需要决定减免申请人多少学费。在大多数高校，从事该项工作需要仔细审核申请人提交的特别冗长的详细表格。实际上，95%的申请只取决于很少的几个因素：家庭收入、住宅价值、其他收入（如信托基金收入）以及是否有其他兄弟姐妹也在上学需要支付学费。只要将这些数据输入计算机，几秒内就可以确定到底需要给申请人多少助学金。2 名兼职人员要做的，就是把那例外的 5% 挑出来（如体育明星或国家奖学金的获得者），然后由院长和人数不多的教师委员会处理。这些工作只需要几个下午就可以完成。

以上的例子都是服务性工作。相比之下，知识性工作更需要界定任务，更有必要剔除不需要做的工作，而且效果会更加显著。

我知道一个很重要的例子：一家大型跨国企业重新制定战略规划的方式。多年来，该公司的规划部门由 45 名优秀的规划人才构成，他们仔细准备各项"战略方案"，甚至预想到了细枝末节。人人都认为他们的工作一流，方案引人入胜，但对实际工作却没什么用。新任 CEO 仔细思考："任务是什么？"得出的答案是："不是预测未来，而是给企业的相关业务指明方向，确定目标以及实现目标的策略。"经历了 4 年时间的试错和艰苦努力，现在规划人员（人数没变）只研究公司业务部门的 3 个问题：需要维持什么样的市场领导地位？为了维持上述地位，需要实现什么样的创新业绩？最低的资本回报率要求是多少？进而，规划人员和每个业务部门的运营主管共同制定不同经济条件下广泛的战略方针，以实现上述目标。结果，制定出的新规划比原有规划要简单，没有那么咬文嚼字，当然也不如原来的高雅。但是，这些规划已经成为指导公司业务和高管的"路线图"。

然而，除该企业之外，迄今为止我尚未听说过任何其他企业思考知识性工作的任务是**什么**？**为什么**要干活？

4

在制造业和搬运业，人们一次只做一件事情。泰勒的研究对象不可能一边铲沙一边烧锅炉。梅奥研究的配线室女工也不可能一边焊接一边检测刚刚装配好的电话机。艾奥瓦州正在种植玉米的农夫不可能跳下拖拉机去参加会议。知识工作者和服务性工作者并非不懂得专心致志做一项工作。外科医生不能一边做手术一边打电话，律师也不能在同客户沟通时这么做。大多数知识性工作和服务性工作集中在组织中，但组织内的工作却正日益碎片化。虽然很少有组织最高层领导进行尝试，但他们的确有时候能够做到专心致志。但实际上各类组织中多数知识和服务工作者，即工程师、教师、销售员、护士、普通中层经理等，承担着越来越繁重的任务，其中许多额外任务对业绩没有贡献或没价值，并且与他们的专业和薪资完全或几乎没有关系。

在美国，医院护士可能碰到了最糟糕的情况。我们时常听说护士人员不足。但这可能是如何发生的？多年来，护理专业的毕业生数量稳步增长。同时，卧床病人的数量却急剧下降。出现这种矛盾现象的原因是，护士只能用一半的时间从事本职工作（即护理），另一半时间不得不做大量不需要护理专业知识的工作（既非医疗护理又没有经济价值，与患者护理和患者福利几乎或完全没有关系），其中最主要的是急剧增长的文书工作，目的是预防医疗诉讼，以及满足老年人医保、医疗补助计划、保险公司、计费机构的需要。

高等教育机构的形势也差不多。几乎所有研究报告都指出，大学或学院的教师花在参加各种委员会会议上的时间越来越多，致使用于教学、指导学生或从事科研的时间越来越少。但这些会议却几乎不能不参加。如果把委员会成员的数目由 7 名减为 3 名，相信其费时会更少，效果会更好。

销售工作也同样碎片化。在百货商店，现在的服务员花了太多时间操作电脑，反而没时间为顾客服务。或许，这就是作为销售额和利润创造者的销售工作效率逐步下降的主要原因。现场销售代表花费多达 1/3 的时间填写各类报表，而不是拜访客户。工程师们不得不参加一个接一个的会议，却难以到工作场所忙碌。

这降低了人们的工作效率，消磨了员工的热情和斗志，不是工作丰富化，而是工作贫瘠化。所有态度调查都指出，针对不能专心从事专业护理工作（护理卧床病患），护士们表示强烈不满。可以理解的是，护士认为相比于能够从事的工作，自己的待遇过低，相反医院行政人员（同样情有可原）则认为相比于实际从事的非技术性文书工作，护士的待遇过高。

一般而言，上述问题可以得到轻易解决。部分医院已经把文书工作从护士转交楼层服务员处理。此外，楼层服务员还需要接听患者亲友的电话，妥善安排亲友送的鲜花。出乎意料，这些医院的护士突然出现过剩。病患接受专业护理的质量和时间迅速提高。同时，医院能够削减现有 1/4 到 1/3 的护士人数，在不增加护理总费用的前提下提高护士的工资。

做到这一切，要求我们针对每种知识性和服务性工作思考"我们给什么付钱？这份工作应该创造什么价值？"问题的答案并非总是显而易见，而且时常会存在争论。百货商店楼层销售员认为上述问题的答案是"销售"，相同都市圈另一家类似商店的客服人员，可能回答"消费者服务"。答案不同，会导致销售区的重构方案不同。但每家商店的销售员和部门创造的收入，即工作效率和盈利能力，都迅速实现了大幅提高。

5

泰勒和科学管理在世界范围内产生了巨大的影响，但两者的形象却不好（特别是在学术界）。其中一个原因，也许是最主要的原因，是 20 世纪初美国工会针对两者展开的不懈斗争。当时，美国全部的国防产品都由陆军兵工厂和海军造船厂提供，而工会则成功地阻止了在这两类工厂进行任何动作研究。

1911 年，工会之所以反对泰勒，并非因为认为他亲管理层或反对劳工（实际上泰勒的立场恰恰相反）。泰勒不可饶恕的罪过是宣称制造和搬运工作没有技艺可言，认为所有这类工作都没什么区别，均可以一步步分解为系列不需要技艺的动作，然后可以将基本动作组合为任何种类的工作。任何人，只要愿意学习这些动作，就能成为一名"一流的工人"，获得"一流的工资"，也能够从事需要最高超技艺的工作，甚至能够做到尽善尽美。

但是，泰勒时代的工会（尤其是兵工厂和造船厂势力庞大且备受尊敬的工会）是技艺垄断方，其权力基础在于掌控 5～7年的学徒期，一般而言只有工会成员的亲属才能期满出师。而且，工会认为技艺是一种"秘诀"，严禁任何成员泄露。兵工厂和造船厂熟练工人的收入非常高，超过当时多数医生的收入，是后来泰勒所说"一流工人"期望收入的 3 倍。难怪泰勒否认存在技艺和工艺秘诀彻底激怒了这些"劳工贵族"，他们将泰勒视为散布瘟疫般异端邪说的破坏分子。

80 年前，那时大多数人都赞同工会的观点。甚至 50 年前，该观念（技艺与工艺存在秘诀，只有经过长年累月的学徒生涯才能习得）依旧未衰。例如，现代战争需要精密光学器件，希特勒曾深信美国至少需要 5 年时间才能培养出光学工匠，因此他确定，美国需要很多年时间才能在欧洲各国有效地部署陆军和空军。"珍珠港事件"后，该观念最终导致纳粹德国对美国宣战。

我们现在知道，泰勒是对的。美国在 1941 年时确实几乎没有光学工匠。现代战争也确实需要大量精密光学器件。但是，应用泰勒的科学管理，美国半熟练工人经过几个月培训就生产出了比德国工匠制品更加先进的光学器件，而且，这些器件是在美国的流水生产线上大批量生产。当时，由于工作效率大幅提高，泰勒培训的一流工人的工资，已经远超 1911 年任何工匠梦寐以求的数额。

最终，也许知识性和服务性工作会变得类似于制造和搬运工作，即科学管理老术语说的"不过是操作"。起码，这是激进的人工智能支持者（泰勒真正的衣钵传人）的立场。但目前来看，绝不能将知识性和服务性工作仅仅视为操作，也不能视其为同质性工作。知识性和服务性工作必须被划分为若干不同的类别——或许可以分为三类。其中每一类都需要单独分析和组织。制造业和搬运业提高工作效率的焦点在于**操作**。而提高知识性和服务性工作的效率则在于**绩效**。

具体而言，对于某些知识性和服务性工作来讲，绩效意味着质量。研究实验室就是一个例子，其中数量（即成果的数量）要比质量次要。一种年销售额 5 亿美元，主导市场 10 年的新药，要比 20 种"仿制"药（每种的年销售额为 0.2 亿美元或 0.3 亿美元）有价值得多。基本政策或战略决策也是如此。但质量标准也适用于更加具体的工作，如医生的诊断、包装设计或杂志编辑。

在另外很多知识性和服务性工作中，数量和质量共同构成绩效。百货商店销售员的绩效就是一个例子。"消费者满意"是定性陈述，确实不好界定。但这与销售发票上的金额或产出的数量同等重要。在建筑设计领域，很大程度上绩效意味着质量。在绘图员的工作中，质量与数量都是绩效不可或缺的组成部分。实际上，各种各样的知识性和服务性工作都是如此，包括工程师、当地股票经纪人办公室的销售代表、医疗技术专家、银行在当地的分行经理、记者、护士、汽车保险理赔员等。在上述领域，绩效既意味着质量又意味着数量。因此，要提高这些行业的工作效率，往往需要从两方面着手。

最后，也有大量工作（文件归档，在人寿保险办公室处理死亡理赔，在医院整理床位等）的绩效与制造业、搬运业类似。质量是这类工作的前提，也是约束条件。可见，质量是外部变量，而非绩效本身，需要内化于工作流程。然而，一旦实现内化，绩效就基本上取决于数量了，例如，按照规定标准整理医院床铺所需的时间。实际上，这类工作虽然没有制造或搬运事物，但仍然属于"生产工作"。

因此，要提升知识性和服务性工作的效率，就要彻底思考特定工作的绩效类型。只有搞清该问题后，我们才知道接下来应该往哪方面努力，明确需要分析什么，提升什么，改革什么，以及在知识性和服务性工作中效率意味着什么。

6

要提升知识性和服务性工作的效率，除了界定任务、专注于任务以及界定绩效之外，还有更多工作要做。对于"绩效主要意味着质量"类工作来讲，我们现在还不知道该如何分析。相反，我们需要思考"到底哪些因素在起作用？"对于"数量和质量共同构成绩效"的工作来讲，我们既需要搞清楚到底哪些因素在起作用，又要一步接一步、一个操作接着一个操作地分析工作流程。对于生产工作来讲，我们需要确定质量标准，并纳入工作流程，但其实际工作效率的提高还得主要依靠传统的工业工程研究，即进行任务分析，继而将个人的简单操作组合为整体的"工作"。

上述三类举措本身就能够推动工作效率的大幅提高（或许，大部分提高工作效率的成效在任何时候都能够获得）。这些举措需要不断地重复进行——或许每三五年就要重复一次，当然，每当我们改变工作安排及其组织方式的时候，都需要采取上述举措。根据已有的经验，采取上述举措后知识性和服务性工作效率提高的幅度，将超过（起码持平）制造业和搬运业采用工业工程、科学管理、人际关系研究成果后的工作效率提高幅度。换言之，上述三类举措本身就能够给我们带来所需的知识性和服务性工作的"效率革命"。

然而，要真正实现效率革命，还需要满足一个前提：实际运用学到的"二战"以来制造业和搬运业提高工作效率的经验知识，与知识工作者和服务工作者（需要提高工作效率的人）紧密合作，不论工作的级别、难度和技术要求如何，都要把效率责任和绩效责任纳入每一项知识性和服务性工作中。

由于泰勒从未询问工人（具体从事他研究的工作之人）的意见，只是告知他们怎么做，所以时常受到批评。梅奥同样如此。但是，也没有任何记录表明，弗洛伊德曾经询问患者对自身疾病的看法。并且，"一战"和"二战"期间，最高统帅部○的高级军官从未想过需要就武器、制服甚至食品问题询问初级军官或前线士兵的意见。直到越南战争期间，这才成为美国军队的惯例。泰勒只是与其同时代的各类专家持有相同的观念，认为工人和经理人都是"迟钝的牛"。40年后，梅奥虽然非常尊重经理人，却认为工人是"不成熟的"且"难以适应环境"，需要心理学家的专业指导。

然而，"二战"爆发后，工厂中没有了工程师、心理学家，也没有了工头，他们都去服军役了，美国人没了选择，不得不向工人请教，结果却意外地发现（我对当年的巨大惊喜仍然记忆犹新），工人既不是"迟钝的牛"，又非"不成熟的"或"难以适应环境"。实际上，工人十分清楚从事的工作及其原理、节奏、工具、质量等。向工人请教是提高工作效率和质量的起点。[2] 起初，只有为数不多的企业接受这个新奇的提议，IBM公司可能是第一家企业，并且在很长时间内是唯一一家。直到20世纪50年代末60

○　最高统帅部（High Command），根据上下文，作者此处是指德国在"一战"和"二战"期间的最高军事指挥机构。——译者注

年代初，日本企业采纳了该建议。实际上，"二战"后初期，日本企业本欲返回战前的独裁式管理，却引发了激烈的罢工和血腥的对抗，最终不得不改弦更张。如今，向工人请教在实践中虽然远非流行，但至少在理论上已得到公认：工人掌握的工作知识是提高工作效率、改进质量和提升整体绩效的起点。

在制造业和搬运业，与负责任的工人合作是提高工作效率的**最佳**途径——毕竟，按照泰勒的方法工作，取得的效果也不错。然而，在知识性和服务性工作中，与负责任的员工合作是提高工作效率的**唯一**方法，别无他途。

另有两条经验是泰勒和梅奥都不知道的。首先，提高工作效率需要持续学习。重新设计工作，继而培训工人采用新方法从事工作（泰勒从事和传授的经验），是不够的，这仅仅是学习的起点，真正的学习永无止境。确实，正如日本人能够教给我们的（源自历史悠久的日本禅宗学习观），培训的最大收益不在于学到新知识，而是百尺竿头更进一步，把已经做得很好的事情做得更加尽善尽美。其次，最近几年我得出一条洞见，当知识工作者和服务工作者向他人讲授经验时，其本人也能得到最多收获。提高明星销售员工作效率的最佳途径是，让其在销售大会上讲述"我成功的秘密"；提高医生工作绩效的最佳途径是，让其在各类医学社团谈谈自己的经验；提高护士的工作绩效的最佳途径是让其与同事互相观摩切磋。人们常说，在信息社会，所有机构都必须成为学习型组织。实际上，所有机构也必须成为教学型组织。

结　　论

如果发达国家不提高知识性和服务性工作的效率，其经济就会面临停滞。即使是日本（依旧严重依赖制造业）也不能再指望通过提高制造和搬运工作的效率保持经济增长。该国的知识工作者和服务工作者已成为劳动人口的大多数，但其工作效率同任何其他发达国家一样低下。而且，像美国、日本、多数西欧国家的情况，当农业人口下降到不足劳动人口的 3% 时，即使农业工作效率创纪录地提高（例如美国引以为荣的 4%～5%），对该国总体的工作效率、财富和竞争力的提升也微乎其微。

所以，提高知识性和服务性工作的效率，必须成为发达国家的优先**经济**任务。无论哪个国家最早成功完成该任务，都将主宰 21 世纪的世界经济。而且，其中最关键的是提高各个层次的**知识性**工作效率。

但是，提高**服务性**工作效率的需求可能更大，这是发达国家的优先**社会**任务。除非完成该任务，否则发达国家的各行各业将面临日益紧张的社会局势，日益加剧的两极分化和日益严重的激进化，最终，可能会导致一场新的阶级斗争。

在知识社会，工作和晋升机会越来越青睐受过高等教育之人，只有他们才能够胜任知识性工作。但这类人往往少于那些缺乏任何技能只能从事非常低端的服务的工作者。

19 世纪 80 年代初，当泰勒着手提高制造业和搬运业的工作效率时，工业无产阶级和"资产阶级"之间的阶级斗争（既包括现实，又包括对阶级斗争的恐惧）困扰着每一个发达国家。对阶级斗争的恐惧，激励着泰勒从事自己的工作。当时，持阶级斗争不可避免观点的人绝不限于左派。比泰勒早一代人的本杰明·迪斯雷利，是 19 世纪最伟大的保守主义政治家，曾经准确预言了阶级斗争。研究美国富豪和欧洲贵族的编年史学家亨利·詹姆斯非常害怕阶级斗争，甚至将其作为自己最著名的小说《卡萨玛西玛公主》的主题。该小说出版于 1885 年，那时泰勒研究铲沙的工作效率已经持续了 4 年。

除非迅速提高服务性工作的效率，否则服务性工作者（同制造业和搬运业鼎盛时期的就业人数一样庞大）的社会和经济地位必然不断下降。真实收入水平不能一直高于工作效率。服务性工作者也许可以利用自身的人数优势取得超过与其经济贡献匹配的工资。但这只会导致每个人的实际收入下降，社会失业率上升，整体陷入贫困。或者，富裕的知识工作者收入稳步增长的同时，允许低端服务性工作者的收入水平相对下降，结果必然导致该两大群体之间的收入差距扩大，两极化日益严重，最终演变为不同的阶级。无论哪种情况，服务工作者都一定会变得越来越孤立、痛苦日益加剧，越来越将自己视为**一个单独的阶级**。在制造业和搬运业，虽然工人缺乏教育，没有技能，但由于工作效率高，所以收入水平也高，这是社会的安全阀，如今却迅速丧失效用。到 20 世纪末，每个发达国家中制造业和搬运业工作的数量将最多是 40 年前峰值的 2/5。

　　同一个世纪前的前辈相比，我们处在有利得多的位置。我们知道**工作效率能够得到提高**，还知道**如何提高**，而我们的前辈同时代人却对此一无所知。并且我们最清楚的如何提高效率的工作，恰恰是提高效率的社会需求最迫切的工作，即非熟练和半熟练的服务性工作，既包括工厂、医院、学校、办公室内的维护工作，又包括饭店、超市内的工作以及各类文书工作。如前所述，这些属于"生产工作"，过去 100 年中我们学到的经验，几乎不用改动就可以用于提高这类工作的效率。无疑，此类工作的效率已经获得了大幅提高。美国和欧洲国家的一些跨国后勤公司，已经将本文讨论的方法系统用于低技能的服务性工作。这些公司已经着手界定并大力完成任务，确定绩效标准，与员工合作提高工作效率且把他们作为创意的最初源头，把持续学习和持续教学理念纳入每一位员工和团队的工作中。显然，他们已经大幅提高了工作效率，部分领域的效率甚至翻了一番，进而为提高员工的工资奠定了基础，并且极大地提升了个人的自尊和自豪感。顺便说一下，上述工作效率的提高由外部承包商而非服务工作者实际在其中工作的组织（例如医院）实现。为了提高类似生产工作的服务性工作的效率，往往需要将其外包给专业公司，该公司没有其他业务，理解并尊重这类工作，且能够为低技能的服务工作者提供晋升机会（例如晋升为公司的当地或区域经理）。工作在其中开展的组织，如作为整理床铺工作场所的医院或作为从事餐饮工作的地点的学院，既不理解也不重视这类工作，无论支付多少成本，都不可能花时间和精力努力提高其工作效率。

　　当前我们面临的任务已经确定，并且可行，但形势非常紧急。提高服务性工作的效率不能通过政府行为或政治活动实现，而是工商企业和非营利组织的经理人和行政人员的任务。实际上，这是知识社会中管理层的**首要社会责任**。

注　　释

1. Boris Emmet and John E. Jeucks. *Catalogues and Counters*: *A History of Sears*, *Roebuck* (University of Chicago Press, 1950).
2. 我是第一个得出这个结论的人。参见我早期的两本书：《工业人的未来》（1942）和《新社会》（1949）。在这两本书里我讨论了"负责任的工人"是"管理的一部分"。战时的经验帮助爱德华·戴明和朱兰分别提出了后来被称作"质量圈"和"全面质量管理"的方法。最终，该观点由麦格雷戈完美呈现于他在 1960 年的大作《企业的人性面》之中。在书中，他一并提出的还有 X 理论和 Y 理论。

新兴的生产理论[⊖]

我们尚不能提出完整的生产理论，但已经能够详细描绘1999年的"后现代"工厂。虽然后现代工厂中仍有大量机器，但其本质特征并非机械性的，而是观念性的——四种原则和实践共同构成了一套新兴的生产理论。

四种观念中的每一种都是由不同的人独自发展起来的，具备不同的起点、议程、目标和特定类型的影响。统计质量控制[⊜]正在改变工厂内的社会组织。新型工业会计使我们能够把生产决策作为经营决策。生产过程的模块化或"小型舰队"组织承诺结合标准化和灵活性的优势。最后，系统方法将生产制造产品的物理过程内化于商业经营（即创造价值的事业）的经济过程。

随着四种观念的发展，它们正在改变我们思考及管理工业的方式。如今，美国的多数工业从业人员都知道我们需要新的生产理论。我们知道对原有理论进行小修小补无济于事，越修补我们就越落后。四种观念共同奠定了

⊖ 首次发表于1990年《哈佛商业评论》。

⊜ 统计质量控制（Statistical Quality Control），又称为统计过程控制（Statistical Process Control），分析过程及其产出的内在波动以维持统计控制状态并改进过程能力的方法。——译者注

我们亟须的新型理论的基础。

四种观念中，统计质量控制最广为人知，实际上并不是新鲜事物。统计质量控制立足于 70 年前罗纳德·费希尔⊖爵士提出的统计理论。20 世纪30 年代，贝尔实验室物理学家沃特·休哈特⊖设计了最初的统计质量控制模型，旨在实现复杂的电话交流机和电话座机零缺陷批量生产。"二战"期间，休哈特的推崇者爱德华·戴明和约瑟夫·朱兰各自独立发展出了今天使用的统计质量控制理论。

日本工业质量在全球的领导地位，很大程度上要归功于 20 世纪五六十年代遵循了戴明的原则。朱兰在日本的影响力也非常大。但在长达 40 年的时间里，美国产业界对两人的贡献视而不见，直到现在，福特汽车公司、通用汽车公司、施乐公司等才开始奉行统计质量控制。一定程度上，西欧国家也忽视了统计质量控制理念。更重要的是，即使统计质量控制最成功的实践者，也没有彻底明白其真正意义。统计质量控制往往被视为一种生产工具。实际上，其对工厂内社会组织的影响才是最重要的。

迄今为止，凡是对工业感兴趣的人都知道，统计质量控制能够预期当前形式的既定生产过程带来的质量和效率，以便将对二者的管控纳入生产过程，是一种严格的科学方法。此外，统计质量控制能迅速确定故障，指明出问题的环节，如工具破损、喷嘴不洁、熔炉过热等。由于统计质量控制能够通过小样本实现上述目标，并且几乎做到实时暴露故障所在，所以使得设备操作人员能够立刻纠正错误。而且，统计质量控制能够迅速确定任何变化对整个生产过程绩效的影响。（甚至，戴明的日本门徒开发了一些具体程序，利用计算机提前模拟变化带来的影响。）最后，统计质量控制能够监控整个生产过程的质量和效率，确定需要持续改进的环节及方式。这在过去常常被

⊖ 罗纳德·费希尔（Ronald Fisher），英国统计学家，遗传学家，强烈的种族观念推动他进行统计学和遗传学研究，为现代统计科学奠定了重要基础。——译者注
⊖ 沃特·休哈特（Walter Shewhart），美国统计学家，工程师，提出"计划－实施－检查－处置循环"的观点，受到戴明和朱兰等人推崇，被誉为"统计质量控制之父"。——译者注

称作"休哈特循环"，后来被冠以"戴明循环"[⊖]的名号，现在则是日语中的**"持续改善"**[⊜]。

　　然而，上述工程特性只是统计质量控制取得巨大成就的小部分原因。尤其是，工程特性无法解释美国工厂与日本工厂在效率上的巨大差距。即使在调整了日本企业对外部供应商的更强依赖因素后，丰田、本田和日产的人均汽车产量也是美国或欧洲国家同类工厂的 2～3 倍。把质量纳入生产流程只是产生上述差距的 1/3 原因。日本企业生产效率高超的主要原因是实施统计质量控制导致的社会变化。

　　与通用汽车公司和福特汽车公司相比，日本企业中生产一线的机器操作员占比更高。实际上，引入统计质量控制几乎总会导致机器操作员数量的增长。但同时，非操作人员（首先是巡检员，其次是**平时没事做的修理**类工作人员，如各类"救火"员工、维修员）的数量急剧下降，二者很大程度上互相抵消。

　　在美国的工厂，尤其是流水生产线工厂中，从事各种非操作类工作的蓝领工人数量大大超过机器操作人员。在某些工厂中，二者的比例高达 2∶1。统计质量控制几乎不需要上述非操作人员。而且，工头正逐步被淘汰，只留下少数几位培训人员填补空出来的岗位。换言之，统计质量控制不仅赋予机器操作员掌控从事的工作的机会，而且使得掌控成为必需。任何其他人都没有充足的实践知识来有效处置统计质量控制系统不断反馈的信息。

　　通过信息与责任的统一，统计质量控制解决了先前无法解决的冲突。一个多世纪以来，尤其是在美国曾经盛行两种主要的生产制造方法。一种是泰勒的"科学管理"开创的工程方法，另一种是"一战"前安德鲁·卡内基、

　⊖　休哈特循环（Shewhart Cycle），美国统计质量控制开创者沃特·休哈特最早提出的用于控制和持续改进生产过程和产品的四步管理法（包括计划、实施、检查、处置），后来被戴明继承并发扬广大，又称作戴明循环。——译者注
　⊜　持续改善（kaizen），是指不断改进组织内部所有的职能活动，上至首席执行官，下至流水线员工无一例外，"二战"后最早在日本企业中实行，最典型的代表是丰田生产系统，现已传播到世界各国。——译者注

西尔斯公司的罗森沃尔德以及哈佛大学的心理学家雨果·芒斯特伯格⊖提出并发展的人际关系（或人力资源）方法。长期以来，这两种方法一直被视为相互对立，二者确实相互排斥。然而在统计质量控制体系中，二者能够有机地结合在一起。

同戴明一样，泰勒及其门徒坚定地把质量和效率纳入生产制造过程，甚至宣称自己的"唯一正确方法"能够确保零缺陷质量，因此坚决反对巡检员制度。无独有偶，亨利·福特也声称流水生产线能够把质量和效率纳入生产过程（实际上福特没有受到科学管理的影响，甚至对后者一无所知）。但如果没有统计质量控制的严密方法，科学管理和流水生产线实际上都不能成功把质量和效率纳入生产过程。在科学管理和流水生产线取得成功的过程中，二者不得不借助于大规模检查以确定问题所在，而不能根除问题。

人际关系方法把一线员工的知识和荣誉感作为控制和改进质量和效率的最主要的资源，当然也取得了巨大成功。但如果缺少统计质量控制提供的各类信息，管理者将无法轻易区分有效行为与无效行为，也很难判断一项提议的修改是否会真正改善生产过程，或者仅仅使某一环节看起来变好，最终却使整体状况变糟。

质量圈实际上由"二战"期间的美国产业界发明并被广泛应用，之所以在日本取得巨大成功，是因为日本企业建立起统计质量控制体系之后才将其引入。结果，质量圈成员和管理层都能够客观了解员工所提建议的效果。相比之下，虽然过去 20 年中美国企业积极推行质量圈，但多数都以失败告终，尤其是美国工人对其不以为然。原因何在？就在于美国企业推行质量圈时尚未构建统计质量控制体系，致使无法得到严谨、可靠的反馈信息。

许多美国企业在缺乏统计质量控制体系的情况下将质量和效率纳入生产

⊖　雨果·芒斯特伯格（Hugo Munsteberg），德裔美国心理学家，应用心理学先驱之一，将研究成果应用于产业、教育、法律、医疗等领域，奠定了社会心理学和工业心理学的基础。——译者注

过程，并且把检查和维修降至最低程度，其代表是强生公司。其他一些公司则在未构建统计质量控制体系的情况下成功地使机器操作人员掌控了生产过程。很早以前，IBM 公司用少量主要任务使培训的"经理人"取代了全部工头，而赫曼－米勒公司⊖采取持续培训和效率共享等激励措施实现了产品质量的零缺陷和工作效率的大幅提高。

但这些都是例外。总体来看，美国企业缺乏将质量和效率纳入生产过程的方法论，也缺乏将生产过程的责任转移给机器操作人员、由其掌控生产过程并切实执行的方法论，数学家诺伯特·维纳⊖称之为"人有人的用处"。

统计质量控制使得两种传统愿望的兼得成为可能：一方面是高质量和高效率；另一方面是人性化的工作。统计质量控制实现了传统工厂的目标，成为泰勒和福特设计的 20 世纪工业大厦的顶梁柱。

∞

近期，会计人员在新闻媒体上很少能够得到正面报道，他们往往被指责为导致美国工业所有弊病的罪魁祸首。但会计人员将笑到最后。在 1999 年的工厂中，工业会计将一如既往地发挥作用，甚至可能发挥更重要的作用。但会计核算方式将会发生改变。新型工业会计（或许更准确的名称应该为"工业经济学"）与传统的成本会计基本概念完全不同，其目标是将工业与经营战略结合起来。

若将现代工业比喻为三脚凳，那么生产成本会计（常被简称为成本会计）就是其第三条腿，另外两条腿分别是科学管理和流水生产线。没有成本

⊖　赫曼－米勒公司（Herman Miller），美国企业，创办于 1905 年，主营办公家具、家居用品等。——译者注

⊖　诺伯特·维纳（Norbert Wiener），美国应用数学家，信息论先驱，控制论创始人，代表作为《控制论》（*Cybernetics：Or Control and Communication in the Animal and the Machine*）。"人有人的用处"是 1950 年其出版的书名。——译者注

会计，另外两条腿就不能完全发挥作用。成本会计也是源自 20 世纪 20 年代的美国，由通用汽车公司、通用电气公司、西部电气公司（美国电话电报公司的制造部门）共同开创。正是成本会计而非先进技术赋予上述公司竞争优势，推动它们成为全球行业领导者。"二战"后，成本会计迅速传播到全世界，是美国对各国产业界的重要贡献。

但到那时，成本会计的局限性也日益凸显，尤为重要的是下述四点。第一，成本会计基于 20 世纪 20 年代的经营实践，当时蓝领工人工资占工业成本（除原材料成本之外）的 80%。结果，成本会计将"成本"等同于直接劳动力成本。其他所有间接费用凑在一起，被称作"杂项"。

然而，当今直接劳动力成本占到总成本的 25% 的工厂已经很罕见。甚至在劳动最密集的重要产业——汽车业中，现代化工厂（如日本汽车企业的美国分厂和福特汽车公司新创建的工厂）中的直接劳动力成本已下降至 18%。8% 或 12% 正在迅速成为行业标准。大型劳动密集型制造企业（如贝克曼仪器公司⊖），正在考虑将直接劳动力成本作为"杂项"。但多数情况下，成本会计仍旧基于直接劳动力成本，这部分成本能够得到仔细、严谨地核算。其余成本（意味着 80%～90% 的成本）却被按比例进行分配，所有人都知道这纯粹是武断的，完全是误导，例如，与产品的劳动力成本成正比，或者与交易量成正比。

第二，生产流程或方法革新带来的收益，主要根据节约的劳动力成本进行衡量。如果考虑其他方面的节约，通常是基于被列入账目的直接劳动力之外的成本同样武断的比例来衡量。

第三，更加严重的是传统成本会计体系本身的局限性。譬如艳阳高照时日晷能显示时间，但若遇上阴天下雨或夜晚，日晷就会毫无用处。传统的成

⊖　贝克曼仪器公司（Beckman Instruments），1934 年，贝克曼（Arnold Orville Beckman）发明了 PH 计，并以此为基础创立了该公司，此后逐步成为全球实验室仪器的领先设计者，不断开发代表科学仪器领域进步的新产品。——译者注

本会计仅仅核算生产性成本，忽略了非生产性成本。非生产性成本往往由机器停产或质量缺陷造成，需要报废或修复相关产品或零部件。

标准成本会计假定，生产过程中 80% 的时间都会制造出合格的产品。但我们现在知道，即使已经实施最健全的统计质量控制体系，非生产性时间耗费也要远远超过全部生产时间的 20%。部分工厂中这一比例甚至高达 50%。并且非生产性时间成本和生产时间的成本一样高，包括体力劳动者的工资、耗热、照明、利息支出、职员的薪金甚至原材料成本等。然而，传统的成本会计体系并不能衡量这些成本。

第四，工业成本会计假设工厂是孤立的实体。工厂节约成本是"实实在在的"，其他的都是"投机"，例如生产过程的改革对产品的市场接受度和服务质量的影响。通用汽车公司 20 世纪 70 年代以来的困境，暴露了该假设存在的不足。当时，该公司高层决定，削减从雪佛兰到凯迪拉克等所有车型的车身、车架和发动机的种类，只保留相同的少数几种，这招致营销人员的强烈不满。但成本会计核算证明，同质化能够大幅度节约劳动力成本。营销人员则认为通用汽车公司的产品会越来越相似，最终将失去对客户的吸引力，公司高层认为这不过是一种猜测而将其置之不理。实际上，传统的成本会计不能证明产品**改进**的合理性，更不能说明产品或生产过程**创新**的合理性。例如，自动化显示为一种成本，但几乎从来都不是一种收益。

40 年前，我们就已经知道了这一切。30 年来，会计学学者、政府及产业界的会计人员、会计师事务所一直在努力革新该体系，并且取得了显著的成效。但是，由于改革的尝试仍立足于原有体系，故原有的缺陷依然存在。

自动化设备制造商的不满，引发了工业会计体系的改革。潜在客户、工厂员工都亟须新型自动化设备，但高管们却难以被说服投入资金购买能够快速改革工具、夹具、模具的数控机床和机器人。我们现在知道，自动化设备的优势主要在于通过提高质量（即第一次就做好，不必经过多次试错）和在从一个型号或产品转换到另一个型号或产品时大幅减少机器停转时间，从而减少非生产性时间。但传统的成本会计并不会记录这些收益。

为了走出困境，计算机辅助工业国际联盟应运而生，该组织协调自动化设备生产商、跨国集团、会计师等相关方，共同致力于发展一套新的成本会计系统。自 1986 年，计算机辅助工业国际联盟开始对工业产生影响，已经引发了一场知识革命。在当今管理界，最令人兴奋和最具创新性的工作出现在会计理论领域，新概念、新途径、新方法论（甚至可被称为新经济哲学）纷纷涌现。虽然在具体的细节上还存在各种争议，但新型工业会计体系的轮廓正变得越来越清晰。

一旦计算机辅助工业国际联盟开始运作，传统的成本会计体系无法改革的弊端就愈发暴露。在工业领域，劳动力成本显然是错误的计量单位。但其他所有生产要素也不是正确的计量单位（这是一个新的洞见）。新的计量单位只能是时间。既定时间内的成本必须被假定为固定成本，没有"可变"成本。因为残次品与合格品使用的原材料一样多，所以原材料成本也比"可变"要更加"固定"。唯一既可变又可控的是特定生产过程需要耗费多少时间。所以"收益"就是无论任何方式缩减的时间。该洞见一举解决了传统成本会计体系上述四个局限性的前三个。

但是，通过重新定义成本和收益的概念，新的成本概念得到进一步发展。例如，在传统的成本会计体系中，由于成品库存不耗费任何直接劳动力成本，所以就认为其不耗费成本，而视其为一种"资产"。但是，在新型工业会计体系中，成品库存被视为"沉没成本"（经济学术语，而非会计用语）。库存成品不能赚取任何收益，实际上限制了资金的流动性，而且占用时间。结果导致时间成本异常高昂。新型成本会计则衡量时间成本与库存成品的收益（例如客户服务更加快捷）。

然而，新型工业会计仍然面临消除传统成本会计第 4 个局限性的挑战：新型工业会计无法将工业改革对整体经营的影响纳入工厂绩效的衡量体系，例如自动化投资的市场回报或不投资于加速生产变革的技术会面临的风险。

如今可以相当准确地计算出这种决策在工厂内的成本和收益，但其对经营的后续影响却仍停留在猜测阶段。人们只能说"无疑，这会帮助我们提高销售额"或者"如果我们不这么做，就会面临客户服务落后于人的风险"。但是，如何才能把这些想法精确地量化？

成本会计的优势就在于能够量化计算，并给出客观答案。但如果将无形资产引入计算过程，成本会计只会引发更多问题。因此，如何继续进行下去，已经引发热议，各方都有充分的理由。尽管如此，人人都同意工业改革对整体经营的影响必须纳入工厂绩效的衡量体系，即工业成本会计体系中。无论如何，新型工业会计将迫使工厂内外的经理人像做**经营**决策那样做生产决策。

∞

亨利·福特的名言："顾客可以选择任何颜色的汽车，只要它是黑色的。"这句话已经成为美国谚语，却很少人明白福特真正的意思：灵活性需要耗费时间和金钱成本，消费者不会买账。在 20 世纪 20 年代中期，更少有人认识到，当时"新的"成本会计显示，消费者无须付出额外成本就可以自由选择汽车颜色和年度车型，这为通用汽车公司战胜福特汽车公司提供了可能。

目前，大多数工业企业可以做通用汽车公司大约 70 年前学会的事情。无疑，在将标准化和灵活性相结合的过程中，许多企业已经做得更好。例如，有些企业能够利用少数几种标准化部件组装各种最终产品。尽管如此，制造商仍然倾向于赞同福特的观点：要么通过标准化降低成本，要么注重灵活性但抬高成本，标准化与灵活性不可兼得。

然而，1999 年的工厂将立足于如下前提：标准化和灵活性不仅**能够**兼得，而且**必须**兼得，同时要保持低成本。为实现该目标，现有的工厂将不得不大规模重组。

如果说，今天的工厂是大型战列舰，那么 1999 年的工厂就是一支不同模块构成的"小型舰队"，这些模块要么围绕生产过程中的某一环节组建，要么围绕大量密切相关的业务组建。虽然总体命令－控制体系仍在发挥作用，但每个模块也都有自身的命令－控制系统。犹如舰队中的船只，每个模块都能够根据在整体生产流程中的地位以及与其他模块之间的关系，灵活调整各项决策。这种组织将使每个模块获得标准化带来的收益，同时使整个生产过程具有更大的灵活性，能做到迅速改变设计和产品，快速满足市场需求，低成本小批量生产消费者"自选"或"特色"产品。

现在，此类工厂尚未诞生，尚无人能建成此类工厂。但许多工业企业，无论规模大小，都在向小型舰队结构转型，例如，西屋公司的部分美国工厂，艾波比集团⊖设在瑞典的机器人工厂，若干大型印刷厂，尤其是日本大型印刷厂。

通用汽车公司曾经在自动化方面投入巨资（至少 300 亿美元，甚至可能高达 400 亿美元），但并未收到预期回报。这或许成为工厂向小型舰队结构发展的最大推动力。表面上看起来，通用汽车公司使用新机器改进了现有生产过程，使得流水生产线更有效，但生产过程反而变得缺乏灵活性，难以做到快速变革。

与此同时，日本的汽车制造商和福特汽车公司在自动化方面的投资较少，却反而更具有灵活性。在其工厂中，流水生产线依然在运行，但不再紧密地联系在一起。新设备正被用来提高变革的速度，例如自动更换钻模、工具和夹具等。因此，流水生产线在不丧失标准化的前提下，使传统的批量生产获得了少量灵活性。所以标准化与灵活性不再是非此即彼的选择，二者（事实上是必须）被融合在一起。

这意味着，在生产过程的不同环节，标准化与灵活性之间的均衡会不同。在不同的工厂中采取"平均的"均衡不会有什么效果。如果强行把"平均的"均衡加到整条生产线，只会导致生产过程的僵化，增加成本，这恰恰

⊖　艾波比集团（Asea Brown Boveri），一家总部在瑞士苏黎世的跨国公司，主要业务集中在机器人、电机、能源、自动化等领域，2017 年位居《财富》世界 500 强第 314 名。——译者注

是通用汽车公司的教训。当前需要做的是把生产过程重组为不同的模块，每个模块都找到适合自身的最佳均衡点。

而且，任何时候，只要产品、生产过程、分销机制发生变化，不同模块之间的关系就必须随之而变。例如，企业从销售重型设备转为租赁，会极大地改变成套产品出货量和配件产品出货量的比例。当然，这并不是什么新鲜观点。但在传统的流水生产线结构下，上述变革很容易被忽视，或者需要很长时间才能完成。随着竞争形势的日益加剧，产品生命周期的不断缩短，这些变革再也不能被忽视，需要迅速着手采取行动。因此，"小型舰队"式的模块化组织成为必然趋势。

新型组织模式不仅需要工厂在实体结构方面进行重大变革，最重要的是需要不同的沟通模式和信息机制。在传统的工厂中，每个部门或分部独自上报信息，且汇报的是上级要求的内容。在 1999 年的工厂中，部门或分部将不得不彻底思考自己该向哪一方提供信息，自己需要的信息来自于哪一方。大量信息将会跨部门横向流动，而不再仅仅上下流动。那时的工厂将成为一个信息网络。

因此，犹如驱逐舰舰长需要了解和明白整个舰队的策略计划，工厂的所有经理人将必须了解和明白整个生产过程。在 1999 年的工厂中，经理人将不得不作为团队成员思考问题采取行动，关注整体绩效。最重要的是，他们必须要问：关于**自己**所在模块的特点、能力、计划以及绩效等，其他模块成员需要知道哪些信息？反之，关于其他模块，自己需要知道哪些信息？

改变生产制造的最后一个新观念是系统设计，认为生产制造是一个将原材料转化为商品即经济满意的一体化过程。

英国连锁零售巨头玛莎百货公司，在 20 世纪 30 年代最早设计出类似体系。玛莎百货公司自己设计和检验决定要销售的商品（纺织品、食品等）。该公司指派制造商根据合同生产每件商品，进而与制造商合作，确保生产出的所需商品价格公道、质量过硬。最后，该公司组织力量及时把成品派送至各个门店。精心预测商品何时从货架被顾客拿到购物袋中，以此为基础管理整个生产流程。在过去的十来年中，此类系统管理已在零售业得到普及。

虽然制造业中的系统组织尚非常少见，但该行业最早进行了尝试。20世纪20年代初，T型车正大行其道，亨利·福特决定控制新工厂（巨大的红河工厂）所需全部原材料和零部件的整个制造和运输过程，在巴西开辟农场，为制造汽车轮胎而种植橡胶；购买铁路为红河工厂输入原材料，输出成品汽车；甚至设想创建全国性福特服务中心，配备在福特学校中受训过的机械师。但福特不是构建系统，而是认为这一切都是由所有权维系的金融大厦，搭建了一个笨拙怪异的企业集团，成本高昂，难以管理，极其无利可图。

相比而言，新型生产系统根本不靠"控制"来维系，其大多数组成部分是独立的，前端是独立的供应商，后端是独立的客户；也不像福特体系那般以工厂为中心。新型生产系统认为，工厂不过是生产过程中相对较宽的一个环节。就像玛莎百货公司一样，计划和安排要始于产品交付给最终客户。设计系统时必须要考虑到延误、暂停、冗余等问题——此处有一间仓库，彼处额外供应零部件和工具，储备已不再生产的旧产品以备市场不时之需。在由信息管理和指导的连续过程中，这些都是必要的缺陷。

促进美国制造商进行这种系统设计的原因是，他们在模仿日本的实时生产⊖方法为工厂提供原材料和零部件时遭遇到了困难：困难是可以预见的，因为日本的安排立足于本国特有的社会和后勤条件（美国并不具备）。然而，美国制造商似乎仅仅将转型视为一个程序问题，甚至认为其微不足道。然而，一家又一家企业发现，原材料和零部件的实时交付导致其工厂的各个生产环节都出现了混乱。虽然没人能指明问题是什么，但确定无疑的是，采取实时交付制度后，工厂不再遵循以接收码头为起点，以成品运入码头发货仓库为终点的生产过程先后顺序运行。相反，工厂必须从后向前重新设计，作

⊖ 实时生产（just-in-time），源自20世纪六七十年代的日本，以丰田生产方式为代表，基于有计划地消除所有浪费和持续改进生产率的制造理念和方法，只是在需要的时候才建立最少的库存，从源头改进质量追求零缺陷，以最小成本减少调整时间、排队时间等。——译者注

为整体流程进行管理。

对此，生产制造专家、管理人员、专家学者已经督促了二三十年。部分行业，如炼油业、大型建筑业也确有实践。但总体来讲，欧美的制造业工厂既没有进行系统设计也没有采用系统管理。实际上，几乎没有企业拥有使其工厂作为系统来运营的足够知识。然而，实时交付迫使经理人思考系统问题：工厂哪个环节需要必要的冗余？调整的职责应该置于何处？某处付出什么成本能够导致另一处的延误、风险和缺陷最小化？

一些公司甚至开始将生产系统的观念扩展到工厂以外的市场。例如，卡特彼勒公司组织其生产部门在 48 小时内为全球各地的客户提供用于替换的零部件。但这仍是特例；但在未来必须成为惯例。只要我们把生产制造定义为将物品转化为经济满足的过程，那么显然，生产过程就不能止于产品出厂。分销和售后服务也是生产过程的一部分，且与生产过程一体化，同生产过程协调并共同管理。人们已经普遍认识到，在产品的设计和生产过程中，售后服务必须作为主要的考虑因素。到 1999 年，系统生产将会对设计、改革工厂以及管理工业企业产生越来越大的影响。

传统上，生产企业是"按照顺序"组织起来的，其职能包括工程、生产、营销等先后的步骤。当前，相互平行的团队组织成为传统组织的补充（宝洁公司的产品管理团队是著名的例子），其团队从新产品或生产过程启动时就将各种职能的人员聚集到一起。然而，如果生产是一个系统，那么生产经营中的每个决策都将变成生产决策。每个决策都应该满足生产的规范和要求，进而应该利用企业各自的生产系统的实力和能力。

六七年前，当本田汽车公司决定为美国市场生产一款新型高端车型（讴歌）时，最激烈的战略性分歧不是源自设计、性能或价格，而是在于，是通过该公司已成熟的经销商网络分销，还是以高昂的成本和风险新建独立的经销商网络，进而创建新的细分市场。当然，这是个市场营销问题，但是决策由包含设计、工程、生产、营销各部门人员的团队集体做出。使得天平向新建独立经销商网络倾斜的因素是生产方面的考量：采用独立的分销和服务体系能够最充分地利用本田汽车公司的生产能力。

要在制造业中充分践行系统理念，还有很长的路要走。或许，不再需要一名新时代的亨利·福特。但显然需要与当今非常不同的管理和经理人。未来制造企业的每位经理人都必须了解和洞悉生产系统。或许我们应该虚心接受日本人的习惯，让那些新入职的经理人都从工厂和生产性岗位开始自己的职业生涯。甚至，我们可以要求整个企业的经理人在其全部职业生涯中轮流到工厂中工作——就像军官要定期下连队一样。

在新型制造企业中，生产发挥着将所有环节整合在一起的作用，创造了经济价值，支付所有人力和物品的开销。因此，生产系统观念最大的影响不在生产过程，犹如统计质量控制，其最大的影响在社会和人性关怀方面，例如职业生涯，更重要的是**职能**经理向**业务**经理的转变，虽然两种类型的角色不同，但其人员、产品却一样。无疑，与当今的许多美国公司相比，未来的生产企业不会由金融高管、营销人员或没有经验的律师管理。

∞

上述四种观念，彼此之间存在重要的不同点。例如，考虑一下每种观念对"工厂"的定义。统计质量控制体系将工厂作为人们工作的地点。新型工业会计和小型舰队构成的灵活组织把工厂作为从事工作的地点——里面不管是人、小白鼠还是机器人，都没有区别。系统观念则完全不把工厂作为一个地点，而是将其作为赋予原材料经济价值的一个阶段。至少，从理论上讲，直到"生产"的整个过程（一直到最终的顾客）被理解，工厂才能且应该能够被设计、进而建造起来。因此，定义工厂绝不仅仅是理论推演或咬文嚼字，而是直接影响工厂的设计、区位、规模等；生产综合体将什么活动聚集在一起；甚至还直接影响了投资的方向和规模。

与此类似，每种观念反映了一种不同的思维方式。为了应用统计质量控制，管理者并非必须思考，但必须要做。新型工业会计侧重技术分析，而小型舰队组织模式则注重组织设计和工作流程。在系统观念中，有强烈的只想不做倾向。每种观念都有自己的工具、术语，面向不同的人。

然而，这四种观念的共同点远比区别重要得多。四种观念的前提假设再明显不过，生产过程是一个整体大于部分之和的结构。所有的传统观念都把工厂视为单个操作和机器的集合。19 世纪的工厂就是机器的集合。泰勒的科学管理将每一份工作拆分为各个操作，继而把不同的操作组合为新的各种工作。20 世纪的"现代"观念（流水生产线和成本会计）把绩效定义为最低成本操作的总和。但四种观念都没有过多关注各部分的绩效。确实，在这些观念指导下，单个部分的绩效只能表现不佳，整个生产过程才能产生卓越的成果。

管理也将反映这些新观念。统计质量控制对经理人的影响几乎是最传统的，因为它与其说改变了他们的工作，不如说把更多的工作转移给了工人。然而，即使没有经营责任的经理人（在统计质量控制体系下，工厂工人没有经营责任），也必须运用超越工厂范围的经营意识进行管理。并且每位生产经理将负责把人、原材料、机器和时间整合在一起。因此，10 年后，每位生产经理都必须要学习和践行一门把工程、人员管理、经营经济学纳入生产过程的学科。当然，生产制造业中已经有少部分人正在做这类事情（虽然他们可能自己都没有意识到正在做不同以往的新事情）。然而，相关知识尚未被系统化为一门学科，并且工程学院和商学院也没有开设相关课程。

作为一个术语，协同已被滥用，借用其最佳含义，上述四种观念必须协同一致，结合在一起（唯有结合在一起）才能解决那些最困扰 20 世纪传统大规模生产工厂的矛盾：人与机器，时间与金钱，标准化与灵活性，职能与系统。关键是，其中每个观念都将绩效定义为效率，并且把生产制造视为增加原材料经济价值的过程，每种观念都试图以不同的方式提供经济价值，但它们共享着相同的生产理论。

CHAPTER 17 | 第 17 章

敌意收购及其负面影响[⊖]

过去几年中，关于敌意收购[⊖]的报道不时见诸报端；另一种操纵股票市场的策略是通过接管、合并、拆分现有上市公司与顽强抵抗的董事会和管理层做斗争。19 世纪 70 年代，古尔德、德鲁和范德比尔特[⊜]为争夺美国铁路控制权，引发股票市场剧烈波动。此后美国再也没有爆发像当今这般剧烈的股市投机风潮。新一轮敌意收购深刻地改变了美国经济，已经成为一股主导力量——甚至有人说起"主导力量"就是指敌意收购，决定了企业管理层的行为方式和实际行动。同时，它也在侵蚀、削弱着美国的竞争力和科技领导力。当前，有关敌意收购方面的论文往往限于从财务角度进行研究。圈外也很少有人能够洞悉真相，或者说，还没有多少人知道敌意收购到底是什么。

⊖ 首次发表于 1986 年《公共利益》。

⊖ 敌意收购（hostile takeover），一种收购形式，收购公司不顾及目标公司董事会和管理层的利益和意愿，不做事先的沟通，也鲜有警示，就直接在市场上展开竞购，诱使目标公司股东出让股份。——译者注

⊜ 古尔德（Jay Gould），美国镀金时代最著名的强盗男爵之一，轮船和铁路投资商。德鲁（Daniel Drew），美国轮船和铁路投资商，金融家。范德比尔特（Vanderbilts），美国工业家，金融家，大力投资航运业与铁路业，其财富被认为仅次于标准石油公司的创始人约翰·洛克菲勒。1868 年，古尔德与德鲁联手，在伊利铁路大战（Erie War）中挫败了范德比尔特垄断美国铁路经营权的企图。——译者注

敌意收购一般从**袭击者**在公开市场上购买目标公司的一小部分股票开始。袭击者既可能是一家合法注册的公司，也可能是个人。一般来讲，所需资金都是为收购目的而专门筹措的。当袭击者预期，或是目标公司的董事会和高管层表示要拒绝收购时，袭击者就会借入更多资金（有时高达几十亿美元），在公开市场上买入更多目标公司的股票，而且期间会直接接触目标公司的股东，以显著高于当前股价的价格收购股份。如果肯出让股份的股东足够多，袭击者成功控股后一般都会将自己因收购产生的债务转移给该公司。因此可以讲，在敌意收购中，是受害者支付了枪杀自己的子弹的费用。

袭击者不仅能够控制大企业，由于低价购入大量股份还可以赚到巨额利润，因此，即使敌意收购的企图失败了，袭击者的获利也相当可观。除非目标公司迅速找到愿意出更高的价格购买股份（包括袭击者控制的股份）的**白衣骑士**⊖（相对袭击者，目标公司管理层对白衣骑士的接受度更高，或者说讨厌度更低），否则很难逃脱敌意收购者的袭击。或者，目标公司也可以向袭击者支付赎金（这类赎金有个罗宾汉式的名字：**绿票讹诈**⊜），即以高得离谱的价格购买袭击者手中的全部股票，但这会使袭击者攫取巨额不正当收益。

在 1980 年以前，敌意收购尚完全不为人所知。20 世纪六七十年代，哈罗德·吉宁将国际电话电报公司发展为世界上最大、最多元化的企业集团。发展过程中，该公司进行了数以百计甚至上千次的收购。但是，除非目标公司管理层主动提出收购建议，否则哈罗德·吉宁⊜不会主动进行收购。哈罗德·吉宁进行的多宗收购都是应被收购对象的要求进行的，实际上是这些收购对象主动出售自己的。那时，敌意收购在财务上也不可能存在；因为没有银行会为此提供贷款。但是从 1980 年开始，此类融资变得越来越容易。

⊖ 白衣骑士（whiteknight），是指在一家公司面临恶意收购或破产的情况下，得到公司董事会支持的友善投资者。——译者注

⊜ 绿票讹诈（greenmail），指购买足够的股票以挑战目标公司的领导者，并以敌意收购的威胁迫使目标公司购买已被收购的股票，以避免潜在的收购。——译者注

⊜ 哈罗德·吉宁（Harold Geneen），美国商人，1959～1977 年担任国际电话电报公司（International Telephone and Telegraph Corp.）首席执行官，期间通过数百次收购，该公司的销售额从 1961 年的约 7 亿美元增长到 1970 年的约 170 亿美元。——译者注

首先，为了实现快速成长和多元化发展，大公司具有发动敌意收购的动机。这一阶段在 1982 年达到高潮，是年，本迪克斯公司（主营防务和汽车）、马丁公司（主营防务、航空航天和水泥）以及联合公司（主营化学品）缠斗数月。本迪克斯公司首先挑起事端，要敌意收购马丁公司，但马丁公司迅速以其人之道还治其人之身，要敌意收购本迪克斯公司。当这两家公司像蝎子一样缠斗在一起，均想吃掉对方时，联合公司加入战斗，向筋疲力尽的马丁公司支付了本迪克斯公司的赎金，进而接管了本迪克斯公司，并在此过程中驱逐了挑起事端的本迪克斯公司管理层。

从那之后，袭击者日益演变成为股票市场上的投机商，专门进行敌意收购。如卡尔·伊坎⊖，其涉猎范围很广，投资过各行各业的多家企业；皮肯斯⊜靠一家小型石油公司起家，其专长在于大型石油公司（目标包括海湾石油公司、菲利普斯石油公司以及优尼科石油公司）。亚特兰大人特德·特纳⊜聚焦于传媒行业，曾涉入第三大电视网——哥伦比亚广播公司的敌意收购。海外还有许多小规模的袭击者，他们往往以迅速发展的中型公司为主要对象，对当前热门的领域更感兴趣，如电子、计算机、生物科技等行业。其他袭击者则通常以金融财务公司为目标。总之，上述所有袭击者的资金均部分要依赖高利贷。

袭击者为什么能成功

没人统计到底发生过多少桩敌意收购。保守估计有四五百桩，其中至少一半以目标公司的消失而告终（部分是由于袭击者得手，部分是白衣骑士接手）。显然，这种普遍现象（不论具有破坏性还是具有建设性）表明，美国

⊖ 卡尔·伊坎（Carl Icahn），美国商人，投资家，20 世纪 80 年代发起系列敌意收购，被称为"公司袭击者"。——译者注
⊜ 皮肯斯（T. Boone Pickkens），对冲基金 BP 资本管理公司主席，20 世纪 80 年代著名的公司袭击者。——译者注
⊜ 特德·特纳（Ted Turner），美国媒体大亨，CNN 的创始人。——译者注

的基本经济结构、企业环境、经济环境发生了根本变化。据我所知，至今还没有深入解释敌意收购现象的论述（如收购的意义、带来的政策问题等）。

例如，被敌意收购的目标公司（其中不乏规模庞大、资金雄厚、组织完善的模范企业）**不堪一击**的原因是什么？相反，很少袭击者自身拥有雄厚的资金实力，其管理和经营成绩也往往乏善可陈。20 世纪六七十年代，人们普遍认为大型上市公司的管理层地位牢固，除了破产之外似乎没有任何事情能够威胁到他们，遑论要把他们驱逐出公司了。在当时的畅销书中（如约翰·加尔布雷斯的书），这几乎成为"不证自明"的真理。作者们认为美国已经进入全新的"公司资本主义"阶段，专业管理层成功地维持着自身的一切权益，在基本没有（本应该有）"选民"干预的条件下独立运营着大型企业。但是，在过去几年中，尽管管理层设置了重重障碍，但仍有许多从各方面看经营状况都不错的大型企业被籍籍无名、背景模糊的新公司吞并。

与此相比，袭击者自身没有多少资金，为了进行敌意收购，甚至购买目标公司的小部分股票，都往往需要四处筹款。迄今为止，为了阻止敌意收购，即使类似通用汽车公司这样的大企业，也不得不设置一些复杂的障碍，如将股份划分为投票权各不相同的类别。公司资本主义以及不久前刚刚建立起来的、貌似牢不可破的专业性自主管理到底发生了什么？

从根本上讲，现有企业面对敌意收购时之所以不堪一击，是因为下述三个方面的原因。

首先是通货膨胀。

其次是经济的结构性变迁，导致以往那些最成功的公司不再适应今天的经济现实。

最后是**公司资本主义**（管理层只对自身负责）使得管理层和公司变得异常脆弱。当公司受到袭击时，没有"选民"支持管理层。

通货膨胀导致价值、经济关系等方面产生扭曲，造成经济的前提假设明显脱离经济现实。从林登·约翰逊总统时期直到 20 世纪 80 年代初，美国经历了长达 15 年的通货膨胀，其最明显且最典型的后果就是扭曲了资产价值和盈利能力之间的关系。**在通货膨胀情况下，生产资料成本的上涨速度往往要比其生产的商品的价格上涨速度快得多。因此，购买现有的固定资产要比投资于新设备和新机器更划算。**所以，如果一家公司拥有大量固定资产，那么其被拆分时的价值（其固定资产分别作为不动产、工厂、机械、设备被出售）要高于基于产出价值的现实市盈率。这一点正是被袭击者抓住的薄弱环节。

股市基于收益对公司进行评估。换言之，股市重视公司的"持续经营"，而非其清算价值。因此，拥有大量固定资产的公司（尤其是那些拥有大量现金的公司，袭击者可以在得手后拿来还债），往往成为最令袭击者垂涎的目标。该情况下被敌意收购的公司，占总数的 1/4，甚至可能达到 1/3。

第二种解释具有同等重要性。过去的 15 年中，美国和世界经济发生了深刻的结构性变迁，使得很多传统的经济一体化形式变得不合时宜。这方面最典型的例子莫过于大型一体化石油公司。人们不需要支持皮肯斯先生。这位公司袭击者曾迫使美国规模庞大、声誉卓著的石油公司（海湾石油公司）不得不与白衣骑士合并，并几乎成功地收购另外两家业绩突出的老牌石油公司（优尼科石油公司和菲利普斯石油公司）。但皮肯斯的行为也有合理之处，起码迫使目标公司做出了一些明智选择，将公司拆分为两部分，一部分负责制造和销售石油产品，另一部分负责储存地下的原油。

自从 1980 年以来，大型一体化石油公司一直业绩平平，其收入基本反映了每桶原油 12～15 美元的价格走势。如果没有石油输出国组织◯，原油市场价格将会长期徘徊于该价位。但由于 1973 年爆发的石油危机◯，所有石油公司都拼命建立地下石油储备。所有储备都基于市场价格，尤其是人们

◯ 石油输出国组织（OPEC），如今包括 14 个成员国，约占全球探明石油储量的 73%，全球石油产量的 44%，该组织一般通过限产提高石油价格，对全球石油市场和国际关系产生了重大影响。——译者注
◯ 1973 年石油危机，由于第四次中东战争爆发，石油输出国组织为了打击以色列及其支持者，宣布暂停石油出口，导致石油价格暴涨，进而引发了西方国家的经济滞胀。——译者注

预期二三十年后，石油价格将涨至当前的许多倍，指望通过大量储备石油来长期避税。实际上，除非 2015 年前后每桶石油的价格涨至 100 美元左右，否则以当前市场价格储备石油就是不划算的，另外，按照现金流折现法计算，已探明地下石油储量的当前估值也不可能是合理的。

二三十年后石油价格将出现暴涨，该预期是否合理不是重点。（历史经验一再表明，唯一合理的预期是，二三十年后石油价格将低于当今的价格——但这是另外一个话题了。）重要的是，我们今天不需要"综合"石油公司。因为有些人看中现在石油公司的收入，有些人想利用石油公司避税（换句话说，并不在乎现在的收入），两者的利益并不一致。因此，皮肯斯将大型一体化石油公司一分为二的建议是有道理的。

钢铁公司的情况也与之类似。其实，很多传统的、资本密集型的大型原材料制造商都面临同样的问题。因此，都会招来袭击者。

但是企业在袭击者面前不堪一击的最主要原因是"公司资本主义"本身，即自治的管理层，不向任何人负责，不受任何人控制，没有"选民"。这使得管理层傲慢自大。这种情况不但没有让管理层强大起来，反倒使它虚弱无力。管理层在董事会、股东、雇员中失去了根基，变得孤立无援。

面对袭击者的威胁时，只要管理层能够组织起支持自己的"选民"，就能击退敌意收购。例如，俄克拉何马州巴特尔斯维尔市的菲利普斯石油公司组织动员雇员和社区，最终成功击败皮肯斯的敌意收购。但是，一旦管理层禁受不住"自己无所不能"的诱惑，就会变得软弱无力。现实中，这种情况层出不穷。因此，当管理层受到袭击，面对高于市场价的出价，就没有人支持管理层了。

资金来源

被收购对象的脆弱解释不了袭击者"钱从哪里来"的问题。要敌意收购一家大公司需要筹措巨额资金，恐怕 5 亿美元只是最低限额。最近的几桩收购案例，所需资金高达 40 亿美元，并且根据规则，还要求是现金。当然，如果成功了，目标公司当然会成为买单的一方。但是，这笔钱一开始就要到位——也就是说，那时所有人都还不知道，收购会不会成功。如果袭击者是个人（此类情况越来越多），他筹措的现金没有任何担保。相对于所借资金来讲，袭击者的个人财产几乎可以忽略不计。即使袭击者是一家大公司，其融资数额也远超其负债能力。**然而，袭击者融资的唯一担保只有承诺：收购成功就还钱。**这已经不是传统意义上的"银行贷款"。但是，通过乔装改扮，袭击者还是能从银行借到钱。主要是为了规避监管，敌意收购的融资方式由银行融资转变为债券融资（市场把这种债券贴切地命名为**"垃圾债券"**）。这些债券的认购和发行并不难，贪婪的商业银行恰恰是最主要的买家。

银行贷款（或发行垃圾债券）资助敌意收购；20 世纪 80 年代早期西方银行给巴西、扎伊尔⊖、阿根廷等国政府提供贷款（其数额明显超出上述政府的还息能力，更不用提本金了）；芝加哥的大陆伊利诺伊银行⊜为代表的大型资金中心银行愿意甚至渴望把钱贷给高投机性项目，有时甚至融资给油气投机商捏造的根本不存在的假项目，三者的原因如出一辙。**美国商业银行的传统收入来源被压缩，它们十分渴望找到新的收入来源，或者说找到愿意支付高息的借款人。**进行敌意收购的袭击者当然愿意支付高息；反正袭击者未来不会自己支付这笔钱，收购成功后，被收购的公司会为此买单。

如教科书所言，商业银行依靠**流动性套利**生存：银行以保证流动性为条件（储户具有可随时支取的权利）获取存款。之后，以更长的期限（一般来说，商业贷款的期限是 90 天到 3 年）借出资金；银行债权（借出去的钱）的流动性要远远小于银行债务（储户存款）的流动性。因此，相对给予储户的利息，银行向借款者收取高得多的利息具有合理性。

⊖　即如今的刚果民主共和国。——译者注

⊜　大陆伊利诺伊银行（Continental Illinois），最早可追溯至美国内战时期的商业国民银行（Commercial National Bank），1984 年该银行宣布进入破产保护程序，由于其巨大的规模，美联储和联邦存款保险公司不得不对其紧急救助，注入巨额资金。——译者注但是，由于银行要么不能成为流动性套利者，要么没有取得收益，所以前述生存模式越来越难以奏效。一个原因当然是，由于监管规定，零利率活期存款几乎消失不见了。原来，企业提供大量活期存款。但是现在，没有几家企业提供大额现金。雪上加霜的是，个人支票账户的利率是 5.5%，如果再加上管理费等成本，个人支票账户的成本高达 8%～9%——这也就意味着，即使是活期存款，也提供不了多少"息差"。而且，大多数美国消费者支票账户的余额很小，仅用于维持收支平衡。其他的资金来源利率更高，如金融市场的资金，虽然能够提供流动性，但成本更高。

在需求方面，流动性套利也创造不出多少利润。美国工商企业越来越通过**商业票据**（分期付款类贷款的企业版本）的方式进行融资，银行商业贷款用的越来越少。这就绕过了银行。资金临时有富余的公司可以购买有临时资金需求公司的商业票据。相对传统的"息差"（无息活期存款利率与商业贷款利率的差），商业票据的"差额"（资金借出人的收入、资金借入人的支出），两者相比后者要低得多。前者是 4%～5%，而后者大约是 1.5%。

截至目前，绝大多数美国银行，尤其是大银行，都已经十分清醒地意识到，不能再寄希望于依靠"息差"赚钱了，必须把收入来源转向手续费和佣金。有少数几家银行，十年前就接受了这个观念，而且正在努力将自己的收入来源由"因提供资金收费"转向"因提供信息和服务收费"，如纽约的花旗银行，就是其中的先锋和领导者，但即便如此，也都还有很长的路要走。与此同时，银行缺少收入来源是不争的事实。因此，银行背负着巨大的寻找愿意（至少有相关承诺）支付高息的借款人的压力。无论借款人是俄克拉何马州的投机分子，还是被通货膨胀吞没的巴西、阿根廷政府，甚至是敌意收购的袭击者，统统可以贷款。

快钱的诱惑

袭击者融资问题解决了，但依然解释不了的问题是：为什么股东们会和袭击者走到一起，收购、兼并甚至清算自己拥有的公司。

目标公司的股东们会说，他们这么做只不过是因为这样做有益于公司。实际上恰恰相反，这些人很清楚，如果不出意外，收购对公司来讲将是一场灾难。大量案例显示，除非拿到现金，或者说，除非他们和自己的公司变得没有任何关系，否则他们不会将股票卖给袭击者。而且，这种现象越来越普遍。还有一种现象，如果这些人拿到的对价是股票，他们一般也会很快卖掉股票。再有，除非白衣骑士出更高的价码，否则他们中的绝大多数都会接受袭击者的报价。还可以肯定的是，这些人在接受了白衣骑士的对价后，如果对价不是现金，他们会在第一时间卖掉它们。

其实，面对袭击者的报价，除了接受之外，持有上市大公司股票的股东真的没有其他选择。他们是被迫，甚至可以说是被非法胁迫接受了袭击者的报价（只要这个价格高过市场价格）。造成这一情况的主要原因是，这些股票持有者或者说所有者已由个人变成了"受托"机构，养老基金是其典型代表。养老基金（互助基金也越来越多）是美国上市公司的合法"所有者"，其持有的股份已占普通股总量的大约50%。对大公司来讲，该比例更高，因为机构投资者更加青睐它们。管理这些目前仍在不断积聚的巨额资本的人（尤其是养老基金经理），不是所有者而是受托人。他们既是公司管理层的受托人，同时也是最终受益者（员工）的受托人。说他们是公司管理层的受托人，是因为年金是公司给员工的延期支付；说员工是受益者，是因为员工是将来领取养老金的人。作为受托人，当别人出高于市场很多的价格购买他们所持有的股份时，卖还是不卖没有选择。其实，他们必须接受。如果他们不接受，他们将把自己陷于无尽的、不确定的不利之中。6个月后，如果股票价格低于袭击者的出价，他们就可能会被公司管理层或员工起诉。受托人无权将**自己的**判断凌驾于"审慎"原则之上。审慎原则要求"一鸟在手胜过两鸟在林"，更何况，林子里有没有鸟谁都不清楚。

养老基金经理还承受着跑赢大市的巨大压力。其实，规律告诉我们：高于市场平均回报水平的情况是不可能一直存在的。美国企业大部分的养老金计划是**固定收益**计划：公司承诺，员工退休后，会拿到退休前 5 年平均工资一定比例的养老金，这个比例通常是 60% 左右。在这种情况下，员工能拿到的养老金是固定的，至少到员工退休时是固定的。但公司要缴纳的费用却是非固定的，具有弹性。如果养老基金价值增高——例如，养老基金的投资回报率高，那么公司要缴付的就低。如果养老基金不赚钱，或者说低于预期，那么公司要缴付的就高。

上述模式和**固定缴款**模式形成鲜明对比。在固定缴款模式下，公司每年给付的金额是固定的，员工在退休时拿到的养老金，要么是固定数额的，要么是变动的，这主要取决于养老基金的收益。

在固定收益模式下，公司管理层就会给养老基金经理施加盈利压力，特别是在投资收益方面的盈利压力，以让公司的给付额达到最低。但这只是一种幻想和错觉，实际上是一个不可能完成的任务。现在，养老基金**在**美国股票市场运作。一个人只要身在市场，就不可能战胜市场。养老基金的绩效表现也证明了这一点。虽然令人沮丧，却没有例外。实际上，"打败市场"正是很多养老基金远远跑输大市的原因。实际结果是，养老基金支撑起巨大的股票市场，而本应属于未来受益者的资产却一点点地被佣金侵蚀。在漫长的、可追溯的投资与金融史中，过去的 20 年，美国的养老基金管理整个行业都较为黑暗、令人沮丧，这种情况前所未有。

但是，公司的管理层依然相信，他们的基金能够获得出乎意料的成功——和在拉斯维加斯玩老虎机的人一模一样的心理。那些着眼于长期、拒绝投机、拒绝交易，想在 3 个月后证明自己的基金经理很可能会很快失去账户管理权。举目四望，很可能已经很难找到有竞争力的产业，而这时，一个袭击者愿意出 55 美元的价格购买市价是 40 美元的股票，这个诱惑真的很难抵挡。

养老基金经理知道，袭击者的行为对他们持有股票的公司有百害而无一利。但是他们不得不考虑他们自己所持有"资产"的福祉和权益。他们不是所有者。

虽然他们在法律上具有所有者的权利，但他们需要必要的投机。于是，他们像投机者一样行事。除非白衣骑士出价更高，否则必须接受袭击者的出价。

防卫策略的副作用

敌意收购浪潮是美国经济内在结构发生深刻变化的结果。但是，敌意收购本身非常混乱。敌意收购对股东来讲是利大于弊，还是弊大于利？关于这个问题的讨论铺天盖地。但有一点可以肯定，敌意收购对整个经济相当有害。敌意收购迫使管理层只顾短期利益，导致很多大中小型企业的经营目的不再是商业成果，而是避免被敌意收购。这就意味着很多企业被迫将经营聚焦于短短的 3 个月。许多企业的经营目的已经变成：让自己的资本提供者——机构投资者，在面对袭击者伸出的橄榄枝时，坚定持有而非出售手中的股票。

更为糟糕的是，为了防止敌意收购，很多公司被迫做起了蠢事。比如，因为充裕的流动性有助于袭击者偿还敌意收购带来的债务，所以，公司流动性强可能招致袭击。有鉴于此，有些公司一旦流动性充足，即使是几个月过后就需要现金，也要赶紧把钱挥霍掉——如买一些和自己的业务风马牛不相及的东西。而且这么做的原因只有一个——消耗现金。还有更加糟糕的情况，工商企业越来越削减面向未来的投入，如研发投入。美国最大的一个凶兆就是，日本正在以超过美国的速度占领工业化进程正在加速的市场，如巴西市场或者印度市场。日本之所以能够做到，是因为他们肯面向未来，在这些国家投资建设自己的分销系统。美国企业的管理层也精准地看到了这一点。但他们不采取行动。当问起原因时，他们一般会讲，"我们拿不出这么多的钱投资于未来，因为我们还要让下个月或下个季度的利润报表看起来更漂亮一点"。

是什么促使美国公司只注重短期利益而不顾长远？害怕收购绝对是其中

最大的单一因素。而且，对敌意收购的担忧会打击士气、消磨意志。这种担忧对公司管理层和专业人员的负面影响怎么说都不为过。而且，一旦敌意收购成功，情况会更加糟糕，对公司士气的打击是毁灭性的，永远都无法恢复。能离开公司的，都离开了。剩下的人，正在努力逃离。"如果明天我就要坠入深渊，那么，我今天为什么还要努力工作呢？"这是很多人的想法。雪上加霜的是，袭击者为了补偿自己，通常会把公司最有前途的资产卖掉。对士气来讲，收购绝对是大灾难。

总体而言，公司被收购之后的业绩都不好。对于那些并入企业集团或并入一个和自身业务没有什么共同点的公司来讲，前景更加不妙。例如，被并入金融集团的公司，只有大约 30% 在两年后绩效表现没有变差。对于被敌意收购的公司来讲，前景无一例外地凄惨。

很明显，更好地配置资源并不能为敌意收购正名。除了袭击者大捞一笔之外，敌意收购几乎没有其他目的。为实现这个目的，袭击者出高于市场的价格给持股股东，实际上是在贿赂。为了收回贿赂款，袭击者将其转化为被收购公司的重负，这是在损害公司的绩效潜力。而且，毫无例外，敌意收购会伤害组织、打击士气，这同样表明，所谓敌意收购能够优化资源配置的说法站不住脚。实际上，敌意收购只证明了一件事，在现代工商企业中，"资源"不是指水泥和砖瓦，而是由人构成的组织。

确实，有些案例显示，某些企业在脱离之前的组织后变得更有生产力——实际上，今天的很多大型组织，特别是大型企业集团，都应该分拆成更小单位，以提升效率。不能否认，自立门户成为独立的公司确实是一个提升活力的办法。但是，敌意收购无法实现该目标。相反，被收购企业最有价值的部分往往被放上砧板、任人宰割，以清偿某些人的债务。这么做，既会伤害这一部分的生产力，也会对被收购公司的其他部分产生负面影响。

美国经济的资源配置问题很大。但是，敌意收购绝对不是解决这个问题的方法。敌意收购严重破坏生产性资源（由人构成的组织），破坏组织的灵魂、奉献精神和士气，打击员工对管理层的信心，降低对组织的认同感。

即使我们认同"敌意收购是对股东好"，这种"好"也仅是昙花一现。但是，敌意收购对经济不好。敌意收购有百害而无一利，我们必须想办法制止。

一种办法是仿效英国，建立"收购审查小组"，以制止那些长期来看对企业和经济不利的收购。美国是否需要设立这样一个小组，或者说这个小组是否会演变成只会添乱的政府机构，目前争论很大。英国的做法和美国的反垄断法律也存在冲突。

因此，我们更可行的做法也许是抛弃"一股一票"的理念，以此来终止敌意收购，至少是给袭击者在敌意收购中设置一大障碍。所谓抛弃"一股一票"，是指在利润分配或清算时，每份股权都具有同样的权利；但是，在投票表决时，不同股权具有不同的权重，至少在公司经营较好时可以这么做。通用汽车公司以及一些小规模的公司已经在这么做。将此作为阻止敌意收购的第一步一点都不激进。英国早就有**私人有限公司**这种公司组织形式，在这种公司组织形式中，只要公司实现特定的目标，管理层就具有执政权。同样，在德国，**股份两合公司**⊖也已存在了 100 年。在这种公司制度下，即使管理层持有很少股份也具有主要的投票权，其前提同样是公司的绩效和成果表现要足够好。换句话说，我们要启用一个新的机制，不同类别的股票具有不同的投票权——例如，A 级股票的投票权是 B 级股票的 100 倍。新的机制只需要具备几个简单的条件就可以发挥预期作用：首先，授予 A 级股票超级投票权，而且，要将其授予真正独立且强大的董事会，而非管理层。为此，外部独立董事在董事会中要占绝对多数（顺便说一句，这是德国的做法）。其次，为 A 级股票享有超级投票权设定先决条件，规定只有在实现特

⊖ 股份两合公司（KommanditgesellschaftaufAktien），是指由无限责任股东和有限责任股东共同出资组成，是介于无限责任公司和股份有限公司之间的一种股份公司，无限责任股东管理和控制公司的经营活动，对公司债务承担无限连带清偿责任，有限责任股东一般不参与公司的经营管理，对公司债务仅以其出资额为限负有责任。——译者注

定绩效、经营较好的情况下，才享有超级投票权。上述两级股票机制既阻止了敌意收购，也约束了管理层，激励管理层尽职尽责将公司经营好。

收购潮将如何退去？是在抱怨声中逐渐消失，还是因失去融资基础而如山崩般戛然而止？虽然出现后一种情况的可能性不大，如巨额敌意收购贷款的一次违约，一桩"十亿美元级"的丑闻（如俄克拉何马州的佩恩广场银行⊖拖垮芝加哥的大陆伊利诺伊银行案例）都会导致敌意收购融资出现困难，但出现前一种情况的可能性似乎更大一些。在悠久的金融史中，以显著高于市场的回报诱使贷方进行非生产性融资，这么做的下场肯定很糟。"不是不报，时候未到"，而且，一般来讲都是"很快就报"。

即使我们控制住了敌意收购。但埋藏在敌意收购下的深层次结构问题仍没有解决。对此，我们还需要思考以下几个根本性问题：养老基金的角色、职能和治理问题；管理层的合法性问题；工商企业，特别是大型企业存在的目的是什么的问题。在所有利益相关方（包括企业自身的持续经营）中，股东是**唯一**的选民吗？其他利益必须完全服从股东利益吗？

当华尔街遇到拉斯维加斯

自相矛盾的是，我们在矫正敌意收购的同时，却在加重养老基金的病情。因为，上述做法将挡住养老基金的财路——袭击者给出的高价。这笔横财是现在养老基金在股市上快速获利的唯一途径。没了这部分获利，养老基金就无法满足委托者——公司的管理层的期望和要求。如果是这样，无疑公司管理层将给养老基金施加更大的压力，要求后者更加快速地获利；这一要求又反过来落在了养老基金持股的公司身上，从而促使工商企业的管理层更

⊖ 佩恩广场银行（Penn Square），俄克拉何马州的一家小型商业银行，成立于 1960 年，20 世纪 70 年代末 80 年代初俄克拉何马州和得克萨斯州的石油繁荣期间，该银行以高风险能源贷款著称，1982 年宣布破产，是芝加哥的大陆伊利诺伊银行崩溃的重要原因之一。——译者注

加着眼于短期，而这恰恰是正在逐步侵蚀美国经济竞争力的重要因素（世所公认）。只要养老基金是"固定收益"模式，这种情况就不会得到改善。

大多数人都会想当然地认为，30年前，当养老基金初建时，一定是工会要求采用固定收益模式。因为，在这种模式下，雇主承担了未来全部的风险。实际上，1950年春天，当通用汽车公司劳资双方订立养老基金的合同时，全美汽车工人联合会是强烈反对采用固定收益模式的。工会恰恰赞同的是"固定缴费"模式，[1]通用汽车公司一方则选择固定收益模式。当时，通用汽车的总裁查尔斯·威尔逊建议采用的是固定缴费模式，因为该模式在财务上更加合理。但是，他和沃尔特·鲁瑟（全美汽车工人联合会的主席）的建议均遭到通用汽车公司财务委员会的否决。此后，国内其他的养老金计划都沿用了通用汽车公司的模式。然而，固定收益模式（我们现在知道，该模式存在严重问题）的基础是建立在幻觉之上的。第一个幻觉，拉斯维加斯的赌客也有，那就是只要坚持向老虎机里投币，就一定会赚大钱。

在固定收益模式下，公司承诺，受益人在退休后，能拿到相当于退休前工资一定比例的养老金。公司要缴费的金额取决于特定年度基金的资产价值，而非养老金未来负债的现值。基金的价值越高，公司现在要缴纳的费用就越低，反之亦然。结果，管理层自欺欺人地假定：纽交所会永远上涨（至少从历史上看确实如此），因此在固定收益模式下，注定上涨的股票市场最终将代替公司承担起给付养老金的责任。实际上，确实有相当多的管理层向他们的董事会承诺：长期来看，固定收益养老金计划对公司来讲就是一只会下蛋的母鸡，其产生的收益要高于公司的投入。

第二个幻觉是每一家采用固定收益模式的公司都相信，只要管理"专业"，自己公司的养老基金将跑赢大市，**甚至**跑赢持续上涨的大市。

当然，没有哪条规律说股市永远上涨。历史上看，股市甚至都抵御不了通胀。如在过去的20年里，美国股市只是勉强跟上了通胀的步伐。实际上，长期来看大规模资金的增值很难做到，其增值速度更是赶不上经济增长的速度。历史上，虽有很多巨富致力于此，但不管是美第奇家族、富格尔家族，还是罗斯柴尔德家族、摩根家族，都没能做到这一点。与此类似，据我所知，还没有哪家大公司的年金在过去二三十年里跑赢股市。年金应该看重长期表现，因为这是一笔 25 年甚至更长时间之后的负债。实际上，相对于大多数固定收益模式大型年金，绝大多数固定缴费模式的大型年金表现更好：一方面，给最终受益人（雇员和未来的养老金领取者）带来了更好的成果；另一方面，雇主的负担也相对较低。例如，美国大型非营利组织教师退休基金会，为全国最大的采取固定缴费模式的养老金，不论对雇主还是雇员而言，其表现都非常抢眼。

某些错误的想法导致管理层采用了固定收益模式，这也同时注定养老基金自诞生之日起就必然会成为"投机者"，而且越来越短视。

固定收益模式在很大程度上也能够解释，为什么养老金的**社会**表现会同样差强人意。在这个方面，沃尔特·鲁瑟的担心是对的，养老基金既是金融机构又是社会机构，是雇主和雇员共同利益的现实体现。确实，通用汽车公司的理念和日本人的理念是非常相像的，双方均认为雇主雇员是利益共同体。但两者的做法各异。日本人在几年后，通过"终身雇佣制"实践了上述理念，并在员工内心确立了利益共同体的信念。而通用汽车公司的养老基金计划却没能实现初衷。

美国规范私人养老基金计划的相关法律将管理者定义为最终受益人（员工）的"受托人"。但是，在实际操作中，这些固定收益养老基金计划的管理者必然由公司的管理层任命，并只对公司的管理层负责。结果，第一个坐上火山口的人是雇主，这也导致"尽可能减轻雇主负担"成为基金运营的主要目的。另一方面，雇员也因此觉得自己对养老基金没有任何责任。对于雇员来讲，养老基金只是"延期支付的工资"，而非"投入公司的股份"。雇员觉得，基金的起起伏伏对自己没有任何影响。对于雇员这样的看法，我们无可厚非：除非公司破产，养老基金确实和他们关系不大。在固定收益模式下，也没有什么有效途径能使雇员参与到养老基金（美国生产资料的真正所有者）的管理和决策中来。

当然，固定缴费模式也不是什么灵丹妙药，但这一模式确实可以减轻上述弊端。其实，30年前就已有正确模式；对美国教师退休基金会来讲，甚至可以说在20世纪20年代，正确模式就已经出现了。实际上，美国教师退休基金会的真正模式不是固定缴费，而是"弹性缴费"。大学，或者说是其他非营利组织（如童军、新教教会）每年都向基金会缴费，缴费金额是员工工资的固定比例。员工工资提升，缴费额也会提高。因此（这一点很重要）就形成了一个每年都根据通胀自动调整缴费金额的机制。而且，每年产生的额外费用是可知且可预测的。正因为如此，美国教师退休基金会⊖可以（事实也在这么做）坚持长期投资，这也解释了为什么其绩效要优于采用固定收益的大型养老金计划。与此同时，因为美国教师退休基金会不再按员工工资一定比例给付养老金，所以其实际上不再承担100%的责任，这样，就能够让最终的受益者（员工）参与到养老基金计划的治理中来。大学里的教职员工不会将美国教师退休基金会看作"雇主的养老基金"，而是"我们的养老基金"。这样，就会吸引大家的兴趣。而且，对员工来讲，美国教师退休基金会成为他们和雇主之间具有共同经济利益的一种象征。

虽然十分缓慢，但养老金计划正在进行改革。许多公司，特别是中型公司，正在鼓励雇员在公司的养老金计划之外，建立自己的养老金计划，如建立自己的个人退休账户。这至少使理性投资，即着眼于长期的投资成为可能。但是，在可以预见的未来，美国大部分的养老金计划还会延续固定收益模式。美国养老基金（大公司原则上的所有者，以及法律上的所有者）依然还会继续被迫像投机者那样，而不是像投资者那样，更不可能像所有者那样行事。因此，在可预见的未来，我们仍有必要保护美国的财富之源（工商企

⊖　美国教师退休基金会（TIAA），1918年由卡内基教学促进基金会创立，保守的投资行为助其挺过了1929年的股市崩溃和经济大萧条。——译者注

业以及养老基金），使其不再承受为短期利益经营（下个月或下个季度）的压力。当然，首要的是帮助它们对抗敌意收购。

公司守护者的终结

公司资本主义：管理层在企业管理中具有自治权，俨然成为现代经济的"哲学王"，只对专业规则负责，而不受股东或其他"选民"控制。50 多年前，具体讲是 1932 年，伯利和米恩斯在代表作《现代公司与私有财产》中，首先提出了公司资本主义的概念，认为"控制权"已经与"所有权"分离，财产实际上已经不再意味着所有权，财产已经转换为投资，因此只关心分红和资本所得，而不再关心自身的福利和管理手段。

略懂政治理论或政治史知识的人都能预见到，这么做行不通。他们公开不讲，但私下会讲，无一例外，与历史上出现过的各种哲学王⊖一样，管理层这一哲学王也存续不了多久。确实，管理层掌握权力。而且，这些权力是从事工作的**必然**要求。但是，除非这种权力建立在外部支持和认可的基础之上，或者说，建立在"某种合法性（如神授、选举、政府授权等）的基础"之上，否则就没有合法性，就不能持久。而且合法性与绩效表现、专业水平、良好意愿等统统无关。某种权力可能是善意的、做得也很好，甚至民意调查满意度也很高，但所有这些都不是合法性的充分条件。没有合法性的权力一遇到挑战就注定会土崩瓦解。这种权力也许没有敌人，但没有人信任它，也没有人效忠它。

50 年前，伯利和米恩斯指出，美国公司真正的所有者已经缺位。从那时起，美国的管理层就已面临上述问题。毕竟大家都知道，亚里士多德早在 2300 年前就已经打碎了柏拉图的哲学王幻想，证明哲学王（将权力建立在

⊖ 哲学王（philosopher king），出自柏拉图的《理想国》，是哲学家进行统治的一种政体，对后世的政治思想产生了深远影响，该理念的关键在于认为哲学家在道德和智力方面，是唯一能够进行善治的可信赖之人。——译者注

政绩表现之上而非合法性之上）不能持久。但是，美国企业管理层的所作所为和历史上的哲学王并无二致。例如，他们非常类似于18世纪欧洲的"开明专制君主"，都标榜自己的良好动机，而且努力清除阻碍开明专制统治的最后障碍——独立且强大的董事会。在这种情况下，当公司资本主义的投资者变为养老基金（它们被迫按照投机者的行为方式做事），当他们面对袭击者时或者说当他们面对挑战者时，管理层就会发现自己是那么不堪一击。因此，从这个角度讲，敌意收购恰恰证明了公司资本主义的彻底失败。

但是，我们需要管理层。工商企业需要治理。而且这种治理要拥有权力、具有连续性和执行力。换句话说，工商企业要求这种治理具有合法性。那么，如何才能恢复美国大型上市公司管理层的合法性呢？

第一步，也是首先应该做的，是恢复独立且强大的董事会。实际上，如前所述，只要具备这样的董事会，袭击者就很有可能被击败。一个独立且强大的董事会不是管理层的傀儡，在业界有地位，并获得大家的尊重。即使那些一门心思想赚快钱的股东，也会听从该董事会的意见。敌意收购可能因此最终推动董事会制度的改革，推动恢复建立起一个独立且强大的董事会。这一点，整个业界已经呼吁了多年。

但是，此类董事会的成员不应该也不能仅仅来自股东，他们更应该是**独立董事**。这些人受人尊重，因此才能位列期间。这些人不代表任何"选民"，如名义上的所有者等，他们只代表诚信，代表企业自身的利益。在这种情况下，敌意收购必然将助推以下趋势（实际情况也正在朝这个方向发展）：有这样一类人，他们很专业，同时只服务于少数几个董事会，一般不超过4个；因其成就和诚信，这些人在相关领域中享有较高的身份和地位，并受到尊重；他们责任心极强，能够担当起为高管层设立高标准目标并监督执行的责任，担当起监督高管层成员行为和伦理的责任，甚至可以为了企业利益弹劾那些达不到董事会要求的首席执行官。

但是，这么做并不意味着我们认同技术统治论[⊖]，或者说只是想用一些聪明人替代现在这些哲学王。我们一定还要确保，外部独立董事不会像公司总裁一样，在抵制敌意收购时，只是为了保住自己的饭碗而奋斗。但是，不得不承认，这些独立董事确实不代表任何公开"选民"。除了无私的品格和丰富的知识，他们同样不具有合法性基础。那么，美国的大型上市公司是不是还必须学习动员新的"选民"呢？是否还需要用其他"利益相关方"来平衡之前的所有者（现在的投机者）？是否还需要与拥戴者建立新的联盟？

据报道，当员工持有较多股份时，敌意收购的袭击者会避免这样的目标。因为，袭击者知道，作为所有者的雇员不太愿意接受袭击者的出价。雇员们明白，当自己的工作受到威胁时，相对股票上的收入，他们失去的更多。最重要的原因是员工对公司有认同感，从个人感情上讲，他们希望公司保持独立。在与敌意收购展开的斗争中，最辉煌的战例不是管理者经营得有多好的公司，而是前面所提到的俄克拉何马州巴特尔斯维尔市的菲利普斯石油公司，该公司所在的城镇市民团结一心，保卫当地最主要的雇主。

30 年前，在美国的大企业中有一句很流行的话：管理层是"受托人，其功能就是平衡好股东、雇员、所在社区、顾客、供货商等方面的利益"。当然，在很多情况下，这句话只不过是用来粉饰管理层这个哲学王和开明专制君主的崇高地位。实际上，除了自私自利外，这句话还有其他意义。然而，作为统治者，管理层并没有把这句话真正付诸实践。个别的管理层也做了一些尝试，想把这些假想的"选民"与企业、管理层的关系制度化。面对敌意收购，保护企业、保护管理层显得更加急切，那么这一点是否正是我们需要做的呢？这种制度化的关系应该采取何种形式才好呢？

自由企业制度面临的挑战

敌意收购对股东来讲，是弊大还是利大？目前，关于这个问题的讨论，

⊖　技术统治论（technocracy），一种理论或运动，20 世纪 30 年代达到巅峰，倡导根据技术专家和工程师的科学知识改组社会体制，改革金融体制，利用产业资源等。——译者注

可谓众说纷纭。但是，在敌意收购这场争夺企业控制权和生存权的战斗中，除了袭击者、管理层、股东和雇员之外，还有其他更为重要的利益相关方未获得应有的关注。难道这些现代大型上市公司存在的目的就只是为了股东吗？正统的"资本主义者"当然会认同上述观点。但词汇**自由企业**出现于四五十年前，认为股东利益固然重要，但是，除了为股东创造回报之外，企业还有其他重要的职能和角色，如作为雇主、社区成员、消费者和供货商。英国在成立"收购审查小组"过程中就公开宣称，兼并和收购会影响到公共利益。但是，到目前为止，美国只被动地表达出相关理念，美国禁止兼并的理由往往基于反托拉斯法律。难道我们就不能同时一并考虑以下这个问题？收购将以什么形式对其他群体、对社区、对经济产生何种影响？这才是问题的关键。如何回答这个问题，在很大程度上决定了美国经济的未来。

如果我们对上述问题的回答只考虑投机者（别介意，虽然听起来很不顺耳，但从法律上讲，他们是所有者）的利益，那么美国的自由企业制度就会失去公众的支持，甚至很可能走向终结。对绝大多数人而言，即使能够从这场投机游戏中获得直接或间接的利益（即作为养老金的最终受益者），他们作为雇员（无论蓝领或白领）和作为社区成员，最终丧失的利益会更多。越来越多的人会将敌意收购视作道德问题。它确实深深冒犯了很多美国人的正义感。

如今，绝大多数美国人都是某个组织的雇员。研究表明，如果是由于经济表现不佳，组织需要进行必要甚至痛苦的调整（如闭厂、出售），雇员尤其是管理类和专业类雇员是能够接受的。但是，如果是因为敌意收购而出售一个人群组织，那么，这个理由就不能成立，难以被人们坦然接受。因为敌意收购的理由只有一个，那就是让某些人发财，而且这些人与企业及其经营没有半点利益关系。这与雇员的观念背道而驰——雇员们认为敌意收购将他们当"财产"看，而非当"资源"看，更别说是当人看。在我的高级管理培训课程班上，一位中层管理者事后就曾问过我："敌意收购难道就不违反关于劳役偿债和强制劳役的法律吗？"

早在 100 年前，美国规定债权人的权利并不是绝对的，并因此修订了破产法律，让维持和恢复"持续经营"优先于债权。此后，该制度成为企业陷入困境后的治理规则，而且取得了很好的效果。事实证明，在重组过程中保障持续经营同样符合债权人的最终利益。那么，我们现在是否也应该把这一点引入到敌意收购中来呢？将保护持续经营看作一种资源，同时更加重视雇员（无论是蓝领、白领还是管理人员）的利益、社区的利益、供应商和顾客的利益。实际上，我们正在朝这个方向前进，即应用破产法的保护措施保护企业免受单方利益胁迫而持续经营。约翰·曼维尔公司[⊖]是一家生产石棉和其他建筑材料的公司。在面对潮水般的石棉损害诉讼中，该公司成功求助于《破产法》，保证了公司的持续经营，进而维护了雇员和股东的利益。无独有偶，在放松机票价格和航线管制后，大陆航空公司面临空前的竞争压力，工会却坚决要求增加薪酬，导致经营成本大大超出承受能力。在这种情况下，该公司也是求助于《破产法》保护了自己。总有一天，某位聪明的律师会运用《破产法》关于保证企业持续经营的规定来应对敌意收购，法庭判决也会与约翰·曼维尔公司案、大陆航空公司案一样。不管采用哪种方法——立法、股权分级或是司法解释，我们一定能找到一种方法来对抗置其他利益（雇员、企业的长期发展繁荣、国家在世界市场上的竞争力等）于不顾，只追求短期投机利益的敌意收购，保护企业的持续经营。

注　释

1. 在谈判期间，机缘巧合，我曾和鲁瑟反复讨论过这个问题。鲁瑟担心（事后证明，这种担心毫无根据），"固定收益"模式会让工人意识到他们和雇主利益的一致性，因此造成工人和工会关系的疏远。

⊖ 约翰·曼维尔公司（Johns-Manville Corporation），美国科罗拉多州丹佛市的一家公司，组建于 1858 年，主营绝缘材料、天花板材料和绝缘产品，1982 年因面临史无前例的石棉损害索赔，该公司自愿申请破产保护。——译者注

5

第五部分

工作、工具与社会

引　言

本部分收录的文章（除短文《印度和适当的技术》之外）全部源自于我计划撰写却没能按计划完成的另一本著作，该书原计划命名为《工作简史》（没人试图做过同样的事情，我最终意识到自己也做不了）。"因为人类能制造工具，所以在所有生物中只有人类能够实现有目的的、非有机性的进化。"这是本部分第一篇文章的开篇格言，出自艾尔弗雷德·华莱士^㊀，他独自提出的自然选择理论与查尔斯·达尔文的观点非常接近。本部分的目标是阐述社会史视野下的技术史。

技术人员（工程师或化学工作者）往往认为技术与工具有关：犁、凸轮轴、飞机螺旋桨。几乎所有经济学家（只有约瑟夫·熊彼特除外）都将技术视为一个不稳定的外部变量（类似于飓风或地震），是他们构建的完美均衡模型的干扰因素。令人惊诧的是，社会学家或人类学家竟然也几乎完全无视技术，如马克斯·韦伯，这方面的一个主要的例外是托尔斯坦·凡勃仑。

事实上，除家庭和亲族关系之外，工作关系是最强的社会纽带。工作组织与家庭和亲族组织完全一样，塑造社区，决定社会秩序。反之，工作组织在很大程度上由技术、工具、动力和物质条件决定。这是本部分最后一篇文章《第一次技术革命及其教训》的主题，该文讨论了6000多年前创建了灌溉城市和灌溉帝国的技术革命。社会组织是完全一样的，皆取决于工作关系，进一步由大规模生产和流水生产线技术决定。因此，工作史打算将技术视作一种人类的甚至是社会的现象，而非仅仅是一种"技术的"现象，并且社会由工作和工作关系塑造，并围绕着二者得以形成。

如上文所言，这本书最终没有完成，本部分收录的文章提供了一些基本论点，希望有足够证据支撑我的观点。

㊀ 艾尔弗雷德·华莱士（Alfred Russell Wallace），英国地理学家、人类学家，开创并发展了自然选择理论，许多观点被达尔文的《物种起源》借鉴，代表作为《马来群岛》（*The Malay Archipelago*）。——译者注

第 18 章 | CHAPTER 18

工作和工具^㊀

因为人类能制造工具，所以在所有生物中只有人类能够实现有目的的、非有机性的进化。达尔文进化论的共同发现者艾尔弗雷德·华莱士的上述观点，即使算不上老生常谈，也无疑是显而易见的。这是一个非常深刻的洞见，尽管已经有七八十年的历史，但生物学家和技术专家似乎仍未仔细思考其具有的启示意义。

从生物学家（或历史学家）的观点出发得到的一个启示为，技术专家从物质的人工制品视角界定工具是相当狭隘的。语言也是一种工具，并且所有抽象概念都是工具。这并不意味着技术专家的定义应该被抛弃，毕竟所有人类学科都立足于同样武断的划分。但这确实意味着技术专家应该意识到定义的武断性，进而小心地避免其成为人们获取和理解知识的障碍。

我确信这一点与技术史密切相关。根据技术专家对"工具"的定义，算盘和指南针无疑是技术，而乘法表和对数表就不是。然而，这种武断的划分

㊀ 本文首次发表于 1959 年《技术与文化》(*Technology and Culture*)。

使人们几乎不可能理解数学技术发展等议题具有的重要性。同样，技术专家将艺术排除在其视野之外，使技术史家无法理解科学知识与技术之间的关系。（例如，参见辛格[⊖]主编的不朽著作《技术史》第三卷和第四卷。）至少在西方国家，科学思想、知识与艺术结下不解之缘之后很长时间，技术专家才能够用机械工艺术语进行交流：设计哥特式¹大教堂的数量数学理论，文艺复兴时期绘画的几何光学知识，或者宏伟的巴洛克建筑的声学原理。并且林恩·怀特[⊜]在近年发表的几篇文章中指出，要理解中世纪机械设备的发展历史，我们必须要理解圣本笃[⊜]最早提出的劳动尊严和神圣等非机械和非物质的新思想。

　　技术专家将技术界定为机械性的人工制品，甚至在该定义自身内部，华莱士的洞见也具有非常重大的意义。根据《技术史》的序言，技术的目的是"如何做事或如何制造东西"；据我所知，大多数该领域的学者都同意该观点。但华莱士的洞见引出了一个不同的定义：技术的主旨将是"人们如何做或如何制造"。至于技术的意义或目的，作者在同一篇序言中提出了一个普遍的观点，认为是"对人类面临的自然环境的征服"。哦，不，应该说华莱士的洞见是（用使人惊讶的语调来说）：技术的目的在于克服人类自身天然的，即动物性的局限。技术使人这种陆地上的两足动物，即使没有鱼鳃、鳍、翅膀却依然能够在水中遨游，在天空飞翔；使人这种身体保温能力很差的亚热带动物，能够在所有气候带生存；使灵长类中力量最弱、速度最慢的动物拥有了大象或公牛般的力量、不亚于骏马的速度；使人类的寿命从"自然的"二十来年延长至六七十年；甚至使人类忘记了自然死亡的真正含义是死于捕食者、疾病、饥饿或事故，而人类所谓自然死亡是在野生动物身上从未有过

　⊖　辛格（Charles Joseph Singer），英国技术史学家，主编《技术史》（*A History of Technology*）。——译者注

　⊜　林恩·怀特（Lynn T.White, Jr.），美国历史学家，代表作为《中世纪的技术与社会变革》（*Medieval Technology and Social Change*）。——译者注

　⊜　圣本笃（St. Benedict），意大利罗马公教教士、圣徒，本笃会的会祖，被誉为西方修道院制度的创立者，重视体力劳动，但反对过分的形式上的苦修。——译者注

的：死于年老体衰。[2]

人类经历的上述发展，当然会对自身所处的自然环境产生影响——虽然我认为直到近些年，这种影响是非常轻微的。但人类对自然环境的影响是附带产生的。真正关键的是所有上述发展都改变了人类的生物能力，且这种改变并非通过生物进化过程中随机性的基因突变，而是通过有目的性的非有机性发展得以实现，我们将这种方式称为技术。

前文我提出的"华莱士洞见"是指，从人体生物学视角出发会得出结论，技术并非工具、工艺或产品。技术与工作有关，经由特定的人类活动克服残酷的生物学定律约束，而这些定律迫使所有其他动物将所有时间和精力用于确保自身活到明天（如果不是下一个小时的话）。顺便说一下，从其他视角出发也会得出同样的结论。例如文化人类学的"文化"视角也同样没有误将技术仅当作物理现象。也许我们可以将技术定义为人类对物质对象采取的行动或一系列以服务人类目标为特征的物质对象。无论哪种方式，技术研究的范围和主题都是人类的工作。

∞

对技术史家而言，该思路并非是对定义吹毛求疵。因为这会进一步推论出，即使是最狭义的技术发展和技术史研究，即把其作为对特定机械部件（工具或产品）或特定流程的研究，也只有在理解了工作及其历史发展的前提之后才能富有成效。

可用的工具和技术不仅必然强烈影响人们能做什么工作和将做什么工作，还会影响开展工作的方式。工作及其结构、组织和观念，一定会反过来对工具、技术及其发展产生强烈的反作用。我们能够想象，这种影响非常强烈，甚至如果不理解工作关系的话，就无法理解工具和技术的发展。现有的所有证据都支持上述推论。

　　自 75 年前的泰勒开始，人们才开始尝试系统地研究和改进工作。在那之前，人们一直认为工作是无须探究的（显然，大多技术学者也认为工作是无须探究的）。泰勒的努力被误导性地称为"科学管理"（"科学的工作研究"应该会是一个更好的词汇，能够避免大部分误解），科学管理与技术无关。确实，科学管理把工具和技术作为主要的既定前提，试图使个体工人更经济地、更系统地、更有效地运用自身的能力。并且科学管理几乎会立刻带来工具、流程和产品的重大变化与发展。以传送带为特征的流水生产线是一个重要的工具变革。意义更深远的是流程方面的变革，即从制造产品转变为组装产品。今天，我们开始看到泰勒的工作给个体业务操作带来的又一深远影响：从围绕物品处理流程组织生产转变到围绕物品和信息流动组织生产，我们称这种新的生产方式为"自动化"。

　　对工具和技术的类似的直接影响可能起因于近期另一种工作研究及改进的途径：该途径有多重称呼，"人体工程学""工业心理学""工业生理学"。科学管理及其继承者研究作为操作的工作；人类工程学及其相似学科关注的是技术与人体解剖学、人类感知、人类神经系统、人类情感之间的关系。疲劳研究是最早也是最广为人知的例子；对感官知觉和反应的研究，例如研究飞行员的感官知觉和反应，就像学习研究一样都是当下最热门的领域。此处我们甚至没有涉及上述研究的皮毛；然而我们已经知道，在测量和控制工具的理论和设计方面，这些研究会导致传统技能、传统工具和传统流程的重新设计。

　　但是，显然在将工作系统化之前很久，人类就一直在工作，只不过需要经过反复试验。毕竟科学管理的最佳案例并非出现在 20 世纪；最佳的例子是字母表。在人类文明初现曙光的时期，流水生产线的工作观念已经被那些无名天才理解，他们用装备统一、几乎没有重复性的动作以及经过严格训练的步兵战士取代原有的贵族战争艺术家——荷马在著作中描绘了他们的最后荣光。人类工程学的最佳例子是把镰刀改为长手柄的钐镰，随后持续地调整收获方式，以适应人类早已开始的从蹲着的四足动物到站立的两足动物的进化，上述工作领域的每一项发展都迅速对人工制品的技术，即工具、流程和产品产生了深远影响。

对技术带来最大影响的可能是工作的组织层面，这一点我们知道得最少。

就我们现有的任何人类记录来看，工作一直都既是个人性的又是社会性的。有史以来最彻底的集体主义社会出现在秘鲁的印加帝国，但他们没能成功地彻底实现工作的集体化；技术（尤其是工具、陶器、纺织品和崇拜偶像的制造）仍然是个人性的工作。那是个人的专门化，而非蜂巢或蚁穴中的工作表现出的生物或社会性专门化。最彻底的个人主义社会，最完美的古典经济学市场模型，都以无数关于法律、货币、信用和交通等方面的集体组织为先决条件。但恰恰由于个人努力和集体努力需要不断互相协调，所以工作组织并不是一成不变的。在很大程度上，工作组织确实存在替代物，也就是说人们可以进行选择。换言之，工作组织本身就是人类特有的有目的的、非有机性进化的主要方式之一，其本身就是人类的一种重要工具。

只是在最近几十年，我们才开始认真看待工作组织。[3] 但我们已经了解到任务、工具以及工作的社会组织并非彼此完全独立，而是相互影响彼此交织。例如，我们知道，纽约女性服装产业的前工业技术，几乎不是技术的、经济的或市场条件的结果，而是该产业开展工作的传统社会组织的产物。相反的情况也得到了证实。例如，当我们将特定工具引入机车制造厂后，传统的工作组织、工艺组织都会变得过时；并且在旧技术条件下使人们高效工作的组织，在新条件下反而成了生产的主要障碍。

工作组织、任务、工具之间的相互关系必然会一直存在。人们甚至可以进一步推测，古人早期引进陶工旋盘和后来引进手纺车之间之所以存在神秘的时间间隔，原因就在于纺纱采取团体工作的组织形式，而制陶是一项个体工作，《荷马史诗》对女主人与女儿、女仆合作纺纱进行了精彩描述。手纺车要求个人的注意力集中于机械及其速度，不利于自由的人际交往；甚至从更纯粹的经济视角来看，勤劳的纺织工人在政治、训练和教育方面的收获显然要比更快地制造更干净的纱线更有价值。

如果我们对科学的工作及其组织知之甚少，那么我们就会对其历史一无所知。并不缺少对这一点进行解释的记录，至少在信史时期有很多。伟大的作家们（如赫西奥德[⊖]、阿里斯托芬[⊜]、维吉尔[⊜]）留下了许多详细的描述。关于中世纪巅峰时期的早期帝国及其后的 700 年历史，我们拥有大量的图形资料：陶器、浮雕画、木刻、蚀刻、印刷品，唯一缺乏的是关注及客观深入的研究。

∞

政治史家和艺术史家仍受到希腊式偏见的支配，往往把工作置于其注意力之外，误认为技术史是"以事物为中心的"。结果，我们不仅事实上仍然重复着历史上关于工作组织的传统观点，而且认为现有资料和工作组织的知识不过是无稽之谈，进而拒绝更加充分地研究已收集的现有有关使用工具的历史信息。

例如，学者们一直对材料运输和材料处理设备缺乏关注。我们知道，搬运原材料（而非制造物品）是生产过程中的核心工作，但人们几乎从未关注材料运输和材料处理设备。

哥特式教堂是另一个例子。汤姆森^㉔在《技术史》（第二卷）中直截了当地指出：在中世纪"没有严格意义上的建筑师"，有的只是"熟练的石匠"，但我们有不容否认的相反证据（例如，西蒙斯作品⁴中的概括）能够证明，专业的、经过科学训练的建筑师实际上在当时居于主导地位。他们经过培

⊖ 赫西奥德（Hesiod），古希腊诗人，大致与荷马处于同一时期，代表作为《工作与时日》（*Works and Days*）。——译者注

⊜ 阿里斯托芬（Aristophanes），古希腊喜剧作家，与苏格拉底、柏拉图有交往，代表作为《财神》（*Plutus*）。——译者注

⊜ 维吉尔（Virgil），古罗马奥古斯都时期诗人，代表作为《埃涅伊德》（*Aeneid*）。——译者注

㉔ 汤姆森（R. H. G. Thomson），英国伦敦国家美术馆科学实验室实验员，撰写了辛格主编的《技术史》第二卷部分内容。——译者注

训，社会地位与熟练的石匠有着显著的不同。正如我们常说的那样，他们是些名人，绝非无名无姓之辈，其活动范围甚至会跨越多个国家，从苏格兰到波兰再到西西里。确实，他们挖空心思想要出名以流芳百世，不仅在书面记录中，而且在其设计的教堂中，都以科学的几何学家和设计家的身份留下自己的完整印记（有些事情即使是今天最著名的建筑师也会产生犹豫的）。同样地，我们仍然在重复早期德意志浪漫主义的错误观点，认为哥特式大教堂是个体工匠的工作成果，但实际上，教堂的主体建造必须基于各部分之间的严丝合缝。人们制造模具，并把其当成行会的财产共同拥有和管理。只有屋顶、饰品、门窗、雕像等是个体艺术家的工作。我们掌握的所有资料都证实，鉴于熟练工人的极度匮乏、对当地条件的严重依赖以及非熟练工人来自乡村等原因，在制造零部件的熟练工人和在领班、工头的监督下组装零件的非熟练工人之间必须存在严格的分工。因此，当时一定发展出了相当高级的原材料处理技术，我们的资料中确实描述了这一点，但技术史家由于其不加批判的浪漫主义偏见将其忽略了。并且，虽然工匠工作一般都会提及模具，但据我所知迄今为止尚无人专门研究过这种卓越的工具，而这与我们自认为所相信、了解的中世纪工作和技术历史知识完全相悖。

我并非建议放弃关于工具、流程和产品的历史研究。无疑，我们需要了解更多这方面的知识。我的意思是，工作史研究本身是一个范围广、收益大、充满挑战的领域，技术史学者们应该做好遭遇困难的心理准备。说到底，如果技术史要成为真正的历史研究而非工程师的好古癖，那么我们就需要认真研究工作本身。

∞

最后必须要问一个问题：没有对工作的研究和理解，我们如何才能理解技术？辛格主编的巨著《技术史》没有深入研究 1850 年后的技术，而是告诉我们，在那时技术已变得过于复杂以致无法全面描述，更无从理解。但恰恰是在那之后，技术开始成为影响人类文化和自然环境的核心力量。说我们无法囊括所有现代技术，犹如说胎儿一旦从子宫里出来就不需要医药。我们亟须一种理论，使我们能够立足于若干基本的、统一的概念把多样而又复杂的现代技术组织起来。

而且，对于一位既不是专业史家又不是技术专家的外行而言，如果没有若干基本概念，似乎古老的技术，甚至那些一百年前技术大爆炸前的技术已经没有任何意义，不仅无法真正理解，甚至几乎不能描述。每一位技术作家都承认，无数的、各种各样的、异常复杂的因素与技术相互影响：经济体制、立法体制、政治体制、社会价值观、哲学理念、宗教信仰以及科学知识。没人知道所有因素，更不可能在彼此之间不断变化的关系中理清上述因素。然而，特定时刻所有因素都会以特定方式成为技术的一部分。

对这种情况的典型反应当然就是时不时宣称某个因素（例如经济或宗教信仰）具有决定性的作用。我们知道，这只能导致彻头彻尾的错误。这些因素会产生深刻的影响，但并非互相决定；可能它们至多为彼此限定约束条件或创造系列机会。我们也不能根据人类学者的文化概念理解技术，认为其是各因素之间牢固、彻底和有限的平衡。这样一种文化，在与世隔绝的小型原始衰败部落中可能存在。但这也恰恰是它们之所以处于小型、原始、衰败状态的原因。任何有活力的文化的特征是，在能量级和发展方向两个维度上，其内部各要素及其相互关系自发孕育变革的能力。

换言之，技术必须被视为一个系统，[5] 即一个相互关联、相互沟通的部分和活动的集合。

只有当我们拥有一个统一的核心，系统内**所有**力量和要素围绕这一点相互作用并显示出明显的效果，系统的复杂性能够在一个理论模型中得以理清，我们才能够研究和理解这样一个系统。工具、流程和产品显然不能提供用以理解我们称之为技术的这一复杂系统的核心。然而，仅仅是存在可能性，工作可能提供这个核心，它可能整合所有这些相互依赖的自变量，提供一个统一的概念，使我们既能够理解技术本身及其在价值观、机构、知识、信念、个体、社会等方面扮演的角色和发挥的影响，又能理解技术与它们彼此之间的相互关系。

今天，这样的理解是至关重要的。我们这个时代最宏大，或许最关键的事件就是在西方技术的侵蚀下，所有非西方的社会和文化正在消失。然而，我们没有办法分析这个过程，也无法预测这对人类及其制度和价值观会产生什么影响，更别提控制了。换言之，我们需要在一定程度上能够说明，需要做什么才能够使得这一重大变迁趋于正面，或者至少让人可以忍受。我们极度需要切实地理解技术，需要一个真正的技术理论和技术模型。

历史从来都不仅是对死去和消失的事物进行盘点（的确，那是好古癖）。真正的历史总是旨在帮助我们理解自身，帮助我们做该做的事。恰如我们期望政治史家更好地理解政府，艺术史家更好地理解艺术，所以我们有权利期望技术史家更好地理解技术。但除非他自己拥有一些技术概念而不是只把技术看作个人工具和人工制品的集合，否则他如何才能帮助我们理解呢？如果技术及其历史研究的焦点是工作而非工具，那么技术史家能发展出相关的概念体系吗？

注　释

1. 当汉密尔顿（S. B. Hamilton）论述哥特式教堂建筑及其赞助人时，他只是说出了技术专家的普遍观点（见辛格：《技术史》，第四卷），"就什么是美丽的而言"，没有"任何证据表明任何一方受到任何理论的指导"。然而我们非常容易获得充分的相反证据；建筑师和赞助人不仅仅"被指导"，他们实际上完全被关于结构和美的数学理论迷住了。例如，可参见 Sedlmayr：*Die Entstehung der Kathedrale*；von Simson：*The Gothic Cathedral*；尤其是最伟大的教堂设计师之一——圣丹尼斯的阿伯特·苏歇（Abbot Suger of St-Denis）的直接证言，出自 *Abbot Suger on the Abbey Church of St-Denis and its Art Treasures*。

2. On this Sir P. B. Medawar, the British biologist, in "Old Age and Natural Death" in his *The*

Uniqueness of the Individual (London: Methuen, 1957).

3. 在所有研究者中，应该提及埃尔顿·梅奥（Elton Mayo）的著作，他刚开始在澳大利亚，后来搬到美国哈佛大学，尤其需要关注他的两本小书：《工业文明的人类问题》（*The Human Problems of an Industrial Civilization*）和《工业文明的社会问题》（*The Social Problems of an Industrial Civilization*）；法国社会学家乔治·弗里德曼（Georges Friedmann）的研究，尤其是他的《工业社会》（*Industrial Society*）；在耶鲁大学，查尔斯·沃克（Charles R.Walker）及其团队从事这方面研究，尤其是沃克与罗伯特·盖斯特（Robert H.Guest）合著的《流水生产线上的人》（*The Man on the Assembly Line*）。我认为，波兰科学院也在从事工作组织方面的研究，但我未能获得任何结果。

4. O. G. von Simson, *The Gothic Cathedral* (London: Routledge and Kegan Paul,1956).

5. 该词在此处的用法引自肯尼斯·博尔丁（Kenneth Boulding）：《一般系统理论——科学纲要》（General Systems Theory-The Skeleton of Science），（*Management Science*，1956 年 4 月）以及一般系统研究协会（Society for General Systems Research）出版的著作。

第 19 章 | CHAPTER 19

技术、科学与文化[⊖]

　　"在过去 200 年中，是什么导致了人类生存状态的根本变革？"的标准答案是"科学进步"。本文将对此提出异议，认为可能更加准确的答案是："技术概念的根本性变革。"其核心在于旧技术被系统性地重组为拥有自身概念工具的公共学科，例如 19 世纪医学中的"鉴别诊断"概念。1750～1850 年的一个世纪中，人类的 3 种主要技术——农业、机械艺术（今天的工程学）和医学都经历了快速的重组过程，几乎立即孕育了现代农业、工业和医学领域的"革命"。

　　重组过程与当代的新科学知识根本没有任何关系。事实上，在上述每项技术领域，基于经验的实践都遥遥领先于科学。因此，技术是科学的驱动因素，例如，瓦特改良蒸汽机 75 年之后克劳修斯[⊜]和开尔文勋爵[⊚]才奠定热力

⊖　首次发表于 1961 年《技术与文化》。

⊜　克劳修斯（Rudolf Clausius），德意志物理学家，1850 年首次明确提出热力学第二定律的基本概念，1855 年引进了"熵"的概念。——译者注

⊚　开尔文勋爵（Lord Kelvin），原名威廉·汤姆森（William Thomson），爱尔兰物理学家，与克劳修斯并列为热力学第二定律的两位主要奠基人，1848 年发明了热力学温标。——译者注

学的科学基础。确实，除非工艺已成功转变为技术学科，否则科学对工业技术革命不会产生影响。

但技术会对科学产生直接影响，新出现的系统性技术会转变为科学，并且这种转变（科学自身的定义及形象的转变）是最具根本性的。科学自身从"自然哲学"变成一种社会建制。科学用来定义自身的词汇仍旧保持未变："系统性地探索理性知识。"但"知识"一词的含义从聚焦于人类思想的"理解"转变为聚焦于应用技术的"控制"。之前科学往往提出的根本性形而上学问题被取代，而很少被关注的基本社会问题和政治问题反而越来越受到重视。

如果声称技术攫取了超越科学的至高权力，那么就过于夸张了。打个比方，正是技术建造了未来的房屋，领出了婚姻证件，让科学不情不愿地参加双方的婚礼。并且，正是技术使得两种性质的事物结合在一起，科学**向**技术融合，而非科学和技术联合。

证据表明，转变的关键依赖于有关技术的新基本概念，换言之，真正的技术革命有其自身的原因和动力机制。

∞

在所有主要技术中，只有医学已经被系统性地讲授了很长时间。我们可以从今天的医学一直不间断地追溯至 1000 年前阿拉伯哈里发帝国的医学，线索虽然已经有些模糊，但可以继续上溯 1400 年，至亚历山大学派⊖，最终追溯至古希腊的希波克拉底。从一开始，医学院就既传授理论知识又从事临床实践，因此，医学技术是在科学和技术两方面同步展开。不像西方国家的其他技术专家，医务人员一直享有崇高的社会声望和社会地位。

然而，直到晚近时期（大约 1850 年），科学知识和临床实践之间仍未形

⊖　亚历山大学派（School of Alexandria），在埃及亚历山大港于希腊化时代与罗马帝国时期发展起来的文学、哲学、医学、科学流派。——译者注

成组织化的可预测关系。中世纪时期，西方医学在卫生保健领域的一项主要贡献就是发明了眼镜。眼镜被人们普遍接受的具体时间是 1286 年，到 1290 年，眼镜的使用已被大量文件所证明。[1] 几乎可以确定，这项发明基于崭新的科学知识，很有可能就是培根的光学实验。当眼镜得到普及时，培根依然在世（他去世于 1294 年）。直到 19 世纪，都没有其他将新的科学知识几乎立即转化为技术的例子（尤其是在医学领域）。然而，古希腊时期盖伦◯的视觉理论拒绝任何基于现实经验的修正，直到 1700 年仍在医学院中被讲授。[2]

400 年后的伽利略时代，医学又前进了一大步，哈维发现了血液循环，是古代以来最重要的新知识。100 多年后，詹纳◯的牛痘疫苗问世，既是历史上首次出现特效疗法，又是首次对重大疾病的预防治疗方法。

哈维的发现，证伪了所有支持古老的放血疗法实践的理论假设。到 1700 年，哈维的发现已经在所有医学院进行传授，并被收录进所有医学著作中。然而，放血疗法依旧占据医学实践的核心，又过了一百余年，直到 1850 年万灵的放血疗法仍被广泛采用。[3] 最终促使人们彻底抛弃放血疗法的并非是科学知识（当时哈维的科学知识已经被证明是正确的，且已被人们接受的时间长达 200 余年），而是临床观察。

同哈维相比，詹纳的成就在本质上就是技术性的，没有任何理论基础。这或许是临床观察创造出的最伟大成绩。种痘的阻力很大（毕竟，这是故意使人患天花的鲁莽行为）。但似乎没人注意到詹纳的疗法与当时的生物或医学科学理论的冲突，直到 100 多年后的巴斯德◯才在科学层面解决了该冲突。对我们而言似乎令人费解的是，当时竟然没人试图对疫苗接种进行科学解释或深入研究免疫现象。但是，一位临床上给人接种疫苗的医生，在长达一个世纪的

◯ 盖伦（Galen），古希腊哲学家、医生，推崇希波克拉底提出的气质体液说，主导西方医学长达 1300 余年。——译者注

◯ 詹纳（Jenner），英国医生，研究及推广牛痘疫苗，预防天花，被称为疫苗之父。——译者注

◯ 巴斯德（Pasteur），法国微生物学家，化学家，以对疫苗、微生物发酵和巴氏杀菌原理的发现而闻名，被公认为细菌学的三大创始人之一。——译者注

时间里讲授的科学理论却认为接种疫苗是荒谬的，如何解释这种矛盾呢？

　　唯一的解释就是，当时人们认为科学和技术彼此没有必然联系。对当今的我们而言，假定科学知识转化为技术是老生常谈，古人则持完全相反的假定，该假定解释了人们讨论科学和"有用的技术"之间的历史关系时出现的歪曲。然而，围绕古人的假定展开辩论没什么意义，即使科学与技术之间存在微弱的联系，实际上也同不存在差不多。正是在我们时代，而非历史上，人们才假定科学理论和技术实践之间存在一致性。

　　科学与技术的区别不在于内容，而在于各自的关注点不同。科学是哲学的分支，注重理解，旨在提升人类的心智水平。科学一旦被利用，就会导致自身的被滥用和堕落（柏拉图的著名论点）。技术则聚焦于使用，旨在提高人类的做事能力。科学处理的是最普遍的问题，而技术解决的是最具体的问题，二者之间的任何相似之处都是"完全巧合"。[4]在思想和世界观领域，任何重大变迁都没有非常确定的时间范围，技术革命同样如此。然而，我们确实知道，这一变迁发生在 1720～1770 年的半个世纪之内，即从牛顿到富兰克林时期。

　　现在几乎没人意识到，斯威夫特对种出两片草叶之人的著名赞誉，⊖只能存在于以前的时代，显然他赞扬的对象并非科学家。相反，这是对科学家尤其是令人敬畏的皇家学会进行猛烈攻击的致命武器，意在赞美能使人头脑清醒且获得收益的非科学性的技术，抨击那些探索大自然，注重理解却没有明显成效的科学。虽然斯威夫特站在不受欢迎的立场上抨击牛顿科学，但他的基本假定（科学和技术是完全不同的，二者存在天壤之别）在 18 世纪初显然是非常流行的。再例如，从科学的观点来看，1720 年的"南海计划"显然不可行，但仍然没有一位科学家公开发表反对意见。许多人（艾萨克·牛顿爵士牵头）投入了巨资，[5]并且虽然时任皇家造币厂厂长的牛顿改

　　⊖　斯威夫特（Jonathan Swift），英国作家，讽刺文学大师，在代表作《格列佛游记》（*Gulliver's Travels*）中声称："谁要能使本来只生产一串谷穗、一片草叶的土地上长出两串谷穗、两片草叶来，谁就比所有的政客更有功于人类，对国家的贡献就更大。"德鲁克此处的论述，即由此引出。——译者注

革了商业活动，但他并没有为南海泡沫计划的任何技术问题操心。

50 年后的 1770 年，富兰克林博士已身为最卓越的"哲学家"和科学名人。虽然富兰克林是卓越的科学家，并且作为一名技术专家的成就为他赢得了声誉，但用 18 世纪的说法，他也是一名"技工"。通过富兰克林壁炉和双焦镜，我们可以看出他是一名才华横溢的爱设计小玩意儿的发明家。他的主要科学发现之一（探索大气中的电流），迅速用于实践并发明了避雷针。富兰克林的另一项主要科学发现，是开展了海洋学方面的开拓性工作，最早发现并研究了墨西哥湾暖流，并被迅速用于提高跨大西洋邮政服务的速度。在这时，科学家们已经和普通公众一样向富兰克林热情致敬了。

1720～1770 年的 50 年间（在历史中并非一段特别著名的时期），不论普通人还是科学家，对待技术的态度一定发生了根本性的改变。一个例子是英国对发明专利的态度变化。在南海泡沫事件时期，专利权仍不受欢迎，并被抨击为"垄断"，往往被授予政治盟友而非发明家。到 1775 年，当瓦特获得改良蒸汽机的发明专利时，英国人已经赞同用这种激励方式促进技术进步。

我们非常清楚这段时期技术领域的变革，包括农业革命和工业革命的开展。今天我们熟知的技术观，即认为技术是人类系统性地、有组织地作用于物质材料，就诞生于该时期。这种技术是通过集中和组织现有知识，并系统性地应用和公布知识而产生的。当然，作为最后一步的公布知识，是最新颖的（技术工艺再也不是所谓的"秘诀"了），也是最重要的。

新技术观带来的直接影响不仅仅是技术的迅速进步，而且促进了系统性技术学科的建立，并被传授和学习，最后使科学重新定位，以满足这些新兴技术学科的应用需求。

虽然农业 6 和机械工艺 7 彼此独立，但二者同时发生了变革。

英国农业的变革，以 18 世纪早期塔尔⊖对马拉耕作机械的系统研究为

⊖ 塔尔（Jethro Tull），英国农学家。原书此处为 17 世纪早期，但根据塔尔的生卒时间，此处应为 18 世纪早期。——译者注

起点，以霍尔克姆的科克平衡规模化种植和选择性畜牧工作作为终点，结果导致农业从"生活方式"转变为一种产业。然而，如果没有亚瑟·杨格[⊖]定期出版公布上述新技术，恐怕它们不会产生重大影响。定期出版介绍新技术，使其能够迅速普及，促进开展下一步工作。最终效果极为显著，劳动力数量减半的同时产量翻了一番，进而使得劳动力从农村大规模转移到城市，从粮食生产者转变为粮食消费者，奠定了工业革命的基础。

1780 年前后，英国的倾慕者德意志人特尔[⊜]建立了第一所农业学院（不是"耕作"（farming）学院，而是"农业"（agriculture）学院）。在有生之年，特尔见证了该学院孕育出最早的专门聚焦于应用的新知识，即李比希[⊜]在植物营养学方面的工作和第一个基于科学的产业：化肥业。

机械工艺向技术的转化，遵循着相同的顺序和类似的时间表。当然，自 1714 年英国议会决定为航海天文钟设立 20000 英镑的巨额奖金到惠特尼的零部件标准化，这 100 年是机械发明的伟大时代，也是机械工具、原动机和工业组织的伟大时代。虽然技术培训尚未采用系统化的形式，但已在 1747 年法国创办的路桥学院萌芽。组织化的编辑和出版可以追溯至狄德罗的《百科全书》，该书第一卷出版于 1750 年。1776 年（这一年堪称人类历史上的奇迹之年：《独立宣言》、《国富论》、布莱克斯通的《评论》以及瓦特的第一台实用蒸汽机纷纷诞生），第一所现代技术大学——德意志萨克森州弗莱贝格的**矿业学院**建立起来。更加值得注意的是，其建立的原因是纽科门蒸汽机的广泛使用，尤其是在深层采煤业中，催生了对大量受过技术培训的管理者的需求。

1794 年巴黎的综合理工大学创立，标志着工程师专业的形成。同样是

⊖　亚瑟·杨格（Arthur Young），英国作家，农业改革者，1784 年创办《农业年鉴》（*Annals of Agriculture*），此刊于 1888 年出版终刊。——译者注

⊜　特尔（Albrecht Thaer），德意志农学家，代表作为《农业原理》（*The Principles of Agriculture*）。——译者注

⊜　李比希（Liebig），德意志化学家，发现了氮元素对植物营养的重要性，被誉为"化肥工业之父"。——译者注

在一代人的时间内，人们见证了物理学的重新定位——有机化学和电学开启了自身的科学历程，二者既作为科学又作为技术。李比希、沃勒[⊖]、法拉第、亨利[⊜]、麦克斯韦都是伟大的科学家，他们的科学成果被发明家、设计家以及工业开发人员迅速应用。

18 世纪，在主要的技术领域只有医学没有发生变革。荷兰人斯威滕[8]对此进行了尝试，他不仅是一位伟大的医生，政治上还是哈布斯堡宫廷的顾问。斯威滕试图将其老师布尔哈弗[⊜]1700 年左右在莱顿始创的临床实践与撰写《病理解剖学》（1761）[9]的莫尔加尼[⊛]及其他人发明的新科学方法结合起来，莫尔加尼的著作首次将疾病作为器官的病变而非"体液"失衡。但是（我们不应忘记的一个教训）医学（倒不如精确地说是其所代表的事物）作为一个学术机构备受尊敬且组织有序，击退了进行变革的尝试。斯威滕及其支持者约瑟夫二世皇帝去世后，维也纳医学界又返回到了经院哲学。

只有在法国大革命废除了所有医学院和医学协会之后，真正的改变才得以实现。其后，另一位宫廷医生，即拿破仑的医生高尔维沙[⊕]1820 年前后在巴黎实现了斯威滕没能实现的目标。即便如此，1840 年前后，塞麦尔维斯[⊗]发现传统医疗实践对分娩发烧导致的大量死亡负有责任时，科学方法的反对势力依然非常强大，迫使他不得不从维也纳流亡到外地。直到 1850 年，随着巴黎、维也纳、维尔茨堡等地现代医学院的兴起，医学才成为真正的技术和组织化学科。

⊖ 沃勒（Woehler），德意志化学家，人工合成尿素，打破了有机化合物的"生命力"学说。——译者注

⊜ 亨利（Joseph Henry），美国科学家，先于法拉第独立发现电磁感应定律。——译者注

⊜ 布尔哈弗（Boerhaave），荷兰医生，临床教学以及现代学术医院的奠基人。——译者注

⊛ 莫尔加尼（Paduan Morgagni），意大利解剖学家，被誉为现代病理解剖学之父。——译者注

⊕ 高尔维沙（Corvisart），法国医生，心脏病学专家，1804 年后担任拿破仑的专职医生。——译者注

⊗ 塞麦尔维斯（Semmelweis），匈牙利产科医生，证实了产褥热是由于接生人员的手或器械受到污染传染产妇引起的败血症，于是他提倡使用漂白粉溶液消毒接生人员的手和器械，采用这种方法的医院产褥热死亡率显著减少。——译者注

　　然而，这一切的发生也不是由于科学的推动。人们首先编纂和组织从实践中获得的旧知识。继医学实践的重新定位**之后**，医学领域涌现了一批伟大的科学家（贝尔纳⊖、巴斯德、利斯特⊜、科赫⊜），并且他们都是以应用为中心，所有的动力都源自他们渴望行动，而非渴望理解。

　　我们都知道技术革命的结果及其影响。不同于马尔萨斯的观点，我们知道过去 200 年中粮食的增长速度大大超过了人口数量的爆炸性增长，150 年前人类的平均寿命依然接近其"自然寿命"：25 岁左右，即人类生理繁殖所需要的时间。如今在世界上最发达和最繁荣的地区，人口平均寿命几乎达到原来的 3 倍。此外，通过运用机械技术，发掘其潜力，同时也承担其风险，人类的生活发生了翻天覆地的变化。

　　多数人都知道，技术革命导致了前所未有的后果——一个共同的世界文明。不论世界各地的历史、传统、文化和价值观多么古老悠久，多么高度发达，多么备受珍爱，都在不断受到共同的世界文明的侵蚀和毁灭。

　　上述变迁的根本，是知识的意义和性质以及我们对待知识的态度的改变。或许，阐述这一点的另一种说法是，非西方世界难以接受西方科学主要是因为西方科学需要更好地理解，他们渴求西方科学则是因为想要获得其技术及成果，技术需要控制而非理解。最早最典型的案例，即为日本 1867～1894 年甲午中日战争中首次以民族国家的形象登上世界舞台期间的西化过程。[10]

　　但这意味着技术革命赋予技术一种历史上任何"有用技艺"（农业的、机械的、医学的）都没有的权力：影响人的思想。以前，有用的技艺仅仅与人的生活、死亡、工作、玩耍、吃饭和战斗的方式有关。个人如何思考，思

⊖　贝尔纳（Claude Bernard），法国生理学家，最早定义"内环境"，倡导用双盲实验确保科学观察的客观性。——译者注

⊜　利斯特（Lister），英国外科医生，推广无菌手术，引入碳酸消毒手术器械并清洁伤口，被誉为"现代外科之父"。——译者注

⊜　科赫（Robert Koch），德国医生，微生物学家，与巴斯德同为细菌学创始人。——译者注

考什么，如何看待世界及自身，个人的信念和价值观都与技艺无关，而属于宗教、哲学、艺术、科学等领域。使用技术手段影响这些领域是传统的"魔法"，如果这么做，即使不是愚蠢，也被公认为是一种邪恶行为。

然而，伴随技术革命而来的，是不顾后果地将应用和认知、物质和精神、手段和目的、理解和控制等融合在一起。

∞

关于技术革命，只有一件事情是我们不知道的——但那是至关重要的：究竟是什么原因导致人们的态度、信念和价值观发生根本改变？这种改变进而引起了技术革命。前文试图表明，科学进步与此几乎没有关系。往前推100年，世界观的巨大变化引起的伟大科学革命对此负有什么样的责任？崛起的资本主义扮演什么角色？作为新的中央集权民族国家构成部分的重商主义贸易和产业政策与无处不在的官僚主义，对书面的、系统的、合理的程序的要求，二者各自负有什么责任？（毕竟18世纪时，人们编纂法典仍如同整理有用的或应用的技艺。）或者，我们若视技术革命为一个过程，那么其动力机制是什么？难道是"技术进步"积累到了突然颠倒过来的程度，自然以往对人类的"控制"（至少潜在地）变成了人类对自然的控制吗？

我主张，这应该成为通史学家和技术史学家研究的中心问题。

因为，首先，技术革命标志着一个伟大的转折点（知识的、政治的、文化的、经济的转折）。在所有4个领域中，统治世界的体制、权力、宗教等传统的（往往是不成功的）驱动力被一种新型的高度成功的世界帝国主义取代，那就是技术的驱动力。在100年的时间内，到1900年技术革命已渗透至世界各地。

对技术史家而言，技术革命不仅是其研究领域内的重大变革事件，也是一个作为技术的专业领域得以形成的关键点。当然，到技术革命爆发为止，技艺和工具、人工制品和机械装置已经有了漫长而令人振奋的历史，期间既有缓慢而痛苦的进步，又有突然且迅速的普及。但只有拥有后见之明的历史学家，才会将这些归结为一个整体，即技术。对同时代的人而言，它们彼此分离，各自属于不同的领域、应用和生活方式。

然而，通史学家和技术史家都没有在技术革命议题上投入大量精力。首先，即使他们注意到了技术革命，也往往将技术视为科学的私生子。据我所知，在技术及其角色和影响等方面投入时间和精力的唯一一流的通史学家（除技术和工具的敏锐鉴赏家希罗多德以外）是施纳贝尔。[11] 施纳贝尔在一所技术大学（卡尔斯鲁厄）讲授历史，这可以解释他的兴趣所在。对现有的技术史家而言，他们更愿意成为材料、工具和特定技术方面的历史专家，而非技术史家。罕见的例外是那些非技术专家，如芒福德⊖或伯林盖姆⊜，可以理解他们更关注技术对社会和文化的影响，而非技术自身的发展和动力机制。

今天，技术之所以重要，恰恰是因为它将行动领域和认知领域、人类的知识史和自然史结合在一起。技术是如何走到这个中心位置的（历史上技术始终处于边缘位置），还有待进一步的思考、探索和揭示。

注　释

1.　E. Rosen, "The Invention of Eyeglasses", *Journal for the History of Medicine*,vol. 11(1956), pp. 13-46, 183-218.

2.　在伟大的布尔哈弗创造的许多"第一次"中，这是第一次讲授眼科学课程，并第一次实际检查眼睛——1708 年在莱顿。牛顿的 *Optics* 是公认的灵感源泉。（见 George Sarton 的 The History of Medicine versus the History of Art, *Bulletin of the History of Medicine*。）

3.　在 19 世纪 20 年代，放血疗法才真正达到顶峰，当时该疗法被巴黎医学院最权威、最著名的教

⊖　刘易斯·芒福德（Lewis Mumford），美国历史学家，城市规划理论家，代表作为《技艺与文明》(*Technics and Civilization*)。——译者注

⊜　罗杰·伯林盖姆（Roger Burlingame），美国作家，代表作为《人与机械》(*Men and Machines*)。——译者注

授布鲁赛当作万能疗法。根据 Henry E. Sigrist 的 *Great Doctors* 的说法，该疗法在 1827 年异常流行，导致法国该年进口了 3300 万只蚂蟥。

4. 不可否认，存在一种重要的不同观点，认为存在一种重要且高效的实现科学的方法，并作为做事的手段和技术的基础。该观点最著名的代表是圣·波那文都（尤其参见圣·波那文都的 *Reduction of all Arts to Theology*）。再往前推 100 年，不同的观点实际上主导了 12 世纪柏拉图主义中圣维克托瓦尔和沙特尔的神学家 – 技术专家流派，接受神秘主义的大教堂建筑师。关于这一点参见 Charles Homer Haskins 的 *The Renaissance of the Twelfth Century*；Otto von Simson 的 *The Gothic Cathedral*；*Abbot Suger on the Abbey Church of St-Denis and its Art Treasures*。

　　当然，异议者并不认为知识的目的是物质技术；理性知识是认识上帝或至少是赞颂上帝的手段。但知识的目的一旦成为应用，就会迅速聚焦于物质技术和纯粹的世俗目标——就像圣·贝尔纳早在 1127 年对 Suger 的 "技术统治论" 的著名抨击中指出的那样。

　　异议从未完全消失。但在 13 世纪经验主义者逐渐取得胜利之后，该观点不再受到尊敬，更不可能占据主流地位，这种状况一直持续到 19 世纪早期浪漫主义自然哲学的兴起，其发展已经是技术革命之后很久的事了，并且实际上成为其第一个（迄今也是唯一一个）文学方面的后代。众所周知，在浪漫主义（Novalis 是其中最伟大的诗人，Schelling 是其正式的哲学家）和第一个主要学科——有机化学（该学科自创立起就既是科学又是技术）之间存在最密切的联系。鲜为人知的是，浪漫主义运动中的代表作家、哲学家和政治家大部分出身于第一所技术大学——1776 年成立的德意志萨克森州弗莱贝格的矿业学院（Mining Academy）。

5. J. Carswell, *The South Sea Bubble* (London: Cresset Press, 1960).

6. G. E. Fussell, *The Farmer's Tools, 1500–1900* (London, 1952); A. J. Bourde, *The Influence of England on the French Agronomes* (Cambridge, 1953); A. Demolon, *L'Evolution Scientifque et l'AgricuErure Fran~aise* (Paris, 1946); R. Krzymowski; *Geschichte der deutschèn Landwirtschaft* (Stuttgart, 1939).

7. A. P. Usher, *History of Mechanical Inventions* (Rev Ed, Cambridge, Mass, 1954); 同一作者的 ' Machines & Mechanisms ' in vol. Ⅲ of Singer, *et al, A History of Technology* (Oxford, 1957); J. W. Roe, *English and American Tool Builders* (London, 1916); K. R. Gilbreth, ' Machine Tools ', in *History of Technology, vol. Ⅳ* (Oxford, 1958); 关于早期技术教育参见：FranzSchnabel, *Die Anfaenge des Technischen Hochschulwesens* (Freiburg, 1925).

8. 斯威滕的标准传记是 W. Mueller 的 *Gerhardvan Swieten*；关于学术医学对科学方法的有组织抵制，参见：G. Strakosch-Grassmann 的 *Geschichte des oesterreichischen Unterrichtswesens*。

9. 这是工作中的常用名。其实际名称是 *De Sedibus etcausis morborum per anatomen indigatis*; 首部英译本出版于 1769 年，题目为 *The Seats and Causes of Diseases Investigated by Anatomy.*

10. 对此介绍最清楚的是 William Lockwood 的 T*he Economic Development of Japan, 1868–1938.*（显然德鲁克此处主要是指日本的明治维新。——译者注）

11. Franz Schnabel, *Deutsche Geschichte im 19. Jahrhundert* (4 Vols, Freiburg iB, 1929–1937); 关于技术和医学的讨论集中于 vol. III.

印度和适当的技术[⊖]

一位印度政府的著名经济顾问说:"虽然很多人认为甘地犯的最大错误就是倡导纺车,但在充满无所事事之人的印度农村,这种简易工具确实非常有效,是最适当的技术。"然而,这却不是印度农民自己认定的最"适当的技术"。

在 1978 年到 1979 年的冬天,我在印度度过了 6 周时间。当我穿越乡村时,最使我难忘的不是预料之中的普遍贫困和严重失业,而是出乎我意料的情况,每一间寒碜的小茅屋外都停着四五辆崭新的自行车,并且都不上锁。在印度农村,牛车可能比自行车还要多,显然牛车的数量也要比小型拖拉机的数量多得多。但是,几千年来破天荒第一次实现印度次大陆粮食自给的绿色革命[⊜],其推动力量并非挖掘棒或木犁,而是无所不在的竖井里的汽油泵和旱地灌溉水渠。

⊖ 首次发表于 1979 年《华尔街日报》。

⊜ 绿色革命(Green Revolution),20 世纪五六十年代,在福特基金会和洛克菲勒基金会的资助下,印度、菲律宾、墨西哥、巴基斯坦等发展中国家通过引进并培育新品种,使用化肥,改进灌溉技术,推广机械化生产,大幅度提高了农业产量,被誉为绿色革命。——译者注从每一辆牛车、每一辆骆驼车、每一台三轮车、每一顶象轿⊖中，都传出晶体管收音机播放的音乐。在无数的农村集市上，生意最火爆的是那些以分期付款方式出售小型摩托车的商家。

尽管印度政府的经济顾问及其领导（总理）操心纺车问题，但自行车、晶体管收音机、汽油泵、小型摩托车（而不是纺车，更不是卷线杆或纺轮）确实是印度及多数发展中国家亟须的适当技术，它们创造了工作机会和购买力，相反卷线杆则会减少工作机会，损害购买力。

在印度，没人能告诉我政府的经济政策是什么。仅有的政府行为是扩张已然庞大的国营企业，促进臃肿的官僚机构进一步膨胀，制定更多的官僚规章。政府内阁几乎在任何事情上都无法达成一致，自然也就出台不了什么政策。大量资金被分配给各地农村，却没有合适的项目，目标更是无从谈起。如此糟糕的形势下，存在一种广泛流传的潜在反技术潮流。

我在印度的时候（即甘地夫人⊜重新掌权之前），总理德赛⊜先生已经84岁，但看起来却像55岁（他将这归功于自己只吃生蔬菜泥，喝自己的尿液），他反复向我强调："小即是美""农村发展""适当的（即前工业化的）技术"。当德赛总理倡导返回到纺车时，经济顾问们不断重复的正是这套言辞。这套言辞也出现在其他发展中国家，如印度尼西亚。

往届印度政府——尤其是尼赫鲁担任印度总理时期，执着于"越大越好"，作为对这一幻想的反对，德赛政府对农村的重视同样显得不合时宜。印度5.5亿人口中的90%居住在农村，然而前任历届政府却忽视了农村。

但"小即是美"与"越大越好"同样都是幻想。适当的事物并不是那些需要最多资本或最多劳动力的技术;不在于"小"或"大","前工业的"或"科学奇迹"。所谓适当的技术,是那些非常简单却能最有效地使用经济资源的技术。在一个人口基数庞大且数量迅速增长的国家,适当的技术能够有效地增加工作岗位。印度拥有大量的管理资源和创业技能,同时还有无数未被满足的消费者需求,种种因素都能够创造购买力。在这类国家,真正的发展是什么?

20 世纪 60 年代的历届政府将该国极为稀缺的巨额资本投入到钢铁厂的建设中,而这些昂贵的钢铁厂在七八十年代已经成为典型的白象。炼钢是高资本密集型而非劳动密集型产业,产品在世界市场上供应充足,并且能以低价轻易购得。最重要的是,钢铁厂实际上并不能创造超出其自身所需的工作岗位,所以对印度这样的国家而言,钢铁厂显然不是适当的技术。

但汽车工业(客车、摩托车、卡车、拖拉机)可能是具备最高就业乘数效应的产业,其工厂自身的劳动力 / 资本比非常高,且该产业为整体经济中的每一家制造业工厂都创造了 4~5 个二级或三级工作岗位,这些岗位分布在公路建造、公路维护、交通管理、经销代理、加油站、修理作业等行业,进而创造了大量购买力。

同样,制造晶体管收音机和自行车也需要大规模的制造业基地和广泛的经销体系,二者均能大大增加就业岗位,进而创造购买力。并且,汽车工业还能创造人力资本,没文化的人也可以学会开车。合成化肥、制药、杀虫剂行业等都是类似的产业,都需要大型企业和全国性的分销和服务体系(此外,这些行业的产品与汽油泵一起成为印度独立以来取得的两项伟大成就的基础:粮食产量大幅增加和婴儿死亡率迅速降低)。

作为生产力、工作岗位和购买力的创造者,同样适当的产业还有规模可能相当小的化妆品制造业。在班加罗尔,我参观过一家非常高效、非常成功的跨国化妆品企业,虽然该企业只有 20 名雇员,但同任何一家大型的印度国企相比,其投资或销售的每卢比资金可赚回 5 倍的外汇。

20 世纪五六十年代的发展模式过于注重资本投资。美国林登·约翰逊总统的外交政策顾问罗斯托 60 年代早期出版的《经济增长的阶段》，最完整地呈现了该模式的特点，后来成为指导发展中国家经济发展的"圣经"。罗斯托⊖信誓旦旦地声称，大规模资本投资会自动、直接带来发展。但这并不具备经济效率，甚至会带来浪费和功能紊乱。如今，人们倾向于将经济效率定义为使用最多劳动力，这尤其适用于那些拥有大量未就业的年轻劳动力的发展中国家。

但这种观点并不完全恰当。经济效率是指在资本、劳动力、自然资源和时间等经济资源的约束下带来最高的总产出，也会带来最多的工作岗位和最大的购买力，甚至在特定经济发展阶段最大限度地减小可得收入方面的不平等程度。当然，穷国无力支持大量的非生产性人口（即那些似乎忙于在木棍上绕棉线玩耍的员工），富国可能会确保非生产性人口有一定的失业金，但穷国缺少这类剩余资源。

最重要的是，吟唱"小即是美"的诗人忘记了（甚至华盛顿官方同样忘记了），一个健康的社会和经济体系，**既**需要大规模产业，**又**需要小规模产业。确实，不论在发达国家还是发展中国家，大的和小的相互依赖。在大规模市场中，小型制造商难以生存（无论在美国还是印度），除非存在大型装配厂或零售商，如 IBM 公司、通用汽车公司、西尔斯百货公司等。只有通过大型厂家的产品或经销店，小型厂家的产品才能够进入市场。反之，如果没有大批彼此独立的模具店、工具店，零部件供应商，地区经销商，服务站和修理店等，也就不会有通用汽车公司存在。

制药研究需要大型（如果不是巨型的话）企业，但药品销售则依赖大约 20 万家药店和 20 万名医师，每一家都有必要保持分散，并且相互独立。印度农村的发展，不仅意味着要为农村产品创建全国性市场组织、国家信贷和

⊖ 罗斯托（Walt W. Rostow），美国经济学家、政治学家，代表作为《经济增长的阶段》（*The Stages of Economic Growth*）。——译者注

银行机构，还意味着要建设大型发电站。最重要（"小即是美"倡导者总是选择忽视）的是乡村发展需要健全且集权的政府官僚机构，不论政府官僚体制是否值得被称作"美的"，但它们一定不是"小的"。

我担心，所有这些讨论都不会对印度政府的经济顾问产生很大影响。我也知道，他们对总理实际上也没有多大影响力。然而，一旦印度人民拥有了自行车、小型摩托车、晶体管收音机和汽油泵，他们还能心甘情愿返回到纺车时代吗？

第 21 章 | CHAPTER 21

第一次技术革命及其教训[⊖]

　　众所周知，方兴未艾的技术革命会对个人以至自由、社会、政体产生何种影响是人们越来越关注的问题。与技术引领的乌托邦式救世主诺言相伴而来的，是一种最可怕的末日景象：人被技术奴役、自我异化、疏离社会、所有人类价值和政治价值灰飞烟灭。

　　虽然当今的技术爆炸日新月异，但与 7000 年前第一次伟大的技术革命对人类生活的影响相比，后者的意义更加重大。正是在那时，人类的第一个伟大文明（灌溉文明）得以确立。起初是在美索不达米亚，后来在埃及和印度河谷，最后在中国，灌溉文明迅速发展为农业帝国。除此之外，人类生活方式和谋生方式的其他任何变革（甚至包括当今的变革），都未能如此彻底地改造整个人类社会和人类共同体。实际上，如果只从发明文字的角度考虑，那么灌溉文明是人类历史的起点。

　　灌溉文明时期显然是技术创新的时代。在整个人类历史上，只有 18 世

　　⊖ 技术史学会（Society for the History of Technology）1965 年年会主席报告。

纪以来的技术创新（包括技艺、工具和流程）浪潮，才能在规模和影响力上与之相提并论。确实，从技术对人类生活和人类社会的影响来看，18 世纪之前的技术在本质上都是一样的。

灌溉文明不仅是技术创新的伟大时代，也是人类社会创新和政治创新方面最伟大和最有成就的时代。思想史往往会回溯到古希腊、《旧约》先知时代或中国的早期王朝，那个时代的思想资源迄今仍能激发人们的满腔热情。但人类基础性的社会和政治制度在政治哲学诞生时已存在了几千年，它们都是在灌溉文明初期孕育和建立起来的。任何研究社会、政治制度、政治过程的专家学者，越来越愿意追溯至那些早期的灌溉城市。并且，通过借鉴过去半个世纪中考古学家和语言学家的研究成果，我们掌握了越来越多的信息，对灌溉文明的具体情况越来越了解。人们越来越能够还原历史的真实面貌，有助于更好地理解古代和现代社会。实际上，人类当今所有的社会和政治制度，都是那时创造并发展起来的。下面是若干例子。

（1）灌溉城市最早设立了特有的常设机构——政府。灌溉城市建立了非人格化的政府，设置了明确的等级结构，迅速形成了货真价实的官僚体制。进而，在官僚体制的支持下，灌溉城市发展为灌溉帝国。

更为根本的是，灌溉城市最早孕育了人们的公民观念。灌溉城市不得不超越狭隘的部落和宗族范围，将不同出身和血统的人融合进一个共同体。灌溉城市最早清晰地区分风俗和法律，促进了非人格化、抽象的、法典化立法体制的发展。实际上，所有法律观念（不论刑法还是民法）的起源，都可以追溯至灌溉城市。4000 年前的《汉谟拉比法典》是世界上现存最早的成文法典，甚至仍然适用于当今发达工业社会中的大量司法事务。

农民防御脆弱，易受攻击，并且无法快速转移，迫使灌溉城市设立了人类史上最早的常备军。灌溉城市拥有先进的技术，在人类历史上首次产生了大量剩余产品，因此成为城墙外草原上和沙漠中游牧部落垂涎的目标。随着军队的发展壮大，专业性战斗技术和作战装备不断完善，战马和战车、长矛和盾牌、盔甲和石弩等纷纷涌现。

（2）正是在灌溉城市中，人们最早被分为不同的社会阶级。农产品是所有灌溉城市赖以生存的基础，所以需要长期从事农业生产的农民，进而需要保卫农民的武士。此外，灌溉城市需要掌握知识的统治阶级，最早是僧侣阶级。直到 19 世纪末，人类社会的基本构成部分仍是上述三大"阶级"。[1]

与此同时，灌溉城市进行劳动分工，陶工、纺织工、金属工等技工和工匠得以出现，抄写员、律师、法官、医生等专业人士也应运而生。

由于拥有大量剩余产品，所以灌溉城市最早开展了有组织的贸易活动，这不仅孕育了商人阶层，还产生了货币、信用、超越城市范围的法律，给陌生人和外地商人提供保卫、可预测性和司法保护。顺便言之，这就产生了对国际关系和国际法的需求。实际上，19 世纪的贸易条约和古代灌溉帝国的贸易协议没多大区别。

（3）灌溉城市最早拥有了知识，并将其组织化和制度化。因为灌溉城市需要各类知识以建造和维护复杂的建筑工程、管理性命攸关的供水系统。此外，由于不得不管理绵延多年、方圆数百英里地域内的复杂经济交易，所以灌溉城市需要记录技术，显然这意味着书写系统的发明。由于灌溉城市依赖节气，所以需要天文信息，进而需要将所获信息转化为可学和可教的知识，并将搜索和转化过程有序地组织起来。结果，灌溉城市建造了历史上最早的学校，培养了最早的教师，还最早发展起系统观察自然现象的机制，甚至最先找到了解自然的方法，将自然作为外在于人，不同于人，并由自身的理性法则和独立规律支配的事物。

（4）最后，灌溉城市创造出个人观念。通过观察幸存至今的部落共同体，我们可以发现，在城市外面，人们只有组成部落才能生存，个人在部落中既不被重视，也得不到关注。对比之下，在古代的灌溉城市中，个人不可避免地成为中心，伴随而来的不仅仅是同情和正义观念，还有我们所了解的诗歌等各类艺术，并且最终孕育出宗教信仰和哲学。

　　当然，这些甚至都称不上浮光掠影的概述。我认为，广泛的社会和政治创新支撑着灌溉文明的发展壮大。需要强调的是，灌溉城市本质上是"现代的"（我们通常所理解的含义），并且直到今天的人类历史，很大程度上仍立足于 5000 年前甚至更早时代奠定的基础之上。事实上人们甚至可以说，过去 5000 年的人类史，很大程度上就是灌溉城市的社会和政治制度向越来越大的地域（地球上所有水分充足、适合农业耕作的地区）扩张的历史。在人类文明的初期，灌溉城市是部落和游牧世界中的绿洲；到 1900 年，态势刚好相反。

　　灌溉文明恰恰立足于技术革命，其制度体系能够名正言顺地被称为"技术政体"，所有制度都是回应新技术带来的机会和挑战的产物，本质上都旨在使新技术发挥最高的生产效率。

∞

　　请允许我稍微岔开话题。

　　灌溉文明的历史尚有待进一步研究。50 年前，这方面的资料少得可怜，如今，可用的资料汗牛充栋。针对历史上的灌溉文明，例如苏美尔文明，已经产生了一系列卓越的研究成果。但是，重现人类创造的伟大成就，讲述早期文明令人荡气回肠的精彩故事，依旧任重而道远。

　　对诸位技术史家而言，这应该作为一项重要任务。有志于此的历史学家，要做好这项工作起码需要真正理解技术，研究的核心主题将不得不聚焦于第一次技术革命的影响、能力、创造的机遇和挑战。如今，虽然我们对各类社会、政治、文化制度习以为常（因为在很大程度上，5000 年来人类一直生活在这些制度中），但在那时这些制度却都是全新的，并且都是新技术的产物，旨在尝试解决新技术带来的难题。

　　我们技术史学会的一个论点是，在整个人类历史发展过程中，技术史是一条重要的、清晰的线索。我们认为，如果缺少了关于人类工作的历史和人类工具即技术的历史，那么整个历史研究就不能得到全面的理解。我的一些同事和朋友（我只提一些大家比较熟悉的人），如芒福德、费尔菲尔德·奥斯本、李约瑟、福布斯⊖、史密斯⊖、林恩·怀特等，在他们各自的著作中，已经详细论述了技术对政治史、社会史、经济史和文化史的深远影响。虽然技术变革一直影响着人们的生活和工作方式，但毫无疑问，在其他任何时代，技术都没有像第一次技术革命期间（即古代灌溉文明兴起的时期）那样强烈地塑造文明和文化。

然而，只有在当今时代，我们才能够全面讲述技术史的故事，不应继续忽视这方面的研究。如前所述，资料不再是障碍，并且由于我们自身也生活在一场深刻的技术革命时代，所以能够更好地理解那时（人类文明的曙光时期）发生的事件。正统的历史（学校中讲授的历史）认为，真正"有意义的"历史始于古希腊，而证明该观点的错误，指出其对"古代文明"的误解，是我们面临的艰巨任务。

∞

言归正传，回到前面提出的问题，我们生活在其中的新工业革命可能会对人类、社会及政府产生什么影响？我们能够从第一次技术革命中借鉴什么经验？灌溉文明的历史故事是不是表明人类要被其自身的技术成就所决定，受其束缚，被其奴役？或者表明人类有能力将工具用于个人的和整个人类的目的，有能力成为自己设计的工具的主人？

灌溉文明给出的答案包括以下三个层面。

⊖ 福布斯（R.J.Forbes），荷兰科技史学家，代表作为 1955～1964 年出版的九卷本《古代技术》（*Ancient Technology*）。——译者注

⊖ 史密斯（Cyril Stanley Smith），英国科技史学家，曾参与曼哈顿计划，代表作为《1532～1786 年炼钢科学的历史渊源》（*Sources for the History of the Science of Steel* 1532–1786）。——译者注

（1）毫无疑问，重大技术变革创造了对社会和政治创新的需求。这确实导致现有的制度安排变得过时，也的确需要新的非常不同的社区制度、社会制度和政府制度。在这个意义上，毫无疑问，革命性的技术变革具有强制性；它**要求创新**。

（2）第二层答案也意味着强烈的必然性。无疑，通过观察灌溉文明，人们会认识到特定的技术变革同样要求特定的社会创新和政治创新。古代灌溉城市的基本制度体系，尽管存在巨大的文化差异，但都表现出惊人的相似性，由于文化可能会广泛传播，所以这并不能确定地证明什么（我不讨论原始创新者是美索不达米亚还是中国）。但是，新大陆[⊖]墨西哥湾沿岸和尤卡坦半岛的玛雅灌溉文明要比旧世界迟千余年，且在地理和文化上完全独立，其制度在基本层面上与旧大陆[⊜]的制度仍然非常接近（例如，划分社会阶级，设立常备军和训练书写技能的组织化政府），这一事实充分证明，新技术导致的问题的解决方案必须是非常具体的，即备选方案的数量和范围都是有限的。

换言之，我们从第一次技术革命学到的一个教训是，新技术创造了历史哲学家所谓的"客观现实"，并且客观现实不得不在**新技术**的环境中被处理。例如，其中一种"客观现实"就是在第一次技术革命期间，人类空间从"栖息地"转换成"定居点"，即始终能在相同地点找到的永久领土单位——不像牧民不断迁移畜群或原始部落的狩猎场那样。仅这一点就使得部落显得落伍，进而要求有一个永久的、非人格化的、非常强大的政府。

（3）但灌溉文明也教导我们，新客观现实只能决定解决方案的总体特征，决定了何地何领域需要的制度，但不能使任何事情都"确定无疑"。对于新问题可能**如何**解决，新制度的目标和价值观可能是什么，新技术为人们留下了非常广阔的选择空间。

⊖ 新大陆，是指美洲。——译者注
⊜ 旧大陆，泛指亚、欧、非三大洲。——译者注

例如，在新大陆的灌溉文明中没有出现个人观念。据我所知，新大陆文明从未将法律与风俗分离，拥有高度发达的贸易体系却从未发明货币。

甚至在灌溉文明可以彼此学习的旧大陆，不同文明之间仍然存在许多非常重大的不同。即使所有文明都有相似的任务要完成，并为此发展出了相似的制度体系，但它们彼此之间仍然存在很大差异。不同的具体答案首先表达了关于人及其在宇宙、社会中的地位的不同观念，包括不同的目标和彼此差异的价值观。

在所有这些文明中，都不得不建立起非人格化的官僚制政府；缺少政府，文明就无法延续。但在近东地区[⊖]，这类政府出现得非常早，清一色为剥削阶级服务，控制普通大众，为所有人建立司法秩序并保护弱势群体。从一开始，近东灌溉文明就将伦理道德视作政府的关键职能。然而，古埃及政府却没有该类职能，也未反思政府的目的问题。

大量证据表明，个人观念首次出现于古埃及，许多保存完好并流传至今的雕像、绘画、专业人士（如抄写员和管理人员）的作品表明，多数作者都充分意识到了自我的独特性，并明确表示个人处于优先地位。例如，正是在早期埃及，建造大金字塔的建筑师的名字被记录下来。在古亚述帝国和古巴比伦帝国，那些建筑城堡和宫殿的伟大建筑师一向不为人知。但在比较短暂的繁荣期过后，古埃及开始抑制个人观念（或许为反对危险的阿肯那顿[⊜]宗教异端学说而采取的行动），在中王国[⊕]和新王国时期^⑲，涉及个人的记录逐

⊖ 近东，早期近代西方地理学者指邻近欧洲的"东方"，包括非洲东北部和亚洲西南部，有时还包括巴尔干半岛，第二次世界大战后，该称呼逐渐为"中东"取代。——译者注

⊜ 阿肯那顿（Ikhnaton），古埃及第十八王朝阿蒙霍特普四世（Amenhotep IV.）法老的名字，继位后禁止崇拜传统的阿蒙神和其他地方神，树立阿顿神为全国崇拜的唯一太阳神，在各地大建阿顿神庙。——译者注

⊕ 中王国，古埃及历史上的一个时期，通常划定在公元前 2133 年～公元前 1786 年。——译者注

⑲ 新王国，古埃及历史上的一个时期，通常划定在公元前 1553 年～公元前 1085 年，该时期埃及频繁对外征服，版图一度扩张至幼发拉底河流域。——译者注

渐消失，这或许证明这两个时期个人观念的相对衰落。

在其他地区，出现了两种完全不同的基本观念。一种是美索不达米亚和道家思想，我们可以称之为"人格主义"，后世的希伯来先知和古希腊戏剧作家最确切地表达了这种基本观念，强调充分发挥人的能力。另一种基本观念可称之为"理性主义"，最著名的代表人物是孔子，该观念试图根据绝对正确和完美的理想规范塑造个人。无疑这两种基本观念仍旧贯穿于我们当今对教育的思考中。

以军事为例。灌溉文明需要组织有序的防御，具体有3种不同的选择：由从事生产的农民阶级供养独立的军事阶层；农民自己组建公民军队；雇佣军。毫无疑问，古人从一开始就认识到了，每种方法都会带来特定的现实政治后果。通过打败大大小小的地方领袖实现统一的古埃及，从未发展出一种专业的永久性军事阶层，我相信这绝非巧合。

虽然所有灌溉文明都具有特定的阶级结构，但不同文明或同一文明的不同时期，阶级结构也呈现出不同的特点。阶级结构往往导致了永久的种姓，社会等级完全固化，但也可以用来巧妙地创造一个高度流动性的社会，为有能力有抱负的人提供大量机会。

再以科学为例。我们现在知道在科学观测的数量和质量方面，任何其他早期文明都不如古代中国。然而，我们也知道，早期中国文化并不是很重视我们所谓的科学，原因或许是中国人信奉的理性主义限制了他们将特殊事物一般化为普遍规律的能力。虽然只是想象和猜测，但可能正是古代近东人的一般化能力和古埃及的数学指明了通往系统科学的道路。中国人拥有精密观察的绝佳天赋，能够收集自然界的大量信息，但他们的宇宙观却完全没有受此影响，与我们熟知的孕育了欧洲文明的古代中东文明的发展形成鲜明对比。

简言之，人类历史上的第一次技术革命告诉我们以下几点。

（1）技术革命创造了对社会创新和政治创新的客观需求，要求人们对相关领域进行仔细考察，用以确定需要什么新制度，淘汰什么旧制度。

（2）新制度不得不满足特定的新需求。社会和政治领域对新技术的回应，有正确的和错误的之分。一定程度上只有正确的制度回应才能满足需求，社会和政治创新受到新技术的制约。

（3）很大程度上，人类能够决定新制度试图实现的价值观及其追求的人类和社会目标，最重要的是，人类能够决定新制度支持一种目标的同时反对另一种目标。一个社会最难以妥善安排的整体结构是由其任务决定的。至于社会伦理道德，则掌握在人类自己的手中，并且很大程度上是"怎么做"而非"做什么"的问题。

几千年来第一次，人类再次面临着灌溉文明时期的古人曾经面临的形势，不止包括革命性技术变革的速度，还有变革的规模和范围。最重要的是，就像7000年前一样，今天各个领域的技术发展正在彼此融合，共同创造出了一种新的人类环境。自从第一次技术革命，到200年前发端且至今仍方兴未艾的技术革命，间隔的数千年中，任何时代都没有出现过这种情况。

因此，我们面临着一项艰巨的任务，那就是识别需要新的社会和政治创新的领域，创建适合新任务、满足新需求、与技术变革带来的新能力相匹配的制度体系。而且，其中最艰巨的任务是，确保新制度体系体现我们信奉的价值观，追求我们认为正确的目标，服务于人类的自由、尊严和使命。

假设一位第一次技术革命时期有教养的人（一位受过教育的苏美尔人或中国人）能够活到今天，无疑他会对现代人使用的技术感到震惊。但我确信，他一定对当今的社会和政治制度感到似曾相识，本质上看，当今的制度体系与第一次技术革命时期相比并没有根本性的差异。并且，我非常确信，对于那些预言技术天堂的人，以及预测"异化""技术性失业"等技术地狱的人，他只能摇头苦笑，也许会喃喃自语："这和我老家的情况差不多。"但他很可能会对我们说:"我和你们都处在真正的技术革命时代,这并不是一个绝望的时代,也不是一个狂欢的时代,而是努力工作并勇于承担责任的时代。"

注　　释

1. The brilliant though one-sided book by Karl A. Wittvogel, *Oriental Despotism:A Comparative Study of Total Power* (New Haven, Conn., 1957).

6

第六部分

信息社会

THE ECOLOGICAL VISION

引　言

本部分收录的三篇文章彼此差异较大。第一篇《信息、沟通与理解》虽然没用太多理论术语，但是具有较强的理论性。文章讨论了信息的性质及实现有效的信息沟通的条件，即逻辑、理解、因理解而产生的意义。尽管我没有指明，但其基础无疑是古代的逻辑和修辞理论，最早体现在柏拉图的对话集《斐多篇》和《斐德罗篇》中，这两篇对话的内容主要是逻辑、修辞以及二者的要求和局限性。但这篇文章将现代逻辑和认知理论成果同传统概念融合在一起，没有使用"科学"术语，而是采用了一种普通人容易接受的形式，能够比较容易地应用于现代组织。第二篇《信息与城市的未来》指明了我们定义、传递和使用信息的新能力对社会和社区结构的影响，文章尤其关注新技术对现代城市（人类 19 世纪最值得骄傲的成就）的影响，而现代城市诞生的前提，正是当时出现的客运新技术。最后一篇《基于信息的组织》，剖析人们在其中工作的社会组织的信息，阐明人们新获得的信息能力改变组织的概念基础和组织内部关系的方式。

我是最早（20 世纪 50 年代早期）认识到计算机会带来深远社会影响的人之一。计算机之所以能够产生深远的社会影响，并非由于其技术能力，而是由于其迫使我们使用信息。很久以前我曾指出，自从 19 世纪早期开始，逻辑著作（以罗素及其老师怀特海 20 世纪初出版的《数学原理》为顶峰）已经把信息作为可以定义、组织、聚焦、应用、使用的事物。然而，所有逻辑著作都没有讨论计算机；计算机当时只是被作为一种工具。如何运用计算机赋予我们的执行能力，是下述三篇文章的共同主题。

第 22 章 | CHAPTER 22

信息、沟通与理解[⊖]

　　人们对"信息"和"沟通"的关注始于第一次世界大战前不久。1910 年罗素及其老师怀特海出版的《数学原理》（*Principia Mathematica*）至今仍然是一本基础性著作。还有许多著名的后继者（从维特根斯坦经诺伯特·维纳直到当今乔姆斯基[⊜]的"数理语言学"）一直在继续从事信息的**逻辑化**研究。大致而言，当时人们的兴趣在于沟通的意义，19 世纪末 20 世纪初，柯日布斯基[⊜]开始研究"普通语义学"，即沟通的**意义**。然而，正是第一次世界大战使整个西方世界产生了沟通意识。战后不久，1914 年德国和俄国的外

⊖　1969 年在日本东京国际管理学会会议（Fellows of the International Academy of Management）宣读的论文。

⊜　乔姆斯基（A. N. Chomsky），美国语言学家、哲学家，代表作为《句法结构》（*Syntactic Structures*）。——译者注

⊜　柯日布斯基（Alfred Korzybski），波兰裔美国学者，开创"普通语义学"（general semantics），认为人类对世界的认识受限于自身的神经系统和语言系统，所以没有人能够接触到真正的现实，其著名的格言是"地图绝非领土"，代表作为《科学与理智》（*Science and Sanity*）。——译者注

交文件就被公开出版，无可辩驳地显示，之所以各国掌握大量有用信息却不能阻止大战爆发，在很大程度是由于沟通失败。并且战争本身（最典型的例子是1915~1916年温斯顿·丘吉尔有关加里波利战役的战略设想完全破产）显然是一种沟通失败的悲喜剧⊖。同时，"一战"结束后初期（一段充满劳资冲突的时期）的形势表明，在现有体制内部、现有社会内部以及各种领导团队与其形形色色的"公众"之间，缺少同时也需要一种有效的沟通理论和沟通实践。

因此，四五十年前，沟通突然引起学界和实业界的强烈兴趣。尤其是，在过去的半个世纪中，管理沟通问题已经成为学者和所有机构中（企业、军队、公共行政机构、医院管理部门、大学行政机构、研究管理部门）的实务者关注的中心议题。心理学家、人际关系专家、经理人和管理学家都努力改善社会主要机构中的沟通状况，再没有其他任何领域的男男女女比他们工作更努力，贡献更大。

今天我们一直在尝试进行更多的沟通，更多地与他人交流，对于"一战"前后开始从事沟通工作的人而言，今天这种沟通媒介过多的情况是无法想象的。那时关于沟通问题的书籍宛若涓涓细流，如今已变为一股磅礴洪流。最近我收到一份关于沟通问题的毕业研讨会所需的书目清单，竟然厚达97页。一本近期的选集（Floyd W. Matson 和 Ashley Montagu 主编的 *The Human Dialogue*，伦敦：Collier-Macmillan，1967年）包含了49位不同作者的论文。

然而，沟通问题已被证明犹如独角兽般难以捉摸。*The Human Dialogue* 的49位作者，每位都有自己的一套沟通理论，彼此互不兼容，甚至互相干扰，没人能真正理解其他人在这个问题上的观点。显然，实现真正的沟通越来越难。机构内部各部门和社会不同团体之间的沟通鸿沟正在逐步加深，甚至有可能恶化为相互误解。

与此同时，信息爆炸悄然而至。每一位专业人士和每一位高管（事实上

⊖ 悲喜剧（tragicomedy），通常是指一种悲剧和喜剧交融并延伸的文学体裁，兼有悲剧和喜剧成分，往往具有喜剧的圆满结局。德鲁克此处用悲喜剧形容加里波利战役，可能是指该战役客观上导致土耳其、澳大利亚国家观念觉醒，为两国后来的改革和独立奠定了基础。——译者注

包括除聋哑人之外的每一个人）突然能够轻易获得海量数据。所有人都感到自己非常像被单独留在糖果店里的小孩——吃撑了。但如何才能够使海量数据转化为有效信息和真知灼见呢？我们得到了许多答案。但迄今为止可以确定的是，没人真正有答案。尽管有"信息理论"和"数据处理"技术，但仍然没人见过，更没人使用过"信息系统"或"数据库"。确定无疑的是，大量信息改变了沟通难题的症结所在，使其变得更急迫同时也更难处理。

如今，存在一种放弃沟通的趋势。例如，现在心理学领域流行"敏感性训练"（T 小组训练），公开宣称的目标不是沟通，而是自我意识。T 小组训练聚焦于"我"而非"你"。10 年或 20 年前的理论强调"移情"，如今则强调"做自己的事"。然而，我们固然可能需要自我意识，但我们同样需要沟通（确实，自我意识的实现不需要与他人互动，即无须沟通）。T 小组训练能否实现健康的心理状态，是否是一种有效的心理治疗方法，这不是我的能力所能评价的，也超出了本文的范围。但这类方法的流行恰恰证明我们在沟通方面的努力失败了。

虽然沟通在理论和实践上都有待改善，但我们已经对信息和沟通了解了不少。尽管我们在沟通工作上花费了大量的时间和精力，但我们所作所为并没有显现出太多效果。沟通成了大量似乎彼此不相关学科（包括学习理论、遗传学和电子工程等）的副产品。我们同样积累了很多经验（虽然多数是失败的），这些经验源自各类组织的实践。确实，我们可能从未真正理解什么是沟通。但关于组织中的沟通（即**管理沟通**），目前我们的确有一点了解。这是一个比沟通**本身**更专业的主题，也正是本文要讨论的主题。

诚然，目前我们尚远远谈不上已经掌握了沟通，组织中的沟通也一样。我们所拥有的沟通知识非常零散，通常难以理解，更不能应用于实践。但至少我们越来越了解什么是行不通的，有时候也能了解为什么行不通。事实上，我们能够肯定地说，今天大多数关于管理沟通的勇敢尝试（企业、工会、政府机构或大学），都基于已被证明是无效的假设，因此所有这些努力都可能竹篮打水一场空。乐观地讲，或许我们可以预期什么能行得通。

我们已经学到的知识

主要通过不断地试错，我们已经学到沟通的下列四个基础性知识：

（1）沟通是感知；

（2）沟通是期望；

（3）沟通是要求；

（4）沟通与信息是完全不同的，但信息是有效沟通的前提。

沟通是感知

许多宗教神秘主义者会问一个古老的问题：如果森林中有棵树倒了，周围没人听见，那么森林中有声音吗？我们现在知道，正确答案是"没有"，但有声波。除非有人感觉到声波，否则就没有声音。声音是由感知创造的。声音就是沟通。

这似乎是老生常谈；毕竟，年老的神秘主义者已经知道这一点，因为他们也时常回答除非有人能听到，否则就没有声音。然而，这种老生常谈却具有非常深刻的启示意义。

（1）首先，沟通需要接收者。所谓沟通者，即发出信息的人，并不进行沟通。他只管发布信息。除非有人听到了，否则就不存在沟通，有的只是噪声。沟通者说话写字唱歌皆可，但这些行为都不是沟通。确实，他不能沟通。他只能使接收者（倒不如说是有感知能力的人）的感知成为可能或不可能。

（2）我们知道，感知不是逻辑而是经验。这意味着，第一，个人总能感知到一种整体情境，但不能感知到单独的细节。细节是整体情境的构成部分。"无声的语言"（就像 10 年前爱德华·霍尔[○]对其开创性著作的命名一样）

○　爱德华·霍尔（Edward T. Hall），美国人类学家，最早系统研究跨文化传播，1959 年出版《无声的语言》（*The Silent Language*）。——译者注

是手势、语调、环境以及文化和社会符号共同构成的整体，不能与有声语言分离。事实上，缺少了这些无声语言，有声语言就会失去意义，无法实现沟通。不仅如此，同一句话，例如"我喜欢见到你"，说者无意听者有心，不同的听众可能产生完全不同的理解，声音是热情的还是冰冷的，表示钟爱还是拒绝，取决于其与无声语言如语调或时机的配合。更重要的是，话语如果脱离了整体语境、时机和无声语言等，其本身是没有任何意义的。仅靠话语本身不可能实现沟通，因为其不能被理解，也确实不能被听到。套用人际关系学派的一个谚语："单个词不能实现沟通，整个人才行。"

（3）但我们也知道，一个人只能感知到他能感知的事物。就像人的耳朵不能听到超出一定频率的声音，人的所有感知能力都不能感受到超出自身感知范围的事物。当然，也有可能在听觉上听得见，或视觉上看得见，却不能理解。另外，激励不能成为沟通。

虽然沟通实务者常常忘记，但这早已成为修辞学老师的老生常谈。柏拉图的《斐德罗篇》是现存最早的修辞学论著，苏格拉底在书中指出，个人必须立足对方的经验与人交谈，即当他同木工谈话时，他就不得不使用木工的比喻等。只有用接收者的措辞或完全在其语境下，才可能达到沟通的目的。并且，措辞必须基于经验，试图向人们解释一些措辞并没什么效果，如果措辞并非基于听者本人的经验，这些措辞就超出了接收者的认知能力，它们就不能被成功接收。

我们现在知道，经验、感知、概念形成即认知能力之间的联系，比先前任何哲学家想象得要更加微妙，更加复杂。但一些彼此互不相关的著名学者，如瑞士的皮亚杰⊖、哈佛的斯金纳⊜和布鲁纳⊜，已经非常确定地证明了一个事实：学习者的感知和概念（不论是小孩还是成年人）不是互相分离的。

⊖　皮亚杰（Jean Piaget），瑞士心理学家，提出认知发展理论。——译者注
⊜　斯金纳（B.F.Skinner），美国心理学家，代表作为《言语行为》(Verbal Behavior)。——译者注
⊜　布鲁纳（Jerome Bruner），美国心理学家，创建哈佛大学认知研究中心，代表作为《认知成长研究》(Studies in Cognitive Growth)。——译者注

除非我们能想象，否则我们不能感知；但除非我们能感知，否则我们也不能形成概念；除非接收者能感知，即在其感知的范围内，否则不可能与他沟通一个概念。

作家们有句老话说得好："表达困难总是代表思维混乱。需要理顺的不是语句，而是背后的思维。"当然，在写作过程中，我们试图与自己沟通。一个不懂的句子是超出我们自己感知能力的句子。如果继续执着于这个句子，即通常所说的沟通，并不能解决问题。我们首先不得不理顺自己的思维，以便能够理解我们尝试说什么，只有这样，我们才能清晰地写出这句话。

无论使用什么媒介进行沟通，首要的问题是"沟通是否在接收者的感知范围内？他能接受吗？"

当然，"感知范围"是生理性的，并主要（虽然不是全部）是由人的肉体局限性决定。然而，当我们谈论沟通时，感知方面最重要的局限是文化和情绪的而非生理的。我们知道，数千年来狂热分子从不相信理性观点。现在我们正逐渐明白，狂热分子的问题并非在于"争论"，而在于贫乏。他们缺乏沟通的能力，即沟通超出了他们的感知范围。在与狂热分子沟通之前，需要他们首先改变自己的情绪。换言之，如果试图把感知建立在全部相关证据的基础上，那么没人能真正"接触现实"。理智与偏执之间的区别，不在于感知能力，而在于学习能力，即一个人基于经验改变情绪的能力。

早在 40 年前，最常被人们引用却不幸被几乎所有组织学者忽视的玛丽·福列特在论文集 *Dynamic Administration* 中指出，知觉受到人们能够感知到的事物的制约。福列特认为，分歧或冲突不可能只是在于答案或者一些表面上的问题。确实如此，在多数情况下，分歧或冲突是感知不一致导致的结果。A 看得非常清楚，B 却一点都看不见。因此，A 争辩的事物与 B 关切的东西没有联系，反之亦然。福列特说，双方都可能看到现实，但每一方可能看到的是其中不同的侧面，世界不仅仅是物质世界，也是多维世界。然而，在某个时刻一个人却只能看到一个维度，不可能意识到事物还有其他维度，尤其是那些我们的亲身经历中被清楚地不断证实的事物，也有其他维度、背面或侧面，这与我们的常识完全不同，因此导致了完全不同的感知。盲人摸象的故事中，每个人基于自己的个人经验，感受面前那个庞然大物的腿、鼻子、肚子，得出的结论完全不同，他们各自坚持一己之见，这是人类境况的真实写照。只有当每个人认识到上述情况，并且摸到大象肚子的人挪到摸到大象腿的人所在之处，亲自感受一下大象腿，否则就不能实现沟通。换言之，除非我们一开始就知道接收者，即真正的沟通者能理解什么，且明白其中的原因，否则就不可能实现沟通。

沟通是期望

一般而言，个人感知到的是自己期望感知的事物，看到的主要是自己期望看到的事物，并且听到的也主要是自己期望听到的事物。出乎意料的事物往往被贬为不重要的事物，多数企业或政府部门中的沟通研究者认为确实如此。真正重要的是，意料之外的事通常完全没有被接收到，其既非未被看到亦非未被听到——而是被有意忽视，或者是被误解了，即被误认为是期望看到的事物或期望听到的事物。

在这一点上，我们已经有了一个多世纪的试验，其结果是无可置疑的。人类思想倾向于将观感和刺激纳入期望的框架之中。人类强烈抵制任何使其"改变思想"的企图，即感知那些自己不期望感知的事物，或不去感知那些自己期望感知的事物。当然，可能需要注意的是，感知到的事物有可能与个人期望相反。这首先需要个人理解自己期望认知的事物，然后要求有一个明确无误的信号——"错误"，对自己的惯性思维当头棒喝。思想经由微小的、渐进的步骤，逐渐认识到其感知到的事物并非自己期望感知的事物，这种"渐进的"改变方式是行不通的，反而会强化原来的期望，并将使接收者更加确信感知到的就是期望感知的事物。

因此，在我们能沟通之前，我们必须知道接收者期望看到或听到什么。只有这样，我们才能知道沟通能否利用他的期望（接收者预期的是什么）或是否需要对其进行"当头棒喝"，因为这种"唤醒"能打破接收者的期望并强迫他认识到意料之外的情况正在出现。

沟通是要求

许多年前，研究记忆的心理学家无意中发现了一个奇怪现象，该现象直接颠覆了他们原先的研究假设。为了测试记忆，心理学家为受测者编制了一份词汇清单，以便随机测验他们的记忆能力。在控制组，他们设计了一份仅是不同字母组合的无意义词汇清单，以便测验理解在多大程度上影响记忆。使这些大约一个世纪前的研究者感到惊奇的是，受测者（当然多数是学生）对各个单词表现出完全不均匀的记忆力。更奇怪的是，他们对这些无意义单词表现出令人惊讶的记忆力。第一个现象的解释是很明显的，单词不仅仅是信息，它们承载着感情投入。所以，带有令人联想到不高兴之事或威胁的单词会被遗忘，而那些令人联想到开心之事的单词则被记住。事实上，这种与感情关联的选择性记忆因此被用于测验情绪失调和人格形象。

如何解释受测者对无意义单词的高比例记忆率是一个更大的难题。毕竟，原先心理学家们假定没人能真正记住那些没有任何意义的词汇。但多年的事实清楚地表明，正因为这些词汇没有任何意义，所以受测者能够记住这为数不多的词汇。因为这个原因，这种记忆没有任何特定倾向性，可谓完全是中性的，甚至真正是纯机械性的，既没表现出感情上的喜好也没有感情上的排斥。

每位报纸编辑都常常碰到类似现象，用来填补空白位置的三五行不重要的随机信息，即补白的读者人数出奇得高，并且更容易被读者记住。为什么人们想要阅读甚至记住在某位被遗忘已久的公爵的院子里，最早流行两条腿各自穿不同的长筒袜？为什么人们想要阅读甚至记住何时何地首次使用发酵粉？然而，毫无疑问，除了那些有关灾难的耸人听闻的头条新闻外，这些无关痛痒的八卦消息最容易被人们记住。答案就在于这些补白没有任何特定倾向性。无关紧要恰恰是被记住的原因。

沟通总是一种宣传。发布消息的人总是希望自己的"想法被理解"。我们现在知道，宣传一方面要比相信"公开讨论"的理性者具有更加强大的力量，另一方面却又不如宣传神话缔造者如纳粹的戈培尔本人相信，并希望我们相信得那样强大。的确，宣传的危险不在于宣传会被相信，而在于人们不再相信任何宣传，对每一次宣传都疑心重重。最后，再也不能实现任何真正的沟通。任何人说的一切都被视为一种要求，反而招来怨恨，引起抵制，结果就是听众根本听不进去。铺天盖地宣传的最终后果并非是盲从，而是导致愤世嫉俗——当然，这可能是更大、更危险的堕落。

换言之，沟通常常附带一定的要求，往往要求接收者变成某人，做某事，相信某种观念。沟通总是需要一定的激励因素，如果与沟通对象的愿望、价值观和目的一致，那么沟通就会效果显著。反之，如果与沟通对象的愿望、价值观、动机冲突，那么沟通就无法实现，或者至少被抵制。当然，最强大的沟通，能够使沟通对象的人格、价值观、信念、愿望等发生重大改变。但这只会发生在非常少见的生存危机状态下，如各种不利情况严重威胁某人内心的基本信念时。沟通旨在使对象放弃并转变自己的观点。因此，大体上说，除非信息能够与接收者的价值观吻合，或至少一定程度上吻合，否则就不能实现沟通。

沟通与信息不同，二者相反相成

（1）沟通是感知，信息是逻辑。就其本身而言，信息具有完全的条理性，没有任何意义；是非人格化的，而不是人际的。人性（如感情和价值观，期望和感知等）越能够得到尊重，沟通就会变得越有效，越可靠，也确实会变得更加有益。

纵观历史，如何从沟通（即人与人之间基于感知的关系）中获取所需信息，从大量的感知中筛选出信息内容，一直是个难题。现在，由于逻辑学家的理论性工作，尤其是罗素和怀特海的数理逻辑成果，再加上数据处理、数据存储的技术能力，尤其是计算机及其强大的存储、操作和传输能力，使我们一夜之间具备了提供信息的能力。换言之，同古人相比，我们面临的是相反的难题，即处理信息**本身**的问题——信息缺乏任何沟通内容。

（2）对有效信息的需求与有效沟通的需求是彼此对立的。例如，信息总是具体的。在沟通时，我们感知到的是整体情境；但在信息处理过程中，我们传达的是具体的个别信息。确实，信息首先遵从经济原则。所需数据越少，信息越丰富。并且信息过载，即超出真正需求限度的信息会导致彻底的信息崩溃。实际上，这不是丰富，而是贫乏。

（3）同时，信息以沟通为前提。信息总是被编码。为了被接收和被使用，编码必须被接收者所知并理解。这就需要提前达成协议，即沟通。起码接收者需要知道编码指代的是什么。电脑硬盘中的数据是山脉的海拔还是美联储成员银行的现金余额？无论如何，接收者都首先需要知道山是什么或哪家银行要从数据中提取信息。

信息系统的原型可以追溯至德国军队的特殊语言体系，该体系也曾经作为1918年前奥匈帝国军队的命令语言。具体来讲，该语言体系由不到200个词汇构成，如"开火""稍息"等，其中每个词汇都被赋予完全明确的含义。奥匈军队由讲多种语言的军人组成，军官、士官和普通士兵之间语言不通，唯有依靠这套命令体系才能够顺利运转。明确的意义意味着有所行动。在行动过程中学习，或通过行动学习这些词汇的过程，即现代行为学者所称的操作性条件反射。在经过几十年民族主义的煽动之后，奥匈帝国军队内部成员之间的关系确实非常紧张。同一部门内部不同民族的成员之间，即便并非完全断绝联系，但相互交往确实存在非常大的障碍。但最终，该信息系统发挥了应有的功能。其中每个词汇仅有一个正式的、精确的、合理的含义，这有赖于预先制定出针对一组特定声音做出特定行动的沟通规则。然而，这个例子也表明，信息系统的有效性取决于发布者仔细思考信息需求者及其目标的意愿和能力，进而取决于系统性创建各部分与整体之间每一项输入、输出的特定含义。换言之，信息系统的有效性取决于沟通规则的预先确立。

（4）沟通能够更好地传达多层次的意义，因此，将沟通量化的可能性不大。

中世纪美学主张，一件艺术品能够表达多层次的意义，即使不是 4 个，至少也有 3 个层面，包括字面意义、比喻意义、寓言意义、象征意义。精心将这种理论转化为实践的艺术作品，最成功的当然是但丁的《神曲》。如果信息仅限于能够量化的事物，那么《神曲》就没有任何可称作信息的内容了。正是由于其旨趣的兼容性、内涵的多样性，该书才既可以被视作神话故事，又可以作为形而上学的鸿篇巨制，成为历史上无与伦比的艺术巨作，能够与一代代读者直接进行有效的沟通。

换言之，沟通可能不依赖于信息。事实上，最完美的沟通可能纯粹是分享经验，并不具备任何逻辑。感知是首要的，而非信息。

∞

我完全明白，此处关于我们已掌握知识的概述过于简单化，我将一些心理和认知领域争议最激烈的问题忽略了。确实，有人可能会指责我把多数学习和认知研究者通常认为至关重要的核心问题撇到了一边。

当然，我的目标不是探讨这些广泛领域，我关注的不是学习或感知。我关注的对象是沟通，尤其是大型组织中的沟通，包括企业、政府机构、大学或军队。

虽然并非很明显，但本文的概述仍有可能被视作老生常谈。可以说，没人会对本文的论述感到惊讶，因为我讲的可能是许多人都知道的事实。但无论如何，并非人人知情。相反，尽管这些有关组织中沟通问题的论述似乎简单而明显，但其逻辑意义与当前的实践并不一致，确实，虽然几十年来管理实务界一直在努力推进沟通实践，但上述论点否认了其工作的有效性。

∞

关于组织中的沟通、我们失败的原因以及未来取得成功的先决条件，我们现有的知识和经验能教给我们什么？

（1）几个世纪以来，我们一直致力于下行沟通。然而，为什么无论付出多少聪明才智和辛勤劳动，最后仍旧效果不明显？这首先是因为下行沟通聚焦于我们想要表达什么。换言之，下行沟通假定信息发布者在进行沟通，但现在我们知道他所做的一切都只是发出声音。沟通是接收者的行为。我们一直在发布者身上做工作，尤其是经理人、行政人员、指挥官，力求使他们成为一名更好的发布者。但所有下行沟通只能传达命令，即预先设置好的信号。包括动机在内的任何与理解有关的事情都不能通过下行沟通实现，而只能通过上行沟通，即信息从接收者流向发布者的沟通。

这并不意味着经理人从此不必清晰表达，明确阐述相关命令。绝非如此。但这的确意味着只有当我们已经知道要表达的内容之后，我们才能考虑表达方式问题。通过"对某人讲话"，不论讲得多么天花乱坠，都不能达到目的。除非经理人知道雇员能感知、期望感知和想要做的事情，否则"给员工的信"不论写得多么情真意切，都是一种浪费。总之，沟通必须基于接收者的感知而非发布者的臆想，否则就纯粹是做无用功。

（2）"倾听"也不能彻底解决问题。40 年前，埃尔顿·梅奥代表的人际关系学派就已经意识到传统的沟通方式终告失败，他提出的解决方案（尤其体现在梅奥的两本名著：《工业文明的人类问题》和《工业文明的社会问题》中）就在于要求管理者学会倾听。也就是说，不再从经理人员想要下属理解的事情入手，而应该从下属自己想知道、感兴趣、能感知的事情出发。今天，人际关系学派的主张虽然仍很少得到应用，但依旧是现有的最好选择。

当然，倾听是沟通的先决条件，但仅仅倾听是不够的，并且其本身并不能发挥作用。尽管这个口号非常流行，但未得到广泛应用的原因或许就在于尝试应用的效果不佳。倾听的首要前提就是上级能够理解他听到的话。换言之，它假定下级能够有效沟通。然而，很难理解为什么下级能够做上级做不到的事。事实上，想当然地认为下级能够做到，这是没有任何理由的。没有理由使我们相信，倾听会比讲话更不容易产生误解和偏差。另外，主张倾听的观点没有考虑到沟通是一种要求，倾听并不能使下级主动展现自身的偏好、要求、价值观和愿望。这也正是产生误解的原因之一，所以倾听不能成为相互理解的基础。

我并非说倾听是错的，只不过鉴于下行沟通徒劳无功，我反对下述做法：试图把文字写得简明易懂，命令表达得言简意赅，用自己习惯的语言而非接收者所用的行话阐述想法。确实，沟通的实现有赖于上行沟通（更精确地说，沟通必须始于接收者，而不是始于作为倾听概念基础的信息发布者），这是绝对合理和至关重要的，需要注意的是，倾听不过是沟通的起点罢了。

（3）数量庞大、质量上乘的信息，并不能解决沟通难题，也不能弥合沟通鸿沟。相反，信息越多，就越需要有效发挥作用的沟通。换言之，信息越多，沟通鸿沟可能会越大。

首先，信息处理过程越客观、越正式，它就越依赖之前有关其应用和意义即沟通规则的一致协议。其次，信息处理过程越有效，信息就会变得越客观和形式化，人与人之间就会变得更加彼此分离，因此就会需要专门付出更大努力重建人际关系和沟通关系。也可以说，信息处理的有效性有赖于我们沟通能力的提升，而且在缺乏有效沟通的情况下（就是当前我们面临的状况），信息革命并不能真正产生信息，其产生的不过是些数据罢了。

换言之（甚至可能更加重要），检验信息系统优劣的标准，越来越聚焦于能否使人从关注信息转而关注沟通。尤其是，检验计算机系统的一条标准是，其能给予各层级的经理人和专业人士多少时间与其他成员发展直接的、人性化的、面对面的关系。

当今，衡量计算机使用率的一条时髦标准是一天当中的运行小时数。但这甚至连计算机效率的衡量标准都算不上，纯粹是一种衡量输入的方法。衡量输出的标准是获取使人摆脱束缚的信息的难易程度，即不必为获取有关昨日之事的一点信息而花费大量时间。进而，唯一的衡量标准就是实现有效沟通（这是只能由人来做的工作）所需的时间长短。当然，从这个方面来审视，当今几乎没有计算机得到恰当使用。多数计算机都被误用，即用来证明花费更多时间用于控制的合理性，而非用来证明给予人们所需的信息使他们从束缚中解放出来的合理性。造成这种状况的原因，很明显是缺乏事先的沟通，即关于需要什么信息、经由谁传达、目标是什么以及意味着什么具体操作等方面的协议和决策。第一次世界大战前奥匈帝国军队中由 200 个词汇构成的命令语言体系，即使最笨的新兵都能够在两周以内完全掌握。打个比喻来讲，计算机被误用的原因正在于缺少了堪与该语言体系相类似的东西。

换言之，信息爆炸是进行沟通的最强大推动力。确实，我们身边巨大的沟通鸿沟（管理层和员工之间，企业与政府之间，院系与学者之间及他们与大学行政部门之间，生产者与消费者之间等），在一定程度上恰好反映出，信息爆炸性增长的同时沟通并没有得到同比例的改善。

∞

关于沟通，我们能提供一些建设性意见吗？我们能做什么？毫无疑问，

沟通不得不始于预期的信息接收者而非发布者。我们建议在传统组织中试行
上行沟通，因为下行沟通不能发挥作用，也不会发挥作用。上行沟通成功地
建立起来**之后**，才能轮到下行沟通，下行沟通是反应而非行动，是回答而非
传达。

　　我们还能够确定的是，倾听是不够的。上行沟通必须首先聚焦于发布者
和接收者都能够感知到的事物，聚焦于双方的共同之处。接着，上行沟通必
须着眼于预期接收者的动机，必须从一开始就关注接收者内在的价值观、信
念和愿望。

　　首先，举一个例子（仅有的一个例子）：以上级对下级的要求为起点的
组织沟通，要求下级仔细思考自己对组织（或对组织中相关部门）的主要贡
献，应该被期望取得的绩效以及应该负责的事务，并将结果交给上级，最
终取得了令人满意的效果。下级提出来的看法很少是上级所期望的。毋庸讳
言，该练习的首要目标是为了暴露上下级在感知方面的分歧。但这种感知测
验的对象非常明确，聚焦于对双方而言都是实实在在的事情上。意识到他们
对同一个现实有着不同的看法，这本身就是沟通。

　　其次，沟通信息的预定接收者（在上述例子中是下级）得到了一些经
验，这使他能够理解一些事务，有机会了解到上级决策的现实情况，优先考
虑的问题，想要做的事情和现实情况迫使不得不做的事情之间的权衡，最重
要的是下级被赋予了一定的决策责任。下级看待形势的方式可能与上级不
同，事实上，双方很少一致甚至不应一致。但下级毕竟可以了解到上级面临
形势的复杂性，最重要的是，这种复杂性不是上级导致的，而是形势本身固
有的复杂性。

　　最后，上级即使对下级思考的结果持"否定"态度，沟通仍然必须牢牢
地聚焦于预期接收者的愿望、价值观和动机。事实上，沟通往往以如下的问
题作为开端："你**想要**做什么？"并可能会以命令结束："这就是我要你做的。"
但这起码能让上级认识到，自己正在违背下级的意愿，明白自己就是问题所

在，下级也同时认识到这一点。

在缺少沟通的传统组织氛围中，类似的方法如绩效考核尤其是考评面谈能够发挥作用。绩效考核是当今大型组织的通行做法（只有日本大型组织中的晋升和薪资取决于资历，绩效考核没什么用）。我们知道，多数人都想了解自己居于什么位置。的确，组织成员最常见的抱怨之一就是，他们的工作得不到评估，到底是好是坏也没人知道。

评估表格可以填得很完美。但考评者应与下属讨论其绩效的考评面谈却几乎从未得到落实。只有少数组织是例外，能够将绩效考核当作沟通工具而非评级机制。这就意味着绩效考核应从下述问题开始："这个人擅长做什么？"然后问："嗯，既然这样，他应该能够把什么做好？"随后继续问："为了使他发挥最大潜力取得最大成就，他必须学习什么，应得到什么帮助？"这首先关注的是特定的成绩，即员工自己可能清楚地感知到的事情，并且非常乐意这么做，同时也关注员工自己的愿望、价值观和要求。绩效不佳的原因是员工本来能做好和想要做的工作的束缚因素，而不再仅仅是员工本人的不足。确实，这种考评方法的恰当结论并非"员工应该做什么"，而应该是"组织和考评者以及他的上司应该做什么"；不是"这次向员工传达什么"，而应该是"我们双方，即上级**和**下级之间沟通了什么"。

这只是些例子，并且是关于沟通的一些不值一提的小事。但或许它们证明了我们关于沟通的经验（主要是失败的教训）以及学习、记忆、感知和动机方面的工作经验所得出的结论。

组织中沟通的开始阶段，必须让预期接收者自身主动尝试沟通。这就需要关注①客观而共同的任务和②预期接收者的价值观、成就和愿望。此外，还需要考虑预期接收者是否具备在相关负责岗位任职的经验。

感知受限于能被感知到的事物，并且与人们期望感知的事物相关。换言之，感知以经验为前提条件。因此，组织中的沟通假定组织成员具备接收和感知的经验基础。艺术家能够用象征形式表达这种经验，能够与不具备相关经验的读者和观众沟通。但普通经理人、行政人员以及专业人士不可能是艺术家，因此，接收者必须具备相关经验，且必须是直接经验而非经由书本等形式得到的间接经验。

沟通需要雇员、专业人士等组织成员最大限度地分担决策责任。因为他们只有具备了相关经验，才能够彼此理解，而不再被动接受他人的解释。

多年前，一位德国工会领导人给我留下了深刻印象，至今仍然难以忘怀。他第一次处理自己以雇员代表身份进入的大公司监理会的审议事务时，就被震惊得瞠目结舌。此时他才惊讶地意识到，可用资金的确捉襟见肘，确实，在所有不得不满足的需求方面，几乎没有可用资金。在各种投资之间进行痛苦和复杂的抉择，例如使工厂的职工安保设备更新换代还是建造职工住宅提升其健康和家庭生活水平，是一件比他预料的要复杂得多的事务。他以半羞愧半后悔的语气告诉我，最令他震惊的是意识到自己无法在真正重要的事务的决策中扮演积极和负责任的角色。显然他既不愚蠢也不教条，只是缺乏直接经验，无法与其他成员有效沟通。

为家长制辩护的陈词滥调，往往离不开"这是一个复杂的世界，所以需要最了解情况的专家"。但是，我们在认知、学习以及动机方面的努力已经逐渐证明，家长制只能在简单环境中发挥作用。人们能理解父亲的所作所为，是因为他们共享一些经验和感知，所以父亲才能真正为他们做决策。在复杂环境中，决策更需要共同的经验。如果没有共同的感知，没有沟通，那么下级就无法接受决策，更没有能力执行决策。理解能力以先前的沟通为前提，以对意义有相同的理解为前提。

总之，如果把沟通视作从"我"到"你"的过程，就无法实现真正的沟通。只有视为从"我们的"一位成员到其他成员时，才能实现真正的沟通。组织中的沟通（并且这可能是我们沟通失败的真正教训，也是沟通所需的真正衡量标准），并非是组织的一种**手段**，而是一种组织**模式**。

信息与城市的未来[⊖]

　　未来20年时间里，日本白领可能仍然不得不摩肩接踵地到市中心的摩天大楼上班。但其他任何发达国家都将不再出现这种景象。需要往返奔波的将不再是办公室职员而是具体的工作，未来的大城市将不再是办公中心。

　　大规模逃离市中心的进程已经开始。花旗银行在北达科他州处理信用卡业务，在纽约州北部和特拉华州清理支票业务，并穿越哈德逊河，将数据传输至新泽西州的乡下进行处理。总部位于波士顿的共同基金集团殖民管理协会[⊜]已经将全国客户服务和客户核算中心搬迁至丹佛市郊区。保险公司正在迅速把劳动密集型业务（保险理赔、客户信函、记录保存）转移到大都市郊区。各大都市郊区专门为后台运营兴建的办公园区正纷纷完工，其速度不亚于20世纪六七十年代市郊大型购物中心的兴起。

　　⊖　首次发表于1989年《华尔街日报》。
　　⊜　殖民管理协会（Colonial Management Associates），总部位于波士顿的私营共同基金公司，后并入哥伦比亚基金公司。——译者注

车轮上的城市

现代大都市是 19 世纪客运能力迅猛发展的产物。在狄更斯笔下的伦敦，除了睡在店里或账房里的老板，其余人都需要步行上班。自 19 世纪中期，人们开始运用各种车辆，首先是火车，然后是公共汽车和有轨电车（当然，马拉了好多年），继而是地铁和高架铁路、汽车、自行车等。突然之间，人民大众能够跨越遥远的距离到达上班地点，并且电梯使人们能够垂直移动。正是这种运输大量人口的能力而非其他力量，使得大型组织如企业、医院、政府机构和大学成为可能。

到 1914 年，把大量人口运输到大城市办公中心的每一种工具（同时使上班族能够居住在城市外围）都已经发展起来，但直到第二次世界大战后才真正发挥出全部潜力。"二战"结束时全世界只有两座城市有摩天大楼（纽约和芝加哥），如今，几乎世界各国的每座中等城市都已经开始吹嘘其"天际线"，并且这些城市的居民也开始加入来回往返通勤的行列。

上述发展趋势显然已经结束，并且确实严重过头了。东京的上班族不得不住在超过两个小时车程的远郊。在洛杉矶，由于人们要赶在 8 点半或 9 点前到达办公室，每个工作日早晨 6 点钟左右，所有线路的交通都非常拥堵。波士顿、纽约或费城的情况也差不多。伦敦的皮卡迪里广场⊖一天 24 小时都人潮汹涌，而号称 19 世纪城市规划奇迹的巴黎林荫大道更是堵得一塌糊涂。至于罗马和马德里的情况就更糟糕了。

世界各大城市的上班族实际上没有 8 小时工作制，而是 12 小时工作制。在过去的 30 年中，尽管投入了无数资金，但所有试图通过采用新型公共交通系统来缓解拥堵的尝试均告彻底失败。

然而，以往所有缓解交通拥堵的举措如今都已经不再必要；确实，到办

⊖ 皮卡迪里广场（Piccadilly Circus），伦敦最有名的圆形广场，兴建于 1819 年，早期是零售商店集中地，现今为英国伦敦市中心购物街道的圆心点，有五条主要道路交错于此。——译者注

公室上班已成明日黄花。19 世纪无法做到的事情，如今做起来却极其容易、便宜且速度更快：把信息及相关业务传输到人们所在之处。实现这一切的工具触手可及：电话、双向视频、电邮、传真、个人计算机、调制解调器等。这一切迅速普及开来，例如过去 18 个月中传真机的火爆销售就是证明。

我们现在已经知道未来将如何从事办公室工作。与未来学家在 25 年前的预测相反，趋势并未朝着个人在家中工作的方向发展。人们更喜欢在别人所在之处工作。但甚至在日本（日本人对工作的归属感和友谊的需求要比西方人更强烈），类似数据处理这样的行政工作也已经开始从市中心大量流失。

但同等重要的是，行政工作将会变得越来越"彼此分开"，许多办公室后勤工作的方式（保洁、设备维护、自助餐厅运营）已然如此。越来越多的行政工作者不再是其从事的办公室工作所属机构的雇员，而是被专业性的独立承包商雇用。越来越多的行政工作被交给临时支援公司处理，它们全权负责人员的雇用、培训、场地和薪金，同时越来越多的"临时雇员"在客户公司中从事全职、长期性工作。许多新型的办公园区负责提供训练有素的行政人员和监督人员，即提供办公工作而非办公空间。据相关研究报告，那正是需求所在。

在发达国家的大城市中，从事文职和维护工作的上班族是最大的单一工作群体，占全部工作人口的一半。那么，当城市不再是"办公之城"时，未来的城市看起来会是什么样子？我可以有把握地说，将是"总部之城"。

25 年前，许多美国大型公司（通用食品公司[⊖]、IBM 公司、通用电气公司）从市中心曼哈顿迁入郊区，需要进行大量的文件封存、保管、归档工作。那时我们不知道可以传输信息。因此，为缓解总部工作人员的通勤之苦，公司对高层管理人员和专业人员采取特别管理措施，要求他们以参加商务会议的名义长期住在市区。

未来的大公司几乎毫无疑问会让其经理阶层（尤其是高管）居住在其他

⊖ 通用食品公司（General Foods），美国企业，1929 年正式成立，经过不断收购重组之后，1995 年公司将"General Foods"从名称中删除。——译者注

高管的聚集地——城市中。政府机构和其他大型组织也将如此。但这意味着大城市将也会为专业人士和知识人才提供住所，这些人包括律师、会计师、建筑师、咨询师、广告师、投资银行家、金融分析家等。但甚至这些人也将会在城市外围处理自身的办公室工作。

一家大型律所正在逐步完成其在城市郊区建设唯一一座法律图书馆的计划。通过计算机网络，辅以传真机和双向视频技术，该图书馆将为美国国内外的所有十个办事处提供服务。该律所预计，未来两三年内将能够把当前十个图书室占用的空间（在每个办事处占用了两层楼）全部腾出来。

1860 年，拿破仑三世在巴黎大兴土木，创造了现代都市的典范。在过去的 20 年中，自由世界所有主要城市的建设都达到了狂热程度，然而，我们可能恰恰处于拿破仑三世开启的这场办公室建设和租赁狂潮的终结阶段。（就我个人而言，我完全赞同日本人购买越来越多的美国市中心写字楼。）19 世纪的城市为今日的纽约或巴黎奠定了基础，未来的城市会远比 19 世纪城市更加接近前工业化城市。

那些在大型组织总部工作的人，会不会住在城市中？这些人（经理人尤其是专业人士）会在哪里安家？

在欧陆国家，中层管理人员和专业人士仍倾向于居住在城市，办公之城向总部之城的转变可能会阻碍他们搬离。但在中产阶级及其子女已搬离市中心的国家，如美国、英国、日本，如果说人口向郊区移动的趋势会被逆转或大大减缓，我对此持怀疑态度。可以确定，总部之城为穷人和非技术人员提供的工作岗位，要比办公之城少。美国面临一个特有的难题，即福利支出把大量最缺乏技能、受教育程度最低的人口拴在了市中心的水泥森林中。

总部之城的税基将是什么，能否继续保持商业中心的地位？奢侈品店的顾客不是上班族，但其他商店尤其是百货商店却依靠上班族（只有在日本，那些不在城市工作的人才定期去市区商店购物）。饭店和宾馆将如何发展？影剧院和歌剧院将转变为提供信号，观众通过录像带和有线电视而不用再亲临现场的机构吗？大规模的市中心医院会否变为患者就医的郊区医院和远郊医院的教学、信息和诊疗中心？

万人讲座

大学将会如何发展？所有发达国家的高等教育成本已经接近医疗成本，眼看就要失控。或许，限制成本的唯一途径是将大学转变为使知识流向**学生**所在地的平台，英国的开放大学在这方面已经做得非常成功。

一年中，我总有几次向 1 万余名学生做讲座的机会，然而与我一起坐在教室的只有不到 100 人，其余学生通过 100 余条卫星"向地传输"链路观看讲座并与我通过电话讨论问题。

近来有大量关于信息技术影响的演讲和文章，但或许其社会影响要更大，并且更重要。

基于信息的组织[⊖]

20 年后典型的大公司，将会只保留不到现在一半的管理层级，最多 1/3 的经理人。在组织结构、面临的问题以及关注焦点等方面，它们将与 1950 年典型的制造业公司没多少共同点，而我们的教科书却仍然把制造企业当作典型案例进行讲解。相反，未来的企业将更接近今天现实中的经理人和管理学者都没怎么关注的组织：医院、大学、交响乐团。像这类组织一样，代表性的企业将基于知识，主要由专业人士构成，他们通过同事、客户和总部的组织化反馈信息来指导和管理自身的绩效。我称这类组织为基于信息的组织。

企业，尤其是大企业，将别无选择，只能基于信息。对一个企业来讲，人口统计要求这种转变。就业岗位的重心从体力劳动者和行政职员迅速转变为知识工作者，他们抵制 100 年前企业从军队借鉴过来的命令 – 控制模式。国家整体经济状况也要求改变，尤其体现在大企业对创新和对企业家的需求

⊖ 首次发表于 1988 年《哈佛商业评论》。

方面。当然，最重要的是信息技术要求这种转变。

先进的数据处理技术对创建一个基于信息的组织并非必不可少。如我们所见，大英帝国在印度曾经建立了该类组织，其中"信息技术"就是鹅毛笔，赤脚信息员则是"电信"系统。但随着先进技术变得越来越普及，我们必须更加仔细地分析和判断（即处理"信息"），否则就可能被数据洪流淹没。

目前为止，多数计算机用户仍然只是运用新技术提高先前工作的效率，即处理日常工作。但只要一家公司尝试性地踏出了从数据到信息的第一步，那么其决策流程、组织结构甚至工作方式都将开始发生转变。实际上，这种情况已经在全世界的大量公司中出现，并且进展相当快。

∞

当我们考虑计算机技术对资本投资决策的影响时，我们可以很容易地看到转型过程的第一步。长期以来我们早就知道，没有完全准确的方法用于分析拟议的资本投资。为便于理解，我们需要至少从 6 个方面展开分析：期望报酬率；回收期和投资的预计生产期；所有通过投资的生产期回报的折现值；不投资或推迟投资的风险；成本与失败风险；机会成本。每一位会计专业的学生都学过这些概念。但在计算机数据处理能力出现之前，实际的分析工作可能需要几年时间才能完成。如今，任何一位使用电子表格软件的工作人员，在几个小时内就能够完成这些之前需要几年时间才能完成的工作。

计算机技术将资本投资分析从主观臆断转变为精确判断，即理性地权衡各种假设，进而将资本投资决策从由数字支配的投机性财务决策，转变为经营决策，该决策基于替代性战略假设成功的概率。经营决策既以经营战略为前提，又对该战略及其假设形成了挑战。曾经的预算制定变成了政策分析。

当一家公司将数据处理能力集中在创造信息上时，受影响的第 2 个方面是其组织结构。这方面的影响很快就会表现出来，管理层级和经理人的数目将被大量削减。这么做的原因是，管理层往往既不做决策也没有发挥领导作用，相反，他们的主要（如果不是唯一的）功能是"上传下达"，往往不仅无助于改善沟通状况，反而人为地提高了传统组织中信息的模糊、混乱程度。

美国最大的一家国防承包商在询问其高管和运营经理完成自身的工作需要什么信息时，最早发现了该现象。信息来自于何处？具备什么样的形式？如何流动？得到的答案表明，若干管理层（或许多达 14 个层级中的 6 个层级）之所以存在，只是因为以前从未有人问过这些问题。该公司虽然已经收集了大量数据，但往往将其用于控制员工而非为他们提供信息。

信息是具有目的性和相关性的数据，因而将数据转换为信息需要特定的知识。并且，从定义来看，知识是专业性的。（实际上，无论属于何种领域，正因为总有大量知识需要掌握，所以真正掌握知识的人往往过度专业化。）

总体来看，相比于我们习以为常的命令－控制型组织，基于信息的组织需要多得多的专业人士。这些专业人士具体从事运营工作，而非位居组织总部。确实，运营部门往往转变为由各类专业人士构成的组织。

基于信息的组织需要集中的运营工作，例如法律顾问、公共关系，当然也一如既往地需要妥善处理劳工关系。但对服务人员的需求（即那些只管建议、咨询或协调而不负运营责任的人）会急剧减少。在基于信息的组织的**核心**管理部门，只需要很少的专业人士，甚至有时完全不需要。

由于具备扁平结构，相比于今天的大型公司，基于信息的大型组织将更加接近一个世纪之前的企业。然而，那时候所有的知识都掌握在最高层手中，其余人只是帮手，多数人根据要求从事重复性的例行工作。在基于信息的组织中，知识首先掌握在基层人员手中，这些基层专业人士彼此从事不同的工作并自我管理。在当今的典型组织中，通常掌握知识的服务人员居于高管和运营人员之间，地位并不牢固，很可能被指责为试图灌输来自高层的指示而不从基层收集信息。

最后，在基于信息的组织中，大量工作将以不同的方式开展。传统的部门将作为产品标准的监管者、培训中心、专业人士的任务分派者继续发挥作用，而不再是具体开展工作的场所。具体开展工作的场所将转移到以任务为中心的团队中。

在过去最清晰明确的部门（研究部门）中，这种转变已经开始。在制药行业、电信行业、造纸行业中，传统的研究、开发、制造、营销的先后顺序，正在转变为**同步进行**：来自上述所有职能部门的专业人士组成一个团队，负责从启动研发到产品市场营销的整个过程。

任务团队将如何发展以应对其他的经营机会和挑战，这仍有待观察。然而，我认为对任务团队的需求、任务的分派、内部人员构成、领导力等，将不得不具体情况具体分析。因此，未来的组织模式会超越矩阵制，并且可能与之截然不同。尽管如此，非常确定的是未来的组织会更加依靠自律，更加强调个人在人际关系和沟通方面的责任。

$$\infty$$

无疑，信息技术正在改造商业企业。这种改造对企业和高管的具体要求尚难以说清。这就是为什么我认为观察其他类型的基于信息的组织是有益的，如医院、交响乐团、大英帝国的印度殖民当局等。

一家中等规模的医院，通常拥有400个床位，总共需要数百名医生，1200～1500名护理人员，涵盖大约60个医药和护理专业。每个专业都有相应的知识、培训和专业术语。每个专业尤其是检验科和理疗科等护理专业，都需要配备一位业务领导，但他并非全职管理人员。每个专业科室的领导直接向高层汇报，几乎没有中层管理者。根据对个别患者的诊断和病情需要，大量工作都是由临时团队完成的。

　　因为有些节目需要数百名音乐家在舞台上同时演奏，所以大型交响乐团更具有启发性。若根据现有的组织理论，演奏时首先需要若干集团副总参与指挥，或许还需要半打部门副总予以配合。但那不是交响乐团的工作方式，交响乐团只有一位总指挥（CEO），并且每位音乐家都可以直接面向总指挥演奏无须经过任何中介，乐队每位成员都是高级专业人士，是货真价实的艺术家。

　　但基于信息的大型组织的最成功案例，当属大英帝国在印度殖民地的民政当局，该机构几乎没有设立任何中间管理层。[1]

　　从 18 世纪中期到"二战"结束，英国统治印度次大陆两百余年，期间在组织结构和行政模式上没有发生任何根本性的变革。驻印公务员人数从未超过 1000 名，却成功管理着广袤而人口稠密的南亚次大陆，他们的人数只相当于邻国⊖大批儒家官员和大内太监总数的零头（至多 1%），治下的人口并不比对方少很多。在殖民当局供职的公务员都很年轻，尤其是在殖民统治早期，30 岁的公务员就算是年龄大的了，他们多数人都是独自一人驻扎在偏远的哨站，距离最近的同胞驻地也需要一两天路程，而且，殖民统治的前 100 年中尚没有发明电报和火车。

　　殖民当局的组织结构完全是扁平的。每位官员直接向"首席运营官"，即省政治秘书汇报。当时共设立 9 个省，所以每位政治秘书至少有 100 名下属直接向其汇报，这已经超出管理幅度理论所允许数量的很多倍。然而，该体制之所以运转良好，很大程度上是因为其制度设计确保了每位成员能够及时获得开展工作所需的信息。

　　每个月，驻扎各地的公务员都要花上一整天的时间撰写一份详尽的报告，向省府驻地的政治秘书汇报工作。在报告中，每位公务员需要剖析每项主要工作任务的完成情况（只有 4 项清晰界定的主要任务）。针对每一项，

　　⊖　此处是指中晚期的清朝。——译者注

他都会详细地记下期望发生什么，实际发生了什么，以及如果出现意外情况的话，原因是什么。然后他会未雨绸缪，提出在接下来的 1 个月里，关于每一项主要任务他预期会发生什么，他打算为此而做什么准备，询问政策问题，并对长期的机会、威胁和需要进行评论。反过来，政治秘书会"仔细记录"每一份报告，也就是说，会在回函中全面点评每一份报告。

∞

基于上述案例，关于信息组织的要求，我们得出什么结论呢？其管理面临的问题可能是什么？让我们先来讨论要求。数百名音乐家和他们的 CEO，即乐队指挥之所以能够一起演奏，正是因为他们使用共同的乐谱。乐谱规定横笛手和定音鼓手等所有人在某个时刻要演奏什么曲调，同时也告诉了乐队指挥可以预期每个人在某个时刻会做什么。类似的是，医院中的所有医生都有一个共同使命：照料并使患者康复。诊断书就是他们共同的"乐谱"，规定了 X 光室、营养师、理疗师、医疗团队中的其他人应该采取什么措施。

换言之，基于信息的组织要求清晰、简要、共同的目标，并将其转换为每个成员的行动。然而上述案例同时进一步表明，基于信息的组织要求集中关注一个目标，或者最多关注少数几个目标。

由于基于信息的组织中的"成员"是专业人士，他们不能被要求该如何开展工作。可能从未有乐队指挥能干预法国圆号手发出的具体音调，更不能要求演奏者如何演奏。但指挥者能把圆号演奏者的技能和知识集中在乐队的汇演中，这恰恰就是基于信息的企业领导人必须要做的。

然而，企业并没有提前写好的"乐谱"，而只能在现实中一边实践一边写谱。反之，交响乐团的演奏水平不论如何，都不会改动作曲家写的"乐谱"。企业的绩效却是不断创造新的、不同的乐谱以应对市场考验。所以，基于信息的企业必须围绕目标进行组织，目标清楚地指明了管理层对事业部、部门、专业人士的绩效预期，进而将有组织的反馈结果与预期进行比较，以便每位员工能够做到自查自纠。

基于信息的组织还需要每位成员都承担一定的信息责任。交响乐队中的吹奏者每次演奏音符是在提供信息。医生和护理人员与精心构建的汇报系统、信息中心、患者所在楼层的护士站相互提供相关信息，共同开展工作。驻扎在印度各地的公务员每次提交报告都是在履行信息责任。

该体系的关键是每个成员都会问：组织中的其他同事需要我提供什么信息？反之，我需要谁提供信息？每个人的对象清单中总会既有上级又有下级，该名单中最重要的人是与该成员具有最主要的协作关系的同事。典型例子是内外科医生与麻醉师的关系。但生化专家、药理学家、负责临床监测的医疗顾问、制药公司中的营销专家之间的关系也大同小异，同样要求每一部分负责提供最全面的信息。

尤其是在中等规模的企业中，对同事承担的信息责任正逐渐被理解。但每个人对自我的信息责任却被多数人忽视了。那就是，组织中的每个人都应该不断思考他开展工作和做出贡献所需的信息。

即使对于现有的最高度计算机化的企业而言，向基于信息的组织转型也很可能是最彻底的变革。这些企业的管理者或者认为数据越多信息就越多（当数据稀缺时，这确实是一个有效的假设），但当前的情况是，数据过多已经导致过载和信息崩溃；或者天真地相信信息专家知道经理人和专业人士为了获取信息需要什么数据。但信息专家也只是提供工具而已，他们能够告诉经理人和专业人士用什么工具能把椅子上的饰物钉牢，但后者需要自己决定，究竟是否用这个饰物来装饰椅子。

经理人和专业人士需要仔细考虑自己需要什么信息、什么数据：首先，要知道自己的工作内容；其次，要能决定自己应该做什么；最后，要评估自己的工作绩效。在此之前，管理信息系统部门很可能仍然只是成本中心，而实际上，该部门应该成为组织的成果评估中心。

∞

　　上述我们列举的例子涉及的多数大型组织毫无共同之处。然而为了保持竞争力（或许，甚至是为了生存），它们都将不得不非常迅速地将自己转变为基于信息的组织，将不得不改变老习惯，学习新的做事方式。组织以往的业绩越辉煌，转型过程往往就会越困难和痛苦，对组织内大量成员的工作岗位、地位、机会造成的威胁也越大，尤其是对那些任职多年的中层管理者更是如此，他们往往渴望在工作、地位、关系和行为等方面最低限度的变动以获得最大程度的安全感。

　　转变为基于信息的组织将会面临若干特有的管理难题，下述几点尤为重要：

　　（1）为专业人士提供奖励、认同和职业机会；

　　（2）为组织内专业人士创造共同的愿景；

　　（3）为组织内的任务团队设计组织结构；

　　（4）确保高管人才的供给、培训和考核。

　　对吹奏手来说，想必他既不想要也不期待除吹奏之外的任何其他工作，其职业生涯包括从第二巴松到第一巴松，或者从二流乐团进入更好更著名的一流乐团。同样，许多医学专业人士既不想要也不期待除专业级别之外的任何其他激励，其职业生涯的主要目标是成为高级技术人员，或者选择跳槽到另一家规模更大、资金更雄厚的医院，而不是成为实验室主任。实际上，每25或30名专业人士中，大约只有1人会担任实验室主任。驻扎在印度各地的英国殖民当局公务员，除了3年任期届满被安排到一个更大的行政区之外，实际上没有机会获得专业方面的发展。

　　在基于信息的企业中，专业人士面临的机会应该比交响乐团或医院中的专业人士多，更不用说那些派驻在印度偏远地区的公务员了。但所有这些组织的共同情况是，专业人士的上升机会主要是在本专业领域内，在本组织内的机会很有限。升至"管理层"的机会并不多，原因很简单，未来中层管理岗位的数量将会越来越缩减。与此形成鲜明对比的是，在传统组织中，除研究实验室之外，最主要的升迁渠道是进入专业岗位之外的普通管理岗位。

三十多年前，为解决专业人士的升迁问题，通用电气公司为"做出专业贡献的人士"创造了"平行机会"。虽然后来许多公司模仿了该做法，但专业人士基本上都拒绝了该方案。对他们而言（也是对他们的管理层同事而言），唯一有意义的机会就是晋升至管理岗位，并且由于所有企业现行的薪酬结构严重向管理岗位和头衔倾斜，所以也进一步强化了这种观念。

为专业人士提供奖励、认同和职业机会的难题没有简单的答案。通过观察一些大型律所和咨询公司的做法或许能得到一些启示，在这些机构中即使是最高级的合伙人也必须是一名专业人士，并且那些注定无法成为合伙人的同事也会早早地被替换。但无论最终出台什么方案，只有在彻底改革企业的价值观和薪酬结构之后才能发挥作用。

管理层面临的第二个难题是为组织内的专业人士创造共同的愿景和整体观念。

英国殖民当局要求驻印各地的公务员看到其所在地区的"整体"形势，为了使他能够专注于此，19 世纪相继兴起的各项政府公共服务（林务、灌溉、文物普查、公共卫生与下水管道、公路建设等）在原有行政体制之外另行组织，实质上与前述公务员没有关系。这就意味着公务员变得越来越与那些会对其驻地产生最大影响（也是对其最重要的）的具体事务脱离接触。最终，只有省政府或德里的中央政府才拥有一种"整体"观念，而且是一种越来越抽象的整体观念。

当然，企业根本无法简单地以这种方式经营。无疑，企业也需要一种整体观念，集中关注大量专业人士（当然是高级专业人士）共享的整体愿景。企业将不得不接受，或者说不得不培养其专业人士的荣誉感和专业精神，这是因为专业人士晋升至中层管理岗位的机会渺茫，只有荣誉感和专业精神才能成为其工作积极性的源泉。

以任务团队的形式开展工作是培养专业精神的一种方式。基于信息的组织将越来越多地运用小型自治单位开展业务，就像一句谚语说得那样，给他们分派的任务都是"跳一跳够得到"。但基于信息的企业应该有多大权限将专业人士从他们原本所学的专业转到新的专业？高管在多大程度上必须将创造和维护各领域专业人士的共同愿景作为最优先事务？

对任务团队的严重依赖缓和了一个难题，却加重了另一个：基于信息的企业的组织结构。谁将担任企业的经理人？任务团队的领导吗？将来会不会出现一种双头怪兽（一边是专家结构，犹如医院中支持医生工作的专业机制；另一边是任务团队领导者构成的行政机构）？

未来，我们面临的有关任务团队领导者的角色和职能的决策会充满争议，且会带来一定风险。任务团队领导者的角色和职能类似于医院中主管护师那种常设性工作安排吗？或者仅仅是随着任务的改变而改变的任务职能？是一个任务还是一个岗位？究竟有没有相应的级别？并且如果有的话，那么任务团队领导会不会适时成为类似宝洁公司产品经理（管理的基本单位和公司的现场领导）那样的角色？任务团队领导是否可能最终取代部门领导和副总？

所有这些发展的迹象都存在，但关于每一方面的细节，却既没有明确的趋势又没有深入的理解。然而，每一种发展都将造就一种我们不熟悉的新型组织结构。

最后，最困难的问题可能是如何确保高管人才的供给、培训和考核。显然，长期以来这是一个两难问题，也是过去40年来大企业普遍接受分权化的主要原因。现有的企业组织结构中有大量中层管理岗位，可以用于培训和考核高管候选人。因此，当高管职位出现空缺时，有大量候选人可供挑选。随着中层管理岗位的急剧缩减，基于信息的企业中高管将从哪里产生？他们将需要接受什么培训？如何对其能力进行考核？

　　大企业分权化为若干自治单位，将比现在更加关键。或许我们可以仿照德国的**集团**⊖，将企业分解为若干互不隶属的单位，各单位都有自己的高管人员。德国人之所以采用这种模式，恰恰是因为从专业人士，尤其是工程和研究领域提拔管理人员是他们的传统。如果大企业不能安排人选进入近乎独立的单位，那么就没有机会培训和考核这些前途远大的专业人士。这些单位就类似于一家大联盟棒球俱乐部的二队。

　　我们也可能会发现，大公司越来越多的高管岗位依靠从小公司招聘人员来填补。大型交响乐队的总指挥也是这样招募的（一位年轻指挥在小型乐团或剧院中赢得荣誉只为有朝一日跳槽到更好的岗位）。许多大型医院的领导者也有类似经历。

　　在乐团和医院中，高管俨然已成为单独的职业，企业能追随他们的脚步吗？乐团指挥和医院高管基本是科班出身，毕业于相关院校的指挥专业和医院行政专业。以法国为例，该国大型企业的掌舵人往往出身于拥有完整公职履历的政府高级公务员。但在大多数国家，这种情况是不能被企业接受的（只有在法国，神秘的大学校⊜毕业生除外）。即使法国的企业尤其是大企业，也越来越倾向于不再贸然允许没有实践经验和成功记录的人掌舵。

　　因此，整个高层管理过程（培训、考核、继承）将会变得比原来更加问题重重。经验丰富的专业人士越来越需要回学校充电。工商学校亟须制定出相应课程，以满足那些成功的专业人士的需求，使他们做好准备迎接作为**企业**经理人和**企业**领导人等高层职位的挑战。

⊖　集团（Gruppe），原指军事单位，本文中指德国企业的一种形式，与卡特尔、康采恩、托拉斯存在重要的不同，主要采取资本相互结合的形式，企业内部管理仍旧彼此独立。——译者注

⊜　大学校（grandes écoles），中文有时也译为"专业学院""高等专业学院"，该词汇首次出现于法国大革命期间，是法国对通过入学考试来录取学生的高等院校的总称，与法国的普通公立大学体制不同，其入学难度更大，毕业生占据了法国公私领域的大量显赫职位。——译者注

∞

　　美国内战和欧洲普法战争之后，现代企业开始兴起，在组织观念和组织结构方面出现过两次主要变革。第一次发生在 1895～1905 年，实现了管理权与所有权的分离，并构建起作为单独的职能和任务的管理。这最早发生在德国，当时维尔纳·西门子的儿子和侄子由于经营不善，致使他创立的电气设备公司濒临倒闭。绝境中维尔纳的表兄弟乔治·西门子参与创办并掌管的德国最大银行（**德意志银行**）拯救了这家公司。通过威胁切断银行贷款，乔治迫使表兄弟维尔纳将公司交给专业人士管理。不久之后，在美国的铁路和工业大规模重组过程中，摩根、卡内基和洛克菲勒等也如法炮制。

　　第二次主要变革发生在 20 年后。我们今天见到的现代企业，其发展始于皮埃尔·杜邦在 20 世纪 20 年代早期对其家族企业的重组，几年后，艾尔弗雷德·斯隆在皮埃尔的支持下，重新设计通用汽车公司的组织结构，造就了今日的命令 - 控制型事业部制组织结构，其特征在于强调分权，总部提供人员和人事管理，全面预算和控制以及政策和执行的重要分离。这次变革的高潮为通用电气公司在 50 年代早期的大规模重组，一系列举措进一步完善了上述组织结构模式，如今，全世界多数大企业（包括日本企业）仍旧在进行这方面的改革。[2]

　　现在我们已经迈入了第三次主要变革时期：从命令 - 控制型事业部制组织转变为由专业人士构成的基于信息的组织。虽然未来尚朦胧不清，但我们能够感觉到未来的组织大致呈现什么形貌。我们可以确定其若干主要特征和要求，能够指出价值观、结构和行为方面的关键难题。但构建基于信息的组织的实际工作仍摆在我们面前——这是未来管理者面临的重大挑战。

注　释

1. 标准的描述参见 Philip Woodruff 的 *The Men Who Ruled India*，尤其参见第一卷 *The Founders of Modern India*。该体系日复一日的运作方式，非常迷人地记载在 *Sowing* 上，Leonard Woolf，自传的第二卷。

2. Alfred D. Chandler, Jr. 在他的两部著作 *Strategy and Structure* 和 *The Visible Hand* 中非常精彩地记录了这一过程，堪称大型企业管理史研究的最佳著作。关于该过程本身及其后果的描述和分析，参见我的两部著作《公司的概念》和《管理的实践》。

7

日本社会与日本文明

THE ECOLOGICAL VISION

引　言

　　在美国，我常常被视为一名日本支持者。但在日本，我更经常被视为一名"日本抨击者"。诚然，日本人认为，"二战"后该国经济的复兴，有赖于3位美国人给他们提供理念、工具以及培训，而我有幸成为其中之一（另外两位是爱德华·戴明和约瑟夫·朱兰）。但自从我杜撰了"敌对性贸易"[⊖]这个词汇用来形容日本的经济政策之后，在日本我就被视为一名抨击者，而不再是支持者。

　　实际上，是我最早（1961年）认识到，并向西方国家介绍日本作为一个主要经济强国的崛起，尤其是该国迅速崛起为世界市场上主要强国的事实；也是我最早（1971年）撰写关于日本管理的文章（题目为"我们能从日本人那里学到什么"），在西方国家阐述以下如今已经耳熟能详的管理实践：全体一致决策、终身雇佣、长期战略、质量控制（发表于《哈佛商业评论》）。同时，还是我最早警告西方国家（尤其是美国），传统的应对方式和政策不适用于日本，因为日本人持有一种非常不同的经济观和政策观，遵循着不同的规则从事经济活动。因此，那些认为我是日本的支持者和抨击者的人都是正确的。但我的观点自始至终都不是日本的"好"与"坏"，而是日本的不同。并且这种不同不是经济层面的，而是社会层面的。实际上，我接触日本的起点并非在经济和商业领域，而是日本艺术和日本历史。当作为一名年轻的经济学者为伦敦一家商业银行工作时，我就已经喜欢上了日本绘画。直到20世纪50年代中期，我才第一次到日本旅行，那时我已经接触日本文化20年之久了。因此，在日本我看到的（或至少是在日本我留意的）并非新的事

　　⊖　"敌对性贸易"（adversarial trade），是指卖方产品取代了购买国制造商生产的产品，却没有从这个国家购买任何补偿性的产品，削弱了买方的工业和经济生产能力，最终反过来损害卖方自身利益。——译者注

物，而是日本社会、日本文化、日本社区的延续性，它与"现代日本"之间的紧张关系及其解决方案——通常是妥协，更多的是一种新式融合。

　　因此我认为，本部分以一篇关于日本艺术的文章作为开端是恰当的。历史上，日本常常从他国引进思想观念，开始是从中国，后来是从西方国家。日本没有伟大的神学家、逻辑学家、哲学家和数学家。不像其他任何国家，日本的本土文化是彻底的感性文化，围绕着绘画和书法形成。日本戏剧⊖（一种完全不受中国或佛教文化影响的艺术形式）甚至比西方戏剧更加形象化。例如日本封建时代后期的戏曲歌舞伎（始于大约 1600 年，18 世纪发展至巅峰）就是一种既没有摄像机也没有录像带的电影。因此，本部分收录的文章，分别从日本社会、日本艺术、日本历史的视角审视现代日本（当今没有哪个国家能得到成功的企业经理人更多的推崇了），其中具体包括日本现代经济、先进技术和商业文化。

⊖　日本戏剧，德鲁克此处显然是指日本的古典剧，具体包括"能""狂言""木偶净琉璃""歌
　　舞伎"等剧种，每个剧种又有不同流派。——译者注

艺术视角下的日本[⊖]

　　众所周知，日本是一个纪律严明的国家，崇尚个人服从集体意志。日本的年轻大学生酷爱登山徒步旅行，但一毕业往往会将登山装备打包送给弟弟或妹妹；在校大学生思想激进，但一被三菱银行或政府财政部录用就会变成忠实的保守派；年轻女性在婚前穿一种和服，婚后整个余生都穿另一种和服。

　　在日本，一般而言，初中毕业生会成为体力劳动者，高中毕业生成为文员，大学毕业生则成为经理人和专业人士，因此通过看其离校时的文凭就可以管窥此人的余生。在日本，雇员往往对雇主许下终生承诺。众所周知，日本人相互承担义务，每个人的言行都受到社会地位和关系的严格规范。该国堪称"日本有限公司"，相互冲突的利益团体能够为了整体经济的更大荣耀密切合作。关于日本社会组织和机构的最著名（也是最好）作品是人类学家中根千枝的《日本社会》（*Japanese Society*），该书描述了日本社会中的组织

　　⊖　本文摘自《画笔之歌》（*Song of the Brush: Japanese Painting from the Sansō Collection*），John M. Rosenfield 和 Henry Trubner 编辑，Seattle, Wash.: Seattle Art Museum, 1979。

（宗族共同体），指出个人是作为宗族成员而非单独的人而存在。每当日本学者和西方学者（尤其是美国学者）会面时，不论他们属于何种学科，讨论什么主题，日本人立刻就会拿日本人彼此的合作与西方人彼此的过度竞争、无节制的多样性进行对比。

然而，日本所有艺术最普遍的特质就是鲜明的个人主义。在西方国家，艺术领域的每个主要发展阶段都有一种流行的风格，例如我们耳熟能详的希腊式、罗马式、哥特式、文艺复兴式、巴洛克式等。但是，日本艺术的每一个主要阶段都复杂多样。在艺术领域，尤其是绘画方面，西方的一致性和日本的"极度多样性"之间的对比非常强烈。在江户时代（1603～1867 年），日本艺术的多样性达到顶峰，单单在绘画领域，就有超过一打的主要流派繁荣发展，同时还有无数的小流派。在其他文化中，没有任何一个堪与日本前现代时期最后一个伟大艺术时代的绚烂多姿相提并论。

那些抨击美国社会过度竞争，将其缺点与日本社会的合作进行对比的日本专家学者，关注的是企业在市场上的竞争或企业内部管理层之间的晋升竞争。似乎他们从未考虑到日本的教育领域。每位美国人耳闻下面的事情时都会感到不可思议：在日本的小学中，10 岁的小学生在听说自己最好的朋友因生病不得不请假一两周时，会高兴得手舞足蹈。之所以做出这种不近人情的举动，是因为在名牌初中的入学考试中，他的朋友会因生病而在竞争中落后。

实际上，西方社会的商业竞争与"日本有限公司"内的产业集团、**财阀**之间极其残酷的斗争相比，简直是小儿科。如果三菱集团想进入一个新的行业，无论是合成纤维、电力还是造船业，三井和住友都会迅速跟进，而不考虑世界范围内该产业是否已经产能过剩。日本各政党也不是纪律严明的铁板一块，即每个政党都不能实现严格的政令统一，而是分裂为松散联合且激烈竞争的不同派系。

日本人可能是世界上最优秀的动物画家。在西方，几乎没有专门的动物画家，罗莎·博纳尔⊖、乔治·斯塔布斯⊖无疑属于凤毛麟角。几乎每位日本画家都画动物。日本动物画的传统源自中国（如中国的花鸟画），但日本绘画中的动物，尤其是鸟，表现的完全是地地道道的日本价值观、风俗和观念。

据我所知，鸟类绘画最能表现出日本人的基本特质：纯粹的享乐能力。但通过日本人的野餐聚会，或夏日傍晚空地上的简单民族舞蹈，我们也能发现这种能力。正是这种纯粹的享乐能力，使得高傲的公司总裁和严肃的学者可以在宴会上玩最天真的儿童游戏，却从不感到尴尬或不妥；使得年轻的父亲周末可以与孩子在公园中嬉戏打闹。多数精致的日本艺术品或小说，也都表现出了这种纯粹享乐的品质，这也是俳句⊜的本质。日本传统的动物或鸟类绘画看起来往往异常简单（只是用画笔简单描几下），然而这一切都需要对笔、墨及其成分的精妙掌控，同时也表现出艺术家将自我直接投射到鸟类或动物的精神上。这些日本绘画是对自然和多样性的讴歌，与现代英国第一位诗人，维多利亚晚期杰拉德·霍普金斯®的"荣耀归于主，为斑斑之物"的意境基本一致。

纵然如此，合作、相互责任、对雇主的终身承诺、家族、甚至"日本有限公司"都确实存在。日本社会的核心是联系紧密、互相包容的社区（提供支持的同时要求服从其规矩），同要求自发竞争的个人主义之间永远势不两立。

18世纪日本艺术家的个性极为鲜明，但多数人又将自己视作某一流派的成员（南画、琳派或圆山·四条派）。在日本，极少数不属于任何流派的艺术家则被称为"怪"。如果一位艺术家从某个学派起步、成长，最终发展

⊖ 罗莎·博纳尔（Rosa Bonheur），法国动物画家，代表作为《纳韦尔人的耕作》（Ploughing in the Nivernais）。——译者注

⊖ 乔治·斯塔布斯（George Stubbs），英国动物画家，擅长画马，代表作为《骏马》（Whistlejacket）。——译者注

⊜ 俳句，是一种特定格式的诗歌，由5、7、5共17个日文音组成，源于中国诗歌中的绝句。——译者注

® 杰拉德·曼利·霍普金斯（Gerard Manley Hopkins），英国诗人，创新写作技巧，其"跳韵"广为人知，代表作为《斑驳之美》（Pied Beauty）。——译者注

出自己的风格，那么日本的礼节就要求他有一次突然的中断，就像歌舞伎表演中的"见得"⊖一样。例如，据记载，长泽芦雪（1755—1799 年）最初是圆山应举（1733—1795 年）的徒弟，前者曾经突然停止创作，过后两人才开始密切合作，共同创作，圆山应举甚至曾委托长泽芦雪若干重要的机密事务。比他们早一个世纪的久隅守景（约公元 1700 年前），当他按照自己的方法作画时，即使与师傅狩野探幽（1602—1674 年）有亲近的血缘关系，但仍被后者逐出师门。

　　即使在今天已经高度现代化的日本，年轻人如果不加入任何组织，试图按照自己的思路发展，仍然被认为是不合适的。20 年前我第一次到日本巡讲时的翻译，是一位从美国的大学毕业回国的日本人，他在东京建立了自己的市场营销咨询公司。我发现，他不太受岳父的待见。他的岳父当时是一所大学的院长，当我们聊天时我问他不认可女婿的哪些行为。他回应道："他还不到 30 岁，完全靠自己打拼，这是非常不合适的。他的背后没有组织支持，当他陷入困境时没有老板拉他一把。更糟的是，他竟然坚持了下来，这开了一个危险的先例。"故事的关键是，这位岳父是日本全国著名的明星院长，每周六黄金时段都会在全国电台上严厉抨击家庭生活中封建残余习俗，反对组织对个人的过度压迫。

　　艺术史（或艺术故事）可能会解释上述悖论，并有助于理解僵化的家族共同体和自发的个人主义之间的关系——这种关系恰恰是日本艺术、日本社会以及日本人生活的共同特征。琳派的最后一位大师酒井抱一（1761—1828 年），1790 年左右最初在狩野画派学习，后来成为著名的南画大师钏云泉（1759—1811 年）的徒弟。其后他又向居住在首都江户的谷文晁（1763—1840 年）⊜寻求关于创作的建议，结果谷文晁没有让年轻的酒井抱

⊖　见得，是日本歌舞伎表演中的高潮，演员在表演时突然摆出静止的姿势，用来表现登场人物的内心世界、振奋的心情或坚定的决心。——译者注

⊜　本书原文中谷文晁出生于 1764 年，译者参考小学馆出版的《日本大百科全书》，将谷文晁的出生时间改正为 1763 年。——译者注

一留在南派，而是建议他去研究尾形光琳（1658—1716 年）⊖的作品，最终成为著名的琳派画家。西方的名师往往会对年轻人说："学习适合你自己的风格。"谷文晁实际上说的却是："寻找一个适合你自己的流派。"

∞

归属、服从的压力和独立、自发、个性的需要之间的紧张对立，是日本艺术和日本文化的两极，具有鲜明的特色。例如，一个著名的日本艺术品藏馆收藏了 3 幅 17 世纪画家的名作：狩野山乐的《两只鹡鸰》、表屋宗达（17世纪早期）的《孩童持花图》、尾形光琳的团扇《秋日常青之竹》，其中每一幅都表现出日本人将简朴发展到极致的天赋。然而，狩野山乐最著名的画作，比如他画的鸟、树、花等却都用金色、银色或其他绚丽的颜色烘托出华丽奢侈之感。表屋宗达创立的装饰画派（琳派），表达的情感强烈、颜色绚丽，尾形光琳则用丰富的设计进一步发展了该画派。因此，收藏的这 3 幅画的集合无疑是该时期日本画作中的异数，每一幅都堪称画家的代表作。

在同一批藏品中，有一幅 16 世纪初期画家鑑贞的山水画，要比 15 世纪日本画家的简朴风格更加简练。但该画家的另一幅花鸟画，风格华丽甚至达到艳丽程度。200 多年后的 19 世纪初期，日本最简朴的新儒学代表人物渡边华山画了一幅美轮美奂的《荷花游鱼图》。

对西方鉴赏家而言，两种风格似乎无法共存；但对日本画家而言，这是同一事物的两极。西方人可能会认为，艺术家要么致力于 15 世纪风景画那样的简朴和空旷风格，要么追求类似鑑贞的花鸟画、狩野山乐鸟类绘画的多彩绚丽风格，一位画家不可能同时具备上述两种风格。然而，对日本人而

⊖　本书原文中尾形光琳生卒年为 1663—1743 年，译者参考小学馆出版的《日本大百科全书》，确认此系尾形光琳之弟尾形乾山的生卒年，其本人生卒年应为 1658—1716 年。——译者注。

言，这是个人内心思想的必要张力，是表达的两极。

　　到京都旅行的观光客，在几英里之外就能感受到这种张力：二条城（德川幕府将军在京都的行辕）建筑宏伟、装饰华丽、色彩炫目；桂离宫（日本皇亲国戚的夏季宫殿）却简朴到了苛刻的程度，精致但不华丽，完全循规蹈矩。二者是在同一时期由同一批当权者下令建造的。再如，位于东京北面日光市的德川幕府第一位将军德川家康的墓，建筑极为绚丽，显得非常夸张，甚至略带巴洛克风格。但同样是在德川家康将军统治时期，他自己居住的城堡却又极端简朴。对日本人而言，两者是统一的。张力并非产生于对立的双方之间，而是两极之间有这一极就必然有另一极。

　　一定程度上，两极之间的张力体现在日本文化的所有方面。例如妇女的地位问题。在公共场合，日本人秉持大男子主义，妇女很少抛头露面，对丈夫百依百顺；在家庭生活中，妇女却握有持家大权，掌控全家的钱袋，最近一位首相曾经在国会中说："对这个问题我尚不能表态，因为岳母病了，我还没有得到她的指示。"反对派发言人听后点点头，并说道："请代我祝你尊敬的岳母大人身体安康，早日痊愈。"

　　两极之间的张力也体现在对儿童的教育问题上。日本家长对学龄前儿童的放任程度，超出了任何美国人可以接受的程度。但孩子们一入学，哪怕是第 1 天就被要求必须严格遵守纪律，并且孩子们也确实能够做到这一点。日本语言的精义，把一切事物都聚焦于人际关系，而汉语表意文字⊖的本质却由表征对象构成，二者之间存在明显的张力。很久以前，日本人就已经发明了假名表，以便轻松地标注日本人的发音。每位日本小学生都要学习两种全国通用的假名表，但这些假名主要是作为汉语表意文字的辅助工具。对日本人而言，无论这会对孩子们的学习和识字带来多大负担，日语发音和汉语表

　　⊖　表意文字，通过象征性图形符号，表达语言中的词或者语素的意义，世界上的文字类型主要有表形文字、表意文字、表音文字（音节文字和音位文字），大体上代表文字发展的三个阶段，表形文字的代表是象形文字，表意文字的代表是汉字，表音文字中，音节文字的代表是日语假名，音位文字的代表是英语、法语、俄语、阿拉伯语等。——译者注

意之间的张力都是必不可少的。

每位日本人，当他面对叔叔、婶婶、舅舅、舅妈、哥哥、嫂子等不同身份的亲戚时，都有一套严格且彼此不同的行为规范和礼貌用语。但同时，日本习俗也推崇奇人异士，似乎允许他们无拘无束。例如，最后一位或许也是最伟大的一位"表现主义禅画大师"仙厓義梵（他 1838 年去世，[⊖]享年接近90 岁），是一位极受尊敬的禅僧，曾担任日本一所古老寺庙的住持，但他 85岁高龄时仍然游方化缘，闲云野鹤般无拘无束，他喜欢在乡村集市上画讽刺性的青蛙，神态惟妙惟肖，有点神似佛祖，又有点像马戏团小丑，甚至还有小商贩的形貌。

这种两极张力，今日仍可见之于日本的企业及其人际关系中。对西方人而言，组织要么是民主的，要么是专制的，但日本组织两者兼备。当然，这种独裁性格的最佳例子莫过于日本大型组织的领导人，无论政府机构还是企业组织都是如此。然而，日本组织的决策动议始于基层而非高层，通常采取全体一致和成员参与的决策方式。日本从古至今的每个组织中，首领的话都是金科玉律，领主能够命令家臣自杀或休妻。然而，一般情况下，如果决策没有得到家臣本人的同意，并且缺少宗族长老亲身参与的话，首领不能走到这一步。同样，在当今企业组织或政府机构中，下级无条件服从上级领导，同时每个决策又是源自下级，并且体现的是全体成员的共同意志。借用西方管理术语，每个日本组织既极端独裁又充分民主。

两极之间的张力并不是辩证的，也不是一方战胜另一方，而是通过在更高层次的融合得以解决。这不是中国传统的阴阳二元观。日本人思想内在的这种张力并非冲突、对立或矛盾（分析性思维的张力），而是一种极性思维（感知的、整体的、存在的张力）。就像人们无法调和南极与北极一样，日本人也不能调和他们的原则。要理解日本艺术和日本人的生活，就得接受体现

⊖ 根据小学馆《日本大百科全书》昭和 62 年版第 13 册第 704 页记载，仙厓義梵于 1837 年去世。——译者注

在华丽和简朴、大男子主义和家中女性掌权、宠溺的孩子和严守纪律的学生、多变动词和假名脚本构成的日本语言和错综复杂的汉语表意文字之间的极性。这种极性，对日本自身以及我们理解日本都是至关重要的。

正是这种张力和极性，使得日本整个历史充满了巨大反差和剧烈波动，经历了从 17 世纪的自我孤立到全面输入外国文化和商品，同时也赋予了日本艺术、日本文学、日本工业取之不竭的动力和创造力。

∞

在日本开展业务的西方人（去做讲座的教授和去签合同的商人）很快就会对词汇"Wareware Nihon-jin"耳熟能详，其含义就是"**我们日本人**"。无论何时（日本人总是用这个词汇）这个词汇都用来表达："我们日本人异于他人，你们永远理解不了我们。"为了真正理解日本朋友或生意伙伴，也为了弄懂听众中间站起来以"我们日本人"开头的提问者的真实意图，我们需要去欣赏一下日本的风景画。但风景中的人——**日本人**（Nihon-jin）在哪里？然而，正是他们的缺席，或者说他们对山川大地的归属，才是重点。因为 Nihon-jin 不仅仅意味着日本人（Japanese），而且意指"属于日本这片土地的我们"。由于日本的山水塑造了日本的灵魂，所以山水画是日本艺术的灵魂。

日本山水画借鉴了中国山水画的若干要素，如日本山水画中仍然可以看到中国画中的奇石，但其中多数元素都是日本本土的。确实，我的一位日本朋友称自己早就熟悉了岐阜某地的一个小山谷，因为 19 世纪伟大的山水画家玉堂经常充满感情地把该山谷画到自己的作品中。每个去日本乡村旅行的人都可以发现，日本的山水看起来像日本画家的山水画。然而，日本的山水却与日本山水画中的山水略有不同，也与世界上其他任何地方的山水有所不同。日本山水画中的山水是一种灵性景观、灵魂景观。

日本人对山水的感情是"神道教"的一部分。神道教的真实教义是什么，可能任何西方人都难以真正搞明白。神道教并非西方意义上的宗教，被称作宗教也仅仅是 1867 年之后的事，当时，明治政府感到有必要模仿西方的宗教，故创造出国家神道这一怪物。相比之下，许多神社和仪式要古老和流行得多，但最重要的是一种神道感情，即认为整个日本天地是独一无二的观念。日本天地并非仅涉及自然环境，其内涵要广泛得多，既包括掌控整个宇宙的超自然力量，又包括万物生灵所处的世界。日本这片天地是唯一的，完整的，独特的，这才是**我们日本人**（Wareware Nihon-jin）观念的核心所在。该词汇的背后是对日本独特性的极度推崇，日本就是日本，世上独此一家。这背后的意义正是山水画要表达的关键信息，其中的山峦、树木是表象，独特的精神才是本质。可能有些地方的山水和日本的看起来差不多，如中国台湾、朝鲜半岛等。但没有任何其他地方的山水同日本山水一样指代同样的事物。如一些最早的日本山水画一样，部分山水画也能够呈现真实的景观，作为确定不同神社边界线的有效法律文件；但即使在这种情况下，山水画也具备上述精神本质，是日本灵魂的重心所在。可以说，山水画就是日本**自身**。

需要澄清，我并非说日本人是独一无二的，也不是说日本人自我感觉优越，而是日本人的感情具有独特性。民族主义是日本人的罪恶，但从整个日本历史来看，那只是罕见的暂时偏离常态。日本人自我感觉与众不同是因为在有灵性的山水中他们才能产生家的感觉。这或许能够解释，在欧美的留学生中几乎唯有日本人迫不及待地想回国。

∽

现在开始阐述什么是我所说的"日本审美"或"拓扑方法"。当中国人看到日本绘画时，是什么使他们感到惴惴不安呢？

几乎所有日本山水画都生动地体现了日本人的审美观。15 世纪的日本画家认真学习中国绘画，18 世纪的南画画家同样如此。然而，若一位中国鉴赏家或美术史家来欣赏这些日本画作，可能会让他感到惴惴不安。"显然，这些山类似中国的某某山。这些奇石也跟中国画中的差不多。画法也接近中国的某个画派。当然，其手法源自中国某位先贤。但是，但是，但是……"如果他够坦诚，那么会说："但是这些肯定不是中国画。不知为什么，欣赏这些画让我很不舒服。我不想站在这些画中间。"

唯有把这些画与中国画并列鉴赏，才能真正理解这位中国鉴赏家的感受。我并不是说人们不能把中国画错当成日本画，反之亦然。二者技巧相同，笔画相同，着墨理念也相同，但画作却不同。这两个国家的绘画之所以给人的感觉不同，是因为日本人的独特审美观。日本绘画以空旷的空间为主，不只是很大部分的画布是空的，而且空旷的空间成为画作不可或缺的组成部分。这是日本审美的基本特征，却与大部分中国画不同。同样的审美观可见之于日本所有流派的画作，换言之，追随中国画的画家和排斥中国画的画家，秉持的是同样的审美观。

如果我要定义这种与西方画和中国画形成对比的审美观的话，我会说西方绘画基本上是几何学的。1425 年左右，西方人重新发现了直线透视，要求空间从属于几何，现代西方绘画由此起步。中国绘画是代数学的。同在中国道德伦理中一样，比例也在中国画中居于支配地位。与此相对，日本绘画是拓扑学的，拓扑学是数学的分支，始于 1700 年左右，处理表面和空间的性质问题，进而定义形状和线条，弥合直线和曲线之间的区别，如双曲线。拓扑学还处理角度、旋涡和边界线问题，关注空间施加之物而非强加在空间中的事物。从审美角度看，日本绘画是拓扑学的，画家看到空间，然后看到线条，并不从线条开始。

近百年来，西方艺术评论家和美术史学家普遍认为，画家不会看到物体，而是看到整体。日本画家所看到的**格式塔**[⊖]就是今天我们所说的设计，

⊖ 格式塔，是德文 Gestalt 的译音，意即"模式、形状、形式"等，意思是指"动态的整体"（dynamic wholes）。——译者注

而不是结构。用拓扑学的术语来说，即为拓扑学家所言之决定线条的空间，而非决定空间的线条。关于日本绘画的讨论，人们通常会认为日本画家具有"装饰性"倾向。18 世纪的南画画家拒斥该倾向，认为其与他们尊奉的中国文人画的价值观和审美完全不能兼容；然而，如所有鉴赏权威告诉我们的，南画画家最终自己也朝装饰性方向发展。就像艺术评论中的许多其他词汇一样，"装饰性"也容易产生误导，正确的词汇可能是"设计性"。日本的陶器、漆器和绘画之所以融合在一起，就是因为这种不可抑制的设计倾向，与此相对的是三者在中国的艺术领域和社会领域都是严格分离的。进而，日本人的上述倾向立足于拓扑的设计观，既非透视（即几何的）又非比例（即代数的）。

无论是 15 世纪的水墨画家还是 18 世纪的南画画家，都将中国人视作模范和老师，学习中国人的技术、动机、风格和形式。但他们同样把中国人的代数法变成了日本的拓扑法。在历史上和现实中，日本人始终具有一种接受外来文化，随后将其"日本化"的观念和能力。

公元 500 年前后，佛教以及当时极为先进的中华文明的精华传播到了日本，迅速对日本产生了全面影响。日本从中国和朝鲜半岛引入了大量事物，包括僧侣、建筑师、艺术家、工匠、文字、诗歌、艺术、纺织技术等。但仅仅 200 多年后的奈良时代，虽然日本人仍然采用中国和朝鲜半岛的雕塑技术来塑造纯粹佛教风格的宗教雕像，却已经深深地打上了日本文化的烙印。日本同样对中国式的治理模式和社会结构进行本土化改造，使佛教和儒家学说为宗族服务，随后转变为服务于武士社会，使中国基于家庭土地所有权的土地占有观念为完全没有土地所有权（除寺庙和天皇之外）的体制服务。日本人对于土地的产出，只有不同等级的权利，即分级税收和进贡制而非土地所有权之类的东西。在制陶业、诗歌、农业领域，情况大致相同。

如今这个过程再次发生；只不过这次被日本化的外国文化是西方文化而非中国文化。形式、技术、观念都被熟练地运用。就像 15 世纪和 18 世纪的画家们一样，日本人迅速改进源自西方的技术。在对画笔的掌控和使用技巧方面，很少有中国画家能与日本 15 世纪伟大的山水画家雪舟相比。在对企业组织结构和管理技术的掌控方面，很少有西方国家的企业能与日本的大型商贸企业相比。他们在本质上都是日本式的。日本人不会不受外界的影响，但他们将其转化为自身的内在经验。他们吸收并提取外国经验的精华，用以维护和加强日本人的价值观、信仰、传统、目标和关系，其最终结果并不是一种折中，而是像 15 世纪或 18 世纪绘画所表现出来的那样，成为完整的整体。这确确实实是日本独一无二的特色。

日本社会曾多次对外国影响广开国门。但过一段时间后就会关闭大门，消化、改变、调适，甚至像变魔术一样转化外国的事物。同中国 13 世纪的画家牧谿或因陀罗的画作都被中国人视为"粗糙"或"通俗"一样，一些在外国文化中被视作平常的东西，却被日本人奉若珍宝，画家本人也被 14、15 世纪最简朴高雅的日本画家尊为典范和大师。但也有一些文化要素在国外被视为精华，在日本却变为糟粕，最典型的就是 20 世纪初自西方输入的民族国家观念，在日本却孕育出了一种古老而又奇怪的邪恶政体，即幕府体制或军国体制。而在历史上，将军曾经在日本国内实现和平，使内战变得既不必要也不可能，最重要的是阻止了外国入侵。

日本与外部世界的关系非常特殊（我认为是独一无二的），这是一个基本的核心要素，日本人的审美恰恰就是一种理解或至少是感知该要素的方式。上述特殊关系有赖于接受能力和迅速学习并改进所学知识的能力。另外，在接受的同时，至少要保留那些与日本国情不冲突的要素，即符合拓扑学而非代数学或几何学的要素，适合日本式人际关系的要素，并且适合日本独特的内在体验和西方术语所谓日本精神性的要素。我们正在讨论的，是一种存在主义意义上的现象，顺便提一下，日本特有的**"神道教"**（Shinto）的最佳翻译可能就是灵性（spirituality）。

我认为，能否保持这种能力，是摆在当今日本人面前的巨大挑战。如今，日本已经全面融入外部世界，并且远远不只是经济（或许经济是最不重要的）领域的融入，6 世纪时面对来自中国的文化浪潮和佛教的日本人、1500 年前后雪舟所处时代的日本人，或许甚至 100 年之前明治维新时期的日本人，恐怕都无法想象当今这种高度的融合。日本人是否仍然能够将外国的非日本文化、行为、伦理甚至审美接受并转化为日本式的？

对此我不敢妄加揣测，但草动知风向。如果观察一下当今日本繁荣的视觉艺术，如现代日本浮世绘、日本电影、日本陶艺或许还包括日本建筑等，人们会说日本人可能，或说有较大的概率再次实现外来文化本土化。日本浮世绘实现现代化的同时保持日本特色的方式，一定程度上就是奈良时代的佛教雕塑实现日本化的方式。在很大程度上，当今的日本陶艺也是如此。我只能希望日本人能够再次做到他们之前多次做到过的事情。这个世界需要一种既现代化，又具鲜明特色且独一无二的非西方文化。世界需要日本化的日本，而非纽约、洛杉矶或法兰克福的日本版。

∞

当有人问 18 世纪著名禅师白隐慧鹤，他用多长时间画一幅禅宗祖师达摩的画像时，他说道："10 分钟和 80 年。"当然，人们问伦勃朗他花了多长时间画自己老年的自画像；问莫奈花了多长时间画鲁昂大教堂在不同光照下的景象；问卡萨尔斯⊖用多长时间演奏巴赫的《大提琴无伴奏组曲》……他们可能都会给出与白隐禅师类似的回答。但白隐禅师的答案具有双重含义，表达了日本人的人性观和学习观，是西方艺术家的答案中所没有的。

欣赏日本肖像画和自画像，我们可以发现上述双重含义。日本式精神性自画像，在西方和中国都找不到类似画作。如上述西方艺术家所说，他们花了 80 年时间才能够达到伦勃朗晚年的自画像、莫奈的完美光线、卡萨尔斯

⊖　卡萨尔斯（Pablo Casals），西班牙作曲家、指挥家、大提琴家，发现并演奏巴赫的六首《大提琴无伴奏组曲》(Unaccompanied Suites for Cello)。——译者注

演奏巴赫音乐的水平，意思是指他们用了几十年的时间提高自己的绘画和演奏技艺。但日本禅师所说的"80 年"，首先是指要达到一种精神性的自我实现，这是为达摩作像的必要前提。一位老禅师曾经说："每一幅达摩画像都是一幅 [精神性] 自画像。"如果一位禅宗画家没有经历几十年修身养性，那么他就不能成为为达摩画像的人。达摩不是上帝，也不是圣徒。他是一个人，实现了人的全部精神潜力，获得了人的所有精神力量，并且将其转化为一种精神性存在。唯有画家本人成为达摩所代表的那类精神性人物之后，他才能为达摩画像并像白隐禅师那样题词："此为达摩。"达摩的精神性力量和精神品质是无法伪造的，画家的技巧无论多么高超，如果他本人缺乏这种精神品质，画出的《达摩像》必然会缺少内在的精气神。

17 世纪中期的狩野探幽和一个世纪后的长泽芦雪，在绘画技巧上都是无人企及的大师，他们都曾经画过《达摩像》。狩野探幽画的**达摩**看起来像个老官僚或成功的银行家，长泽芦雪的则宛如大学研究生部彬彬有礼而又学识渊博的领导人。他们的绘画都是一流作品，却不具有精神性、力量和整体上令人折服的掌控力。但如果为**达摩**画像的画家自身具备这种精神力，那么自然就会发展出所需的掌控力。白隐禅师晚年身体机能衰退行动不便，双腿不听使唤，眼睛也几乎失明，就在这种油尽灯枯状态下画的《达摩像》，依旧展现出力透纸背的内在精气神。

达摩是一个凡人，也是一位有感情的人。与基督教或佛教的圣人不同，达摩不依赖神的恩典，也不依赖上帝的拯救。通过自身不懈的努力，持之以恒地充实内在自我的神性，他实现了精神性的完满。他不是"人道主义"观念中的人，而是一种精神性或存在主义视角下的人。这是一种聚焦于智慧而非知识的观点，着重自我控制而非掌握权力，崇尚完美而非成功。

禅语"10 分钟和 80 年"也表达了日本人特有的持续学习观念。在西方和中国，人们往往为了获得一份工作而学习，或者为了晋升而充电，也可能是为了应对新的挑战而未雨绸缪。最极端的是中国古代的科举考试制度，在该制度下，考生为了准备下一次考试，往往不得不抛弃上一次考试时学过的内容。西方现代医学院体制也差不多，最先进的管理课程亦如此。但在禅宗观念中，一个人学习是为了把原来已经做好的事情做得更好。一个人坚持画达摩，直到能够达到完全收放自如的程度。就像 17 世纪早期书法家近卫信尹一样，如果坚持每天早晨画天神祭⊖绘画（同样的画，却越来越娴熟），那么他就是典型的持续学习之人。或者像 1800 年前后的中林竹洞那样，不断地重复画同一幅山水画。当然，在西方，艺术家们也会那样做，卡萨尔斯一生中不断地演奏巴赫的《大提琴无伴奏组曲》，直到去世。但在西方（在中国也一样），只有艺术家才会这么做，而其余的人就像是科举考生一样，通过一次考试是为了准备下一次考试，前一次晋升是下一次晋升的跳板。

在日本，至今大型商贸公司中的专家，如纺织专家和木工机械专家等，虽然他们的收入越来越高、头衔也越来越大，但绝大多数人仍然保留职业生涯中的专家身份，并且其专业技艺日益精进。在日本的工厂中也存在持续学习的过程，随着资历的增长，雇员的收入也增加，但他们始终在做同一项工作，同事之间每周会面时商讨的仍然是如何将现有工作做得更精益求精。日本有一个独特的人间国宝⊜观念，是指那些将一项工作做到极致的伟大艺人或工匠。日本人并不接受西方的学习曲线理论，该理论认为人们在经过一段时间后会达到一个成就的平台期，难以继续攀升。日本人的学习观念主张通过不断的磨炼突破这一瓶颈，直到技艺水平上升到一个新高度，过一段时间后再次继续学习和提高，如此不断循环，最终臻于完美。犹如禅宗大师所谓的 10 分钟和 80 年，日本人的学习曲线将学习视为一种精神性的追求完美之行为，并将技能的获取视作个人的自我完善。这不仅仅是一种提高绩效能力的途径，更是一种使人臻于完美的方式。

⊖ 天神祭，日本传统三大祭祀之一，每年的 7 月 24 日和 25 日举行。——译者注

⊜ 人间国宝，是日本政府依法认定的在艺术表演或工艺制作领域"身怀绝技者"，这些人在社会上备受尊崇，且每年可从国家得到 200 万日元补助金，用于磨练并传承"技艺"，培养继承人。——译者注

　　同样，这也只是日本的一个侧面。日本历史与日本社会同其他国家的历史和社会一样，充斥着急于求成努力向上爬的人，也充满了行贿受贿野心勃勃的阴谋家。但与此相对——也有人用"10 分钟和 80 年"的时间，持续钻研已经做得很好的事情，以求臻于完善。

　　日本人或禅宗的学习观念并非没有缺陷，其一是有可能堕落为模仿和重复。这恰恰是在狩野派中发生的事情。在 16 世纪中期到 19 世纪中期，该派主导日本"官方"艺术达 300 余年，后继人通过在精细的技艺方面持续学习，严守自身的典范，维持自身的官方地位。因此，该派维持着自身的技艺水平。但同时，到 17 世纪中期，该派的画作就迅速退化为机械性的模仿了。直到 200 多年后的明治维新时代，日本已经向西方开放，该画派仍然局限于机械性复制。然而，虽然可能会沦为机械性复制和盲目重复，但禅宗的持续学习理念与为了进步、提拔、前进等目的而学习的西方和中国学习观念相比，更加接近一种真正的学习理论。与当今的个人和自我实现理论相比，禅宗传统注重个人能力的发展已长达数百年时间了。工作是个人人格的延伸，人格则是工作的升华，所以除非一个人自身拥有精神性品质，并在数十年如一日的反复练习中把自己变成达摩那样的人，否则他就无法通过绘画传达出达摩的精气神，这种洞见中蕴含着非常深奥的智慧。

　　可惜，这种洞见和智慧所立足的禅宗个人观念和持续学习理念，在当今日本社会却濒临灭绝。日本的教育体制已经走上了西方倡导的道路，认为学习是为了准备下一次考核、晋升或外部奖励。孩子们从小就被反复训练，以求顺利通过考试进入优质的保育院，进而争取通过考试进入优质幼儿园，继而是小学、初中、高中、大学、就业。古人绘制达摩的精神性肖像时遵循的学习理论，强调要变成、成为、最终达到理直气壮地说"此为达摩"的境界，如今该观念是否还有生存的空间？

∞

　　行文至此，我一直透过日本绘画审视日本。现在我会用（也许是滥用）日本绘画来审视西方和西方现代艺术。长泽芦雪在 18 世纪 80 年代画了一幅《道成寺的钟声》，虽然该画的名称指的是一台著名的歌舞伎戏剧，但这幅画本身几乎完全是抽象的、非客观的。西方抽象画诞生时，该画作已经有了一个半世纪的历史，并且它绝非日本最古老的抽象画，实际上，这类画可一直追溯至 10 世纪的平安时代。江户（今日东京）的绘画大师谷文晁在 1800 年后画了一幅《月光下开花的李子树》，画中他使用了半个世纪后西方的特纳⊖或莫奈才会用到的手法，把光线作为绘画的主题。同克里姆特⊜、席勒⊜、库斌⊛、表现主义时期的毕加索和马蒂斯⊛等画家的作品类似，白隐禅师的《达摩像》也是一幅表现主义绘画，却具有前面的西方画家所没有的表现力。因此可以说，西方的现代艺术早已在日本传统社会流行。有一则轶事（或许是编造的），日本画家仙厓義梵同时也是一位禅师，他于 1838 年去世。1953 年毕加索去巴黎参观仙厓義梵的作品展，刚进去就气急败坏地冲出展览馆，怒声斥责这是恶作剧，声言仙厓義梵要不是事先看了他本人的作品，绝不可能创作出这样的绘画。实际上，即使日本绘画没有预示西方现代艺术的诞生，但后者显然早已经被日本传统社会所接受。

　　当然，西方人从未注意到日本人的原创，甚至从未耳闻。除了浮世绘，几年之前西方人尚对日本艺术几乎完全一无所知。换言之，西方人 20 世纪才

⊖　特纳（J. M. W. Turner），英国风景画家，代表作为《被拖去解体的战舰无畏号》（The Fighting Témérairetugged to herlast Berthtobebroken）。——译者注

⊜　克里姆特（Gustav Klimt），奥地利象征主义画家，代表作为《艾蒂儿肖像一号》（Portrait of Adele Bloch-Bauer I）。——译者注

⊜　席勒（Egon Schiele），奥地利表现主义画家，其代表作为多幅《自画像》。——译者注

⊛　库斌（Alfred Kubin），奥地利画家，代表作是为陀思妥耶夫斯基等人的作品绘制的插画。——译者注

⊕　马蒂斯（Henri Matisse），法国画家，代表作为《舞蹈》（Dance）。——译者注

发展出日本古已有之的现代视觉和感性艺术，学会了日本人长期以来一直秉持的看待事物的方式。西方艺术也已经从描绘和分析转变为设计和综合艺术。

马歇尔·麦克卢汉⊖已经宣布，电子媒体将人们看待和解释世界的方式从构思转变为感知。但真正了解日本艺术的西方人很容易就会确定，上述转变要早得多，与电子技术丝毫没有关系。相反，由于西方人已经实现了从传统的分析和描述模式向日本早已习以为常的设计和综合感知转变，所以，面对电子技术的发展，西方人可能会准备得更充分，也更容易接受。

现代西方著名的绘画史学家罗伯特·罗森布鲁姆⊜在其著作《现代绘画与北方浪漫主义传统：从弗里德里希到罗斯科》中指出，现代西方绘画主要起源于 19 世纪的欧洲北部地区，开创者主要是北德意志的画家（弗里德里希和奥托·龙格），他们实现了从描绘到设计的转变。但我可以负责任地说，日本画坛在此之前很久已经完成了这种转变。感知而非概念，设计而非描绘，拓扑而非几何，综合而非分析，确实是 10 世纪以来日本艺术一以贯之的特征。

美国前驻日大使埃德温·赖肖尔是一位日本史和日本社会研究领域的权威，他在《日本人》（*The Japanese*）一书中写道，日本从未培养出一位伟大的或原创性的一流思想家。这被视为一种严厉的抨击，尤其是在日本更是如此，但赖肖尔实际的意思是日本人的天赋在于感知而非概念。

西方中世纪最伟大的成就之一就是圣·托马斯·阿奎那的《神学大全》，该书或许是人类史上最雄心勃勃的概念性和分析性壮举。日本的"中世纪"（11 世纪）最为人称道的成就是堪称世界一流的小说：紫式部的《源氏物语》。该书讲述了各色人物的生老病死婚丧嫁娶，对宫廷中人们的日常生活进行了

⊖　马歇尔·麦克卢汉（Marshall McLuhan），加拿大著名哲学家及教育家，现代传播理论的奠基者，代表作为《认识媒体：人的延伸》（*Understanding Media: The Extensions of Man*）。——译者注

⊜　罗伯特·罗森布鲁姆（Robert Rosenblum），艺术史学家，代表作为《现代绘画与北方浪漫主义传统：从弗里德里希到罗斯科》（*Modern Painting and the Northern Romantic Tradition: Friedrich to Rothko*）。——译者注

详尽描写。日本最伟大的编剧近松门左卫门（1643—1724 年）⊖创作时，既没有摄像机也没有银幕，但其歌舞伎和净琉璃文乐木偶戏⊜演出却是高度电影化的，其中包含了歌曲、舞蹈、服装、音乐、口语等。人物角色并非由他们说什么来决定，而是由他们的整体表现确定。虽然西方人从未引用过一行近松门左卫门的作品。然而，所有人都很熟悉一种特殊场景——近松门左卫门不是一位剧作家而是一位天才的编剧人，在没有电影化工具的辅助下，他的歌舞伎演出剧院发明了电影技术，"见得"时演员突然停止动作，恰恰就是电影中的特写镜头。

很大程度上，日本人的感知传统是其现代社会和经济崛起的基础，使得日本人能够抓住西方或外国事物（无论是制度还是产品）的本质及基本的整体结构，然后进行重新设计。从艺术的视角来看，有关日本我们可以得到的最关键的认识就是其感知性。

⊖ 本书原文中近松门左卫门出生于 1643 年，经查阅《世界大百科事典》和《大辞林》等，应更正为 1653 年。——译者注

⊜ 净琉璃文乐木偶戏，起源于江户时代（1600 年前后），日本最主要的传统舞台艺术形式之一，集说唱、乐器伴奏和木偶剧于一体。——译者注

日本：成功带来的难题[⊖]

1

过去的 18 年中，我去过日本 10 次。去年秋天，我第 10 次去日本旅行，期间见到的每个人都在谈论经济问题，而且只谈论经济问题。甚至日本的理论数学家和禅宗寺庙的住持也在关注美元 / 日元汇率、出口顺差、石油价格等经济问题。日本的经济改革的确正在经受阵痛。但日本面临的最基本的问题并非经济问题，而是社会结构和价值观的变革。一个多世纪以来，支撑日本伟大现代化转型的社会政策迅速变得过时，然而正是这些政策使得日本从一个贫穷的、教育程度低下的、人口平均预期寿命短暂的乡村社会转变为富裕的、普遍受教育的、人口平均预期寿命大大提高的发达工业社会。日本社会政策的巨大成功，反而使其自身变得过时，成为未来日本社会凝聚力和经济竞争力的巨大障碍。

⊖　首次发表于 1978 年《外交事务》(*Foreign Affair*)。

在日本，所有三类员工（体力劳动者、普通员工、经理人或专业人士）的薪水都采取年功序列制[⊖]模式，即完全或至少是主要取决于个人的服务年限，而不考虑工作岗位或头衔，新入职员工的收入，是服务 25 年、已经40 多岁的员工收入的 1/3。同样过时的还有日本将学历同职业机会挂钩的制度，该制度将初中毕业的 15 岁年轻人安排在制造业、农业或服务业，终生从事体力劳动；高中毕业生终生从事文书工作；大学毕业生成为经理人或专业人士，且现实中不同级别的人员之间几乎没有交叉流动。员工对老板和岗位的终身承诺（往往被误导性地称作"终身雇佣"），同样不再是日本社会的强大支柱，反而变为了对社会和谐的严重威胁。另外，"现代日本"转型初期制定的政策也已经过时，该政策一方面通过经济手段维持"旧日本"的社会秩序，避免社会混乱，另一方面却致力于建设一个迥异于以往的"新日本"。

2

上述困境的罪魁祸首不是国际石油卡特尔，或日本对原材料进口的依赖以及"世界经济衰退"（造成当前日本困境的恶魔）。如果真的像多数日本人所认为的那样，世界经济衰退真的是对日本的严重威胁，那么该国就无法向世界上大多数国家市场出口大量高精尖产品，如汽车、彩电、计算机等。当然，1973 年以来日本进口石油的开支急剧增加，但实际上该国**所有的**原材料支出，包括石油及成品油，在整个工业产值和国民生产总值中的比例却下降了。早在 70 多年前的世纪之交，德国经济学家斯庇索夫[⊜]已经研究了卡

⊖　年功序列制（seniority-wage system），日本的一种企业管理制度，以年资和职位论资排辈，制定标准化的薪水，通常搭配终身雇佣的观念，鼓励员工在同一公司累积年资到退休。——译者注

⊜　斯庇索夫（Arthur Spiethoff），德国历史学派经济学家，其商业周期理论对主流经济学产生了重要影响，尤其是启发了熊彼特，代表作为《商业周期》（*Business Cycles*）。——译者注

特尔包括石油卡特尔通常会带来的影响。每一个卡特尔会压低相关竞争产品的相对价格（例如，在石油危机的情况下就是其他原材料），其程度至少不低于卡特尔控制的产品价格提高的比例。其他原材料价格的相对降低，是日本在国际贸易中始终保持顺差的主要原因。由于日本所需的原材料基本全部依赖进口，且石油仅仅占该国全部国际贸易和收支中的一小部分（不到10%），所以石油价格的上升导致所有其他原材料价格相对下降，总体而言对日本是有利的。（相反，在所有发达国家中，美国工业所需原材料的自给自足程度最高，因此石油价格的相对上涨给美国带来的冲击最大。美国进口石油的支出增加，同时出口原材料的收入却相对减少了。）

　　实际上，日本故事中的恶魔（如果"恶魔"是恰当的词汇的话）是日本的人口状况，尤其是在提高人口平均预期寿命方面，日本的成就比世界上其他任何国家更加突出。75 年前，日本的人口平均预期寿命是 42 岁，50 年前是 53 岁，所以 19 世纪 80 年代日本政府部门的"正式"退休年龄是 55 岁，到 20 世纪 20 年代该退休年龄线扩展至私营部门，这是非常切合实际的。如今，日本的男性预期寿命已达 73 岁，女性则高达 78 岁（与西方相同）。20世纪 20 年代，日本的婴儿死亡率迅速下降至发达国家中的最低水平。但直至"二战"结束，日本的人口出生率仍然居高不下。"二战"后，日本的情况与美国或西欧国家类似，经历了一个短暂但高涨的"婴儿潮"。因此，基于年轻劳动人口充分供给的经济政策（年功序列制是该政策的具体表现），直到 1965 年都是非常合理的。但日本的"婴儿潮"在 20 世纪 50 年代中期的"婴儿荒"时期戛然而止，比美国出现类似的"婴儿荒"要提前 6 年，比德国人口出生率的急剧下降则提前了 10 年。并且从那时至今，日本同西方国家一样，出生率一直与净人口再生产率⊖持平，甚至低于后者。

⊖　净人口再生产率（net reproduction level），是指女儿一代接替母亲生育的人数与母亲一代人数之比，当大于 1 时，表明人口净繁殖水平有扩大趋势，反之则有缩小趋势，等于 1 则表示人口维持简单再生产趋势。——译者注

在"二战"结束后的 1946 年，日本 3/5 的人口居住在乡村，一半劳动力从事农业生产，但日本却还要进口稻米。日本的应对措施是，无论付出何种代价，都要把提高稻米产量放在首位。在过去的 30 年中，日本的农业产出增长了一倍以上，稻米盈余不断增加。同时，居住在乡村的人口却下降至总人口的 1/8，只有不到 1/12 的劳动力从事农业生产。

日本人口的教育结构已经发生了彻底转变。直到 1938 年（日本动员参战前的最后一个"正常"年份），只有 4%～5%（约 1/20）的年轻人有机会进入大学，一半年轻人中学毕业后就参加工作。如今，超过一半的年轻人进入大学深造。统计数据显示，日本已经没有任何中学生辍学，实际上每个日本人，不论男女都会进入高中学习。然而，日本的社会结构和社会政策仍然大力推动高等教育的扩展。

不到 10 年前的 1970 年，日本仍然是平均年龄最低的发达国家。65 岁以上的人口不到总人口的 7%，也就是说，每 15 人中只有 1 位 65 岁以上的老人。换言之，每 1 位 65 岁以上的老人对应 7～8 位劳动人口。相比之下，同时期美国 65 岁以上的人口占总人口的 10%，即每 1 位退休人口对应 5 位劳动人口。在人口平均年龄最高的瑞典和法国，同时期 65 岁以上人口的比例为 12%，即每 1 位退休人口，对应 3.5 位劳动人口。到 1977 年，日本已经达到美国 1970 年的水平。到 1990 年，也就是从今天开始算起 10 年之后，日本将超过瑞典 1970 年的水平，65 岁以上人口将接近 15%，每 1 位 65 岁（过去西方国家传统的退休年龄）以上人口，仅对应 3 位工作人口。到那时，日本将成为老龄化程度最严重的发达国家之一——日本可能要略高于美国。

现在，日本退休人口中的绝大多数都是中学学历，工作时主要从事体力劳动。如今，刚入职的日本男性员工，至少一半都是大学学历，他们不再从事体力劳动，而是从事管理或专业技术工作。[1] 同时，作为城市制造业和服务业后备力量的农村剩余劳动力储备，已经完全枯竭。

3

每个发达国家都具有类似的发展趋势。然而，日本的这一趋势要比西方国家来得更加迅速，甚至比有记载的任何国家都要快。例如，日本人口年龄结构的转型只用了 25 年时间，美国用了 70 年，德国用了 100 年，法国用了 200 年。日本人口教育结构的转变用了 30 年时间，美国用了 60 多年，西欧国家则用了一个世纪。在 30 年的时间里，日本农业人口在整个劳动人口中的比例，从占绝大多数下降至微不足道，同样的过程，美国用了一个世纪，部分西欧国家甚至一个世纪都没有完成这一过程。

最关键的是，这种转型对日本的影响要远大于对其他西方国家的影响。因为日本的基本社会政策立足于过去的年龄结构、过去的教育结构、过去的乡村社会和过去的消费模式。

尤其是，日本的经济增长和竞争力依赖于大量年轻体力劳动者的充分供给，即年轻的中学毕业生唾手可得。在年功序列制下，工作效率会自动提高，受雇的年轻人会越来越多。谈论"日本人的平均工资"或"日本的平均劳动力成本"几乎没有意义。同一家企业下设的两家工厂，使用同样的设备和生产工艺，生产同样的产品，支付给相同年龄的工人完全相同的工资和福利，由于劳动力的年龄分布不同，可能会导致劳动力成本完全不同。工厂劳动力平均年龄每增加 1 年，工厂的劳动力成本就上涨 5%～7%。

这就解释了为什么日本企业重视销售额而忽视利润率。如果销售额充分增长，就能够雇用大量年轻人，利润率也就会获得保障。相反，如果销售额不能增加，甚至出现下降，那就不能雇用年轻人，利润率就会不可避免地下降（无论利润空间有多大）。如今，日本进入了一个劳动力不可避免地越来越老龄化的时期。从日本人口的年龄结构来看，越是劳动密集型的产业（甚至最现代化的钢铁厂也属于劳动密集型），工作效率的下降就会越严重。

日本人口年龄结构与生产工艺现代化均可以提高工业生产效率，据我所知，尚无人对此二者进行区分。比较可信的估计是，在过去的 20 年中，日本工业生产效率的提高一半来自于年龄结构。因为最近的 20 年中，"婴儿潮"一代成长起来，同时大量年轻人从农村迁入城市，导致年轻劳动人口的供给大幅增加。在此基础上，日本工业生产效率的真实提高（扣除人口年龄结构带来的提高）速度，"二战"后每年为 5%～7%（以任何西方国家的标准来看仍然是非常可观的），但这并不足以抵消未来日本人口老龄化带来的工作效率下降。近些年，韩国或巴西等新兴经济体，由于其巨大的劳动力成本优势而具备了较强的竞争力。日本为了维持其竞争优势，显然需要进一步加快工业生产效率的真实提高速度。

对日本而言，这似乎导致了一个无法解决的增长困境。鉴于年功序列制及其对生产效率和竞争力的影响，日本需要至少保持 6% 的增长率才能保持在世界市场上的竞争优势。但日本人口尤其是可用的体力劳动人口（即中学毕业生），未来无论如何都不可能达到这一增长率了。在现有的人力资源政策和退休政策的前提下，日本的传统产业要保持 6% 的增长率显然是不可能的。

日本的人口年龄结构也会威胁到日本传统的资本供给。在过去的 100 年中，日本的储蓄率和资本筹集率在世界上都是最高的，正常情况下个人储蓄率占个人总收入的 35%。这在很大程度上取决于一个简单的事实，那就是直到最近这些年，很少有日本人能够活到退休年龄。我们已经了解，在西方国家，随着人口预期寿命的增加，资本筹集会不可避免地出现下降。越来越高比例的个人储蓄变为对退休人员及其遗孀的"转移支付"。经由社会保障税和支付给雇主养老基金的"转移支付"，看起来像是储蓄。但老年人（前述"储蓄"的接收者）并没有真正的储蓄；他们是消费者。

如果当今日本人口具备与美国人口（美国有 3200 万依赖社保的人口，其中包括 800 万"寡居者"，工作总人口为 9200 万）同样的年龄结构，日本政府的经济学家估计，个人储蓄率将至少会下降 1/3，也有可能会下降一半，即会降至个人总收入的 17%～24%。甚至这仍旧是世界上最高的储蓄率之一，与联邦德国或瑞士持平。但对日本而言，这就是一种低储蓄率了，从日本未来需求的角度看，这种储蓄率显然过低。日本为保持竞争力，缓解年功序列制下人口老龄化对生产效率的不利影响，不得不加大资本投入以提高真实的生产效率。然而，恰恰是日本最需要资本投入的时刻，资本投入却不可避免地急剧下降了。

4

日本唯独不缺的一类年轻人就是大学毕业生，他们要么将会成为公共部门的管理者或专业人士，要么会成为私营部门的管理者或专业人士。事实上，这类人才已经出现过剩迹象。尽管日本的人口出生率已经急剧下降，但 10 年后大学毕业生的数量将是过去 20 年中的若干倍。因为大学学历是日本年轻人就业的唯一途径，所以大学毕业生的数量仍可能会增加。

知识工作者将因此成为日本最主要的，也是最重要的资源。此外，日本的经济战略将不得不逐渐转变为出口知识密集型工作及其产品，而非原来的劳动密集型工作及其产品。日本将越来越融入全球经济一体化进程，或者用个更恰当的词汇，我称之为"生产分享"，即发达国家的经济一体化主要表现在管理密集型、资本密集型和技术密集型行业，而发展中国家由于具备大量青壮劳动力资源，所以其经济一体化主要集中在劳动密集型行业，最终的产品则在世界主要的大规模市场即发达国家市场进行销售和消费。在所有发达国家中，日本是唯一刻不容缓地需要系统性参与"生产分享"的国家。几年前，日本政府通产省制定政策，开始从鼓励出口产品转变为鼓励对外投资设厂。并且迄今为止，虽然通产省仍然期望这些工厂，例如日本人在阿尔及利亚设计和建造的石化工厂，在其他国家的市场上销售产品，但通产省越来越愿意对这类工厂产品的价格进行补贴，鼓励它们把产品销售至日本本国市场。

这意味着，日本的经理人和专业人士将会越来越多地在发展中国家设计、建造、管理日用消费品工厂（包括制鞋工厂、纺织工厂、汽车工厂、电子产品工厂），这些工厂将会由日本人自己出资建造，并且其产品将会销售给日本本国的消费者。日本社会将持续大量供给现行体制下只能从事经理或专业技术工作的高学历人才，很难找到其他方式来解决他们的就业问题。

在任何一个国家，这样的政策显然是非常难以落实的，工会、夕阳产业、政客很可能都会坚决反对。在日本会尤其困难，这是因为长期以来，日本年轻人一旦入职就会对雇主有一种终身承诺，难以另谋他就。并且在年功序列制下，30 岁或 35 岁以上的日本雇员，尤其是那些低收入低技能的雇员（如体力劳动者），难以正常再就业。因为在这个年龄，他们需要拿到刚入职年轻人的双倍工资。但由于工资是根据资历发放，他们只能得到入职水平的工资。因此，这个年龄的人基本上难以再就业。一旦失业，就会成为"问题工人"，这就像领主解雇武士，或领主自己失去封地的情况下，年老武士就会成为浪人，最后则往往堕落为强盗一样。35 岁以上的失业人员，正常情况下在任何地方都别指望能成为"正式员工"，而只能成为一名"临时员工"，不再享受就业保障，不再有资历，找不到好工作，并且也不可能在大企业就职。

在日本，体现员工工作权利的"终身雇佣"，是同员工对工作的终身承诺相配套而发展起来的。而且，大概只有 1/4 劳动人口真正享有终身雇佣。显然，妇女是"临时员工"，日本人一般要求已婚妇女（她们一般在 25 岁左右结婚）不外出工作，并且"传统行业"（服务业、小商店、小手工业、农业）的员工也没有终身雇佣。实际上，终身雇佣是留给政府和大型企业的男性雇员的，而且这些部门的员工也不是人人享有。但因为日本员工对成为浪人常常具有挥之不去的恐惧，所以终身雇佣才能成为日本劳资关系的核心、社会秩序和谐的支柱。

如今，对日本员工和社会而言，终身雇佣迅速转变为一种威胁。但任何改变这套制度的努力，都会不仅面临与反对改革的相关工会的艰苦斗争，而且还会触犯以某种方式实行终身雇佣制度的大量其他企业或机构的既得利益，即使这些企业或机构并非严格实行终身雇佣制度。本质上，现实反映了整体的社会责任观念和公平原则。任何修正或废除终身雇佣制度的尝试，都会冲击日本社会深层的感情基础。

现在，为了有效配置自身丰富的资源——高学历人口，日本需要迅速摆脱大多数劳动密集型或生产过程处于初级阶段的行业，即那些低技术含量的行业。但这些行业（无论是纺织业还是制鞋业），显然消化了大量低技能或年龄大的劳动人口。即使没有终身雇佣和年功序列制共同导致的再就业障碍，这些工人虽然相对数量不多，但仍然会产生严重的经济和社会问题。不可避免地，这些工人越是努力抓住终身雇佣的稻草不放，他们本人及其从事的行业的生产效率就越低下。然而，除非这些人能够成功地转移到新岗位，否则日本将会越来越难以为大量高学历人才提供就业岗位，而这些知识型员工恰恰构成了日本主要的和潜在的最高效的资本投资。

另一条出路（也是不现实的）是在国外市场亏本倾销日本的高成本、劳动密集型产品，而这必然会导致其他国家相同产业的产能过剩、劳动力冗余。

5

在教育政策领域，没有任何国家能像日本一样目标明确、成效显著。日本国民的职业机会完全取决于教育程度，这种情况是刻意为之，严格按照国家计划推进的。这意味着，教育程度的提升成为经济增长的引擎。日本明治时期著名政治家涩泽荣一（1840—1931 年）从政府辞职后，致力于发展日本的银行业，最终成为该国第一位银行家。有一则关于他的轶事：当一位成功的商人向银行申请贷款时，涩泽荣一毫不犹豫地拒绝了，原因就是这个商人不是大学毕业生。这种行为并不是摆架子。涩泽荣一非常清楚，商业上的成功并不取决于文凭。但他早就主张让大学毕业生垄断经理职位，以便使他们有动力在学校里努力深造以获取更高学位。

结果，致使日本成为世界上唯一真正的"精英统治"[⊖]国家，出身和财富都无足轻重，教育程度决定了一切。但这套制度现在已经过时了。学校越来越成为孩子们的噩梦。大学毕业生的数量越来越过剩。至少迄今为止，年轻人步入正规教育渠道，最终进入大学深造的压力仍然沉重不堪，而大学学历依然是所有的机会和晋升的敲门砖。

相反，在过去的几年中，这种压力已经达到无以复加的程度。教育竞争甚至已经延伸到了 3 岁前婴儿所在的保育院。孩子们要参加入学考试，这些刚刚蹒跚学步的小不点儿们被大人们领着学习芭蕾、算数，甚至要学习若干英文单词。并且这种压力随着年龄的增长不断强化，超过一半的日本中学生需要参加**补习学校**（专门为应付考试设立的填鸭式补习班）。根据日本教育部去年秋天公布的一项研究报告，12～15 岁的中学生每天放学**后**需要花 9 个小时做作业或上**补习学校**。正常情况下，中学生往往到凌晨两点才能完成作业，一年到头，他们每个周末都要不断参加高中入学考试的抽样测验。高中生每天放学之后，"仅"花 8 个小时用于课后作业或上**补习学校**。竞争压力正变得越来越残酷，青少年甚至青春期前儿童的自杀率已达到令人警惕的水平。

更糟糕的是，基于成绩的学校教育成本正在变得越来越高昂，不再是每个学生都能够得到同样的教育。诚然，根据规定，学校（从幼儿园开始）是免费的，但要想进入"合适的"学校，需要缴纳越来越多"自愿捐款"。最

⊖ 精英统治（meritocracy），一种政治哲学思想，主张权力的分配应根据个人的才能与功绩，在这种体系内，个人的上位与进阶是基于其在该领域内的功绩和经考试检定的智慧天赋。——译者注

昂贵的学校是医学院。申请就读医学院的学生，即使父亲是一名医生，也不得不向招生委员会的全体成员支付 10 万美元的"自愿捐款"和"自愿礼物"，只有这样该考生的申请材料才会被纳入考察范围。我有一位日本朋友，她丈夫是一名牧师，已过世，而她本人在一家小型政府机构担任行政助理，明年 4 月将不得不支付 4000 美元才能为儿子争取到参加一所公立高中的入学考试的资格，而该学校对外号称是免费的。如果通不过，款项也不再退还，实际上只有 1/10 的申请人能通过考试。考不上的话，这个孩子将不得不再读一年**补习学校**（需要花 7500 美元），明年必须再交 4000 美元的"自愿捐款"才有资格参加入学考试。上文提到的教育部研究报告表明，此类现象并不罕见，相反，这些费用都是非常常见的支出和财务捐助。由于不进入"合适的"高中就意味着 4 年后不能进入"合适的"大学，等于把这个孩子永远排除在好工作和就业机会之外。如果根本不读高中，那就等于被判了终生从事体力劳动的无期徒刑，而且无法上诉。

同时，高等教育的回报越来越丧失吸引力。中学毕业参加工作的人数减少，必然带来体力劳动者人数的下降，相反大学毕业生却越来越多，这势必导致两种劳动力之间的工资差距趋于缩小。在 20 世纪五六十年代，日本社会大学毕业生人数不多，但需求量却非常大，导致两类劳动力之间的工资差距比"二战"前更大。如今，这种差距已经回落到"二战"前的水平。实际上，回落是必然的，而且非常迅速。大学毕业生也开始变得越来越难以找到"好"工作，这种情况正出现在越来越多的行业中，如果大学毕业生缺少技术资格证书的话，就业会变得更加艰难。由于多数组织内都充斥着三十来岁的大学毕业生员工，所以，虽然大学毕业生找到工作后，他们的工资仍然主要取决于资历，但其晋升机会却迅速减少。

终身雇佣制度进一步加剧了这个难题。一般说来，大学生不能脱离毕业后的第一家工作单位。甚至越来越多的"名牌"大学生开始从事没有前途的工作，不论他们的绩效多么卓越，都不可能更换工作，因此日益陷入绝望。

目前来看，这些情况可能会进一步提高进入"合适的"学校的额外费用，情感和经济压力也会同步增加。但极有可能会发生体制崩溃或爆炸，该体制给孩子们施加了极大的压力，剥夺了他们所有的休闲时间，不能发展自己的任何兴趣，甚至不能自己学习，这套制度难以培养出有教养的成年人，可能培养出懂得考试的人，却不能培养出懂得如何学习的人。[2]

6

在外国人看来，日本是"贸易保护主义"最严重的国家，这是外国对日本怨声载道的集中爆发点，但日本人自己却不理解这一点。因为，外国人视为经济保护主义的行为，日本人自己却认为是日本社会反对西方文化帝国主义的自卫。

自从"现代日本"早期开始，即 1867 年的明治维新以来，日本人一直将自己的国策界定为用西方的工具维护日本的本质，并且经济政策是日本人采用的最重要的西方工具。"老日本"是一种分工体制，该体制下大量劳动人口被小批发商以非常低的工资雇用，夫妻店、小作坊负责制造传统商品，并成为现代大企业的供应商。老日本也是一种小农分散种植水稻的制度安排，虽然日本的农业政策曾经有过文化方面的论据，但早已证明其在经济上是荒谬透顶的。日本农业政策的潜在经济前提是对稻米短缺的恐惧心理，该政策坚信日本这样严重依赖进口原材料的国家，必须尽可能保持高比例的人口跳出消费社会之外，从事农业生产，进而主张在日本这样的资源贫乏国家，国民应不吃大米和鱼类之外的食物，最后的结论就是鱼类的捕捞量可以达到无限多，但出产的大米的数量是有限的，将会时不时出现短缺。在过去的 10 年中，所有上述前提都已被证明是谬论。

日本的农业政策一直是鼓励水稻种植，限制其他任何作物的种植。日本农民获得越多补贴，就有越多不合适的土地被用来种植水稻。日本农业政策的根源，是对不能生产满足自身国内市场需要的稻米的恐惧（25 年前这仍然是一种合理的担忧）。如今，该政策已经导致日本国内稻米严重过剩，同时大米补贴的成本却不断上升，补贴基金已宣布破产。另外，补贴导致大量水稻种植在并不适合的土地上，生产出来的稻米质量低劣，无法打入国际市场。至于鱼类等蛋白质来源的食品，日本政府也奉行类似政策，该政策不论曾经多么合理，现在都已经失效。日本曾经大力提倡捕鱼，劝阻甚至惩罚其他蛋白质类食物的生产，既包括油料作物种植又包括畜禽养殖等。吊诡的是，日本的捕鱼量长期停滞不前，现在正急剧下降，而且由于大规模捕鱼往往会造成过度捕捞，威胁渔场的生态平衡，所以其他国家越来越抵制日本的捕鱼活动。各国对距离海岸线 200 英里海域的捕捞控制权，在当前作为主权的延伸已经成为普遍遵循的国际规则，这在很大程度上是为了应对日本大规模捕捞活动对海洋生态带来的严重威胁。

制定这些政策的目标是为了确保日本国内的廉价食品供给，但至少最近 10 年之内，该政策却产生了相反效果。毫无疑问，日本的食品成本在所有发达国家中是最高的（是美国食品成本的 2 倍，并且可能比欧洲那些奉行保护主义、价格最高的国家还要高出 50%。肉类成本大概是美国或西欧国家肉类成本的 4 倍）。同时，鱼类的成本同肉类一样高昂，且仍在快速增长。在过去的若干年中，日本的年度通胀率很少低于 10%。1 年之内，日本国内食品价格曾上涨 30%。同时，食物供给量（而不仅仅是大米生产）仍然停滞不前，某些情况下甚至出现了下滑。

对所有其他种类的食品生产而言，肉类食物的高成本发挥了抽吸泵的作用。1977 年，日本的橘子和蔬菜等农作物获得大丰收，产量太大甚至出现滞销，然而，这些食品的成本仍然持续上涨。现在几乎没有任何食物（甚至包括美国人常用来做花生酱三明治的荞麦）能够以低于 1.5 美元 / 份的价格买到。

食物和教育是最基本的经济成本，二者是培育人力资源的代价。在日本，这两者已经失控。随着二者价格的持续上涨，日本家庭的实际收入正在下降。我最近一次去日本旅行时发现，甚至那些小康之家都已经开始对食品消费精打细算，也都不得不面临越来越大的为孩子筹集教育经费的压力。日本人基本经济成本的快速提高将会对社会的凝聚力产生严重威胁。不论是对日本在世界市场上的竞争力，还是其自身的社会秩序，基本经济成本的快速增加都是最严重的隐患。

7

日本政府将不得不出台的一些政策（包括一些在几年前看来不可思议的政策），雏形正变得越来越清晰，并开始在日本全社会公开讨论。政府开始感受到要求延迟退休的压力，主张 60 岁退休而不再是 55 岁。冗员问题也提上日程，相关部门已着手重新培训冗员并将其安排到需要劳动力的新岗位上，例如汽车工厂中的修理岗等。高素质的年轻专业技术人员也开始流动起来。日本企业开始用基于生产效率的工资制替代年功序列制。

但最亟须（也是最刻不容缓的）的政策仍旧超出了日本各党派的政治意愿和社会接受能力。最亟须的政策就是迅速大幅降低日本国内消费品的价格。不论是各种原材料还是成品，日本的库存都过多。过去几年中，通过在国外进行大规模的清仓处理，日本政府的基本政策仍旧是维持国内消费价格稳定，进而维护日本国内的分工制度体系。因为这个基本政策只会对日本的对外出口能力造成损害，所以必将走向终结。既是为了回应各国对日本的"倾销"指控，也是为了刺激国内经济，现在是把日本的国内市场消费价格降下来的时候了。

日本的农业政策也需要转变，从鼓励生产滞销的高价稻米政策，转变为英国式的一方面维持农民收入，另一方面为消费者提供廉价食物的政策。尤其需要改变农田规划，将原先用于种植水稻的贫瘠稻田转为生产更为合适的饲料作物、油料作物以及畜禽养殖等。通过改变用于生产高价稻米的土地用途，日本能够供给更多（估计至少提高 2/5）国内所需的畜禽产品和蔬菜产品，而不是鱼类（可能其产量已经开始下滑）。

日本需要加速融入"生产分享"进程，即在国内市场销售国外进口的劳动密集型产品，同时出口知识和技术密集型产品。

70 年前，后来成为日本工业领头羊的三井财阀总经理创设了年功序列制。当时，日俄战争刚刚结束，日本经济陷入衰退，三井财阀的一些企业不得不裁员，同时在财阀内部企业统筹安置所有被裁人员，要求新雇主支付符合员工资历的工资，即门槛工资，三井财阀将出资弥补该工资与员工的工龄工资之差额。实际上，三井财阀支付的款项数额并不大，却因此而保障了员工的就业安全，避免了失业。日本现在需要一些类似的全国性政策，同时对不符合日本当下劳动力成本、人口结构和教育结构的员工进行换岗和再培训。

要做到这些会有难度，但也不像宣传得那么大。然而，在日本无人能够找到解决办法的一个领域就是教育。最多，日本人只是谈论（仅仅是谈论而已）放松"合适的"大学和"令人羡慕的工作"之间的联系，在原先的制度下，少数大公司、名牌大学和几乎所有政府岗位都被留给了少数几所名校的毕业生。但是将好的岗位留给名牌大学的毕业生，又反过来给那些循此路径上来的人造成了越来越难以承受的心理和经济压力，显然我们可以预料，这套制度尚无法撼动，更无法替代。

20 年来，我第一次在离开日本的时候，对这个国家的未来不再那么乐观。迄今为止，在我看来，日本国内几乎没有人直面这些根本性问题。但纵观日本历史，这个民族展现出无与伦比的能力，能够在一夜之间凝聚共识，促成彻底的改革。同样，日本历史也展现出这个民族具有无与伦比的社会创新能力。在过去的 1500 年中，这个能力的确是日本最大的力量源泉。或许，日本也能够突然之间直面成功带来的上述难题，并以新的形式，通过新的政策维持日本的特色。但不可否认，日本需要度过一个混乱不堪、危险而困难重重的时期。在这一时期，日本和西方国家都会惊讶地发现，日本现在与世界各国紧密联系在一起，并严重依赖于外部世界。日本面临的经济难题和需求（抗衡日本的贸易攻势、货币市场紊乱、石油卡特尔）可能是改革的催化剂。但真正发挥决定性作用的无疑是在社会结构、社会政策和社会价值观层面。

注　释

1. 一项非常细致的研究得出结论，在日本，大学毕业生占进入劳动市场的所有男性比例的 58%。这在世界上是最高的比例，与之相比，美国的数字是 48%。

2. 据我所知，前述暗示的种种抱怨和不满尚没有全面爆发的迹象。在此次访日旅行中，我首次听说有符合条件的学生从大学退学——但这种情况似乎只是在那些有着强大背景的家庭中才会出现，即使退学，这些孩子仍旧拥有巨大的优势。我的直觉是，这个体制虽然没有表现出太多松动的迹象，但有朝一日可能会突然改变，换言之，该体制已经是明日黄花。

日本成功的背后[⊖]

一家大型律所的一名年轻律师最近跟我讲："我害怕日本人。他们想征服我们，他们的团结来自内部，就像一个超大型的企业集团那样统一行动。"但这只是神话而非现实。日本采取的政策背后确实有全国性共识，他们学会了如何有效地在世界经济中参与竞争，这并非是思想和行动一致的巨型集团"日本有限公司"的结果，真实的原因显然重要而且有趣得多：日本人意图利用冲突、多样性和异议来制定有效的政策和行动。

对任何日本人而言，所谓"日本有限公司"的说法不过是个笑话，而且是个不好笑的笑话。日本人自己看到的只是分歧，而非外国人看到的"巨型集团"。日本人自己在日常生活和例行工作中经历的是紧张、压力、冲突而不是"和谐"。例如，在大型工业集团和大型银行之间，存在着即使不能称之为残酷，也可谓激烈的竞争。几乎每个日本人自己也每天都深陷日本组织典型的激烈内斗（而非团结与协作）之中无法自拔：每个部门的工资都与其

⊖ 首次发表于 1981 年《哈佛商业评论》。

他所有部门之间不断产生冲突；政党内部和内阁内部不同派系之间无休止的争吵和诽谤，甚至每家企业和大学内部亦是如此。外国人看到的是日本政府与企业之间合作无间，日本人自己却认为政府完全是多管闲事瞎指挥，双方之间不断角力。一家大型企业的首席执行官评论道："毫无疑问，我们一直在与政府进行拔河比赛。"20 年来，虽然日本政府通产省全力以赴推动各企业精诚合作，例如大力倡导日本各计算机制造商协调一致（德国、法国、英国政府均已实现该目标），但政府也不能总是成功地把各家企业联合起来，服务于政府所认为的国家利益。

外国人总是不断赞叹日本特有的和谐劳资关系。但日本公众却苦于国营铁路公司职工时不时自发组织的罢工。实际上，只有在工会力量非常薄弱的行业，如私营部门，劳资关系才比较和谐。工会在公共部门中势力强大，劳资关系一点都没有"和谐"的迹象（这是美军占领的遗产）。确实，日本的劳工领袖往往尖锐地指出，没有工会的西方公司（例如 IBM 公司）往往具有同"日本有限公司"一样的劳工政策与"和谐"关系，所以，日本的实际情况显示出的是管理层对工会的敌意，而非幻想的"和谐"。

∞

然而，虽然"日本有限公司"更多的是一种神话而非现实，但日本人已然养成了一种政治行为习惯，使其在国际经济竞争和经济政策方面取得了令人瞩目的成功。其中一个习惯就是充分考虑这些政策对日本工业的生产效率、日本在国际市场上的竞争力以及日本的国际贸易收支平衡的影响。这几乎成为日本政策制定者的第二天性，不论政府部门，还是国会、企业，莫不如此，大众媒体和大学经济系专家已对此进行了大量的分析和评论。日本人清醒地意识到本国因为依赖进口国外能源、大宗原材料、2/5 的食物，所以不可能像许多美国的议员、政府部门和经济学家常常做的那样，试图摆脱这种对外部世界的依赖或不考虑外部世界的形势。

当然，日本人并未制定正式的"生产效率影响报告书"。对日本竞争力和工业生产效率的影响，绝不是采纳或拒绝一项政策的唯一标准。即使一项政策会对日本的国际竞争力产生不利影响，遭到日本政府最强势部门的大力反对，也仍然有可能被日本公众和产业界接受（如他们在日本汽车业扩张时期的所作所为）。

日本政府内权势熏天的通产省，在 1960 年和 1961 年曾经坚决反对日本发展汽车业，原因是通产省认为私营汽车业"自我放纵"，会打开清教徒般的通产省痛恨的"消费社会"的大门。至少在最初几年，日本汽车制造商与通用汽车、福特、菲亚特和大众等同行之间的竞争力尚未得到检验，人们对它们持严重怀疑态度。日本人曾经有，而且现在仍然有一种恐惧，害怕本国庞大的汽车消费量会导致其他国家要求日本开放汽车市场（这正是通产省竭力阻止出现的情况）。通产省还坚信（非常坚定地）日本汽车业的扩张会对日本的国际收支平衡、在世界经济中的盈利能力以及总体生产效率产生不利的甚至是有害的影响。通产省的经济学家们认为，日本的汽车业越成功，对日本的影响就越不利。他们指出，日本极度缺乏汽车所需要的两种主要原材料：石油和铁矿石。汽车业还会要求将稀缺资源如农田和资本转移到公路和高速路建设上。而通产省希望将大量资金用于提升铁路的货运能力。

有很多固执的人（不只是在通产省）仍然坚持认为日本发展汽车业是一个严重的错误。这些人争辩道，即使日本汽车在北美和西欧的销量达到创纪录水平，其出口收入仍不能抵消进口石油和铁矿石花费的成本，拿出建设高速公路的资金的一小部分，就可以使日本全国的铁路系统获得亟须的货运能力（目前仍然欠缺）。他们进一步声称，虽然日本政府已经在公路建设上花费了巨额资金，但建设满足需要的高速公路系统的任务远未完成，导致运输卡车时常堵塞在落后的公路上，各行各业的运输成本高昂，人口和工厂不得不过度集中在若干沿海港口城市，如东京、横滨、名古屋、大阪和福冈等，大气污染也越来越严重。

在经济管控方面，虽然通产省声誉卓著，但在与汽车产业的斗争中却失败了。尽管通产省不支持发展汽车业，但该行业却依然逆势而起。很大程度上，通产省是败于日本的"普通人"（及他们的妻子）之手。即使成本高昂、缺乏停车位，并且每个城市上下班高峰时的拥堵都是一场噩梦，还会导致空气污染，坐在驾驶位上的司机对此怨气冲天，但即便如此，普通老百姓还是不顾一切想要拥有自己的汽车。

但至少（这是关键）汽车业对日本的生产效率、竞争力和国际收支平衡的影响都被慎重权衡过。并且，即使那些处在与通产省斗争前沿的汽车公司经理也承认，无论日本的消费者和选民多么喜欢"车辆"，确保前述影响得到慎重考虑是通产省的分内职责。

∞

对日本在世界市场中的竞争力，是领导人在制定政策、采取行动之前需要仔细思考、全面权衡的因素之一。完全可以预计，他们从下述问题开始："什么是对国家有利的？"而不是："什么是对我们、我们单位、部门、成员有利的？"

任何国家的利益团体，都不会像日本的利益集团那样严密地组织起来，日本国内有无数的经济联合会、产业协会、专业协会、贸易团体、特殊利益"俱乐部"等。每个利益集团都无所不用其极地进行游说，公然使用投票权和金钱推进自身利益，其程度甚至会使坦慕尼协会的老板 ⊖ 自叹不如。然而，如果一个利益团体想要发声并对决策过程产生影响，那么就必须认真考

⊖　坦慕尼协会（Tammany），1789 年组建于纽约，代表反对"贵族式"联邦党权势的中产阶级，后成为民主党政治机器，控制纽约市政坛长达 80 年，成为政治腐败的象征。坦慕尼协会的老板是臭名昭著的特威德，他通过种种欺骗手段捞取了数亿美元非法资金，最终被揭发入狱。——译者注

虑和斟酌国家利益而非仅限于自身的利益关切。虽然日本的儒家传统认为自我牺牲是理所应当的，但这并不是期望利益集团"无私"，也并非期望它们倡导会无端浪费自身的金钱、权力或选票的政策。但人们期待这些利益集团将自我利益融入国家需要、国家目标、国家愿望和价值观的框架中。有时候这会导致无耻的伪善行为，就像有些日本医生声称，他们成功地获得几乎完全免税的待遇，其内在目的是为了国民的健康一样。尽管如此，医生们仍旧口头上遵守相关规则，优先考虑了"国家利益是什么"的问题。实际上医生团体并没有做到这一点，反而被工联主义[⊖]的逻辑所迫，不得不宣称"对劳工有利的事情本身就是对国家有利的"，在一定程度上，或许这就是日本工会虽然会员人数众多，但影响力和公众认同度不高的原因。与此相反的是，日本的企业管理者（至少包括很大一部分企业管理者）100 多年来一直赞同国家利益优先的原则，实际上这条原则最早是由一位日本的企业领导人涩泽荣一提出的，他是 19 世纪日本著名的企业家、银行家和管理哲学家。因为日本企业界践行国家利益优先原则，所以虽然有 2/5 的日本人每次投票都明确支持马克思主义者、敌视企业界的党派及其候选人，但无论何时讨论日本的经济和社会政策时，人们仍然愿意听取企业管理人士的建议。

　　国家利益要求领导团体（尤其是企业领导者）切实负起领导责任，慎重思考相关政策，在形势出现问题**之前**，主动地制定、提出、倡导相关未雨绸缪的举措。确实，这就要求领导集团及时界定恰当的问题是什么及其应该是什么。

　　在美国为代表的西方国家，人们往往认为"利益集团"（如传统的经济利益集团：工商集团、劳工集团和农业集团）只会立足于自身的关切、需求和愿望。进而，这就意味着，作为一种行动规则，利益集团几乎在任何情况下都不会为了普遍利益而采取行动；它们只是做出反应，不会承担社会的领

　　⊖　工联主义（trade unionism），源自英国，是指主张贸易或工业领域的工人，为通过集体行动获得或保证改善工作条件而举行集会或运动的理论体系。——译者注

导者角色，往往一味反对其他人提出的建议。因为每当出现普遍关注的利益时，团体内的部分成员势必会害怕遭受损失，其他人也可能反对采取任何行动，第三方也会进行掣肘。当然，在日本，一个提案也可能会受到任何利益集团反对。但在西方国家，利益集团成员的特殊利益和关切往往作为政策审议的出发点，在日本则只能排在国家利益之后。在西方国家，个人、局部、特殊利益和关切是核心；而在日本，它们位居其次。西方的做法往往导致无所作为（或"另做研究"），直到有人从外部提出一项法案或规则，但往往仍然被抨击为"不可接受"。这种行为无法达到防止失败或避免损失的目的，更糟糕的是，这会使得反对方取得主动权，有权界定问题是什么或应该是什么。然而，日本人清晰地意识到界定问题所在是领导者的首要责任。

但日本人的做法也意味着工商界（以及社会中的其他领导团体）很少让公众"感到意外"。毕竟，领导阶层的主要工作就是预测和界定问题。当然，他们的工作并不总是能奏效。10年前，虽然环境污染问题已经在美国爆发，并且日本也收到了很多这方面的警告，但环境污染的大规模爆发仍旧让日本政府和企业界领导人始料未及。今天，日本的领导阶层（政府、企业、劳工、学界）往往倾向于无视女性进入专业和管理岗位的趋势，然而，该趋势是由无法逆转的人口结构决定的，势必随着时间的推移越来越发展壮大。在美国，老年人的势力越来越大，他们首先推动加利福尼亚州，接着是美国国会制定延迟退休或禁止强制退休的法律，与此同时，短视的企业界、劳工集团、政府和学界却在讨论降低法定退休年龄的问题。日本的企业界也预测到了人口结构带来的延迟退休问题。虽然代价非常大，但日本的大公司仍然在没有受到政府、工会、舆论的压力下，主动提高了法定退休年龄。原因正如其所言："这是国家所需。"

彼此冲突的大型组织、组织完善的"集团"或"利益团体"（工商企业、工会、农业是传统的经济政策铁三角）互相讨价还价，制约平衡，只要能够制定出统一的国家政策，西方的这种方法就是有效的。但随着所有西方国家政治局势的碎片化，一些小型的、只关注单一政策的极端团体掌握了关键的摇摆选票，影响了整体的权力平衡，致使传统的方法无法继续有效发挥作用。因此，如果西方国家的领导阶层，尤其是那些"利益集团"，像日本的领导集团采取的行事规则那样，将自身的合法性和权威立足于为国家利益而承担责任，提前预测、界定和解决相关问题，或许能够更好地服务于当今的多元化社会。

日本人的第 3 个有效的行事方法也是源于 19 世纪末的银行家、企业家、商人涩泽荣一，他主张大型组织的领导人包括企业领导者，有责任理解所有其他集团的观点、行为、假设、期望和价值观，同样，其他集团的领导人也有责任同等地理解他们的观点、行为、假设、期望和价值观。这并不是西方意义上的"公共关系"，而是非常"私人的"关系，该关系立足于个人交情以及身居政策制定者位置的个人之间的持续互动，并非基于公开演说、声明或新闻报道。

美国的新闻媒体最近引用世界上最大的化学公司——杜邦公司的董事长兼首席执行官欧文·夏皮罗⊖在公开演讲中的话说，他不得不拿出 4/5 的时间用以经营"关系"，尤其是同国会中的政策制定者个人以及华盛顿的政府官僚之间的关系，只能用 1/5 的时间管理企业。唯一让日本的大型公司首席执行官感到惊讶的，恐怕是夏皮罗先生竟然有多达 1/5 的时间用来管理自己领导下的企业，实际上日本大型企业的 CEO 几乎没有**任何**时间来管理自己的公司，他们所有的时间都用来经营"关系"，甚至花在企业上的时间，也是用来维护"关系"而非进行"管理"。通过彻底而仔细地关注企业上层人物的个人决策以及详细的财务和规划报告，他们保持对企业的整体控制，但他们并不"管理"（那是下属的任务）。日本企业的高层人士多数时间都是端

⊖ 欧文·夏皮罗（Irving S. Shapiro），美国律师，擅长反托拉斯诉讼，1974 年就任杜邦公司董事会主席兼首席执行官，任职期间频频代表企业公开发表演讲，抨击某些环境保护主义者对杜邦公司的指控没有依据，1981 年从杜邦公司退休。——译者注

坐于办公室，一边喝茶一边听下属汇报，偶尔问几个问题。他们频频与业内人士坐坐，也与供应商、经销商、子公司的管理者一起坐坐。他们也时常与集团内部其他公司的高层人士坐坐，例如三菱集团所有的下属公司高层领导每周都要在一起坐坐，举行长达 4 小时"午餐会"。此外，他们还需要跟银行领导、政府各部门的高层领导人、每个经济和行业联合会中的若干委员坐坐。下班后，他们还需要去银座的酒吧中同本公司的同事坐坐，总之，他们永远都在与不同的人坐坐……

座谈过程中，他们不一定会聊到生意（当然，谈论彼此的生意的可能性也不大）。确实，在西方人看来，这些谈话有时候显得毫无意义。谈话范围往往漫无边际（大致如此），从经济政策问题到个人关注的话题，还包括其他人员的问题及其面临的难题，甚至还会谈到报纸头条、对未来的期望以及重估历史经验教训。座谈的目的并不是为了"解决"任何问题，而是为了联络彼此的感情，增进互信。此后，当个人遇见"难题"时，就会知道应该去哪里解决（当然，个人迟早会遇到难题），也能够知晓其他人及其机构的期望是什么，能做什么以及愿意做什么（也包括他们不能做或不愿意做什么）。随后，一旦有危机或机会出现，这些时常在一起"坐坐的人"就会以惊人的速度做出决策，立刻行动，绝不拖泥带水。当危机来临时，其他人也会立刻施以援手，或如果认为必要，也会迅速采取反对措施。所有上述座谈的目的，并非为了彼此接近，也不是为了互相赞同，更不是为了互相信任，而是为了知己知彼，最重要的是知道和理解自己一方在哪方面（以及为什么）不喜欢、不同意、不信任对方。

∞

最后，日本人在各方面的成功，是由于他们认识到共存必须立足于共同利益和相互信任，互相敌对导致的唯一后果是双输。

历史上，同西方国家相比，日本人彼此之间的敌对关系更加激烈，斗争也更加暴力，更不怜悯或同情对手。流行电影《幕府将军》并未夸大日本历史上的暴力程度，甚至在某些方面进行了大量浪漫化处理。日本人绝对做不到"要爱你们的仇敌，为那逼迫你们的祷告"，也没有"有人打你的右脸，连左脸也转过来由他打"的信念。在日本，人们甚至认为大自然也充满暴力，日本是一个台风、火山、地震等自然灾害频发的国家。确实，日本人往往习惯性地认为人与人之间是对立性关系（或至少看起来如此），这尤其表现在西方人认为不需要争吵或对骂的事情上，例如一位画家或出师的艺术家与自己的师傅分道扬镳，创建起自己的风格或流派时。该传统一直延续至今，虽然日本年轻人离婚似乎已然成为一种风气，离婚率正在接近美国加利福尼亚州的水平，尤其是受过教育的年轻人更是如此，但西方人习惯的那种"好合好散"的离婚显然被认为是不适当的，即使离婚双方彼此同意并达成了合理的协议，离婚过程仍然必须看起来是"对立性的"。

只有在彼此的关系彻底终结的情况下，才会出现上述对立现象。在不同个人或派系共存的情况下，当然也包括一起工作的时候，日本人确信彼此之间的关系必须有共同的利益和关切。纵然彼此存在一些冲突、不一致甚至斗争，但都会被约束和纳入到一个积极的框架之中。

日本汽车企业不愿意在美国投资设厂的一个主要（虽然很少被注意到）原因是，他们对美国的劳资关系感到困惑不解，更难以理解美国人的处事方式。丰田汽车公司的一位年轻工程师，公开承认自己属于"左派"，是一名大力支持工会的"社会主义者"，针对美国的劳资关系，他直言不讳地表达了自己的困惑："我们的工会与管理层斗争，但美国的工会与企业斗争，美国的工会领导人怎么会不**懂得**对雇员有利的事情也会对企业有利呢？在无法达成这种基本共识的地方（在日本这种共识是理所当然的），没有任何日本人能担任经理，也没有任何日本人能成为优秀的雇员和下属。"

一旦不需要与竞争对手一起生活和工作，同一行业不同企业之间、不同集团之间（例如索尼和松下、三井银行和富士银行）的竞争往往显得残酷无情。但无论何时，必须与对方建立起一种持续的关系，找到双方具有的共同基础。进而需要回答下述问题："我们分享什么样的利益？"或"我们在什么问题上达成了一致？"或"为达成各自的目标，我们需要一起做什么？"（不同企业集团领导人花费大量时间聚在一起沟通、闲谈，无非就是为了寻找这些问题的答案。）每个集团采取行动时，都必须小心谨慎，绝不能破坏彼此的团结，损害共同目标。

深入观察就会发现，彼此共存和分工的日本各企业和利益集团之间从没有"最终的胜利者"。"做人留一线，日后好相见。"由于赢得斗争意味着失去和平，所以日本的企业和利益集团无论如何都会设法共存，彼此都更加关注如何使冲突给双方带来效益而非单方面的获胜。相反，对那些无须继续与之共存的企业或利益集团，甚至同一集团内部的成员或个人，彼此之间也会展开殊死较量，直至一方完全获胜另一方无条件投降，甚至失败一方可能（确实也应该）被彻底摧毁。

∞

同所有原则一样，上述原则只是一种理想性和规范性标准，并非描述每个人一直以来的实然状态。每个日本人都能举出很多不顾及或破坏上述原则而无须付出任何代价的例子。每个人也并不必然认为这些规则都是正确的。许多最成功的日本企业家和创始人（例如本田汽车公司的本田宗一郎、松下公司的松下幸之助、索尼公司的盛田昭夫）并非完全尊重上述所有规则。前述企业的成功领导人并没有让高管们花大量时间经营外部关系，也不在意是否被"俱乐部"接纳，甚至不一定完全赞同思考和制定政策时将国家利益放在首位是企业领导人的责任，偶尔他们也会希望看到仍需共存与合作的竞争对手遭受灭顶之灾。

　　日本国内（尤其是企业界）对上述原则有大量的批评声音，很多人对其是否适合日本国情持严重怀疑态度。例如，高管们真的愿意把所有时间用于经营外部关系吗？或者在一个经济、市场和技术迅速变化的时代，他们真的愿意脱离实际业务吗？并且，对于寻找与其他利益团体（尤其是企业与政府之间）的共同基础，人们颇有怨言，认为这反而往往导致无原则的绥靖，最终只会放纵官僚的傲慢无礼，助长官僚作风。

　　换言之，同所有其他原则一样，上述原则也有其自身的弱点、局限性和短处，并且这些原则也绝非毫无例外地适用于所有情况。但它们显然具备一些特有的优点，能够产生独特的效果。这些原则的本质是什么？其取得成功的"秘密"是什么？

　　同西方人一样，日本人最通常给出的答案就是这些原则代表了日本独特的文化传统和价值观。但这显然不是答案的全部，并且很大程度上会产生误导作用。不可否认，社会和政治行为的原则是文化的一部分，人们不得不适应这些原则，或至少要接受它们。日本人**如何**对待本国的政策、规则和关系，确实是非常日本化的。但原则本身所代表的不过是日本的**一种**而非**全部**传统，代表的仅仅是传统中彼此差别很大的各要素中的一种选择，实际上历史并非只有这一种可能。而且，其中的一些原则在日本的传统中甚至无论如何都找不到渊源。人们往往将日本和谐的产业关系归功于历史和传统价值观。但纵观日本历史，上下级之间的关系从来都是暴力相向，充满了赤裸裸的血腥斗争。例如，直到 20 世纪 20 年代，在整个日本现代大工业的形成时期劳资关系都是世界上最糟糕、最具破坏性和最暴力的。实际上，现代日本孕育于明治维新之前的 150 年，在长达一个半世纪的时间里，"老板"和"劳动者"之间的关系（领主和其军人家臣之间，作为老板的武士和作为劳动者的农民之间）糟糕透顶，曾先后爆发了 200 余次农民起义，意味着每年都会有一场暴烈的农民起义，随后又被血腥镇压。"通过刺杀进行治理"而非经营关系或找寻共同的基础，在 20 世纪 30 年代仍然是日本人处理不同集团之间关系的重要手段。20 世纪 60 年代在日本出现学生暴力和恐怖主义，进一步发展至极端形式并非完全是巧合，所有这些行事方式与试图找寻同对手之间的共同基础同样都是"日本的传统"，甚至上述暴力方式要更加符合日本传统。

与竞争对手共存的原则也并非是逐步形成的。当这些原则被首次提出时，曾遭到人们强烈反对，很长时间内都被认为极不现实。涩泽荣一塑造了当今日本社会最重要的行事规则，但日本商业史上最重要的人物并不是他，而是三菱集团的创始人岩崎弥太郎——他在 19 世纪日本的地位，犹如摩根、卡内基、洛克菲勒凑在一起在美国的地位。岩崎弥太郎并未接受涩泽荣一和他始创的规则（企业领导人对国家利益负责并主动维护国家利益；企业领导人构建和培育彼此之间的和谐关系，尤其是找到与竞争对手之间的共同基础并把冲突纳入共同利益和团结一致的框架中）。涩泽荣一在日本受到极大尊重。但他的教导对"实干家"并没有绝对的支配力，他们更加羡慕岩崎弥太郎获得的巨大成功。

无论涩泽荣一始创的原则基于什么样的日本传统，只是到了"二战"之后才被日本人接受，并成为公认的行为规范。当时，人们开始重建被打败、受羞辱、几乎被毁掉的日本，他们开始反问："在纷繁复杂的现代社会中，竞争性的世界经济内在蕴含并赖以运行的正确原则是什么？"只有在那时，涩泽荣一早在 60 年前给出的答案才被人们发现，进而被奉为圭臬。

为什么会这样，这是如何发生的？回答这两个问题超出了本文的主题，作者也无法给出令人满意的答案。实际上，并非单独的哪一位领导人，或伟大人物带领日本走上了新道路。确实，历史学家们会致力于解释 20 世纪 50 年代日本发生的事情，这就像他们已经解释了再往前 80 年的明治时代发生的事情一样，当时日本面临同样的屈辱和震惊，却迅速向现代国家转型，同时保存了自身悠久的文化传统。有人或许会推测，虽然在日本历史上，曾经有过强大的集团倡导和督促实行涩泽荣一倡导的原则，但均未能成气候，而全面战败的打击和被外国军队占领的屈辱（之前从未有过外国军队占领日本本土），才真正激发出一种尝试之前从未走过的道路的强烈意愿。例如，关于劳资关系，据我所知，从没有哪位单独的企业领导人大力倡导和谐原则。实际上，日本战后初期，国内满目疮痍，当时的工人许多是从战败的军队中退役的老兵，不仅身无长技，无所事事，甚至无家可归，他们强烈需要找到"家"和"社区"，这无疑是一个重要的社会因素；另外，工人们强烈要求管理层保护他们免受美国占领军的欺压，日本的"自由主义"劳工专家加入左翼工会，开始成为一股"革命"力量。20世纪 40 年代末到 50 年代初多数日本工人持有保守主义立场，源于普通日本人的感情、经济纽带，甚至很多情况下包括家庭纽带都在战争中遭到严重摧残，他们迫切需要安全感，这一点无疑在日本后来的发展过程中发挥了重要作用。但为什么日本的管理层发现自身能够有效满足这些需要？恐怕迄今尚无人知晓。

的确，日本人的"原则"不是仅仅用"西方式的"教育和所谓日本式传统就能够充分解释的。相反，要求企业尤其是大企业扮演领导角色，为国家利益积极承担责任，主动维护国家利益，决策的出发点必须是对国家而非企业自身有利，这种观点曾在 1900 年前后的西方国家广为流传，受到一些同日本没有任何关系的领导者大力支持，例如德国的沃尔特·拉特瑙和美国的马克·汉纳。1530 年前后，西方最早的现代政治思想家马基雅维利指出，决不能"打败"并羞辱敌人，如果不能消灭他，就跟他交朋友，显然日本人将冲突纳入团结的框架中，也符合马基雅维利的观点（具体见马基雅维利的《论李维》而非《君主论》）。400 年后的 20 世纪 20 年代，风姿绰约的正统波士顿人玛丽·帕克·福莱特再次得出结论，认为冲突必须融入核心的共同目标和共同愿景中，从而成为建设性冲突。所有这些西方人（拉特瑙、汉纳、马基雅维利和福莱特）都询问相同的问题：一个复杂的现代社会、一个互相依赖的多元社会、一个迅速变迁的社会，应该如何有效治理？怎样才能使压力和冲突变得具有建设性？如何才能从多样化的利益、价值观和制度中，演化出统一的行动？犹如马基雅维利的问题，现代社会由无数相互竞争的权力中心构成，社会的运行也有赖于这些势力的配合，如何才能从中获取力量和凝聚力呢？

为什么后来西方国家，尤其是美国拒绝了这些传统，而日本反而接受了？这个问题再次超出了本文的范围和作者的能力。但我们或许可以推测，大萧条及其带来的创伤可能与西方国家放弃这些原则有关。因为在大萧条爆发前，确实有些领导人赞同这些价值观念，美国的赫伯特·胡佛总统以及魏玛德国的最后一任总理海因里希·布吕宁㊀等代表了这种传统观点，他们将所有集团的共同利益作为国家和社会团结的促进因素。大萧条及随后的罗斯福新政，证明了胡佛等人秉持的信念的失败，并且孕育了一种对"制衡力量"和对立关系的信念，由于该信念不会对任何集团的利益带来太大损害，所以能够出台被所有人接受的妥协方案，进而使他们基于最小的共同利益联合起来。当然，凯恩斯经济学在西方国家，尤其是在美国的胜利，一定程度上使得人们认为国家政府是无所不能、无所不知的，能够排除外界干扰全面控制国家经济，反而忘记了美国政治中的著名格言："政治（以及经济纷争）止步于大洋之滨。"㊁但这只不过是推测罢了。

事实上，日本成就背后的"秘密"并非是神话般的"日本有限公司"，

㊀ 海因里希·布吕宁（Heinrich Brüning），德国政治家，经核对，德鲁克此处的论述有误，布吕宁（1930 年 3 月 30 日至 1932 年 5 月 30 日）卸任总理后，希勒特接任总理之前，弗朗茨·冯·帕彭（Franzvon Papen，1932 年 6 月 1 日至 1932 年 11 月 17 日）和施莱谢尔（Kurtvon Schleicher，1932 年 12 月 2 日至 1933 年 1 月 30 日）先后短暂担任德国总理。——译者注

㊁ 该格言出自共和党参议员范登堡，在任期间放弃原先的孤立主义立场，支持民主党总统富兰克林·罗斯福及继任者哈里·杜鲁门的外交政策，大力呼吁美国各党派在外交问题上彼此合作，支持联邦政府。——译者注

这种说法充其量类似于好莱坞的 B 级电影。[⊖]或许，日本人行为模式的背后，并没有预先设定的一套完整价值观。迄今为止，在所有主要工业国家中，可能只有日本人提出了正确的问题：纷繁复杂的现代社会、大型组织既竞争又共存的多元社会、处于激烈竞争且瞬息万变的世界中的社会赖以运行的原则是什么？未来将越来越需要什么原则？

⊖ B 级电影，往往泛指拍摄时间短暂且费用低廉的影片，这类电影普遍布景简陋、道具粗糙，剧情趋于公式化，整体品质不佳。——译者注

对日本和日本人的误解[⊖]

40 年来，我一直试图向美国的朋友解释，他们其实误解了日本，却一直没有多少效果。我面临的首要挑战就是解释任何日本公务员都能够很好地理解的事情，即尽管"二战"后日本创造了经济奇迹，但日本并没有任何纯粹的经济政策，政府出台的所有举措都可视为**社会**政策。

20 世纪 50 年代早期，我首次与日本政府和日本企业合作。当时，该国惨遭战争蹂躏，社会也异常脆弱。据统计，当时一半人口住在乡村，仍使用"一战"前旧机器的小作坊和小商店（只有几个雇员）遍地都是。

那时，日本采取的政策是避免承担任何社会风险，旨在保护国内社会，尤其是国内就业，同时推动一些精心培育的行业参与出口贸易。当时，没人相信日本的出口能够换来足够的外汇，以支付该国进口赖以生存的粮食和原材料的款项。

今天，日本仍然是世界上最大的粮食和商品进口国，但日本过去 40 年

⊖ 首次发表于 1990 年《华尔街日报》。

来基本的社会、人口、经济基础正在快速变迁。在成千上万遍布各地的小商店中，有无数大型连锁企业的特许经营店，例如"7-Eleven"便利店和肯德基。只有 5% 的日本人口仍旧从事农业生产。

现代日本社会最大的单一群体是受过教育的中产阶级领薪雇员，但他们目前还不是主要群体，并且在 1954 年时尚未出现。在政治上，他们可以发挥巨大的影响。在上次大选中，他们之所以仍然投票支持自民党，并非因为自民党对他们有用，而是因为反对党更不可信。未来 10 年或 20 年中，日本社会面临的一大挑战就是寻找新的共识。由于日本社会新的主导群体并没有被保护的需求，所以旨在保护社会的政策不再具有合理性，事实上消费者越来越反对那些政策。总之，日本现在需要的是真正的**经济**政策。

如果不理解日本发生的上述根本性变化，美国人就别指望搞清楚对日贸易赤字的真正意义，也不可能理解日本经济对美国构成的威胁，与此同时，华盛顿的政客却力图使公众相信威胁的严重性。

∞

我认识的所有身在政府要津或学术岗位的日本人都不相信任何有关日本贸易顺差的头条新闻。他们觉得，出口顺差是海市蜃楼，只能存在于纸面上，别无其他意义。

无疑，美国的很多行业正逐渐被日本超越。日本自身的工业实力确实非常强大，但美国的对日贸易逆差几乎与制造业没有关系。日本的贸易顺差主要是低价进口原材料和食物的结果。

由于日本所需的石油全部来自进口，所以近 10 年来国际市场上原油供过于求的局面给该国带来了巨大利益。过去的 40 年中，发达国家的农业生产效率大幅提高，同时期的食物消费却没有增加太多。人们手头宽裕后，并不会吃得更多，实际上，他们反而会想方设法减肥。

由于使用美元交易的食物和商品价格低廉，日本因此也受益颇多。自1985 年以来，美元相对日元已经贬值，贬值幅度有时高达50%。由于种种因素，日本人实际支付的款项，仅相当于进口粮食和原材料"正常"价值的大约 1/3。

然而，从日本人的观点来看，如果价格上涨，日本将无法赚到足够的外汇支付进口所需的款项。未来几年，世界市场上粮食价格很有可能会暴涨，虽然不会一直上涨，但可能会持续一段时间。东欧国家所需的粮食来源于哪里？世界市场上粮食已经出现短缺，并且缺口正与日俱增。

苏联也需要进口大量粮食，所以在未来 5 年中，自由世界的粮食盈余将会不断减少。日本人的观点很正确，他们需要保持现有的出口顺差，以此为基础制定政策。或许粮食价格会一直走低，或许原油供应将会一直很充足，但万一出现变化呢？那是日本人无法摆脱的噩梦。

∞

宁愿被斥为荒谬，我也要说出自己的真实观点，美日贸易谈判就像英国传统的《潘趣和朱迪》木偶戏。⊖任何认为日本人不购买外国货的人，只需要到东京的商店中逛一圈就会发现，里面摆设的全是外国名牌产品（只不过都是在日本制造的）。IBM 日本分公司已经占有了日本 40% 的市场份额，是利润率最高的分公司之一，任何一位正常的企业领导人还会认真考虑将IBM 计算机从美国运到日本销售吗？或者在同样的情况下，可口可乐公司会把产品运到日本市场销售吗？

所以，传说中大规模、神秘且有待开发的日本市场，我从未见过。当我

⊖ 《潘趣和朱迪》(Punch & Judy)，英国传统的木偶戏，至今已有约 400 年的历史，主要情节是潘趣先生和妻子朱迪之间的冲突，以及潘趣先生将妻儿先后杀死，并进一步击杀各种角色。——译者注

拿着铅笔坐下来，试图算出日本人可能多购买多少美国货时（日本每年对美国的贸易顺差为 500 亿美元），结论是最多 50 亿美元。

我们都被贸易顺差的数字迷惑了，以至于没有理解日本对美国的严重依赖。在经济史上，一国对单一市场的依赖程度达到 25%，意味着会在经济和政治上面临风险。实际上，在日本所有的出口商品中，销售到美国市场的比例超过 40%，日本对美国市场的依赖已经远远超越了警戒线。

如今，如果某国有 500 亿美元的贸易顺差，那么或许可以拿出一小部分来购买商品带回祖国。但剩余的资金如何处理，总不能扔进海里吧？唯一的用途只能是拿去投资。

日本人明白，购买美国的不动产（电影公司、曼哈顿的地标大楼等），会面临巨大的政治风险，所以他们不得不购买美国国债。如此一来，日本就会受制于美国。很多人担心日本会抛售美国国债，进而影响美国整体经济形势。但抛售也可能引发挤兑风潮，造成美元大幅贬值，有可能跌至 100 日元兑 1 美元，[⊖]损失最大的反而是日本人自己。

美国人可能会完全感觉不到这种影响，但日本人会损失大量资金。古语有云，如果你欠银行 10000 美元，那么银行就控制了你，但如果你欠银行 100 万美元，那么你就控制了银行。从这个意义上讲，美国掌控了日本；或者，至少，日本非常依赖美国，其程度已经超出了日本愿意接受的范围。

去年，索尼公司董事长盛田昭夫和内阁前任部长、鼓吹民族主义的政客石原慎太郎共同在日本出版了一本令美国人感到恼怒的书：《日本可以说不》，该书的前提是日本所谓的技术优势使美国对其产生了依赖。

最广为人知的一个例子是，如果日本不向美国出口一种特有芯片，美国将无法制造一种重要的导弹。实际上，制造该型号导弹所需的多数芯片都是美国生产的，如果日本切断部分芯片的供给，只要 6 周时间美国就可以制造

⊖　根据美元与日元全年汇率数据，在作者撰写本文的 1990 年，1 美元平均兑换 140 日元左右，所以 1 美元兑换 100 日元的汇率，相当于美元汇率大跌。——译者注

出所需的芯片。美国人知道如何制造芯片，问题在于价格，而非技术能力。

　　石原慎太郎认识到了20世纪60年代日本依赖单一市场面临的风险，实际上，他主张日本应该平衡各个市场，不过分依赖单一市场，因此他大力支持日本在中国投资，结果却证明，这完全是一场灾难（不是由于政治原因，而是由于经济原因）。

　　一些美国人试图告诉他，对于发达国家的产品来说，任何发展中国家都不是令人满意的市场。19世纪，大英帝国在对印度的贸易中，最早懂得了这个道理。石原慎太郎听不进劝告，但事实证明的确如此。例如，去年丰田汽车公司运了6032辆汽车到中国，而每周运到美国的汽车数量就比该数字的两倍还多。

　　日本人期待欧洲国家成为另一个可能的选择，但同时他们也看到了一些重要障碍。日本最强势的行业，在欧洲各国恰恰产能过剩最严重，从业人口数量惊人。除东欧国家外，欧洲各国的钢铁业雇用了接近100万人口，这确实太多了。欧洲各国的汽车行业和消费电子业也存在着严重的产能过剩问题。因此，恰逢欧洲市场正在迅速一体化的时期，日本厂商无疑会被视为严重的外部威胁。

　　日本人如何才能融入世界经济（由于国内的政治变化与外部压力），同时不再遵循过去40年的战略？日本社会不再需要保护，保护性政策实际上遭到日本进口商的强烈反对。向西方国家出口更多产品也不是一个可行的选择。

　　是否有必要建立一个东亚集团？如何才能将日本和泰国这种发展程度天壤之别的国家整合在一起？如果将中国东南沿海地区排除在外的话，拟议中的集团能建立起来吗？考虑到中国、韩国、印度尼西亚、泰国仍然对20世纪30年代惨烈的抗日战争记忆犹新，这些国家可能同意依赖日本吗？

　　日本需要进行彻底的转变，成为"更自由"贸易的领导者（不是所谓的自由贸易，除了在教科书上，现实中没有这玩意儿），并支持美国阻止欧洲强行实施保护主义政策的倾向。日本社会应该能够调整并适应这种新形势。

过去 40 年里，日本的根本政策是保护社会免遭风险，保护产业免受竞争。新形势要求日本彻底放弃上述政策。诸如索尼、东芝、丰田这类已在世界市场竞争中证明了自身实力的主要企业，将会愿意承担相应的风险；这也可能是上述公司获准进入美国市场和欧洲市场的唯一方式。

有一件事情是确定无疑的："别紧张，一步一步来"的政策背后，日本人正在进行紧张而深入的思考。

CHAPTER 29 | 第29章

日本人西化的方式[⊖]

一位著名的历史学家说："我极其**厌恶**日本学术圈中弥漫的裙带关系，年轻人的学术生涯应该基于他们的成绩而非家庭纽带。这就是我把4个女儿嫁给最有能力、最聪明的博士学生的原因。这样我就能够做日本传统期望我做的事情，并把我的女婿培养成为最优秀的教授——因为我知道那是他们应得的，所以我问心无愧。"

在东京现代化的工作室中，一位成功的独立电影制片人说："在用具方面，我们完全是西化的，甚至我们有一位女性副总掌管财务和行政。但是，德鲁克教授，您能做媒在美国给她找个对象吗？她现在30岁了，亟须结婚。"

那位女性副总插嘴道："如果您做媒为我找个美国男朋友并顺利结婚的话，那简直妙极了。没有日本人愿意同我这种从事专业和行政工作的女权主义者结婚。"我问道："只能采取包办婚姻的方式吗？"她答道："当然，其

⊖ 首次发表于1980年《华尔街日报》。

他方式的风险太大。"

一家占据市场主导地位的高科技公司的主席多次告诉我:"10~15 年后,年轻的大平先生可能成长为公司的 CEO,但我们不得不让他离开,因为他是长子,他父亲在神户拥有一家小型批发公司,日本习俗要求他将来必须接掌家族企业。我们试图劝说老人,但他非常固执,所以我们不得不让大平离开。"我最后一次在日本旅行时,曾询问大平的情况,迎接我的先是一阵令人尴尬的沉默。

我问道:"他想离开吗?""当然不想,实际上他也没有选择。如果他留下来,他也永远不会得到提拔。毕竟,高管们需要一个榜样,在日本,人们仍然期望长子能够子承父业。"

在新闻发布会上为我担任翻译的年轻女性问我,我能否为她和丈夫(一名生物化学家)当前面临的一些问题提供点建议。他们遇到什么难题了?原来翻译工作的收入不错,所以她的收入超过了丈夫,而丈夫在日本的年功序列制下,再过 6 年才能成为正教授。这就导致他们彼此在家中的地位颠倒了:丈夫的收入需要达到目前数额的 3 倍,妻子应该腾出时间来怀孕生子,但夫妻双方的家人坚决反对。

我问她丈夫:"你对妻子的高收入感到烦恼吗?"他们一起回答道:"一点都不。"我说:"那你们为什么非得告诉家人呢?"他们恍然大悟,满脸笑容地说,我挽救了他们的婚姻,对我千恩万谢。我问:"你们真的需要我告诉你们吗?"他们说:"当然不是,但这是在日本,做任何非常规的事情,都需要得到一位长者的指点,当我们来寻求建议时,非常肯定您将要告诉我们什么。"

大量证据支持一些"日本通"的观点,他们认为日本人的西化程度,不过是实现了"朝九晚五"而已。在同日本人打交道时,相比于下文提到的建议,这是更加稳妥的观点。我曾经听一位瑞士银行家说,他建议继任的东京分行代理人,对待日本人就像"对待美国大学中正在学习处理德国这样的外交案例的 MBA 学生一样"，更不靠谱的言论出自某些欧共体[○]经济学家——"日本人是活在兔子窝里的经济动物"，该观点反而时常被日本人引用，区别在于有人欢喜有人愤怒。

一位经验丰富的招聘主管说："20 年来，我一直比较日本和西方的公司。能够成功地吸引并切实留住能干的日本人的公司，都懂得自己要像日本人一样为人处世。至于英语的熟练程度、是否喜欢喝威士忌等，都是次要的。"

确实，在过去的几年中，日本人（除"朝九晚五"之外）可能正在变得更加"日本化"，而不是"西化"。

例如，10 年或 15 年前，能剧（一种传统的日本歌舞剧）演出往往门可罗雀，为数不多的观众主要是老年男性，甚至有人怀疑这些人进入剧场的目的不是赏剧，而是享受空调。但 1980 年 6 月，我去观看能剧演出时，票已售罄，座无虚席，看起来多数观众都是专业人士或年轻经理人。

事情绝不如此简单，整个日本也不能一概而论。例如，可以考虑下述例子。

一位日本朋友 20 岁的女儿（她还在蹒跚学步时，我们就认识了）告诉我，她在学校主修哲学："上学期我参加了一个非常棒的柏拉图著作阅读会。"我问："柏拉图的著作有好的日文译本吗？"她得意扬扬地回应我："我们不读译作，我们读的是希腊语原版著作。这学期我们要读康德和叔本华的德语著作。当然，我也听过一些非常令人感兴趣的英语课程，内容是讲授怀特海、罗素、维特根斯坦等哲学家的符号逻辑思想和知识。"

我问她："平时你做什么来消遣？"她答道："**那**就是消遣，当然，我也不得不准备找份工作糊口，所以我也在学习柔道。18 个月前，我已经拿到黑带，目前正在准备教练考试。我已经是大学柔道俱乐部的顾问，希望明年

毕业时，学校能聘我担任柔道教师。别笑，我是非常认真的。现在很多日本女孩都在学习医学、会计甚至工程学，但这些都是西方的学科。我们女性要被社会平等地接纳，将不得不用纯粹日本的方式来做事，还有什么比柔道更能彰显日本特色？"

我跟宫子小姐认识时，她还在读大学二年级，在我徒步旅行和露营过程中为我担任翻译。前几天宫子携 6 岁的女儿和丈夫一起来看望我，她的丈夫是一家大型贸易公司的中层经理。聊天时，宫子悄悄告诉我，他们夫妻一度很想再生一个孩子，现在却已经决定放弃。

宫子说："当然，可能会再生一个男孩，我们两口子都希望如此，但是，公司会因此不再将我们派驻国外，会命令我返回日本陪伴孩子，只把他一个人留在国外。你知道，男孩必须在日本长大，才能被接受为日本人。眼下，我丈夫正在排队竞争纽约或洛杉矶的职位。"我问："你为什么这么渴望待在国外？是因为有更好的职业前途吗？"

她丈夫说："恰恰相反，如果我待在日本，10 年内很可能会晋升为高管；如果我出国，就会被贴上外事专家的标签，永远都成不了高管。但为了获得国外的自由生活，这是值得的。你不知道我和宫子有多么享受被公司派驻杜塞尔多夫的 7 年时光，我们在傍晚一起去听音乐会或歌剧，周末则到户外徒步或露营，那种惬意简直无法形容。如今，按照日本人的风俗习惯，我们将不得不同宫子的父母一起生活，两位老人期望我们能够在周末照料他们。我将不能陪伴妻子和女儿，在几乎每个工作日都不得不同老板或下属在银座酒吧喝到晚上 11 点。你无法想象我和宫子对日本人永无休止的聚会有多么厌烦与疲惫。所有派驻海外的同事都跟我持有相同的看法。"

用一件精致而又昂贵的小艺术品装饰空旷的小型公寓，这种古老且令人着迷的日本风俗正在复兴。但当年轻夫妇开始布置自己的新家时，他们买来装饰房子的很少是日本艺术品，反而往往购买毕加索的蚀刻版画、前哥伦布时代的墨西哥陶器或秘鲁陶器、印度莫卧儿帝国时期的微型画、伊特鲁里亚人①墓葬中发现的赤土陶器小雕像等。

在 6 月一个炎热的星期天，当我路过东京南部的海滩，看到摩肩接踵的婴儿车时，我注意到这些年轻家庭与 20 年前的年轻家庭一样（爸爸、妈妈、两个孩子），都是四口之家。区别在于，20 年前是爸爸大摇大摆走在前面，两手空空，妈妈紧随其后背着一个孩子，领着另一个孩子，东西太多而时不时掉在地上；如今是妈妈领着大点的孩子走在前面，爸爸则跟在后面抱着婴儿，全副武装携带便携电视、冰桶、沙桶和铲子、饭盒、气球、充气动物等。顺着海滨公路走走停停，堵一段儿走一段儿，骑摩托车的年轻男子骂骂咧咧地接走年轻女孩。但你瞧，突然出现了一队骑摩托车的年轻女性，他们正在接走年轻男子。

根据日本民间传说，人会在 60 岁生日时重生，以婴儿的身份重新开始生活。去年春天，日本天皇过八十大寿（即第 2 个 20 岁），皇后为丈夫挑选了一个最符合独特的日本传统习俗的礼物：一把电动剃须刀！

---

① 伊特鲁里亚人（Etruscan），是公元前 10 世纪到公元前 1 世纪生活在亚平宁半岛中北部的一个民族，位于罗马北部，在习俗、文化和建筑等方面对古罗马文明产生了深远影响，但其最终在罗马共和国时期完全被同化。——译者注

8

第八部分

为什么只强调社会尚不够

引　言

我小时候，路德新教徒的"自由主义"观念非常强烈，圣诞节仪式上仅有一棵圣诞树，复活节则唯有演奏巴赫版康塔塔[⊖]，并且在当时的奥匈帝国中学中，除仍旧要求神父每周必须出席两小时的宗教课程之外，几乎没有更高的目标。不满 19 岁时，我在汉堡的一家出口行担任实习生，主要负责复印发往印度或东非国家的挂锁的发票等无聊工作。当时，必然是天意，我在没有任何思想准备的情况下，无意中读到克尔凯郭尔的《恐惧与战栗》。虽然当时我立刻知道发生了某些事情，但过了许多年，我才**明白**意味着什么。我当时立刻**知道**自己发现了一个新的、至关重要的、有关存在的维度。甚至当时我可能已经知道自己的工作将完全位于社会层面——虽然到那时，对于未来是否经商我确实犹豫未决，但我确实知道自己几乎不可能成为一名"成功的商业人士"。后来，即使我讲授过若干年宗教课程，且只是兼职，但我的**工作**确实完全在社会层面。但在多年之前的 1928 年，我还立刻知道自己的**生命**不会也不能完全在社会层面，即生命将必须有一个超越社会层面的存在维度。

∞

那时以来我的**工作**完全位于社会层面——除了本部分关于克尔凯郭尔的文章之外。该文的写作，是由于绝望。"二战"后的几年里，人们陷入了深深的绝望。在 1939 年出版的《经济人的末日》中，我早已预言了希特勒屠

⊖　康塔塔（cantata），是一种包括独唱、重唱、合唱的声乐套曲，一般包含多个乐章，大都有管弦乐伴奏，巴赫（Johann Sebastian Bach）前后创作了数百首康塔塔，成为康塔塔发展史上的高峰。——译者注

杀犹太人的"最终解决方案"⊖。然而，"二战"结束后揭露出的大屠杀事实，比我书中的抽象预言要恐怖得多。

∞

因此，写作《"不合时宜"的克尔凯郭尔》是为了肯定造物有关存在的、精神的、**个人**的维度；为了坚持主张只强调社会尚不够——甚至对社会而言也不够；也是为了捍卫希望。

⊖　最终解决方案（Final Solution），"二战"期间纳粹德国灭绝犹太人的计划，1942 年年初制订，最终导致高达五六百万犹太人被屠杀。——译者注

"不合时宜的" 克尔凯郭尔[⊖]

1

过去几年中，克尔凯郭尔热初显疲态。为了克尔凯郭尔的缘故，我希望这波热潮赶快过去。文学热潮中的克尔凯郭尔形象是一位机智的现代同伴，主要由于比其他时髦人士早了 100 年，所以显得与众不同。但是，被贴上心理学家、存在主义者标签的克尔凯郭尔，与真实的克尔凯郭尔几乎没有任何相似之处，真实的他只关心自己的宗教体验，对辩证法或心理学不屑一顾（除了表明二者是不充分的和无关紧要的）。正是真实的克尔凯郭尔，对现代世界的深重灾难有着重要意义。把关于克尔凯郭尔的零碎认识拼凑成整体，我们发现他既不是圣徒也不是诗人，但起码是一位先知。

如同所有宗教思想家一样，克尔凯郭尔的著述以问题为中心：个人的存在如何可能？

⊖ 首次发表于 1949 年《塞万尼评论》(*Sewanee Review*)。

该问题在整个 19 世纪（19 世纪之前该问题一直是西方思想的核心）不仅非常不合时宜，而且似乎毫无意义、无关痛痒，同时期居主导地位的是一个截然不同的问题：社会如何可能？卢梭、黑格尔、古典经济学家都在思考该问题。马克思和自由主义新教分别用不同的方式回答该问题。但无论人们以何种方式提出该问题，最终必然引出一种答案，即除非身处社会中，否则个人的存在是不可能的。

卢梭为整个时代的进步给出了下述答案：无论个人的存在是什么；无论个人拥有何种自由、权利和责任；无论个人生活有什么意义——一切都是由社会的客观生存需要决定的。换言之，个人由社会决定，是没有自主性的。个人仅在无关紧要的事情上拥有自由，只有得到社会容许个人才能拥有权利，只有满足社会需要个人才能拥有意志。个人生活只有在与社会意义相关，并且在满足社会客观目标的情况下才有意义。简言之，没有个人的存在，只有社会的存在。没有个人，只有公民。

卢梭的"公意"、黑格尔作为思想的展开的历史观，两者可谓彼此截然不同。但针对个人的存在问题，两者给出的是相同的答案：没有这回事，没有这样的问题！思想和公民存在，但没有个人。可能的仅仅是，思想在社会中且通过社会才能实现。

社会如何可能？如果从这个问题出发，没有同时思考个人的存在如何可能，那么必然会得出个人存在和自由的消极观点：个人自由就是不扰乱社会。因此，自由就变成了一种没有功能、没有自主性的事物；变成一种权宜之计、一种政治策略或煽动者的口头禅，绝非至关重要的事物。

然而，把自由定义为没有功能的事物就是否认其存在。除非具有特定功能，否则任何事物都不能在社会中幸存。但 19 世纪的人们过于相信能够确保拥有自由，而忽视了这一点。当时的主流观点没有看到，忽视"个人的存在如何可能"这一相关问题，就是否认个人自由的重要性。实际上，主流观点在问题"社会如何可能"中看到了自由福音的关键，这主要是因为其目标在于社会平等，并且打破不平等的旧枷锁似乎等同于自由的确立。

现在，我们已经明白 19 世纪的观点是错误的。纳粹主义是一种代价高昂的教训——或许是一种超出我们承受能力的昂贵教训，但起码我们正在认识到，如果我们自我设限于"社会如何可能"的问题，那么将不能实现自由。人在自由状态下的存在是不可能的，这或许是真实的；事实上，希特勒以及所有遮遮掩掩的善意"社会工程师"都持有该观点，他们坚信社会心理学、宣传、再教育、惯例等手段能够形塑个人。虽然那些声称相信自由的人并没有进一步深入探究，但起码问题"个人的存在如何可能"不能再被视为无关紧要。

我并不是说，在 19 世纪，只有克尔凯郭尔看清了卢梭带领西方世界前进的方向。一些浪漫主义者，尤其是在法国，意识到了即将发生的事情。尼采的反抗徒劳无功，且带有自杀倾向——力大无穷的参孙⊖除自己外什么都没有拆毁。最重要的是巴尔扎克，他分析了个人的存在不再可能的社会，描绘了一个比但丁的描述更加可怕的地狱，其上面甚至没有炼狱⊜。然而，虽然他们也思考了个人的存在如何可能的问题，但只有克尔凯郭尔做出了回答。

2

克尔凯郭尔的答案很简单：只有在同时作为精神性个体和社会公民之间的张力中，个人的存在才是可能的。纵观克尔凯郭尔的著作，他以各种不同的方式表达了这种基本张力——当他将这种张力描述为个人在永恒和有限

⊖ 参孙（Samson），《圣经》中的人物，拥有"上帝"所赐超人的力气，攻击非利士人，后由于告密被非利士人活捉，在非利士人首领的献祭聚会上，徒手拆毁支撑房子的立柱，房子倒塌，参孙与非利士人首领以及房内的众人同归于尽。——译者注

⊜ 炼狱（Purgatory），但丁的长诗《神曲》第二部分为《炼狱篇》，炼狱接纳生前犯有罪过，但程度较轻，已经悔悟的灵魂，在这里修炼洗过后一层层升向光明和天堂。炼狱的功能在于洗涤罪过，准备进入天堂，所以德鲁克认为巴尔扎克描述的没有炼狱的地狱要更加可怕。——译者注

两方面同时存在导致的后果时，其描述最为清晰和集中。克尔凯郭尔接受了圣·奥古斯丁《忏悔录》思想的核心，但赋予反命题重要的意义，这远远超出了圣·奥古斯丁的辩证逻辑推理。

个人有限的存在就是作为这个世界的公民而存在。随着时间的流逝，人们吃喝拉撒，为征服或生活而奋斗，抚养子女奉献社会，要么成功要么失败。但个人作为有限的存在终有一死，死后一切都将烟消云散。所以，在有限方面，个人无法作为一个人存在，只是一个物种的一员，是世代链的一环。从有限方面看，物种有自主的生命、具体的特征、自主的目标，但游离于物种之外的成员没有生命、特征和目标。只有在物种中间，通过物种，单个成员才能存在。世代链有起点也有终点，但每一环的作用仅在于把过去和未来的环节连接起来；一旦脱离链条，单独的环节毫无用处。时间之轮不停地转动，但齿轮是随时可以更换的，也是可以彼此互换的。个人的死亡不会终结物种或社会，却在有限方面终结了自己的生命。在有限的方面，个人的存在是不可能的，只有社会才是可能的。

然而，在永恒的精神领域，用克尔凯郭尔最喜欢用的术语"在上帝看来"，恰恰是社会不存在，也不可能。在永恒方面，只有个人确实存在，每个人都是独一无二的，茕茕孑立，没有邻居和朋友，也没有妻子和儿女，直面自己的精神。在有限的社会领域，没有人在起点开始，也没有人在终点结束；每个人都从先辈手中接受时代的遗产，并短暂持有，然后将其交给子孙后代。但在永恒的精神领域，每个人既是起点又是终点，其父亲的经验对其毫无助益。在可怕的孤独中，在彻底的、独一无二的特性中，个人直面自我，仿佛整个宇宙中只有自我及其内在的精神。因此，个人的存在包含两个层面——在张力中存在。

通过时间的积累逼近永恒是不可能的；仅仅时间，即使是无限多的时间，也仍旧是有限的。通过细分永恒达到有限也不可能，永恒是不可分割的、无法计量的。然而，只有同时作为精神层面和社会层面的存在，个人的存在才是可能的。圣·奥古斯丁说过，时间内在于永恒，由永恒创造，在永恒中流逝。但克尔凯郭尔知道，二者位于不同的层面，彼此对立且不兼容。并且他知道这一点的方式，不仅仅是通过逻辑和内省，还包括观察 19 世纪的生活现实。

正是这个答案构成了宗教体验的基本悖论。要说个人的存在只有在永恒的存在和有限的存在之间的张力中才是可能的，就是说个人的存在只有在不可能的情况下才有可能：一个层面的存在所要求的，正是另一个层面的存在所禁止的。例如，个人作为社会层面的存在，要求社会生存的客观需要支配公民的功能和行为。但是，在没有律法没有规则，唯有个人自我及其"上帝"的情况下，个人作为精神层面的存在才是可能的。因为个人必须作为社会层面的存在，所以只有在无关紧要的事情上才能拥有自由，但因为个人必须作为精神层面的存在，所以在真正重要的事情上不可能有社会规则和社会约束。在社会层面，个人只能作为社会人存在——作为丈夫、父亲、孩子、邻居、同胞。在精神层面，个人只能作为单独存在——独自的、孤立的，完全被自己的意识包围。

个人作为社会层面的存在，要求个人接受真实的社会价值观、社会信仰、社会奖惩规则。但个人作为精神层面的存在，"在上帝看来"，要求个人将全部社会价值观和社会信仰视为彻头彻尾的欺骗，浮华、虚假、无效且不真实。

要说个人的存在只有同时作为永恒和有限的存在才是可能的，那么也就是说，个人的存在只有在两个不可调和的道德绝对律之间的界限被碾碎时才有可能，并且这意味着（如果这不仅仅是对残忍的上帝的嘲弄）：唯有作为悲剧，个人的存在才是可能的。个人存在于恐惧与战栗中，存在于焦虑与渴望中；最重要的是，存在于绝望中。

3

这似乎是关于个人的存在的一种非常悲观沮丧的观点，几乎不值得人们持有。在 19 世纪，这似乎是一种病态的奇谈怪论。因为克尔凯郭尔作品的远见，恰恰体现在对 19 世纪乐观思想的分析及其最终后果的预言，所以让我们看看 19 世纪的乐观主义会通往何方。

19 世纪所有信念的精髓在于：永恒能够且将会通过时间的积累得以实现，真理能够通过社会中多数人的决策得以确立，恒久能够通过改变得以达到。这是一种关于进步的必然性的信念，代表了 19 世纪对人类精神思想的贡献。人们可以遵循最单纯，因此也是最迷人形式的进步信念——个人会自动地，且经由时间方面的积累变得更好，更接近完美，更具有神性。人们也可以遵循更加复杂形式的进步信念——黑格尔和马克思的辩证法，真理在正题与反题的综合中得以显现，每种综合又反过来在更高、更接近完美的层次上成为一个新的辩证统一的正题。或者，人们也可能遵循自然选择进化论的伪科学外衣包装下的进步信念。每种进步信念都有相同的内在本质：通过时间的累积实现永恒，坚信物质积累能够转变为精神，汇聚变化能够达到恒久，不断试错能够找到真理的狂热信念。对克尔凯郭尔来说，最终价值问题是彼此对立的品质之间无法调和的冲突之一。对 19 世纪而言，问题在于数量。

克尔凯郭尔认为人类境况本质上的悲剧之处，19 世纪时却洋溢着乐观情绪。自从公元 1000 年以来，所有欧洲人都期待着耶稣再临⊖，从没有一代人像 19 世纪的人一样，认为自身已接近时间的永恒。当然，在当时的社会结构中也存在不和谐因素。但自由主义者信心满怀地期望，在一代人或最多一个世纪的时间内，这些因素被日益加强的理性之光洗涤干净。进步是自动的。虽然黑暗和迷信的势力有时会占上风，但那只是暂时现象。"黎明之前总是最黑暗的"是自由主义的真正格言（顺带言之，这句话的字面意思和

⊖　耶稣再临（Second Coming），又称为第二次降临或基督再临，2000 年前耶稣 "第一次来到"，然后升到天堂，耶稣再临是指他在未来将回到人间，不同的教派对耶稣再临的性质有不同看法。——译者注

隐喻含义都是错误的）。这种天真乐观情绪的巅峰是德国著名生物学家海克尔⊖在世纪之交前夕出版的著作——书中预言，在一代人的时间内，所有未解问题将由达尔文生物学和牛顿物理学给出最终的决定性答案。在达尔文生物学和牛顿物理学构建的宇宙完全瓦解的那一刻，海克尔的《宇宙之谜》被我们祖父辈的数百万人卖掉（至今还藏在旧书架的角落里），这或许是 19 世纪进步信念之命运的最佳注脚。

对于那些不满足于自由主义或达尔文主义乐观情绪的人而言，有学者提供了一个更加复杂且深刻得多的千禧年愿景，恰恰由于现实世界的黑暗和诸多缺陷，千禧年愿景必须要实现。

在这种即将实现的完美信念中，前进的每一步都意味着更加接近永恒、永久和真理，没有悲剧（两种绝对力量、绝对法则的冲突）存在的余地，甚至也没有灾难存在的空间。在 19 世纪的每一种传统中，悲剧被驱除，灾难被抑制。例如，近些年很受欢迎的一种观点是，试图用"错误的心理调适"来解释像希特勒主义这样的灾难性现象，即认为希特勒主义与人类的精神领域无关，而仅仅是一个技术问题。或者在完全不同的领域，比较莎士比亚的《安东尼与克利奥帕特拉》与福楼拜的《包法利夫人》，看看本质上悲剧性的"爱神"是如何变成赤裸裸的"性爱"的——心理的、生理的甚至是激情的性爱，但不再是悲剧性的、无法解决的冲突。

迄今为止，西方历史上还没有任何一个世纪像 20 世纪一样，人类经历了两次世界大战，悲剧意识却又如此淡薄。两百多年前（确切地讲是 1755年），里斯本地震造成 15 000 人死亡，足以把已经摇摇欲坠的维护欧洲传统基督教信仰的体制推倒。同时代的人对此无法理解，他们无法将这种悲惨事件与仁慈的上帝观念调和起来，他们看不到任何关于这种大规模灾难的答案

⊖　海克尔（Ernst Haeckel），德国生物学家、哲学家，将达尔文的进化论引入德国并加以完善，其若干理论和观点被后来的纳粹理论家利用，代表作为《宇宙之谜》（*Die Welträthsel*）。——译者注

中的悖论。多年来，我们每天都目睹更严重的破坏，如整个民族被饿死或消灭。从现代理性的角度理解这些人为灾难，要比在 18 世纪用传统基督教的观念理解里斯本地震困难得多。然而，人类经历的灾难并没有给成千上万弥漫着乐观情绪的委员会留下任何印象，这些委员会致力于使人们相信永久和平与繁荣将 "必然" 从当今的悲惨事件中产生。可以肯定的是，他们意识到了发生的事实，并因此而感到愤怒，但他们拒绝将其视为悲剧。他们已经受到训练否认悲剧的存在。

<h1 style="text-align:center">4</h1>

无论 19 世纪如何成功地压制了悲剧，有一个事实是不能被压制的，那就是死亡。恰恰是死亡，仍然是独一无二的，不能被视为普通事件；仍旧是个人性的，无法被社会化。19 世纪的人尽一切努力消除死亡的个人、独特和质性面，使得死亡成为一个根据保险精算的概率来计算的人口动态统计事件，不仅可测量，而且可预测，且试图通过将死亡的后果加以组织化而逃避死亡。人寿保险或许是 19 世纪思想观念的最佳体现，其 "分担风险" 的主张最能体现试图把死亡视为人生中的一个事件而非终结的观念。此外 19 世纪的人发明了招魂术——尝试通过人为手段控制死后生活。

然而，死亡依然存在。社会可能将死亡视为禁忌，可能出台认为谈论死亡是不礼貌行为的规则，可能用 "卫生的" 火葬取代那些可怕的公开葬礼，甚至可能把掘墓人称为殡葬业从业者。博学的海克尔教授很明显地暗示读者，达尔文生物学即将使人们获得永生，但他的预言并不准确。此外，只要死亡仍然存在，个人的存在就依然保留着外在于社会和时间的一极。

只要死亡依然存在，乐观主义的生活观念，对积累时间能够实现永恒、个人能够在社会中实现自我的信念，最终唯有一个结局，那就是绝望。突然之间，每个人都发现自己面临死亡，并且在这一点上，他是完全独立的个体。如果个人的存在完全是社会性的，那么他就会迷失自我——当前这种存在已变得没有意义。克尔凯郭尔分析了该现象，并将其称为"对于不愿意成为个人的绝望"。表面上看，个人能够摆脱那些个人在永恒方面的存在的问题，甚至可能会暂时忘记这些问题，但他永远无法重拾个人在社会方面的存在的信心，基本上将处于绝望之中。

如果社会能使个人独一无二地生活，那么必须让他有可能在并非绝望的情境下死亡。实现这一点唯有一条路：使个人的生活变得毫无意义。如果个人只不过是族谱上的小小分支，是社会躯体中微不足道的细胞，那么他的死亡并不是真正的死亡，而最好称之为群体再生的过程。当然，如此看来，个人的生命就不再是真正的生命，只不过是群体生命历程中的一个功能性环节，离开了整体将没有任何意义。因此，像克尔凯郭尔 100 多年前预言的那样，宣称个人的存在是作为社会方面的存在，会直接导致绝望，并且这种绝望带来的后果唯有极权主义。极权主义的基础，恰恰就在于确认生命的无意义和个人的不存在，这是其与以往暴政相比最显著的特征。因此极权主义信条强调的重点不是如何活着，而是如何死亡；为了使死亡变得可以忍受，个人的生命必须变得毫无价值、毫无意义。乐观主义信条，始于认为在这个世界活着意味着一切，直接导致纳粹将自我牺牲颂扬为人类唯一可以有意义地存在的行为。绝望成为生命的本质。

5

19 世纪所处的阶段，与罗马帝国晚期的异教徒世界相近，并且同古代一样，19 世纪试图通过逃避入纯粹道德的方式找到出路——通过基于人类理性的美德。由于伟大的德意志唯心主义哲学体系（最重要的是康德哲学，还包括黑格尔哲学）认为理性、美德与美好生活一致，所以在当时占据了主导地位。将耶稣视为"有史以来最好的人"的道德文化和自由主义新教的标志，以及黄金法则、定言令式⊖、服务的满意等口号——这些及相关的道德准则在 19 世纪变得同古代一样常见。此外它们都没有为现代社会中个人的存在提供牢固的基础，这与在过去的 2000 年中没能为个人的存在奠定基础如出一辙。

无疑，上述道德准则中的代表性道德观念培育了人们的节操和高尚品格。19 世纪的人道主义，一半基于普鲁塔克⊜，一半基于牛顿，是一种高尚的思想观念（我们却仅仅记住了 19 世纪的那些名人，如伍德罗·威尔逊、马萨里克、饶勒斯⊜、蒙森⊛等），其对克尔凯郭尔的吸引力，也要比他本人意识到的更加强烈。虽然他竭尽全力，但始终无法摆脱黑格尔的影响，并且对他而言，道德生活的象征苏格拉底，仍旧是人类历史上最伟大的人物。

然而克尔凯郭尔也看到了道德观念虽然能够培养正直、勇气、坚毅等，却不能赋予生命和死亡任何意义。道德观念能赋予人的唯有斯多噶主义⊛的顺从。克尔凯郭尔认为，该立场要比乐观主义更加令人绝望，他将其称为"对于愿意成为个人的绝望"。而通常道德立场不会导致任何像斯多噶哲学一样高尚和一贯的理念，而是堕落为极权主义毒药表面的糖衣。或者，道德

⊖ 定言令式（Categorical Imperative），又译为绝对命令，康德提出的哲学概念，认为道德完全先天地存在于人的理性之中，只有因基于道德的义务感而做出的行为，才具有道德价值。——译者注

⊜ 普鲁塔克，古罗马作家，代表作为《希腊罗马名人传》，旨在说明人的性格如何决定命运。——译者注

⊜ 饶勒斯（Jean Léon Jaurès），法国社会党领袖，最早提倡社会民主主义的人士之一，1904年创办《人道报》(L'Humanité)，反对第一次世界大战，"一战"爆发之初被暗杀。——译者注

⊛ 蒙森（Theodor Mommsen），德国古典学者、历史学家、法学家、政治家，代表作为《罗马史》(Ahistory of Rome)。——译者注

⊛ 斯多噶主义（stoic），古希腊和罗马的思想流派，以伦理学为重心，秉持泛神物质一元论，强调神、自然与人为一体，"神"是宇宙灵魂和智慧，其理性渗透整个宇宙，个体小"我"必须依照自然而生活，爱人如己，融合于整个大自然。——译者注

立场会变为纯粹的感伤主义⊖——那些相信邪恶能够被消除、和谐能够通过善意得以确立之人，持该立场。

在所有情况下，道德立场都必将堕落为相对主义。由于要在人身上发现美德，那么人所接受的一切都必须是美德，因此，如同 200 年前卢梭、康德等人一样，以确立人为道德的绝对性为起点的立场，必须以完全否定绝对性为终点，并且进而完全否定真正道德立场的可能性。这种方式无法摆脱绝望。

那么，唯一的结论就是个人的存在是否只能在悲剧和绝望之中？那些在自我毁灭、沉入涅槃和虚无中觅得唯一答案的东方圣贤，是正确的吗？

克尔凯郭尔提供了另一个答案：作为一种非悲剧、非绝望的存在，个人的存在是可能的；个人的存在作为信念中的存在是可能的。罪恶（完全属于社会层面的存在的术语）的反面不是美德，而是信念。

信念是一种信仰，相信在"上帝"那里不可能也是可能的，有限与永恒是一体的，生命和死亡都是有意义的。信念是关于人是上帝之造物（不是自主的，不是主人，不是目的，也不是中心，却是负责任的和自由的）的知识。信念是对个人本质上的孤独状态的接受，因确信上帝往往（甚至"直到死亡时刻"）与个人同在而被克服。

我最喜欢克尔凯郭尔的简短著作《恐惧与颤栗》，其中他提出问题：是什么使得亚伯拉罕将儿子以撒献祭给上帝的行为区别于普通的谋杀？如果亚伯拉罕从未想过要献祭，而只是想表现出对上帝的顺服，那么无疑他将不是一名杀人凶手，却将成为一名更加可鄙的骗子。如果他不爱以撒，而是对他无动于衷，那么他将愿意成为杀人凶手。然而亚伯拉罕是一位献身于上帝之人，上帝之令对他而言是绝对命令，必须不折不扣地执行，我们都知道他爱以撒甚至超过爱自己。答案就是亚伯拉罕拥有信念，他相信在上帝那里不可

⊖ 感伤主义（sentimentalism），又称道德感理论（moral sense theory），是道德认识论和元伦理学中有关道德真理之发现的理论，认为道德与不道德的区别，是通过对经验的情感反应加以辨别的，大卫·休谟、亚当·斯密为重要代表人物。——译者注

能之事将成为可能之事——并且他能够在执行上帝之令的同时保住以撒。

亚伯拉罕是克尔凯郭尔本人的象征，献以撒则象征着其内心最深处的秘密，即他那伟大而悲剧的爱情——纵然他对爱情的执着胜过爱自己，却亲手扼杀了这种爱情。但这种自传式暗示只是偶然性的。亚伯拉罕的故事是个人的存在的普遍象征，唯有在信念中才有可能。在信念中，个人成为普遍，不再孤立无援，成为有意义的和绝对的，因此在信念中存在真正的道德伦理。此外在信念中，个人在社会方面的存在也变得有意义，这就如同人在真正的慈善中的存在一样。

信念并非当今通常信口开河所谓的"神秘体验"，即明显可以通过适当的呼吸练习或长期聆听巴赫音乐而引起的反应。唯有通过绝望、苦难、痛苦而不懈的斗争才能树立这种信念。信念并不是非理性的、感伤主义的或自发的，而是认真思考和学习，严格执行纪律，彻底地节制、谦卑、自我服从更高的绝对意志的结果。只有少数人能够获得自我在上帝那里一致的内在知识。但由于每个人都知道绝望，所以都能获得信念。

克尔凯郭尔坚定地秉承西方宗教体验的伟大传统，具体包括圣·奥古斯丁、圣·文德、马丁·路德、圣十字若望、帕斯卡等人的传统。克尔凯郭尔强调有限和社会层面的生命对有信念之人、基督徒的意义，这使他显得与众不同，且使他在当今具有特别重要的意义。克尔凯郭尔是"现代的"，这并非由于他采用现代心理学、美学和辩证法术语（克尔凯郭尔热中出现的暂时特征），而是由于他关注现代西方出现的特有病症：个人的存在分崩离析，同时作为精神和肉体的生命被否定、每个人对其他人的意义被无视。

相反，在今天，我们将其彼此彻底分离，认为在有限与永恒、善行与信念之间非此即彼，个人的双重存在中的其中一极被视为绝对的。对任何虔诚之人而言，这两种立场都是不可能的，但对于那些过着精神生活，且必须经由且在善行中（也就是通过和在社会责任中）维持真正信念的基督徒而言，情况更是如此。

与此对照，欧洲各种"基督教"政党、新教徒和天主教徒、在美国依然强大的"社会基督教"⊖运动却试图回避"破产"这个问题。这些流派试图用道德和善意代替信念与宗教经验，并将其作为行动的主要动力。虽然他们真诚而认真，往往以善意甚至圣人作为支持和引导，但他们不仅在政治上毫无建树，而且在精神生活上必然归于失败，之所以这么说，是因为他们在有限的生命和永恒的生命两方面都进行了妥协。那些 20 世纪 30 年代的奥地利牧师和天主教政党领袖支持希特勒，声称"起码他反对男女混浴"，这是对政治领域那些基督教卫道士的可怕讽刺，但此处讽刺的是道德与信念混淆的事物。

克尔凯郭尔没有提供简单的出路。无疑，对于所有专注于体验而不是理性和教条的宗教思想家而言，可以说他过分强调了精神领域的生命，因此将人的存在之两极统一为整体。但他不仅看到这个任务，也展现了自己的生活，在自己的作品中指出个人的存在的现实无处可逃，存在于张力之中。克尔凯郭尔创作的大量文学作品都以笔名面世，唯有《诠释话语》以真名出版，这并非偶然。并不是说他想隐瞒其他作品的作者身份——采用笔名并不能欺骗任何人，但"诠释"书籍本身将信念转化为社会效力，因此是真正的宗教信仰。克尔凯郭尔的全部著作，长达 20 年的隐居、著述、思考、祈祷、苦难，都是为自己生命最后几个月中采取的激烈政治行动做准备——一个人与把道德、传统与善行、信念混淆的整个丹麦教会及其高级神职人员的激烈战争，这也并非偶然。

虽然克尔凯郭尔的信念不能克服个人的存在之可怕的孤独、孤立、不和谐，但可以通过使其变得有意义进而变得可以忍受。极权主义的哲学信条使人死亡。低估这种哲学的影响力会导致危险；因为，在这个令人悲伤和痛苦，充斥着灾难和恐惧的时代（也就是我们所处的时代），能够死亡是一件伟大的事情。然而死亡并不足够。克尔凯郭尔的信念也使人去死，但也使人活着。

⊖ 社会基督教（Social Christianity），产生于美国内战前，罗斯福新政时期达到巅峰，由各种不同的传统构成，但均主张社会问题更多地源于个人的外在而非内在因素，因此基督徒应该努力奋斗，参与创建更加公平合理的社会。——译者注

社会生态学家的反思

当人们问我从事什么职业时，我通常回答："我从事写作。"严格来讲，这无疑是没问题的。从二十多岁至今，写作一直是我从事的教书和咨询等一切工作的基础。在我迄今出版的 25 本著作中，包括两本小说和一本准自传性的故事集。[⊖]当然，我不是"文学家"，也从未有人把我误认为是文学家。

但如果人们接着问我："你写什么？"我就会开始闪烁其词。我写了相当多关于经济的文章，但显然我不是一名经济学家。我写了相当多关于历史的文章，但显然我也不是一名历史学家。我还写了大量关于政府和政治的文章，并且职业生涯起步于该领域，但我多年前就已淡出。此外，我也不是一名通常意义上的社会学家。然而，我内心非常了解（多年前就已了解）自己所从事的事业。我把自己视为一名"社会生态学家"，就像自然生态学家研究生物环境一样，我研究社会人文环境。甚至，我撰写的两部小说，虽然纯粹是小说，但也可划归社会生态学行列，其中一部的主题是第一次世界大战

⊖　是指《最后的完美世界》《行善的诱惑》和《旁观者》，中文版已由机械工业出版社出版。

之前的欧洲社会，⊖另一部则围绕 1980 年前后的美国天主教大学展开。⊜

虽然"社会生态学"这个词汇是我创造的，但实际上该学科自身（我认为是一门学科）拥有悠久的历史，产生了许多卓越的研究成果，其中最具代表性的是托克维尔的《论美国的民主》。我认为，该学科的代表人物还包括：法国人茹弗内尔⊜；德国人滕尼斯⑭和齐美尔⑮；美国人亨利·亚当斯、康芒斯（其"制度经济学"非常接近我所说的社会生态学），尤其是凡勃仑。

然而，与上述所有人相比，维多利亚时代中期的英国人白芝浩在气质、观念和方法等方面与我更加接近。同我差不多，白芝浩也生活在一个大变革时代，1877 年去世，享年 51 岁。白芝浩最早洞察到新型社会机构的崛起：作为民主体制有效运作关键的公务员制度和代议制政府，以及保证经济体制顺利运转的核心机制银行体系。无独有偶，100 年后，我最早将管理层视为形成中的组织社会的新型社会机制，并在其后不久，最早确认知识越来越成为社会的核心资源，指明知识工作者正逐渐成为新的社会统治阶层，这不仅仅是"后工业主义"观点，而且是后社会主义观点，也越来越成为后资本主义的观点。犹如白芝浩，我将保守（白芝浩称之为"习俗的羁绊"，我则称之为文化）和变革之间的张力视为社会与文化的关键。因此，白芝浩常说自己是一名自由的保守主义者，或保守的自由主义者，而从未说过自己是一名"保守的保守主义者"，也从未说自己是一名"自由的自由主义者"，我能够理解该自我定位的真正内涵。

⊖　是指《最后的完美世界》。——译者注

⊜　是指《行善的诱惑》。——译者注

⊜　茹弗内尔（Bertrand de Jouvenel），法国哲学家，未来学家，代表作为《再分配伦理学》(*The Ethics of Redistribution*)。——译者注

⑭　滕尼斯（Ferdinand Toennies），德国社会学家，代表作为《共同体与社会》(*Gemeinschaft und Gesellschaft*)。——译者注

⑮　齐美尔（Georg Simmel），德国社会学家，形式社会学、都市社会学的奠基人，代表作为《货币哲学》(*The Philosophy of Money*)。——译者注

社会生态学的主题

我自己的研究工作，也起步于保守与变革之间的张力。

20 世纪 30 年代初，刚二十来岁的我在法兰克福担任一家晚报的外交和财经记者，同时在大学法律系学习，所学课程包括国际关系、国际法、政治理论、法律制度史等。当时，纳粹还没有上台，理智的人都确信，纳粹将永远无法掌权——那时我就意识到，人们很可能错了。我周围所有的社会、经济、政府（即文化）都正在崩溃。整体上缺少了保守的连续性。

形势促使我关注 3 位著名的德意志思想家，他们都生活在一百多年前的社会崩溃时期，创立了所谓的"法治国"⊖理论（该德语词汇的最佳英语翻译是"Justice State"）来维持稳定和延续。由于他们每个人的兴趣和活动异常广泛，且分别为持不可知论立场的新教徒、浪漫主义立场的天主教徒、改变宗教信仰的犹太人，所以更加值得关注。第一位是欧洲启蒙运动的最后一位伟大人物威廉·冯·洪堡⊜，他是拿破仑战争时期的重要政治家，1809 年创建了第一所现代大学（柏林大学），后来开创了科学的语言学。第二位是职业军人出身的国王密友约瑟夫·冯·拉多维兹⊝，他曾经主编一份主张改革的杂志，是欧洲各国（德国、法国、意大利、荷兰、比利时、奥地利）所有天主教政党的先驱。最后一位是柏林大学继承黑格尔哲学的弗里德里希·斯塔尔®教授，他是一位法哲学家，为僵化的路德神学注入了活力，也

⊖　法治国（Der Rechtsstaat），起源于德意志，认为法律是作为主权者的立法者的产物，而不是自然正义的产物。其理论化是由实证主义法学，尤其是由纯粹法学来完成的，主张最高立法者，不论是专制君主、独裁者或是民选的立法机关完全不受任何一种更高一级法律的束缚，统治者的权力可以受到法律的限制，但是立法者在认为适当的时候可以变更法律，可见"法治国"与英美的"法治"存在根本分歧。——译者注

⊜　威廉·冯·洪堡（Wilhelm von Humboldt），普鲁士教育家、语言学家，其主持创立的柏林大学被誉为"现代大学之母"，物理学家阿尔伯特·爱因斯坦曾在此就读。——译者注

⊝　约瑟夫·冯·拉多维兹（Joseph von Radowitz），德意志政治家，早年在法国接受军事教育，曾在拿破仑军队中作战，后成为威廉四世的密友，最早谋划在普鲁士主导下统一德意志，政治上持保守立场，主导普鲁士的外交政策，曾短暂担任普鲁士内阁总理。——译者注

®　弗里德里希·斯塔尔（Friedrich Julius Stahl），德意志政治哲学家，犹太人，但转而信仰路德教，主张建立与罗马天主教和英国圣公会类似的主教制度。——译者注

是最杰出的国会议员，甚至是德意志史上唯一才华横溢的国会议员。

他们三人的公众形象都不是非常完美。由于他们试图平衡保守与变革，既不是莽撞的自由主义者，又不是顽固的保守主义者，所以常常处于尴尬境地。他们试图创建一个稳定的社会和政体，既能捍卫传统，又能推进变革，甚至能够容纳快速变革。他们取得了辉煌的成就，开创了唯一起源于近现代欧洲大陆的政治理论——起码在 50 年后马克思的理论诞生之前是唯一的。此外，他们还构建了一套政治体制，延续时间长达百年，直至第一次世界大战后才终告崩溃。

虽然**法治国**理论几乎被所有欧陆国家接受，其中既包括法兰西第二共和国[⊖]为代表的民主国家（1896 年的"德雷福斯事件"[⊜]即为明证），又包括俄国为代表的君主专制国家，甚至包括明治时期日本为代表的君主立宪国家，但它们没能使文官控制军队（这是 19 世纪欧洲各国政体崩溃的主要原因）。在整个 19 世纪，只有英语国家成功地建立起文官控制军队的政体，进而授权文官决定国家的外交政策。

当然，洪堡、拉多维兹、斯塔尔不可能知道，他们为之奋斗的理想，早已在大洋彼岸的美国成为现实。他们也不会知道，美国联邦宪法是第一部，也是那时唯一一部包含修正条款的成文宪法。在那时制定的所有成文宪法中，之所以唯有美国联邦宪法能有效实施至今，这正是最重要的原因。当然，他们更不可能会认识到，美国最高法院既代表保守与延续，又代表变革与创新，体现了两种趋势之间的平衡。

当时整个欧洲没人能看清这一点，托克维尔、白芝浩、其他研究美国的

⊖ 根据上下文，此处应为法兰西第三共和国（France of the Third Republic），1870 年法兰西第二帝国崩溃后建立，直至 1940 年纳粹德国入侵法国支持建立维希政权为止，是法国历史上首个稳固的民主政府。本书此处原文的法兰西第二共和国，存在时间为 1848～1852 年，显然与上下文不符。——译者注

⊜ 德雷福斯事件（Dreyfus Affair），1894 年，法国犹太裔军官阿尔弗雷德·德雷福斯被误判为叛国，法国社会因此爆发严重的冲突和争议，著名作家左拉曾撰写名文《我控诉》声援德雷福斯。——译者注

顶尖学者、撰写不朽名著《美利坚共和国》的布莱斯等人都不例外。顺便说一下，直到今天似乎欧洲人也很少能真正理解。起码，我自己从未能使欧洲朋友真正理解美国最高法院的独特作用——霍尔姆斯大法官在与英国朋友波洛克爵士⊖的通信中，也没能使后者真正搞懂。

　　欧洲人往往认为，独立的司法和政治角色是不兼容的，二者实际上彼此冲突，这是一条不容置疑的公理。

　　我承认，在 20 世纪 30 年代，我也没有意识到 19 世纪初的上述三位德意志学者为之奋斗终生的目标，竟然早已经在美国开国元勋和马歇尔首席大法官的手里成为现实，并且取得了异常显著的成就。

∞

　　一方是受过高等教育趋向保守的职业公务员队伍和职业军队，另一方是主张研究、出版、教育完全自由的研究型大学和亚当·斯密倡导的自由市场经济体制，洪堡所作所为的目的在于，维护上述保守机制和自由机制之间的平衡。君主（一位强势的行政领导人，类似于洪堡在远离美国的欧洲看到的乔治·华盛顿总统的形象）位居四者之上，精心维护彼此之间的均势。确实如此，100 年前美国就已经实现了。虽然远非"自由民主"（实际上洪堡最初的构想中甚至没有国会），但无疑将国王、公务员队伍置于法律之下，理论上军队也不例外；这一切都为德国大学和德国经济跻身世界前列奠定了基础。

　　阐述上述三人以及**法治国**的著作，成为大量我应该写而实际上并未动笔，至少是没有完成的书中的第一本。其中唯一完成的是一篇关于斯塔尔的专题论文，一共只有 32 页。由于伟大的保守主义者斯塔尔有犹太血统，所

　　⊖　波洛克爵士（Sir Frederick Pollock），英国法学家，与美国最高法院霍尔姆斯大法官保持了长期通信，代表作《爱德华一世之前的英国法律史》（*History of English Law before the Time of Edward I*）。——译者注

以 1932 年撰写的这篇论文犹如一篇反纳粹宣言，意味着从此我与纳粹一刀两断，老死不相往来。一旦纳粹掌权，该文将会首先被禁。这篇论文实现了预期目标，得到德国一家重要的社会科学出版社（图宾根的莫尔出版社）的认可，在著名的"法律与政府系列丛书"中以 100 号出版——对一位 23 岁的年轻人来讲，这是一项莫大的荣誉。1933 年希特勒掌权后两周，该书上市（这完全是巧合，但仍令我非常高兴），但很快就被纳粹政府查禁。

纳粹在德国的上台，表明德国未能成功保持延续性，促使我放弃了关于**法治国**的著作。但以此为契机，我撰写了第一本主要书籍《经济人的末日》⊖（1937 年完成，1939 年初次出版）。该书分析了丧失所有延续性和信仰的社会如何陷入崩溃，描绘了一个陷入无尽恐惧和绝望的社会。1942 年出版的《工业人的未来》⊜延续了这一主题，在这本书中，我试图为工业社会构建一种社会理论和社会结构，在保持延续和保守的同时，不损害社会变革和创新。这进一步引导我分析工业社会的机构，逐步认识到工业社会通过该类机构赋予人们地位与功能，整合个人的努力以实现共同目标，1946 年我出版了《公司的概念》⊜。

但这些年来，我开始认识到需要对变革和创新进行管理。实际上，我清醒地认识到，对政府、大学、企业、工会、军队等形形色色的组织而言，保持延续的唯一方式就是在内部对创新进行系统化、组织化管理。最终的思考成果呈现在 1986 年出版的《创新与企业家精神》⊛中，该书把创新视为一种系统性活动，试图将其发展为一门学科。

∞

保守与变革是社会的关键两极，对二者之间张力的关注，导致我越来越对技术感兴趣。但即使我曾担任技术史学会的主席，我也从未将注意力局限于技术本身。因为我发现社会研究从不考虑技术因素，所以我才变得对技术感兴趣。技术专家把技术视为做事的工具。历史学家、经济学家、哲学家（仅有的例外是马克思和熊彼特）将技术视为他们的研究领域之外的干扰因素，破坏其研究成果的完美性。我把技术视为社会中的人类活动。实际上，我的观点同华莱士（与达尔文同时代的进化论理论家）接近，他有句名言："因为人类能制造工具，所以在所有生物中只有人类能够实现有目的的、非有机性的进化。"

　　我很快就清楚地认识到，工作是塑造和构建社会、社会秩序、社区共同体的核心要素。事实上，对我而言越来越明显的是，社会的运行有赖于两极之间的张力，其中一极是伟大的思想，尤其是伟大的宗教思想，另一极是人们的工作方式。所以我认为，技术处理的是人们的工作方式问题，而非仅仅是工具本身。由此我开始构思一本拟命名为《工作史》的著作，该书也不幸成为未能完成的著作之一。但由于这方面的兴趣，我撰写了若干有关技术史及其特征的短文，其中一些收录进了本书。

　　由于关注保守与变革之间的张力，最终导致我对组织越来越感兴趣。显然，在第二次世界大战初期，我们已经或正在进入组织社会，主要的社会任务都由管理型机构执行，在其内部完成。首先引起我注意的是工商企业——原因很简单，工商企业完成了美国战时的各项任务，支持美国赢得了战争胜利。

　　前文曾提到 1946 年出版的《公司的概念》，那是我尝试研究一家大型工商企业的第一本著作——其分析案例是通用汽车公司，该公司后来成为世界上最大、最成功的制造企业——该书从企业的内部着眼，视之为社会机构，使权力、权威、责任系统化，以往这通常被认为是政府为代表的政治机构的任务。后来在 1950 年我出版了《新社会》[⊖]，1959 年出版了《明日地标》[⊜]。

　　⊖　此书中文版已由机械工业出版社出版。
　　⊜　此书中文版名为《已经发生的未来》，已由机械工业出版社出版。

在《新社会》中，我最早提到组织社会，而且认识到知识工作和知识工作者成为新的社会和经济中心。我在 1976 年出版的书（原书名为《看不见的革命》，当事务出版社再版时，我将书名改为《养老金革命》⊖）中分析了组织社会的另一主要变革。

在 20 世纪 40 年代，我刚开始研究组织时，包括我自己在内的每个人只看到了两类组织：以政府为代表的旧组织和以工商企业为代表的新组织。在 40 年代晚期，我自己曾经实际参与非营利组织（如医院）的活动。我慢慢才意识到（必须承认我理解的速度确实非常慢），非营利组织非常重要，尤其在美国更是如此。我逐渐认识到"第三部门"与政府、工商企业存在根本性的区别。政府发布命令，要求人们服从；工商企业供应商品，希望获取利润。非营利组织的"产品"既不是命令也不是商品，而是离开医院时痊愈的病人、学到各类知识的学生和人生被改变的信徒。

此外，我逐渐认识到，非营利组织在美国社会承担着额外的，但同等重要的任务：提供公民身份。在现代社会，直接的公民身份已经变得不再可能。我们能做的只有投票和缴税。只有身为非营利组织的志愿者时，我们才再次成为实实在在的公民，再次对社会秩序、社会价值观、社会行为和社会愿景产生影响。因此，非营利组织正在不断创造公民身份和社区共同体。1990 年，每位美国非专职成年人平均每周从事非营利组织志愿工作的时间为 3 小时。我也越来越多地与作为社会主要构成部分的非营利组织开展合作，最终的成果体现在 1990 年出版的《非营利组织的管理》⊜中。

当然，在那之前很多年，我已经着手研究组织的管理，开始是工商企业的管理，后来是所有组织的管理，出版过多本著作，最早是 1954 年出版的《管理的实践》⊜，进而在 1964 年出版了最早的一本战略管理著作《为

⊖⊜⊜　中文版已由机械工业出版社出版。

成果而管理》[⊖]，1966 年出版了《卓有成效的管理者》[⊜]，试图把柏拉图直至马基雅维利创造的"统治者教育"知识转化为对"组织中管理者的教育"。1973 年，我将二十余年研究管理获得的成果浓缩为一本厚书《管理：使命、责任、实践》[⊜]。

∞

　　从 20 世纪 30 年代到 60 年代初，我研究的焦点是新的社会现象——组织及其结构、体制、管理、职能。但从早年我就很清楚自己并不认可所处时代的若干基本发展趋势，其中包括集权化趋势、统一化趋势、全能化政府趋势。

　　这些发展趋势始于第一次世界大战，这场战争可以视为文职官僚的胜利、军事领导的惨败。第一次世界大战开创的西方世界，相信人类能够预见未来，并且有能力通过计划实现目标。从这一观念出发，人们开始认为政府的税收能力和支出能力可以不受约束——这可能是从第一次世界大战中得出的最有害的经验。进而，人们相信政府能且应该包揽一切。从 20 世纪 20 年代到 90 年代的 70 年间，人人都相信民主政体和极权政体之间绝无任何共同之处。但这种认识只是对了一半，实际上，民主政体与极权政体同样信任集权化和政府，美国肯尼迪总统时期人们对政府的信任达到顶峰。

　　当然，也存在反对声音。但反对者通常不质疑政府包揽一切的水平和能力，而只是质疑这么做是否明智。哈耶克在 1944 年出版的《通往奴役之路》中（随之开启了新保守主义运动）并未质疑政府执行政治或经济政策的能力（在他 40 多年后于 1988 年出版的《致命的自负》中才对此进行质疑）。

　　换言之，50 年来，我们一直在追问政府应该做什么，却几乎没人反思

　　⊖⊜⊜　中文版已由机械工业出版社出版。

政府能做什么。

　　然而很早以前，政府的能力问题就已经成为我的核心关切。或许，我可以将这一点归功于对洪堡、拉多维兹、斯塔尔等德国自由的保守主义者（或保守的自由主义者）的研究。以洪堡为例，法国大革命爆发时，他还是巴黎一名不到 25 岁的学生，撰写了一本名为《政府有效性的限度》的小册子——然而终其一生该书都未出版，即使在那时，该话题也违背潮流。我也反思相同的问题：政府有效性的限度在哪里？在"二战"刚刚结束时，我开始反思，在艾森豪威尔政府时期，我对该问题的反思愈加急迫。在 1959 年出版的《已经发生的未来》中，我隐晦地探讨了该问题，后来终于在 1969 年出版的《不连续的时代》中直面该问题。这也同样是我 1989 年出版的《管理新现实》⊖的核心主题，目前（1992 年）我正在撰写一本拟命名为《后资本主义社会》的书，其中"万能国家及其失败"⊜一章对该问题进行了深入分析。

　　所以，我的研究领域从一开始就包括现代的政治和社会组织。

　　到 20 世纪 50 年代后期，另一个主题在我的著作中越来越凸显：作为核心资源的知识和知识社会（我在 20 世纪 50 年代后期创造了该词汇）的出现。我的著作和这方面的大量文章探讨了知识的特征（完全不同于其他社会资源和经济资源）、知识的责任、知识工作者的地位与功能、知识工作的生产效率等议题。

　　最后，从我的第一本到最后一本著作，有个一以贯之的主题：自由、尊严、个人在现代社会中的地位、作为实现人类成就之手段的组织的角色和功能、人的成长与满意、个人对社会和社区的需求。

⊖　此书中文版已由机械工业出版社出版。

⊜　万能国家及其失败（Megastate and Its Failure），经核对，德鲁克在哈珀－柯林斯出版社 1993 年版的《后资本主义社会》（*Post-capitalist Society*）一书中，并未包括该章节，唯一与此相关的是第 6 章：从民族国家到万能国家（From Nation-State to Megastate）。——译者注

社会生态学家的工作

如果社会生态学是一门学科，那么它不仅有特定的研究主题，也有特定的工作——起码对我来说是这样。相比于明确指出社会生态学家的工作包含什么，说明该工作不是什么要更加容易。

我常常被认为是一名"未来学家"。但如果有一件确定无疑的事，那就是我并非（社会生态学家必须不是）"未来学家"。首先，试图预见未来往往徒劳无功。凡人不能预知天下事。试图通过使用计算机改变无知和不确定的状态，这种想法并不特别明智。即使最顶尖的预言者也会面临一个难题，不能预言的事情要比能预言的事情重要得多。未来学家往往通过计算有多少预言变成现实来衡量预测的准确率，但他们从未计算过有多少没有预见到的重要事情成为现实。

例如历史上最成功的未来学家、法国科幻作家凡尔纳。他准确预言了许多技术，但他（可能非常无意识地）假定社会和经济状况永远都保持在1870年左右的状态。但实际上，社会和经济形势的变化，起码同他预言的新发明一样重要。

社会生态学家更重要的工作是识别已经发生的变革。在社会、经济、政治领域的重要挑战是充分利用已经发生的变革，将其转化为相应的机遇。重要的是识别"已经发生的未来"——这是我撰写的另一部书的书名，该书旨在探究方法论问题，以感知和分析已经发生（也是势不可挡的）的变革，由于变革尚未产生影响，因此尚未得到普遍关注。

例如，我在20世纪60年代前后识别出日本已经发生的社会和产业转型，该转型推动日本在10年后跻身世界一流经济强国行列。做到这一点并不难，只需要仔细观察即可，但当时没人注意到日本已经发生的转型。（虽然目前我没有完成《已经发生的未来》，但我将搜集的大量资料整合进1986年出版的《创新与企业家精神》中，该书展现了如何系统地把社会、人口、价值观、科学、技术领域的变革转化为创造未来的机会。）

$$\infty$$

　　除了被误认为是"未来学家"，我的研究还被错误地批评为缺少量化。事实上，我多年前就已专门开展定量研究。1929 年，未满 20 周岁的我发表了最早的计量经济学研究成果。同大多数此类研究一样，该文从不言自明的假定起步，经过严密的数学运算，最终得出了一个愚蠢至极的结论：纽约股票市场必将一路走高。事情的经过大致是，该文 1929 年 8 月或 9 月发表在一家知名经济学杂志上，就在几周之后，我刚证明"不可能"发生的事情却出人意料地发生了——1929 年 10 月，纽约股票交易市场崩盘了（幸亏该期杂志没有留下副本，起码我的手中没有）。

　　定量研究只是脚手架而不是建筑物本身。当建筑完工后，人们会把脚手架移除。更重要的是，多数社会生态现象的定量化往往会造成误解，起码是没什么用处的。正如伟大的数学家和方法论学者摩根斯坦在 1950 年出版的《论经济观察的准确性》中所言，数据往往过于贫乏。此外，在美国，我们使用的多数社会经济统计数据（如国内生产总值、国际收支平衡表、人口普查职业分类等）都立足于 20 世纪 20 年代（尤其是 1924～1928 年赫伯特·胡佛担任美国商务部部长时期）发展起来的总量观念。有一条关于社会和经济统计的规则：超过三四十年的汇总数据，可信性一般都不高，必须假定已经过时。

　　我之所以不进行定量研究，最主要的原因是重要的社会事件不能被量化。往往出现的情况是，特定的重要事件使得统计学意义上的"总体"及"正态分布"发生改变。

　　例如，1900～1903 年，企业获取最大利润的普遍方式是垄断，即采取低产量高价格战略，亨利·福特对此却不以为然。取而代之，他采取薄利多销的经营战略（福特汽车公司的合伙人和投资人认为他愚不可及）。虽然无数经济学家对该战略闻所未闻，但"大规模生产"的发明无疑完全改变了产业经济的整体形势。然而，甚至直到 1918 年或 1920 年，即取得空前成功之后整整 10 年，此时亨利·福特已腰缠万贯，成为美国（可能是全球）首富，他的经营战略对工业生产、汽车产业以及整体经济的革命性影响，完全颠覆了我们对工业的认知，这一切仍旧无法量化。

改变总体状况的特定重要事件往往出现在"边缘"。到该事件在统计意义上变得重要时，它早已不再是"未来"，甚至也不是"现在"，而是已经成为"过往"。

为了量化重要的社会事件，我们需要数学知识，具体是指 17 世纪哲学家、数学家莱布尼茨独自发明并命名的微积分学。莱布尼茨曾提到"相关性微积分"，即质变微积分学。但 250 年来，直到凯恩斯的第一本主要著作（1911 年出版的《概率论》）出版之前，无人回应莱布尼茨的设想。在该书中，凯恩斯尝试构建一套针对特定重要事件的统计理论，但他后来也不得不坦承没有成功。现在新的数学理论也承诺界定特定重大事件的概率，但迄今为止尚没有任何识别和定义特定重大事件的定量方法出现，更没有发展出研究价值观变迁的定量方法。

在这种定量方法出现之前（假定这种方法将来会出现），社会生态学家将不得不运用定性方法来发现和评估社会的质变。但定性方法显然既不是"臆测"，也不是"预感"，而是一套严格的观察、识别和试验方法，在 1986 年出版的《创新与企业家精神》中，我初步开发了一套这样的方法，勾勒出了大致的轮廓。

对我个人而言，社会生态学家的工作是什么？应该是什么呢？

首先，需要带着下列问题观察社会和社区：已经发生的哪些变革与"人人都知道"的常识不符？用我们现在流行的说法，哪些属于"范式转换"？下一步的问题是，已经发生的变化是真正的变革还是一时的潮流？证据是什么? 最好的检验是,这些变革的结果是什么? 换言之,有没有带来重大影响? 最后可以思考,如果这些变革与我们相关且意义重大,那么为我们带来了什么机遇?

例如知识作为关键资源的出现。对我而言,决定性的变革(使我意识到发生了某些事情的特定重大事件)是"二战"结束后美国国会通过的《退伍军人权利法案》。该法案规定每位退伍军人有权接受免费的高等教育,由政府支付相关费用。这完全是一个破天荒的事件。现在看来,正是《退伍军人权利法案》将我们带入了知识社会。但 1947 年或 1948 年时,尚无人能看清这一点。然而,当时我思考了几个简单问题:"如果'一战'结束之后政府推出类似法案,会产生影响吗? 会有很多人充分利用该法案吗?"即使 1918 年的美国政府同 1946 年的美国政府对待退伍军人同样慷慨,为他们提供同样的福利待遇,但显然,1918 年"一战"结束时(距离"二战"后推出的法案仅相距不到 30 年),任何人身上都不会发生类似事情。即使 1919 年美国政府推出此类法案并获得国会通过(这是最不可能的假设),也没人能充分抓住该法案提供的机遇。当时,富人子女不需要《退伍军人权利法案》,极少数天资卓越者也不害怕贫困,任何人都不认为上大学是个有意义的机会。"一战"后普及**高中教育**是有意义的,当时普及**高等教育**则意义不大。

这进一步引出了下面的问题:"这会对人们的期望、价值观、社会结构、就业形势等产生什么影响?"一旦问了这个问题(我在 20 世纪 40 年代后期首次提出该问题),立刻就会发现,知识已经在社会上占据了人类历史上从未有过的位置,成为一种生产资源了。显然,我们正处于重大变革的前夜。

10 年后,也就是 50 年代中期,趋势已经非常清晰,人们可以自信满满地高谈"知识社会","知识工作"成为经济体系的中心环节,"知识工作者"成为新的劳动力,并且正在日益崛起。

∞

谈到社会生态学者的工作，另外不得不提的就是他必须关注影响。他的目标不是获取知识，而是正确地行动。从这个意义上讲，社会生态学是一门实践学科——犹如医学、法学，就此而言还类似一般的自然生态学。一方是延续和保守，另一方是创新与变革，社会生态学旨在维护二者之间的平衡，在变动不居的形势下创造一个社会。唯有这样的社会，才能够在维持稳定的同时不丧失凝聚力。

然而，这意味着社会生态学家有责任使自己的作品通俗易懂。社会生态学不要求"学富五车"，实际上在社会生态学中，"学富五车"与"有学养"并不兼容，甚至互相排斥。除非社会生态学能够被普通外行人搞懂，否则曲高和寡的学科不再"科学"，实际上并不能赢得"尊重"，反而会陷入愚民主义。"二战"前，美国的一流学者尤其是政治和社会科学学者的著作，读者都是有教养的外行人——以雷茵霍尔德·尼布尔和理查德·尼布尔兄弟为代表的一流历史学家，露丝·本尼迪克特和玛格丽特·米德师姐妹为代表的顶尖人类学家，以及当时的经济学家、心理学家莫不如此。马克斯·韦伯在以有教养的外行人为目标读者的杂志上发表简洁、清晰、易懂的文章，托尔斯坦·凡勃仑也同样如此。

1927 年，法国哲学家朱利安·班达出版《知识分子的背叛》，猛烈抨击当时的知识分子随波逐流，煽动群众，接受种族主义和纳粹主义。随后 10 年的形势发展，充分证明班达的批判切中时弊，不仅在德国，遍布欧洲的知识分子都自愿支持甚至崇拜希特勒。

我认为，当今知识分子的愚民主义同样是一种背叛和不忠。在很大程度上，他们应为文化堕落负责，美国更是如此。知识分子群体则辩称，普通外行人已经失去了接受知识、科学、论述和理性的能力，但这显然不是事实。无论何时，只要一位学者能够写出优秀的散文，立刻就会吸引大量读者。我自己的经历就是活生生的例子，此外还有塔奇曼⊖等历史学家，卡森⊜、洛伦·斯利⊜等自然生态学家，霍洛维茨㉔等社会学家，以及大量其他学者。读者的接受能力依旧，需求也一如既往。不幸的是，当今学者普遍变得眼高于顶、傲慢无礼。

对社会生态学家而言，傲慢态度是最不合理的。其工作不是创造知识，而是创建愿景。社会生态学家需要成为一名教育家。

最后，我深信，社会生态学家的作品必须尊重语言。

无论我的专业是什么，我都会尊重语言。1909 年我出生于奥匈帝国首都维也纳，当时社会的语言意识极其强烈。1899 年，弗里茨·莫纳㊄出版了《语言批判》，开创了现在的语言哲学。在当时维也纳的文化圈中，他的书几乎人手一本，我家里也有一本。在书中，莫纳首先指明语言不是"消息"，不是"媒体"，而是蕴含深刻意义的价值观。实际上，维特根斯坦就像是莫纳的遗嘱执行人，完全继承了后者的观点——维特根斯坦的多数理论，莫纳早在四五十年前就已经研究过了。我童年时代的维也纳也是卡尔·克劳斯㊅的家乡，他虽然饱受争议，但无疑是 20 世纪最伟大的德语大师。对克劳斯而言，语言是高尚的道德，是诚实的品格。玷污语言类似于腐蚀社会，戕害个人。

⊖ 塔奇曼（Barbara Tuchman），美国历史学家，代表作为《史迪威与美国在中国的经验》
（*Stilwell and the American Experience in China*）。——译者注

⊜ 卡森（Rachel Carson），美国海洋生态学家，代表作为《寂静的春天》（*Silent Spring*）。——
译者注

⊜ 洛伦·斯利（Loren Eisele），美国哲学家、人类学家、自然科学作家，代表作为《达尔文
的世纪》（*Darwin's Century*）等。——译者注

㉔ 霍洛维茨（Irving Louis Horowitz），美国社会学家，创办事务学会（Transaction Society），
旗下的事务出版社不完全以盈利为目的，出版了大量学术著作，此外他还是《社会》
（*Society*）杂志的创始编辑。——译者注

㊄ 莫纳（Fritz Mautner），奥匈帝国小说家、戏剧评论家，基于对人类知识和语言哲学的批
判，倡导哲学怀疑论。——译者注

㊅ 卡尔·克劳斯（Karl Kraus），奥匈帝国诗人、作家，擅长对各色人物进行辛辣讽刺，茨威
格称其为"恶毒讽刺的大师"。——译者注

所以，我成长于严肃对待语言的环境中。19 岁的时候，我在汉堡的一家出口公司实习，接触到了克尔凯郭尔的著作——当时他在祖国丹麦以外尚籍籍无名，多数作品还没有翻译为其他语言。本书正文关于克尔凯郭尔的部分，详细描述了他的著作对我、工作、生活的影响。克尔凯郭尔也宣扬语言的神圣性。对他而言，语言就是审美，审美则是道德高尚的。因此，在乔治·奥威尔之前很久，我就已经知道堕落的语言是暴政的工具，不仅是一种罪恶，也是一种犯罪。

对社会生态学家而言，语言具有双重重要性，因为语言自身就是社会生态学。在社会生态学家看来，语言不是"沟通"，也不仅仅是"消息"，而是具有实质内容的、能将人类凝聚在一起的黏合剂。语言创造了社区和共有团体。因此，我一直认为，社会生态学家对语言负有责任，他不仅需要成为"伟大的"作家，还需要成为谦恭有礼、关怀众生的作家。

社会生态学的学科

我将社会生态学称为一门"学科"，而没有称其为"科学"。无疑，对于有人将社会生态学称为科学，我非常不以为然。社会生态学与其他社会科学的区别，犹如自然生态学与其他自然科学的区别一样大。歌德在《浮士德》中写道："守塔人林叩斯（在宫阙望台上放歌）。"

"为观看而诞生；为瞭望而尽责" ⊖

我认为，这应成为社会生态学家的座右铭，作为一门学科的社会生态学

⊖　英文原文 Born to See; meant to look. 国内有多个《浮士德》译本，不同译本的翻译差别较大，此处译文引自董问樵译，复旦大学出版社 1983 年版第 651 页，其他译法还包括"生来为观察；奉命来瞭望"（钱春绮译，上海译文出版社 1989 年版第 622 页）、"生就目光明亮；奉命而来守望"（樊修章译，译林出版社 1999 年版第 597 页）、"天生千里眼，奉命来观测"（绿原译，人民文学出版社 2017 年版第 388 页）、"为观照而产生，为守望而受命"（郭沫若译，人民文学出版社 1978 年版第二部第 341 页）。——译者注

也应遵循。社会生态学基于洞察而非分析，立足于感知之上。这一点使其迥异于通常意义上的科学。社会生态学不能被化约为不同的组成部分，从定义上看，该学科处理的是整体议题。整体可能不会大于部分之和，但整体与部分之和存在根本差异。

作为一门学科，社会生态学也处理行动议题。知识本身不是目的，而是行动的工具。如我先前所言，社会生态学是一种"实践"。

最后，社会生态学并不奉行"价值中立"。如果非要说社会生态学是一种科学，那么它就是"道德科学"——这是一个古老的词汇，已经有两百多年不再流行了。自然生态学家相信，且必须相信自然造物的神圣性。社会生态学家则相信，且必须相信人类精神造物的神圣性。

当下流行很多关于"授权给人民"的言论。这个说法我从未用过，将来也不会用。据我的理解，社会生态学科的基本原则不是对权力的信奉，相反，它信奉责任、建立在能力和同情基础上的权威。

译　后　记

在管理学界，有"20世纪是德鲁克的世纪"之说。英国杂志《经济学人》曾经评价道："假如世界上果真有所谓大师中的大师，那个人的名字，必定是彼得·德鲁克。"⊖德鲁克对管理思想的贡献是全方位的，他以其浓厚的人文和实践色彩，致力于矫正现代管理学过于科学化、理论化的倾向，从人类社会发展角度确立了管理作为一门学科的地位。他的管理思想立足于社会生态研究，源于欧洲的自由主义传统和奥地利学派，方法论上则坚守个人主义和经验主义。所以，理解德鲁克需要从社会变化和转型角度入手。

管理学界对德鲁克的研究，主要集中于企业战略与愿景、事业部制和组织结构、目标管理、知识员工管理、企业文化、非营利组织、企业社会责任、公司治理结构、管理变革等方面。而实际上德鲁克本人对"管理学家"的标签不以为然。据译者统计，德鲁克一生大约出版了40部著作，管理书籍仅有15本，而他自己认为真正属于工商管理的只有两本（《为成果而管理》以及《创新与企业家精神》）。在2002年出版的《功能社会》序言中，他指出："我最初和最首要的关注并非管理，我对管理的兴趣始自我对社区和社会的研究。"⊜在本书的后记"社会生态学家的反思"中，德鲁克更是

⊖　*Peter Drucker, salvationist* [J/OL]. https://www.economist.com/news/1994/10/01/peter-drucker-salvationist.

⊜　德鲁克. 功能社会：德鲁克自选集 [M]. 曾琳，译. 北京：机械工业出版社，2009.

直言不讳地指出:"显然我不是一名经济学家……也不是一名历史学家……我还写了大量关于政府和政治的文章,并且职业生涯起步于该领域,但我多年前就已淡出。此外,我也不是一名通常意义上的社会学家。……我把自己视为一名'社会生态学家',就像自然生态学家研究生物环境一样,我研究社会人文环境。甚至,我撰写的两部小说,虽然纯粹是小说,但也可划归社会生态学行列。"

本书虽然不是专门研究管理,但处处可以看到管理的影子,本书内容极为广泛,涉及美国内外的政治、经济、历史、社会、管理、技术、艺术史、音乐史等多个领域,撰写的时间跨度超过 40 年,最早的一篇是第 10 章,即德鲁克在 1946 年发表的"凯恩斯的魔法经济学",最晚的一篇是德鲁克在 1992 年撰写的后记"社会生态学家的反思"。万变不离其宗,所有文章都将"管理"视为考察美国、日本甚至世界各国现代社会的独特切入点,探讨在保守与变革的张力中,管理如何应对挑战,确立自身的合法性,高绩效地完成自身的使命,以维护自由的功能社会。

如果说《管理:使命、责任、实践》是德鲁克管理思想的集大成之作,那么本书可谓德鲁克思想的全面展现。自 1993 年出版以来,本书不断受到管理学界、政治学界、经济学界以及企业界人士的关注,在各国曾陆续有专文加以评论,例如加拿大皇后大学的科林·邓肯教授认为本书充满了"对美国社会和美国文化的真知灼见,关于各类大型机构带来的问题的处理方式更是切中时弊"。⊖

美国社会的特征及渊源,即管理诞生的社会历史文化背景,具体包括美国的政治天赋、多元主义、平民主义、远见和多样性等,这些方面都独具特色,难以为外国观察家真正理解。例如,日裔美籍政治学家福山批评美国体

⊖　Colin A.M. Duncan. *Review. Labour / Le Travail,* Vol. 34 (Fall, 1994), pp. 368-370.

制为"否决制"⊖，导致了一系列弊端，结合德鲁克对卡尔霍恩多元主义理论的阐述，读者或许能够跳出二者各自的窠臼，从更加宏观的视角思考美国政治体制的成败得失。

美国的独特性还表现在经济的角色和功能上。以外交领域为例，美国动辄对其他国家实施经济制裁，以实现自己的目标。实际上，该行为模式堪称美国人最深层的历史经验，早在殖民时代，北美殖民地通过经济斗争，成功迫使英国政府做出让步，后来以"无代表，不纳税"为口号，号召北美殖民地人民奋起反抗，最终独立建国。概言之，政治问题经济化，是美国政坛的一大特色。然而，当今社会不同族群之间的宗教、道德等"文明的冲突"⊜愈演愈烈，美国人习以为常的处理方式越来越暴露出局限性，如何完善、改革这种处理方式，是未来管理者的重要使命。以凯恩斯经济学为代表的主流经济学理论并不适于当今的现实，甚至许多工商界人士的行为也在客观上损害了现代经济赖以繁荣的自由企业制度。实际上，企业只有获得足够的利润，才能有条件完成自身的使命。现代经济的总体特征，使得自亚当·斯密等代表的古典经济学到凯恩斯经济学孜孜以求的总体均衡变得不再必要，熊彼特提出的以创新为特征的经济动态不均衡成为现代经济的根本特征，相应的经济政策取向也应该随之调整。

管理学诞生于上述社会历史文化背景之中，具有特定的地位、角色和功能，率领美国企业取得了举世瞩目的显著成就，但始终面临着合法性困境。流行的方式，即卓越的绩效（德鲁克所谓的"开明专制主义"）以及严苛的"商业伦理"，只能缓解，却不能消除人们对管理合法性的质疑。从根本上看，所谓商业伦理，不过是早已破产的决疑论在现代条件下的僵尸还魂罢了。借鉴日本、德国的经验，运用美国自身的法律资源，将工作转变为一种

⊖ 弗朗西斯·福山.政治秩序与政治衰败：从工业革命到民主全球化 [M].毛俊杰，译.桂林：广西师范大学出版社，2015.
⊜ 亨廷顿.文明的冲突与世界秩序的重建 [M].周琪，译.北京：新华出版社，2002.

产权，或许是可供选择的途径。

唯有充分保障组织成员的工作权，甚至将工作转变为一种产权，给予员工所需的安全感，才能提高他们的工作效率，激励创新。现代社会的创新，将主要集中在私营部门，且社会创新的重要性将日益凸显。提高现有知识工作和服务工作的效率，激发各类员工创新，是当前以及未来社会和谐稳定的重要保障。20世纪80年代，美国产业界的敌意收购浪潮，对企业运营和整体经济竞争力带来了不利影响，提出了改革的需求，新兴生产理论、新的养老基金管理模式等应运而生。

在组织中"工作"日益成为现代社会多数人的谋生之道，从理论上看，"工作"也是研究技术及其影响的核心概念。医学、农业等领域的发展过程表明，技术往往与科学并不密切相关，科学往往由技术驱动而非相反。评价技术是否适当的标准，不在于规模的大小，而在于能否创造就业，提高购买力，改善普通人的生活。早在数千年前的人类文明曙光时期，技术大爆炸导致了一系列社会创新，孕育了人类最早的灌溉文明和灌溉城市，进而奠定了人类社会基本的上层建筑，如国家、政府、法律、文字等。当今的技术大发展，以信息技术革命为重要内容，同样要求广泛的社会创新，并对管理、组织提出了一系列挑战。适应于工业社会的组织管理模式，需要随之而变：沟通需要由下行沟通起步转为由上行沟通起步，城市将由办公之城转为总部之城，组织将更接近交响乐团、医院等模式。

他山之石，可以攻玉。管理不仅仅是一门"学科"，还是一座连接"文明"和"文化"的桥梁，一端是日益全球化的"文明"，另一端是代表着不同习俗、价值观、理念和传承的"文化"。管理既是文化的一种要素，又不能简单地脱离特定的文化背景，如露丝·本尼迪克所言，研究者"在研究整个结构与继续分析其各部分这两者之间，前者的重要性在现代科学的一个又一个领域中得到了强调……必须把个体的不可分的完整性作为研究的起点"。⊖美国、日本、欧洲各国的管理各有特色，都植根于本国特定的社会历史文化背景，唯有理解特定的管理举措（如源自日本禅宗的持续学习观念）背后的文化根源，借鉴学习其他国家的管理举措才能达到预期目标。

国家、社会、组织、管理等，都属于集体范畴，与其相对的是个人。在人类历史长河中，每个人都是社会和生物链中的一环，继承先辈的遗产，并传之后世，个人的独特性消失了，成为无关紧要的齿轮和螺丝钉。这种观念，恰恰是现代极权主义的思想渊源。那么，个人的存在如何可能？仁者见仁智者见智，或许19世纪的浪漫主义思想、克尔凯郭尔哲学、20世纪的存在主义哲学等，能够给我们提供有益的启示。

综上所述，管理诞生于美国特定的社会历史文化环境中，随经济、社会的发展而取得了巨大的成功，也遭遇了严峻的挑战。唯有真正理解管理赖以发展的背景，明白原有相关理论的缺陷，充分利用现有的规章体系，放宽历史的视界，着眼未来的需求，借鉴他国的经验教训，才能再接再厉，不辱使命，获得合法性，取得更大的成就。一言以蔽之，在德鲁克的思想中，社会是起点，个人是归宿，组织是社会和个人之间的纽带，是个人存在的重要方式。

德鲁克堪称"百科全书式"学者，其思想博大精深。书中提到大量的人名、地名、历史典故、组织机构，凡此都需要查证准确，特别是欧美和日本的历史典故，尤须查到其对应的准确内容及原委。例如，在本书第5章"美国同质性的迷思"中，作者提到"从布克斯泰胡德到巴托克的'long-haired'类音乐"，为核实'long-haired'的准确含义，译者翻阅了厦门大学图书馆收藏的相关工具书，并得到厦门大学徐旖瑶博士的热情帮助，最后译为"古典类"。同样是在第5章中，作者论述英国圣公会之外的教徒时提到"Chapel"，显然，如果简单译为"教堂"，就无法有效区分该派信徒与圣公

⊖　露丝·本尼迪克.文化模式[M].何锡章，等译.北京：华夏出版社，1987.

会教徒的区别，所以译者将其译为"礼拜堂"，并添加脚注予以说明。涉及日本历史典故、人物出生年月时，厦门大学博士生苏寻提供了宝贵的帮助，与译者共同查证日文资料，探讨具体的译法，使相关内容增色不少。此外，译者还得到了张卉妍、杨茜、张瑜等朋友的大力协助，在此对他们表示由衷的感谢。

"社会生态学家有责任使自己的作品通俗易懂。"从晦涩的经济分析到深奥的艺术理论，在德鲁克的笔下，都能够以简洁流畅的笔调、深入浅出的剖析娓娓道来。但对于文化背景迥异的中国读者来讲，文中到处可见的典故、专有名词无疑是阅读的拦路虎。译者在翻译过程中尽力对此添加脚注予以详细解释，相信能够有效驱除文化隔阂造成的阅读障碍。

本书的翻译分工如下：慈玉鹏负责翻译前言、第一、二、五、六、七、八部分以及后记，赵众一负责翻译第三、四部分，并由慈玉鹏统稿校对。在翻译过程中，康至军和机械工业出版社华章公司的张竞余老师做了大量协调工作。在此，译者表示衷心的感谢。

最后需要说明的是，从事本部社会生态学名著的翻译以来，虽然我们一直兢兢业业，力求信达，但限于水平和理解偏差，疏漏错讹之处在所难免，仍希读者教正是幸。

译者
2019 年 2 月